성찰하는 신앙

마주하는 용기

성찰하는 신앙, 마주하는 용기
— 최형묵 목사 설교집

2020년 4월 27일 초판 1쇄 인쇄
2020년 5월  4 일  초판 1쇄 발행

지은이 | 최형묵
펴낸이 | 김영호
펴낸곳 | 도서출판 동연
편   집 | 김구 박연숙 전영수 김율  디자인 | 황경실
등   록 | 제1-1383호(1992. 6. 12.)
주   소 | 서울시 마포구 월드컵로 163-3
전   화 | (02)335-2630 전  송 | (02)335-2640
이메일 | yh4321@gmail.com
블로그 | https://blog.naver.com/dong-yeon-press

ISBN 978-89-6447-576-8  03040

최형묵 목사 설교집

# 성찰하는 신앙,
# 마주하는 용기

동연

**추천의 글**

# 성서의 메시지와 시대정신

최형묵 목사의 이 설교집은 본인이 이미 서문에서 밝히고 있듯이 "한 손에 성서, 한 손에 신문"이라고 하는 칼 바르트의 목회 철학에 매우 잘 부합된다. 성서 본문의 주석을 기본으로 하여 우리 현실의 삶에 그 뜻하는 바를 적용하는 방식을 취하고 있다. 사실 이 점은 그리 특별한 것은 아니다. 정도의 차이는 있지만, 기독교의 거의 모든 설교가 바로 이 형식을 지향하고 있다. 그런데도 굳이 내가 이점을 명시적으로 거론하는 이유는 첫째로 최 목사의 설교가 이 방식을 아주 충실하게 그리고 훌륭하게 구현하고 있다는 점을 말하기 위함이고, 둘째는 이 두 가지 곧 '성서'와 '신문'을 어떻게 보느냐 하는 것이 설교의 핵심을 이루는 것이기에 이를 통해 그의 설교가 어떤 특징을 지니는지를 살피기 위함이다.

일반 사회에서는 말할 것도 없고 기독교의 테두리 안에서도 성서를 대하는 시각에는 엄청난 편차가 존재한다. 성서가 처음 기록된 이후 수 천 년이 경과하면서, 기록 당시의 사정은 대부분 잊히고 책 자체가 우상화되면서 그 의미에 대한 수많은 왜곡과 맹신이 자행되어 왔다. 지금 기독교라는 이름 아래 물의를 일으키고 있는 갖가지 온당치 못한 일들이 거의 모두 여기에 기인한다. 그렇기에 성서 기록의 참뜻을 제대로 읽어낸다고 하는 것은 기독교가 당면한 가장 중요한 과제가 아닐 수 없다. 이를 위해서는 기존 성서주석에 대한 해박한 지식뿐 아니라 모든 선입감을 넘어서는 예리한 판단력과 지적 성실성이 요구된다. 특히 성서의 기록자와 현대인 사이의 뛰어넘을 수 없는 세계관과 언어의 차이에도 불구하고 그 메시지가 담고 있는 본질적 내용을 간파해 이를 적절히 전해준다는 것은 지극히 어려운 작업이다. 그런데 놀라운 사실은 현대 과학의 시각에서 비판적 사유를 본업으로 해온 필자의 관점에서 보더라도 최 목사의 설교는 이 점에서 결코 흠잡을 곳이 보이지 않는다는 점이다.

다음에는 이른바 '신문'으로 대표되는 설교자의 현실 이해에 대해 생각해보자. 이는 곧 그가 파악하고 있는 시대정신이 무엇이냐 하는 점과 관련된다. 현재 우리는 어떠한 삶의 정황 속에 놓여 있으며 그렇기에 우리는 무엇을 어떻게 하며 살아가야 하는가에 대한 문제의식이다. 이는 곧 "우리는 과연 사람다운 삶을 누리고 있는가", "우리의 문명은 장기적 생존을 위해 바른 방향으로 지향하고 있는가", 특히 "우리 가운데 억눌린 사람들이 없는 세상을 만들기 위해 우리가 해야 할 작업은 무엇인가" 등에 대한 끊임없는 통찰을 의미한다. 그런데 바로 이 점에서 최 목사의 설교는 남다른 감수성을 보여준다. 본래 민중신학의 연구자이며 활동가로 출발하여 현재 작은 신앙공동체를 이끌고있는 저자는 삶의 보편적 차원에서 우리의 삶 전체를 보듬어보려는 의지와 손길을 내보이고 있다. 그의 설교가 개인의 구원이 아닌 우리의 가까운 이웃 그리고 인류와 생명이라는 보편적 가치를 끊임없이 지향하는 것이 바로 이 점을 잘 말해주고 있다.

  마지막으로 이 설교집을 누가 읽어야 할 것인가에 대해 한마디 덧붙이기로 한다. 본래 설교는 신앙공동체 안에서 서로의 신앙을 돈독히 하기 위해 이루어지는 행위이기에, 공동체 성원들 사이에 감명과 만족을 주면 그것이 곧 '은혜로운 설교'라 평하는 관례가 있다. 그러나 그런 소위 '은혜로운 설교'들이 결국 그릇된 종교집단으로 이끌어가는 사례를 우리는 주변에서 너무도 많이 보고 있다. 그러므로 진정으로 좋은 설교라 함은 특정의 신조를 지닌 사람들만이 아닌 그 누구에게나 깊은 감명과 가르침을 주는 것이어야 한다. 그런 점에서 최 목사의 이 설교집은 기독교인은 물론이고 비-기독교인들에게도 기독교의 가르침이 무엇인지를 알리기 위한 좋은 소재가 될 수 있으리라고 본다. 다만 특정의 신조에 이미 매몰되어 있는 사람 가운데는 자기들의 좁은 신조와 일치하지 않음에서 오는 불편함이나 거리감이 느껴질 수도 있다. 하지만 그런 사람들에게도 그리고 특히 좁은 신앙과 관행적인 설교에 답답함을 느껴온 많은 사람들에게 이 설교집은 참 설교가 무엇인지를 알게 해줄 좋은 소재가 되리라 생각한다.

장회익
서울대학교 물리학과 명예교수

# 하나님을 섬기는 삶의 방법을 담은 설교집

저는 오랜 동안 여러 교회를 전전하다가 천안살림교회에 정착한 천안살림교회 신도입니다. 제가 마지막으로 이 교회에 마음을 정하고 머문 것은 주로 최형묵 목사님의 설교 말씀에 기인합니다. 천안 살림교회에는 저처럼 여러 교회를 돌아다니다가 정착한 신도들이 많은데, 그분들도 저와 같은 이유로 이 교회를 종착점으로 정한 것으로 알고 있습니다.

제가 교회를 이리저리 돌아다닌 것은 그 교회 목사님들의 설교 말씀이 마음에 와닿지 않아서였습니다. 어느 성경 구절을 인용하여도 그 설교의 내용은 결론적으로 '열심히 믿으라'는 것이었습니다. '믿으라'고 하면서, 정작 믿으려고 교회를 찾아온 사람은 믿지 못하고 의심하는 것 같았습니다. 믿으면 복을 받는다고 합니다. 제가 '인간'이라는 공동체 안에서 좀 더 사람답게 살고 싶어서 교회를 찾은 것이지, 제 개인의 복을 받기 위해 교회를 찾은 것은 아닌데도 말입니다. 또한 제가 떠난 교회 목사님들의 설교 말씀은 가지지 못한 사람이나 힘없는 사람들을 배려하는 편이 아니었습니다. 예수님의 사랑을 이야기하면서 가진 사람이나 힘 있는 사람들 편에 훨씬 더 가까이 서 있었습니다. 그리고 저를 더 당혹하게 한 것은 믿는 사람 이외의 모든 사람 그리고 우리 편에 서 있지 않다고 하는 사람들을 미워하는 것이었습니다. 그러니 독선적일 수밖에 없게 된 것이 아닌가 하는 생각을 하게 되었습니다.

최형묵 목사님의 설교 내용은 제가 떠난 다른 교회의 목사님들과는 확연히 달랐습니다. '(하나님, 예수님을) 믿으라'는 이야기는 지금까지 들은 설교에서 한 번도 없었습니다. 최 목사님은 그만큼 교회에 나와 예배를 드리는 교인들의 믿음을 존중하고 있다고 생각했습니다. '믿으라'고 하는 대신 '하나님을 섬기는 삶'이란 어떤 삶이어야 하는가?', '어떻게 살고 생활하고 생각하고 행동하는 것이 하나님을 섬기는 일인가'에 대한 말씀이어서 기독교인들의 삶의 지침을 제시해 주는 내용이었습니다. 그래서 그 설교의 내용은 항상 우리의 개인생활이나 사회생활과 직접적으로 연결되어 있습니다. 이러한 이유로 말미암아 최형묵 목사님의 설교에는 사회비판, 정치비판과 같은 현실이 자주 언급되어서 너무 정치적인 것이 아니냐는 생각을 하는 사람도 있겠지만, 저는 그것을 오히려 기독교인으로서, 기독교 정신에 입각하여 마음으로만 믿는 것이 아니라 실천으로 믿어야 한다는 것을 직접 보여 주는 것이라고 생각하고 있습니다. 믿음은 곧 실천해야 하니까요.

우리의 생활 속에서 부딪치는 수많은 문제들을 성경 말씀과 결부시킬 때 최 목사님은 항상 진리와 진실 속에서 해석하는 것이었습니다. 그래서 성경을 그 당시의 역사적 사실과 연관시켜 해석하지, 목사님 개인의 의견에 동조하도록 아전인수격으로 해석하는 것이 아니었습니다. 또한 가진 사람이나 힘 있는 사람의 편에 서지 않고, 시회적 약자, 경제적 약자, 소수자 편에 서서 그들을 바라보고 있습니다. 예수님의 진실된 사랑이 무엇인가를 가르쳐 주고 있다고 생각합니다.

최형묵 목사님의 설교 말씀에는 '미움'이란 단어는 없습니다. 단지 성경에 기반한 비판만이 있을 뿐입니다. '미움'과 '사랑'은 상대적인 것 같지만 꼭 그렇지는 않습니다. A를 미워하는 것이 B를 사랑하는 것이 아니기 때문입니다. 비판한다고 하면서 미워하고 욕하는 것이 보통 사람들의 일반적인 태도입니다. 비판과 미움은 백지 한 장 차이일 뿐입니다. 비판은 비판하는 객관적인 사실이 있고 더 나은 미래를 지향하지만, 미움은 그러한 것이 없습니다. 단지 싫기 때문입니다. 최형묵 목사님의 비판은 기독교인이 미래를 지향하는 방법의 하나를 제시하는 것이라고 생각합니다. 그것은 곧 민주주의를 앞세워 실현하는 목사님의 중요한 방법이라고 생각합니다.

하나님을 위해서 하나님을 믿는 것이라는 신본주의와 사람을 위해서 하나님을 믿는다는 인본주의 사이에서 고민하던 저에게 그리고 명목론과 합리론 사이에서 헤매던 저에게 최 목사님은 그 해답을 주셨습니다. 하나님을 사랑하는 것이 사람을 사랑하는 것이며, 사람을 사랑하는 것이 하나님을 사랑하는 것이라는 사실 그리고 알고서 믿겠다는 생각과 믿으면 알 것임이 다른 것이 아니라 하나라는 사실을 깨닫게 된 것도 최 목사님의 설교 속에서 찾아낸 것입니다. 둘 중의 하나만을 선택하여야 할 것이라고 생각했던 저의 생각은 스스로에게 많은 반성을 하게 하였습니다. 사람의 삶이 양자택일하는 것이 아니라는 것을 알면서 제 생활도 많이 바뀌게 되었습니다.

이렇게 최형묵 목사님의 설교에는 저에게 믿음의 길이 무엇인지를 가르쳐 주신 많은 의미와 울림이 담겨 있습니다. 그래서 저는 지난 천안살림교회 20주년 기념행사 때, 교회 홈페이지에 올라 있는 목사님의 설교 내용을 모두 모아 출력하여 제본해서 파일과 함께 목사님께 드리려는 계획을 혼자 세웠었지만, 목사님께서 부담스러워 하실 것 같아 포기하고 말았습니다. 특히 홈페이지에 올라 있는 설교 내용은 압축되어 있는 것이어서 더욱 망설이기도 하였습니다.

그런데 목사님께서 그 설교 내용들을 모아 책으로 출판하신다는 말씀과 함께 저에게 추천사를 써 주었으면 고맙겠다는 전화를 주셨습니다. 제 머릿속을 스쳐 갔던 계획이어서 무척 고맙고 반가웠습니다. 그러나 추천사를 써 줄 수 있느냐는 말씀에는 잠시 멈칫했습니다. 교회 신도가, 그것도 언제나 초신자인 제가, 목사님 설교집에 추천사를 쓴다는 사실이 어디 될 법인가 하는 생각이 들었기 때문입니다. 그런데 언뜻 제 머리를 스치는 생각이 들어서 추천사를 쓰겠노라고 약속을 해 버리고 말았습니다. 순간적으로 제 머리를 스쳤던 생각은 매우 단순한 것입니다. 평소에 저는 우리나라 교회 목사님들이 모두 최형묵 목사님 같은 분만 계셨으면 좋겠다는 생각을 가지고 있었습니다. 그래서 최형묵 목사님은 단지 천안살림교회의 목사님만이 아니라 우리나라의 살아있는 모든 교회의 목사님이란

생각이 들었고, 그래서 최형묵 목사님의 설교집이 모든 사람에게
읽혀야 한다는 생각이 들었기 때문입니다. 그런데도 제 우직한 글
이 목사님의 설교집의 가치를 훼손할까 걱정입니다.

홍윤표
전 연세대학교 교수

# 나눔과 배움의 터

나는 사실 최형묵 목사의 목회에 대해 뭐라 말할 자격이 없다. 나는 그의 목회에 걸림돌이었다. 나의 죄가 작지 않다. 하나는 20년 전 그가 교회를 개척할 때 밤이 새도록 말린 일이고, 또 하나는 몇 년 전 교회를 짓겠다고 할 때 필사적으로 반대한 죄다. 후자의 경우, 혹이나 빚이라도 많이 져서 힘들지 않을까 했다. 그런데 그는 지금 누구보다도 보람 있고 즐거운 목회를 하고 있다.

내가 보는 인터넷 사이트에서 '천안살림교회'는 다른 것에 비해 압도적이다. 거의 매일 그의 설교와 글을 대한다. 나만이 아닐 것이다. 그의 교회 이름 위에 붙어 있는 수식어 '나눔과 배움의 터'라는 말은 정확하다. 그는 자신의 교회의 교인들만이 아니라 많은 목회자를 비롯한 한국의 지성들에게 '나눔'을 통해 울림을 주고 있다. 그리고 나는 그에게서 배우는 것이 즐거운 사람이다. 말 그대로 '천안살림교회' 사이트는 내게 배움의 터다.

그는 목사이기도 하지만 민중신학자다. 사실 내가 그의 교회 개척을 말린 이유는 몇 가지가 있다. 물론 당시 교회를 개척하는 것이 경제적으로 어려운 시점이기도 하였지만 내가 회의적으로 생각했던 것은 그의 민중신학이 과연 교회에 가서 그 진가를 발휘할 수 있을까였다. 민중신학이 교회에서 제대로 심어질 수 있을까? 천안살림교회 개척 이후 그의 설교를 보기 전까지 나는 민중신학의 성서적 전거가 지극히 제한되어 있다고 막연히 생각해 왔다. 그런데 이게 어찌된 일인가? 성서 전체가 최 목사에 의해 민중신학의 전거가 되고 있지 않은가? 더욱이 민중신학이 그의 설교를 통해 성서적 지평을 넓혔고, 지금도 넓히고 있는 중이다.

　민중신학의 신학다움은 신학적 사상이나 논리에 있는 것이 아니라 사람들이 살아가는 '삶의 자리'에 있다. 민중신학은 성서가 천상 무대에 있는 하나님의 음성이 아니라 오늘 이 땅을 살아가고 있는 사람들이 삶과 그 사람들의 삶에 개입하시는 하나님의 손길임을 고백하는 신학이다. 그래서 최 목사의 설교는 철저히도 이 땅의 과거, 역사를 다루고 있고, 이 땅의 미래, 심판과 구원을 다루고 있다. 그리고 그 과거, 미래 사이에 오늘의 결단을 요구하고 있다. 나는 그의 설교를 들을 때마다 성서를 읽는 것 같고, 성서를 읽을 때마다 그의 설교가 생각난다. 하늘과 땅을 가른 관념이 아니다. 하늘의 뜻이 땅에 이루어진다. "애초부터 분계선은 없었다." 현실 구석구석 선과 악을 알게 하는 나무의 열매를 통해 분별지의 죄상을 폭로하고, 차별과 혐오가 없는 세상을 위한 새로운 인간을 세운다. 바로 거기가 하나님의 나라다.

　하나님의 나라는 하나님의 통치이고, 하나님 자신이다. 그의 설교는 우리 각자를 하나님 앞에 세우는 것으로 시작한다. 자기 성찰이다. 그렇기에 "너희는 나를 누구라고 하느냐?"라는 질문은 그의 설교에서 내가 누구인가를 묻게 한다. 그리고 떠남과 버림을 요구하는 '탈-향'을 지향한다. 나는 매일 거울을 보듯 그의 설교에서 나를 본다. 먼저는 부끄러움이고, 그 다음은 버림과 떠남을 요구 받는다. 자기를 심판하고 자기를 구원하려고 한다. "내 믿음이 나를 구원한다." 주체적인 민民이다. 이것은 단지 개인에 그치지 않는다. 그는 그 주체적인 개인, 민을 공동체적 존재로 확장한다. 그는 거기서 교회를 우리로 만나게 해준다. 교회는 주체적인 민이 이룬, 공동의 책임을 가진 공동체이다. 그리고 그 교회공동체는 사회와 소통하며 사회를 이끌기도, 이끌림을 당하기도 한다. 그의 메시지는 교회라는 그들만의 리그에 갇혀 있지 않고, 실제로 살아가는 사회와 교류하는 것이다. 그러니 그 설교가 여느 교회처럼 '아멘'이 쉽게 나오겠는가? 당연히 무겁다. 부담스럽다. 당연히 자기 십자가를 요구한다. 그렇기에 그의 설교는 철저히 성서적이고, 예수적이다. 그의 설교의 본문이기도 한 예레미야 23장 33절에서 하나님은 "'부담이 되는 주님의 말씀'이라고 하였느냐? 나 주가 말한다. 너희가 바로 나에게 부담이 된다. 그래서 내가 이제 너희를 버리겠다 말하였다고 하여라" 말씀하신다. 그의 설교를 읽을 때마다 이 음성이 들려온다. 하나님에게 부담이 되는 나 자신의 모습을 발견하는 것으로 그의 설교는 채찍이다. 그의 설교는 아프다. 그러나 아픈 만큼 성숙한다. 특별히 성장주의로 황폐화된 오늘 기독교에 경종이 된다. 많은 목회자들이 읽기를 간절히 바란다.

김종수
목포산돌교회 목사

# 처음 설교집을 엮어내며

    설교집을 내는 건 처음입니다. 설교는 신학의 꽃이라는 말의 무게감 때문이라고 할까요? 그간 신학적 논저에 해당하는 책 몇 권 냈을 뿐 설교집은 미뤄두고 있었습니다. 늘 교회에서 설교하고 있기는 하지만, 신학도이자 목회자로서 설교집을 내놓는 것은 좀 더 완숙한 경지에 이르러서 할 수 있는 것으로 생각한 탓입니다. 신학적 논저야 그 자체로 탐구의 과정이니 그때그때 탐구하고 깨달은 바를 책으로 엮어낼 수 있겠지만, 설교는 선포하고 나면 수습하기 어려운 성격을 지닌 탓에 그걸 묶어 세상에 내놓는 것은 주저할 수밖에 없었습니다.

    그런데 느닷없이 옆구리를 찔렸습니다. 코로나19로 온 세상이 어수선하고 이른바 사회적 거리두기를 하게 된 사정 탓입니다. 그야말로 낯선 경험의 세계에 들어섰습니다. 교회도 모이는 예배를 드리지 못하고 흩어져 온라인으로 예배를 드리게 되었습니다. 발빠르게 준비하여 우리는 이렇게 하고 있으니 참고하라는 뜻으로 몇 군데 알린 게 발단이었습니다. 동연출판사 김영호 사장님께서 지켜

보시다가 제안해 오셨습니다. 원고도 완전히 갖추어져 있어 손 볼 것도 별로 없으니 서둘러 설교집을 엮어내자는 제안이었습니다.

이 시대에 메시지를 줄 수 있다는 판단으로 제안하셨을 텐데, 그 제안을 순순히 받아들이게 된 것은 거의 전적으로 코로나19 위기 사태 탓입니다. 이 사태가 아니었더라면 기왕에 써놓은 글들을 추스르는 작업도 어려울 만큼 분주하였을 게 뻔합니다. 닥치는 현안들을 두고 글쓰기 해야 할 일도 많고 이러저런 현장에 뛰어다녀야 할 일도 많기에 감히 생각할 수 없었을 것입니다. 설교집 내는 것을 미뤄둔 것은 앞서 말한 이유도 있었지만 늘 분주한 삶을 살아야 하는 탓도 있었던 셈입니다.

그런데 사회적 거리두기로 단순하고 규칙적인 생활을 하게 되면서 시간 활용이 여유로워졌습니다. 온라인 예배 준비는 평소보다 더 많은 시간을 필요로 하지만, 여타 활동이 축소되어 오히려 더 충분히 준비할 여유가 생겼습니다. 독서할 시간도 많아지고, 텃밭을 제때 제때 돌볼 수 있는 여유도 생겼습니다. 코로나19에 직접 감염

되어 고통을 겪은 분들은 말할 것 없거니와 이로 인해 더 분주히 뛰어야 하는 분들 그리고 아예 삶 자체가 파괴된 분들을 생각하면 마음이 아픕니다. 하지만 뜻하지 않게 분주한 일상을 멈춘 가운데 그간 모든 사람이 매여 있던 삶의 방식을 되돌아볼 수 있는 성찰의 기회가 되고 있는 것은 분명합니다. 저는 그 기회를 누리게 된 축에 속한 셈입니다.

설교집을 엮어낼 용기를 내어 제안을 받아들이게 된 것은 그 여유를 누리게 되었기 때문입니다. 그렇다면 제안하신 뜻을 따라 정말 삶의 위기를 겪고 있는 이 시대에 적합한 어떤 메시지를 엮어내는 것도 의미 있지 않을까 감히 생각하게 되었습니다. 그것이 처음 엮어내는 설교집의 첫 번째 선별 기준이었습니다.

한 교회에서 20년 넘게 목회를 하였으니 완성된 원고로서 설교문은 1,000여 편 남짓 됩니다. 그 가운데서 우선 최근 3년 안팎으로 기간을 한정해서 설교문을 선별하였습니다. 3년 안팎으로 한정한 것은 최근 것이기에 이전보다 조금 더 깊어지지 않았을까 하는 스스로의 기대도 있고, 또 다른 한편으로는 성서 본문 말씀이 적용되는 맥락을 누구나 쉽게 기억하고 있는 기간으로 하는 게 좋겠다는 생각 때문이었습니다. 물론 삶의 위기 가운데서 신앙적 성찰을 시도하는 내용들 위주로 선별하였고, 그 기준에 충족되는 경우라면 최근 3년 범위를 넘어선 몇 편의 설교문 또한 선별하였습니다. 또한 교회의 설교만이 아니라 사건의 현장에서 선포한 거리 설교도 몇 편 포함하였습니다. 이름 그대로 설교집이기에 원문에서 거의 손질하지 않았습니다. 직접적인 청중만 알아들을 수 있는 내용에 한해

최소한 수정했을 뿐 본래 선포되었던 형식과 내용을 그대로 유지하였습니다.

결코 최상의 설교는 아닙니다. 편한 설교도 아닙니다. 다만 삶의 위기 앞에서 신앙적 성찰을 시도하고, 불편한 진실을 마주하는 용기를 북돋는 말씀을 위주로 하였습니다. 그래서 원래 책 제목도 "삶의 위기 앞에서 성찰하는 신앙" 또는 "불편한 진실을 마주하는 용기"로 할까 했지만, 그 둘을 함축하는 뜻으로 지금 제목으로 결정하였습니다. 책 제목을 보고 뭘 말하려는 건지 의아해했다면 그 의문이 해소되었기를 바랍니다.

본인의 설교 스타일에 대해 스스로 장황하게 이야기할 필요는 없을 것 같습니다. 독자들께서 보고 느끼면 될 일이기 때문입니다. 그렇지만 한두 마디만 덧붙입니다. 굳이 말한다면 여기 실린 거의 모든 설교는 칼 바르트가 "한 손에 성서, 한 손에 신문"이라고 했던 말의 취지에 충실한 편입니다. 성서 본문 주석을 기본으로 하고 현실의 맥락에서 그 뜻을 적용하는 방식을 취하고 있습니다.

우리 천안살림교회 회중에게는 그저 익숙한 하나의 설교 패턴으로 받아들여지고 있지만, 종종 교회를 방문하는 분들은 상반된 반응을 보이기도 합니다. 민중신학을 한다는 이의 설교가 이렇게 주석적일 줄 몰랐다는 반응을 보인 분도 있고, 정반대로 너무 사회적이라고 느끼는 분도 있습니다. 각기 받아들이는 사람의 기대에 따라 그렇게 상반된 반응이 나오는 것이겠지만, 설교자의 입장에서는 늘 예민한 시대정신으로 말씀의 뜻에 접근하고 있느니만큼 언제나 양자의 균형을 맞추고자 애쓰고 있습니다. 그저 신학에 정진하면서 목회하고 있는 한 목사의 설교에 지나지 않지만, 일찍이 경험해보지 못한 전 지구적 위기 상황 가운데서 새로운 세계와 새로운 인간의 삶을 전망하는 데 그리고 이를 위해 애쓰는 교회에 작으나마 어떤 영감을 줄 수 있다면 다행이겠습니다.

끝으로 감사의 말씀 드립니다. 이 설교집을 제안하여 주시고 멋진 책으로 엮어주신 동연출판사의 김영호 사장님과 함께 일하는 모든 분들에게 먼저 감사 드립니다. 후배의 설교를 매번 경청해 주시고 늘 격려와 지지를 보내주실 뿐 아니라 추천사까지 써 주신 김종수 목사님께 감사 드립니다. 지면으로는 처음 공개하지만 김 목사님은 저의 생명의 은인이기도 합니다. 감염병과 저의 안식년은 무슨 악연인지, 첫 번째 안식년에는 제가 병이 들었고, 올해 세 번째 안식년에는 온 세계가 병이 들었습니다. 김 목사님께서는 14년 전 첫 안식년에 감염병으로 사경의 위기에 처했을 때 다 죽어가는 저를 대만에서 고국 땅까지 데려다주어 무사히 치료받게 해주셨습니다. 이번에는 예기치 않은 코로나19 위기 사태로 안식년 휴가를 유보하고 목회 현장에 복귀할 수밖에 없었지만, 그래도 건강을 지키며 의미 있는 작업을 하게 되었습니다. 이 안식년에 김 목사님과의 인연을 다시 환기하며, 거듭 감사드립니다.

또 추천사를 써주신 장회익 선생님과 홍윤표 선생님께도 감사드립니다. 실은 두 분 모두 저희 천안살림교회의 신실한 교우입니다. 평상시 실제 설교의 가장 내밀한 청중인 셈입니다. 가끔 지인들로부터 물음을 받습니다. 학계의 권위 있는 분들을 청중으로 하는 설교가 어렵지 않느냐고 합니다. 천만의 말씀, 오히려 편하다고 답합니다. 묵상하고 깨달은 바를 우회하지 않고 곧바로 이야기할 수 있기 때문입니다. 설교는 선포의 형식을 취하지만 사실 일방적 선포일 수는 없습니다. 청중과 교감이 없다면 성공한 설교가 되기 어렵습니다. 이번에 추천사를 써 주신 두 분만이 아닙니다. 학식에 상관없이 열린 마음과 귀를 가진 천안살림교회 교우들이 있기에 저의 설교는 가능한 것입니다. 두 분께서는 가장 가까이 있는 청중으로서 흔쾌히 추천사를 써 주셨습니다. 평소 교회의 어른으로서 큰 나무와 같은 역할을 맡아 주시는 두 분께서 천안살림교회 교우들을 대표하여 추천사를 써 주신 셈입니다. 저로서는 더욱 기쁘고 고맙습니다. 마침 천안살림교회 20주년을 맞아 그 신앙생활의 한 단면을 내비칠 수 있는 설교집을 내게 되었으니 온 교우들과 더불어 기쁨을 함께하고 싶습니다.

2020년 4월
천안 유량골 향교말에서
최형묵

# 차례

# I부 삶의 위기 앞에서 성찰하는 신앙

# 인간의 조건과 삶

창세기 2:4-15

❧

하늘과 땅을 창조하실 때의 일은 이러하였다. 주 하나님이 땅과 하늘을 만드실 때에, 주 하나님이 땅 위에 비를 내리지 않으셨고, 땅을 갈 사람도 아직 없었으므로, 땅에는 나무가 없고, 들에는 풀 한 포기도 아직 돋아나지 않았다. 땅에서 물이 솟아서, 온 땅을 적셨다. 주 하나님이 땅의 흙으로 사람을 지으시고, 그의 코에 생명의 기운을 불어넣으시니, 사람이 생명체가 되었다. 주 하나님이 동쪽에 있는 에덴에 동산을 일구시고, 지으신 사람을 거기에 두셨다. 주 하나님은 보기에 아름답고 먹기에 좋은 열매를 맺는 온갖 나무를 땅에서 자라게 하시고, 동산 한가운데는 생명나무와 선과 악을 알게 하는 나무를 자라게 하셨다. 강 하나가 에덴에서 흘러나와서 동산을 적시고, 에덴을 지나서는 네 줄기로 갈라져서 네 강을 이루었다. 첫째 강의 이름은 비손인데, 금이 나는 하윌라 온 땅을 돌아서 흘렀다. 그 땅에서 나는 금은 질이 좋았다. 브돌라라는 향료와 홍옥수와 같은 보석도 거기에서 나왔다. 둘째 강의 이름은 기혼인데, 구스 온 땅을 돌아서 흘렀다. 셋째 강의 이름은 티그리스인데, 앗시리아의 동쪽으로 흘렀다. 넷째 강은 유프라테스이다. 주 하나님이 사람을 데려다가 에덴 동산에 두시고, 그 곳을 맡아서 돌보게 하셨다(창세기 2:4-15).

본문 말씀은 창세기 1장의 창조와 구별되는 또 다른 창조 이야기로, 우리에게 '에덴동산 이야기'로 잘 알려진 성경의 한 대목입니다. 그 핵심 기사는 인간의 탄생을 알리는 내용입니다.

7절 말씀에 "주 하나님이 땅의 흙으로 사람을 지으시고, 그의 코에 생기를 생명의 기운으로 불어넣으시니, 사람이 생명체가 되었다"고 했습니다. 그리고 "동쪽에 있는 에덴에 동산을 일구시고, 지으신 사람을 거기에 두셨다"고 합니다. 이 말씀에는 인간의 탄생 의미와 인간의 조건을 바라보는 성서 기자의 시각이 담겨 있습니다. 먼저 결론적으로 말씀드리면 이 말씀의 기록자는 인간의 탄생을 축복의 사건으로 이해합니다. 그 인간의 조건은 한편으로는 자연의 질료를 몸으로 하고 있으되, 또 다른 한편으로는 하나님의 생명의 기를 이어받고 있습니다. 흙으로 빚어졌으되 하나님의 생명의 기운을 입음으로써 완전한 생명체가 되었다는 것입니다. 이것은 땅과 하늘의 결합으로 인간의 생명을 이해하는 것이며, 동시에 인간의 한계와 가능성을 함축하는 이해 방식입니다.

이와 같은 성서 기록자의 이해는 고대의 다른 신화와 비교할 때 그 의의가 더욱 분명해집니다. 성서 창세기의 창조 이야기는 고대 메소포타미아의 창세 신화에 큰 영향을 받은 것으로 알려져 있습니다. 실제로 내용상으로 유사한 점이 많이 발견되며, 어떤 대목에서는 그 요소를 그대로 간직하고 있는 경우가 많습니다. 본문의 인간 탄생에 관한 이야기도 그렇습니다.

고대 메소포타미아 신화에 따르면, 인간의 탄생은 작은 신들의 반란에서 비롯됩니다. 큰 신들이 작은 신들을 부려 흙을 파게 하고 일을 하게 했는데, 그 노역에 지친 작은 신들이 반란을 일으킵니다. 그래서 큰 신들이 쉴 수가 없어 작은 신들의 우두머리를 잡아 죽이고, 그 살과 피에 흙을 뒤섞어 사람을 만들어냈습니다. 사람들로 하여금 작은 신들을 대신하여 노역을 담당하게 한 것입니다. 이렇게 신의 살과 피로 만들어진 인간은 혼을 지니게 되었으나, 흙으로 만들어진 존재로 신이 아니기 때문에 그 생명이 유한한 것으로 한정됩니다. 바로 이 사실, 곧 마지막 결론은 오늘 성서 본문에서 말하는 인간의 조건과 아주 유사합니다.

성서 본문의 인간 탄생 이야기는 고대 메소포타미아의 인간 탄생 이야기와 형태상의 유사성에도 불구하고 몇 가지 결정적 차이들을 지니고 있습니다. 메소포타미아 신화에서 인간의 탄생은 일종의 저주의 결과입니다. 흙을 파며 고된 노동을 해야 하는 인간들의 숙명론적인 삶에 대한 이해가 담겨 있습니다. 그리고 그것은 일을 하지 않는 신의 아들들(고대의 제왕들)과 일을 해야만 하는 저주받은 신의 자식들(민중들)의 이분법을 운명적으로 받아들이게 하는 효과를 지니고 있습니다. 거대한 권력과 무시무시한 자연 재난 앞에 무력하기 짝이 없는 사람들의 탄식이 담겨 있습니다.

그러나 성서의 말씀은 다릅니다. 여기에서 인간의 탄생은 저주의 결과가 아닙니다. 인간은 축복받은 존재로 그려집니다. "하나님께서 에덴의 동산에 인간을 두셨다." 이것은 인간의 삶에 대한 축복을 의미합니다. 고대 세계에서 '동산', '정원'은 힘 있는 제왕들의 소유일 뿐이었습니다. 그것은 배타적 권력의 상징이었습니다. 그런데 그 낙원이 인간에게 허락되었습니다. 흙으로 빚어졌으되 하나님의 생기로 생명을 누리는 인간에게 허락된 것은 낙원이었습니다. 창조성 없는 노동의 고통(소외된 노동)은 처음부터 신의 뜻에 따라 결정된 운명이 아니었습니다. 동산을 가꾸며 기쁨을 누리는 것이 인간에게 허락되었습니다. 이것이 본문 기자의 인간 탄생에 관한 기본 시각입니다. 그러한 시각은 이집트 대제국의 권력 아래서 종살이 경험을 뼈저리게 기억하고 있는 히브리인들의 전통 그리고 이스라엘 안에서 국가가 탄생하는 시점에서의 뼈아픈 경험에서 비롯된 것이었습니다. '다시는 인간이 신의 이름을 빌어 인간을 억압하는 불행한 일이 빚어져서는 안 된다' 하는 염원이 여기에 담겨 있습니다.

그런데 여기에서 우리가 특별히 주목해야 할 것은 성서의 기자도 동의하고 있는 인간의 조건입니다. 메소포타미아 신화에서 그 인간의 조건은 운명적으로 규정된 저주의 결과였습니다. 그러나 성서에서, 축복받은 존재로서 인간의 조건은 한계와 가능성을 말합니다. 흙으로 빚어졌으되 하나님의 생기를 지닌 생명체, 자연의 질료로 이루어졌으되 하나님의 형상을 지닌 인간, 그것은 자연의 일부로서 그 순환의 질서를 따라야 하는 인간 존재 성격을 말하는 것인 동시에, 그러나 운명적으로 순응하는 것이 아니라 스스로 자각하고 있는 존재로서의 인간을 말합니다.

그 한계와 가능성을 동시에 인식하는 것은 중요합니다. 한계만을 인식할 때 인간은 숙명론에 빠지고 허무주의에 빠집니다. 반면에 가능성만을 인식할 때 인간은 무모해지고 기고만장합니다. 그리고 그 무모함과 기고만장은 자신의 능력을 남용하게 하고 그것은 결과적으로 타자의 희생을 강요하게 됩니다. 다른 존재 다른 사람에게 운명의 족쇄를 채우는 것입니다. 고대 세계에서 고된 삶을 운명적으로 받아들인 민중들과 무엇이든 불가능한 것은 없다고 보는 신의 아들들, 곧 제왕들의 삶이 갈리는 것은 이런 이치입니다. 성서의 기자는 그런 세상과 그런 세상을 빚어내는 생각을 거부한 것입니다. '어떤 인간이든 똑같이 한계와 가능성을 동시에 지녔다, 이 점을 명심해야 한다.' 이것이 본문 기자의 중심 메시지입니다.

그러므로 한계와 동시에 가능성을 지닌 인간은 자신에 주어진 조건과 능력을 적절히 활용할 수 있어야 합니다. 그 적절함, 그 균형의 지표가 바로 '선악과'요 '생명나무'입니다.

동산 가운데 나무가 하나였는지 둘이었는지 조금 혼란스럽기는 하지만, 본문 말씀에서나 뒤의 3장 22절에서 둘을 구별하고 있는 것으로 보아 그 둘의 의미를 나누어 이해하는 것이 오늘 우리의 삶의 정황을 이해하는 데 도움이 될 것입니다.

범하지 말라고 했던 것을 기어코 범하고 말았던 나무의 이름이 왜 하필 '선악과'였을까요? '선과 악을 가르는 열매', 그것은 인간의 분별 능력을 지시합니다. 이것과 저것, 선한 것과 악한 것, 나와 너, 우리와 다른 사람, 높은 사람과 낮은 사람, 남자와 여자 등등을 가르는 분별 능력입니다. 그 선악과를 따먹음으로써 죄가 시작되었다는 것은 분별의 능력을 발휘하면서 인간은 고통을 알기 시작했다는 것을 말합니다.

이것은 매우 미묘한 문제입니다. 옳고 그른 것을 가르는 것은 당연한 일 아니냐 그리고 그것을 가를 때 고통이 따른다는 것 역시 당연한 것 아니냐, 우리는 그렇게 생각합니다. 그렇다면 결국 그 분별 능력을 지닌 인간 삶 자체가 죄 아니겠느냐 하는 결론에 이릅니다.

　그러나 우리는 그 나무가 동안 한가운데, 중심에 있다는 상징적 표현에 유의해야 합니다. 동산 한가운데 있는 선악과와 생명나무, 그것은 공유되어야 할 보편적 가치, 중심을 말합니다. 그것은 너나 없이 공유되어야 할 어떤 것의 표징입니다. 예컨대, 마을 한자리에 있는 정자나무는 그 자리에 있어야 마을의 정자나무로서 몫을 합니다. 동네의 모든 사람에게 유익을 끼치는 나무로서 몫을 합니다. 그러나 그 나무가 유력한 어느 집 정원으로 자리가 옮겨진다면 그것은 이미 정자나무로서 몫을 할 수 없습니다. 그 나무를 옮긴 사람에게는 기쁨이 되지만, 그 밖의 마을 사람들에게는 고통이 되는 일입니다. 나무를 옮긴 사람에게도 결국 그 일은 재앙이 되고 맙니다. 나무를 옮긴다는 것도 무모한 일이지만, 그로부터 터져 나오는 원성도 감당할 수 없습니다.

　결국 동산 한가운데 있는 선악과를 범했다는 것은 그 분별 능력의 남용을 말하는 것입니다. 자기의 편의적인 기준에 따라 이것이 옳고 저것이 그르다고 판단하는 차별의식을 말합니다. 자기만이 진리를 배타적으로 소유하고 있다고 생각하는 인간 사회의 현상을 말합니다. 동산, 낙원으로부터의 추방은 여기에서 시작된 것입니다.

　생명나무의 상징도 마찬가지입니다. 3장 22절은 '아직 인간이 그 생명나무는 범하지 않았다'고 전합니다. 그러나 성서가 지금 다시 기록된다면 이와 관련하여 과연 어떻게 기록되어야 할까요? 아마도 인간은 생명나무마저 범했다고 기록해야 할 겁니다. 미지의 영역으로, 금단의 영역으로 동산 한가운데 제한되어 있는 생명나

무, 그것 역시 모든 생명이 공유해야 할 가치를 말합니다. 그 생명나무가 동산 한가운데 있는 한 모든 생명체는 생명의 순환 원리를 공유할 수 있습니다. 그러나 그것이 어느 집 정원에 독점되면, 그 결과는 재앙입니다. 이미 농업에서 '터미네이터 종자'라는 것이 나와 모든 종자의 보급권을 대규모의 기업에서 독점하는 현상이 발생하고 있고, 인간 생명에 관한 유전자 과학이 또 어떤 재앙을 불러일으킬지 예측할 수 없는 상황이 되고 있습니다. 인간의 과학 기술에 의해 파악된 인간 생명 원리, 모든 생명체의 생명 원리가 모든 생명에게 공유된다면 생명나무는 그 자리를 지키는 셈이지만, 오늘 현실은 그렇지 않습니다.

동산 한가운데 있는 선악과와 생명나무는 인간의 한계와 가능성을 동시에 분명하게 지시하는 상징입니다. 동산 한가운데 있는 선악과와 생명나무를 범하지 말라는 이야기는 내가 따 먹을 수 있지만, 그다음에 다가올 다른 사람의 고통과 마침내는 부메랑이 되어 자신에게 돌아올 고통을 예측하라는 이야기입니다. 나의 능력과 나의 욕망을 펼칠 수 있지만, 공유될 수 없는 것이라면 포기하는 지혜,

아니 생명의 질서를 깨우치라는 이야기입니다. 오늘 우리 인류문명이 처해 있는 위기 상황을 두고 구체적으로 말하자면, 이런 지혜를 일깨워주는 이야기라 할 수 있습니다. 말하자면 과학 기술을 탐구하되 그것이 특정 세력에게 독점적으로 이용될 소지가 있고 따라서 종국에게는 대다수 사람과 생명체에 재앙이 될 수 있다면 그에 대한 안전장치부터 마련하는 것이 급선무라는 이야기인 셈입니다.

오늘 우리의 삶은 한계만을 인식하는 운명론보다는, 무한한 가능성만을 믿는 욕망과 능력 과잉으로 충만해 있습니다. 교회에서도 '긍정의 힘'이 역설되고 있습니다. 그러나 그 욕망의 분출과 능력의 과잉 현상 이면에는 너무나도 많은 사람이 숙명론에 빠져 허우적거리는 현상이 속출하고 있습니다. 이미 일그러져버린 인간의 삶의 조건을 변화시키려 하기보다는 그것을 운명적 질서로 받아들이고 많은 사람이 자신만의 삶을 위해서 허우적대고 있습니다. 오늘의 사회를 '위험사회', '피로사회'라고 말하지 않습니까? 긍정성의 과잉으로 인한 질병 현상입니다.

인간의 한계를 자각하는 것은 성서의 가르침에 비춰볼 때 결코 자학적인 것이 아닙니다. 그로부터 진정으로 의미 있는 삶이 가능해집니다. 이로부터 연대가 가능해지고, 사랑이 가능해집니다. 다른 사람들과의 연대요, 모든 피조물과의 연대입니다.

재삼 강조하건대, 인간의 한계와 가능성을 동시에 인식하는 것이 중요합니다. 한계만을 인식할 때 인간은 숙명론에 빠지고 허무주의에 빠지는 반면, 가능성만을 인식할 때 인간은 무모해지고 기고만장합니다.

　본문 말씀은 인간이 처한 그 두 가지 조건을 늘 유념할 것을 일깨웁니다. 그 말씀의 뜻을 깊이 새김으로써, 진정으로 인간이 인간답게 사는 길을 찾아 나설 수 있도록 헌신하는 우리가 되기를 기원합니다.

한국기독교장로회 생태공동체운동본부

주현절 창조신앙 말씀

2020년 1월

# 공동의 운명, 공동의 책임

창세기 3:8-13

※⟨⟨⟨⟩⟩⟩※

그 남자와 그 아내는, 날이 저물고 바람이 서늘할 때에, 주 하나님이 동산을 거니시는 소리를 들었다. 남자와 그 아내는 주 하나님의 낯을 피하여서, 동산 나무 사이에 숨었다. 주 하나님이 그 남자를 부르시며 물으셨다. "네가 어디에 있느냐?" 그가 대답하였다. "하나님께서 동산을 거니시는 소리를, 제가 들었습니다. 저는 벗은 몸인 것이 두려워서 숨었습니다." 하나님이 물으셨다. "네가 벗은 몸이라고, 누가 일러주더냐? 내가 너더러 먹지 말라고 한 그 나무의 열매를, 네가 먹었느냐?" 남자는 핑계를 대었다. "하나님께서 저와 함께 살라고 짝지어 주신 여자, 그 여자가 그 나무의 열매를 저에게 주기에, 제가 그것을 먹었습니다." 주 하나님이 그 여자에게 물으셨다. "너는 어쩌다가 이런 일을 저질렀느냐?" 여자도 핑계를 대었다. "뱀이 저를 꾀어서 먹었습니다"(창세기 3:8-13).

오늘은 사순절이 시작되는 첫 주일입니다. 지난 2월 26일 '재의 수요일'(참회의 수요일)에서 시작되어 4월 12일 부활주일 전날에 이르기까지 주일을 제외하고 40일간 예수 그리스도의 고난을 되새기는 가운데 우리의 삶의 자세를 가다듬는 기간입니다.

그 첫째 주일인 오늘은 3월 1일 3·1 운동 기념 주일이기도 합니다. 일제에 빼앗긴 나라의 주권을 되찾고자 한 국권 회복 운동이자 동시에 민이 주체로 나선 민권 확립 운동의 기원, 그러니까 민권을 바탕으로 하는 국권 회복의 출발점이요, '대한민국'의 탄생 기원이 되는 역사적 사건을 기리는 날이기도 합니다. 과연 어떤 태도로 스스로 처한 운명을 타개해나갈 수 있을 것인지, 코로나19 사태로 온 나라가 위기에 처해 있는 상황에서 더 깊이 생각해볼 수 있는 기회인 셈입니다.

그런 정황 가운데서 오늘 우리는 창세기 3장의 말씀을 함께 읽었습니다. 하나님께서 창조하신 낙원에서 인간이 선악과를 범함으로써 고통에 빠지고 급기야는 낙원을 잃어버리게 되었다는 이야기의 한 대목입니다. 이 이야기는 인간 삶의 실상, 인간 문명의 실상을 되돌아보게 해줍니다.

창조 이야기를 대할 때마다 하나님께서는 어째 아름다운 동산에 선악과나무를 만들어 인간에게 시험 거리를 던져주었을까 하는 물음을 던지게 됩니다.

이에 대한 답을 구하기 위해 먼저 창조 이야기의 분명한 초점을 확인하고자 합니다. 창조 이야기는 자연과학적인 의미에서 세계의 기원을 해명하거나 그야말로 신비로운 사연을 해명하고 있는 것은 아닙니다. 그보다는 인간 문명의 역사적 기원과 그 문명의 속성을 통찰하고 있는 이야기입니다.

본문 말씀에서 선악과를 범한 인간 삶의 실상을 단적으로 헤아려 볼 수 있습니다. 선악과를 범한 이후 나타난 현상으로 전해지는 이 이야기는 사실은 선악과를 범했다는 것이 무엇을 뜻하는지 깨우쳐 주고 있습니다.

아담과 하와가 선악과를 따먹고 난 뒤에 맨 먼저 옷을 해 입습니다. 이 사실이 뜻하는 바가 무엇일까요? 인간 문명의 가장 기본적인 특징인 '구별 짓기'를 뜻합니다. "선악과를 따먹었다"는 것은 그 사실을 말합니다. 하나님의 자리를 대신 하고픈 인간의 욕망은 피조물 가운데 하나인 뱀의 유혹을 못 이겨 '선악과'를 범하는 것으로 표상됩니다.

인간 사회 윤리의 기초가 좋음과 나쁨, 선과 악 그리고 옳음과 그름을 판별하는 것인데, 그것을 구별하는 것 자체가 문제라는 이야기일까요? 창조 이야기는 보다 근원적인 차원을 말하고 있습니다. 끝끝내 궁극적 판단의 영역으로 남겨져야 할 것이 특정한 인간에 의해 임의로 좌우되기 시작했다는 것을 말합니다. 신의 자리를 대신한 듯 생각하는 사람들에 의해 자의적으로 그 선과 악이 구별되기 시작한 것입니다.

창조 이야기를 살펴보면, 세계가 시작되는 처음 구별이 없었던 것은 아닙니다. 어쩌면 그 구별이 시작되면서 세계가 시작되었다고 할 것입니다. 땅과 하늘이 구별되고, 그 위에 사는 식물과 동물이 구별되고, 다시 거기에서 인간이 구별되고, 인간 안에서도 서로 다른 동반자의 관계로 구별되었습니다. 성서가 말하는 태초의 세상 모습은 그렇게 구별되어 있었으나 그것이 모두 하나님 보시기에 '좋게' 조화를 이루었습니다. 그러한 구별이 어느 편은 선이고 어느 편은 악을 뜻한 것은 아니었습니다. 서로 다르기에 각기 저마다 존재 의의를 지니고 모두가 어울려 있는 모습입니다.

그러나 선악과를 따먹고 난 후, 다시 말해 인간이 임의로 선악을 구별하기 시작하면서부터는 달라집니다. 이전에는 구별되어 있는 것이 관계를 형성하는 조건이 되었는데, 이제 관계를 차단하는 조건이 됩니다. 구별이 차별로 바뀐 것입니다.

차별은 고통을 낳습니다. "벗은 몸인 것을 알고, 옷을 해 입었다"는 사실은 이제 더이상 서로가 서로를 용납할 수 없는 지경에 이르렀다는 것을 말합니다. 서로 다른 상대가 각기 온 모습을 그대로 드러내어도 아무 문제가 없었는데, 이제 그대로 드러내는 것은 부끄러운 일이 되고 말았습니다. 그래서 서로가 서로를 더 확연하게 구별 짓고 더욱 두텁게 자기를 감싸는 일이 벌어집니다. 스스럼없이 일체감을 느꼈던 인간의 연대성은 무너지고, 인간은 서로가 서로를 배제하는 태도로 살아가게 됩니다. 인간 사회 소외의 발생입니다. 그것은 추상적인 어떤 것이 아닙니다. 차별과 혐오가 만연하고 서로를 불신하게 된 인간 삶의 실상입니다.

오늘 본문 말씀은 어떻게 해서 그 현상이 강화되고 있는지 그 까닭을 잘 보여 주고 있습니다. 연대성이 무너진 현실에서 인간은 스스로 책임을 회피하고 상대에게 책임을 전가하는 태도로 살아갑니다. 하나님께서 어쩌다가 일을 저질렀느냐고 물었을 때 남자는 여자에게, 여자는 뱀에게 책임을 전가합니다. 자기성찰이 없이 책임 전가에 급급한 인간 사회의 실상입니다.

본문 말씀은 오늘 우리가 처해 있는 위중한 사태에서도 중요한 의미를 지니고 있습니다. 먼저 창조 이야기 가운데 실낙원에 관한 이야기는 인간의 무한한 욕망의 추구가 어떤 파국을 초래하는지 성찰하도록 일깨워주고 있습니다. 하나님과의 관계 파탄은 곧 모든 피조물 사이에서의 관계의 파탄, 인간관계의 파탄으로 드러날 수밖에 없다는 것을 일깨워주고 있습니다. 아름다운 창조의 질서는 모든 피조물이 하나의 생명 공동체로서 존속할 때 지켜집니다.

오늘 우리는 그 실체를 아직도 정확히 알지 못하는 코로나19 바이러스로 인해 두려움에 사로잡혀 있습니다. 예기치 못한 바이러스의 등장이 인간의 욕망이 제어되지 않은 가운데 편리함만을 추구하며, 자연을 훼손해 온 문명과 깊은 관련을 맺고 있다는 것을 최근 여러 전문가의 진단과 매체들을 통해 알고 있습니다. 이 점에서 오늘의 사태는 우리가 평소 아무렇지 않게 생각하는 삶의 방식, 우리가 향유하고 있는 생활방식에 대해 근본적으로 성찰하게 하는 계기가 되고 있습니다.

물론 우리의 마음은 다급합니다. 지금 당장 감염의 위험으로부터 벗어날 길을 찾는 것이 더 급합니다. 당연히 가질 수밖에 없는 두려움이요, 다급함입니다. 그러나 그 직접적인 절박함에 대처하는 데도 이 땅을 사는 모두가 공동의 운명공동체라는 사실을 지나쳐서는 안 될 것입니다. 각자가 건강을 지키고 안전한 대책을 강구하는 것은 당연하지만 또한 함께 지혜를 모으고 힘을 모으는 태도

가 절실히 요구됩니다.

누구를 탓하고 누구를 배제하는 방식으로 해결될 문제가 아닙니다. 안타깝게도 바이러스마저 이미 우리 안에 들어와 공생하고 있습니다. 원하는 대로 박멸하고 싶겠지만, 그렇지 않다면 그로 인한 실질적인 위험과 두려움을 극복할 수 있는 방안을 찾는 데 모두가 협력해야 합니다.

정치권 한 편에서는 정쟁거리로 삼아 오히려 혼란과 불안을 가중시키고 있습니다. 본문 말씀에서처럼 서로에게 책임 전가하는 태도는 여전합니다. 그렇게 해서는 극복 대안이 마련되기 어렵습니다.

이미 언론을 통해 여러 소식을 접하고 있으리라 생각합니다. 감염자가 확산되고 있는 사실을 부정할 수는 없지만, 확진자가 늘어나는 것은 한국 정부가 온 힘을 다하여 대처하며 그 현황을 투명하게 관리하고 있다는 것을 반증하고 있는 측면도 있습니다. 그 측면에서 보면 한국에서 코로나19에 대한 가장 효과적인 대응책이 나올 수 있다는 진단이 근거 없지는 않은 것 같습니다. 또 다행스러운 소식도 있습니다. 대구 경북 지역에 의료진이 부족하다는 호소에 2월 28일 현재 853명의 의사인들이 자원했다고 합니다. 자신이 운영하는 숙소를 거저 내준 주민도 있습니다. 함께 난국을 타개해나가고자 하는 용기 있는 결단입니다. 그렇게 자신의 능력과 지혜를 모으는 이들이 많습니다.

물론 우리 역시 듣기 좋은 소식에만 귀를 기울이는 것은 아닌지 돌아봐야 할 것입니다. 안이하게 생각하기보다 냉정하게 현실을 봐야 할 것입니다.

그러나 엄연한 진실, 곧 우리의 삶은 지속되고 있고, 그 삶은 모두가 공존하는 방식을 통해서만 보장된다는 진실을 새기면 어떤 길을 선택해야 할지 어려운 것은 아닙니다. 우왕좌왕할 것 없습니다. 책임을 회피하고 그 누군가에게 전가하려는 이들에 현혹되지 않고, 저마다 평정심을 되찾아 각기 건강과 안전을 위해 애쓰면서 동시에 공동의 지혜와 힘을 모으기에 힘써야 할 것입니다. 우리가 함께 모이지 않으면서도 서로 마음을 모으고 간절히 기도하는 것도, 그렇게 지혜와 힘을 모으는 하나의 방법일 것입니다.

마침 3·1 운동 기념 주일이기도 하여 3·1 독립 선언의 한 구절을 환기합니다.

스스로를 채찍질하기에도 바쁜 우리에게는 남을 원망할 여유가 없다. …
지금 우리가 할 일은 우리 자신을 바로 세우는 것이지 남을 파괴하는 것
이 아니다. 양심이 시키는 대로 우리의 새로운 운명을 만들어 가는 것이

지 결코 오랜 원한과 한순간의 감정으로 샘이 나서 남을 쫓아내는 것이 아니다. …

아, 새로운 세상이 눈앞에 펼쳐지는구나. 힘으로 억누르는 시대가 가고, 도의가 이루어지는 시대가 오는구나. 지난 수천 년 갈고 닦으며 길러온 인도적 정신이 이제 새로운 문명의 밝아오는 빛을 인류 역사에 비추기 시작하는구나.

나를 바로 세우는 것이 남을 무너뜨리는 것이 아니라 오히려 더불어 세우는 길이 되어야 한다는, 독립선언의 숭고한 정신은 오늘의 상황에서도 결코 퇴색하지 않습니다. 스스로 책임질 수 있는 사람이 상대에 대해서도 온전히 배려할 수 있습니다.

오늘 본문 말씀의 의미와 더불어 그 뜻을 새기며, 더욱 평화롭고 안전한 세상을 위해 마음을 모으고 기도하는 우리 모두가 되기를 기원합니다.

2020년 3월 1일

# 삶의 위기 앞에서

창세기 4:1-16

❧

아담이 자기 아내 하와와 동침하니, 아내가 임신하여, 가인을 낳았다. 하와가 말하였다. "주님의 도우심으로, 내가 남자 아이를 얻었다." 하와는 또 가인의 아우 아벨을 낳았다. 아벨은 양을 치는 목자가 되고, 가인은 밭을 가는 농부가 되었다. 세월이 지난 뒤에, 가인은 땅에서 거둔 곡식을 주님께 제물로 바치고, 아벨은 양 떼 가운데서 맏배의 기름기를 바쳤다. 주님께서 아벨과 그가 바친 제물은 반기셨으나, 가인과 그가 바친 제물은 반기지 않으셨다. 그래서 가인은 몹시 화가 나서, 얼굴빛이 달라졌다. 주님께서 가인에게 말씀하셨다. "어찌하여 네가 화를 내느냐? 얼굴빛이 달라지는 까닭이 무엇이냐? 네가 올바른 일을 하였다면, 어찌하여 얼굴빛이 달라지느냐? 네가 올바르지 못한 일을 하였으니, 죄가 너의 문에 도사리고 앉아서, 너를 지배하려고 한다. 너는 그 죄를 잘 다스려야 한다." 가인이 아우 아벨에게 말하였다. "우리, 들로 나가자." 그들이 들에 있을 때에, 가인이 그의 아우 아벨을 쳐죽였다. 주님께서 가인에게 물으셨다. "너의 아우 아벨이 어디에 있느냐?" 그가 대답하였다. "모릅니다. 제가 아우를 지키는 사람입니까?" 주님께서 말씀하셨다. "네가 무슨 일을 저질렀느냐? 너의 아우의 피가 땅에서 나에게 울부짖는다. 이제 네가 땅에서 저주를 받을 것이다. 땅이 그 입을 벌려서, 너의 아우의 피를 너의 손에서 받아 마셨다. 네가 밭을 갈아도, 땅이 이제는 너에게 효력을 더 나타내지 않을 것이다. 너는 이 땅 위에서 쉬지도 못하고, 떠돌아다니게 될 것이다." 가인이 주님께 말씀드렸다. "이 형벌은, 제가 짊어지기에 너무 무겁습니다. 오늘 이 땅에서 저를 쫓아내시니, 하나님을 뵙지도 못하고, 이 땅 위에서 쉬지도 못하고, 떠돌아다니게 될 것입니다. 그렇게 되면, 저를 만나는 사람마다 저를 죽이려고 할 것입니다." 주님께서 그에게 말씀하셨다. "그렇지 않다. 가인을 죽이는 자는 일곱 갑절로 벌을 받을 것이다." 주님께서는 가인에게 표를 쩍어 주셔서, 어느 누가 그를 만나더라도, 그를 죽이지 못하게 하셨다. 가인은 주님 앞을 떠나서, 에덴의 동쪽 놋 땅에서 살았다(창세기 4:1-16).

성서의 많은 이야기, 특별히 창세기 전반부에 나오는 이야기들을 보면 오늘날 합리적인 사고방식으로 이해하기 어려운 이야기가 많습니다. 그저 믿음으로 받아들이면 되는 것일까요? 아니면 정반대로 오늘 우리 현실과 너무 동떨어져 있으니 살짝 덮어둬도 되는 것일까요? 이 두 가지 태도 모두 적절하지 않습니다.

고도의 상징성을 띤 창세기의 이야기들은 인간의 실존에 관한 매우 깊은 통찰을 담고 있습니다. 자연에 대한 이해, 인간 사회와 역사에 대한 이해, 인간 자신에 대한 이해 그리고 그 모든 것들과 하나님과의 관계에 대한 이해에서 매우 중요한 통찰을 담고 있습니다.

오늘 우리가 함께 읽은 말씀 또한 인간 삶의 실존을 깊이 있게 통찰하고 있습니다. 〈에덴의 동쪽〉, 옛날 미국 배우 제임스 딘이 주인공으로 나온 영화 제목이기도 하고, 꽤 오래전에 방영된 한국 TV 드라마의 제목이기도 합니다. 오늘 본문 말씀은 바로 〈에덴의 동쪽〉의 기원에 관한 이야기입니다.

무슨 뜻일까요? 본문 말씀의 맨 마지막 구절을 보면 이렇게 되어 있습니다. "가인은 주 앞을 떠나서 에덴의 동쪽 놋 땅에서 살았다." '에덴의 동쪽'은 낙원을 잃은 인간들이 살아가는 삶의 현장을 말합니다. 여기서 그 땅의 이름을 '놋'이라고 했는데, 그것은 '떠돌아다님' 또는 '쉼 없음'을 뜻합니다. 그러니까 '에덴의 동쪽'은 쉼 없이 고단을 노동하며 서로 불화와 갈등을 겪고 있는 인간 삶의 실상을 말하는 것입니다. 오늘 우리의 적나라한 삶의 실상이라 할 것입니다.

에덴의 동쪽이라는 상징적인 언어가 말하듯, 본문 말씀은 인간 삶의 실상에 관한 아주 중요한 통찰을 담고 있습니다. 창세기 앞부분에 나오는 선악과 이야기가 고도의 상징적 성격을 지니고 있다면 본문의 형제살해 이야기는 그에 비하면 매우 구체적인 성격을 띠고 있습니다.

이 이야기는 형제살해의 결과가 어떻게 되었는지는 매우 분명하게 드러내 주고 있는 반면 최초의 살인사건으로 귀결된 형제간의 갈등이 어째서 일어났는지에 대해서는 그 이유를 분명하게 밝혀 주고 있지 않습니다. 도무지 알 수가 없습니다.

다 알고 있는 대로, 아담과 하와가 낳은 자식들로 가인과 아벨이 있었고, 가인은 농사를 짓고 아벨은 목축하는 사람이어서 하나님께 제사 드릴 때 각기 자기가 거둔 소출을 제물로 바쳤는데, 가인이 드린 제물은 받지 않고 아벨의 제사만 하나님께서 받았다는 것이 이 이야기의 기본 배경입니다. 그래서 분노한 가인이 아벨을 불러내어 돌로 쳐 죽임으로써, 그는 결국 하나님으로부터 저주를 받게 되었습니다.

바로 이 대목에서 우리는 커다란 의문을 갖게 됩니다. '도대체 어째서 하나님께서는 아벨의 제물만 받고 가인의 제물은 받지 않았을까?' 하는 것입니다. 성서 이야기 자체에는 암만 들여다보아도 그 이유를 알 만한 내용이 없습니다. '하나님께서는 곡식보다는 고기를 더 좋아하셨나?' 하는 피상적인 인상만 받을 수 있을 뿐 언뜻 봐서는 도대체 그 까닭을 알 수 없습니다.

오랫동안 이 본문 말씀은 주석 상의 논쟁거리가 되고 있습니다. 몇 가지 견해를 소개하면 이렇습니다.

첫 번째 입장은 가인과 아벨의 갈등을 농경민과 유목민의 갈등으로 이해합니다. 당시 가나안 지역에는 농사를 짓는 사람들과 이스라엘의 조상들처럼 유목하는 사람들이 살고 있었는데, 야훼 하나님에 대한 신앙은 유목민의 신앙이라는 것을 옹호하는 이야기로 해석하려는 것입니다.

또 다른 입장은 소위 '켄족 가설'입니다. 이스라엘 민족의 주변에는 여러 민족이 있었는데 그 가운데 '켄족'이라는 족속이 있었고, 모세의 장인도 이 '켄족' 출신으로 알려져 있습니다. 이 '켄족'은 이스라엘 민족과 마찬가지로(그리고 레갑인들과 더불어) 야훼 하나님 숭배자들로 알려져 있습니다. 그런데 이들은 이스라엘 민족처럼 하나님의 선민으로 선택되지는 않았습니다. 하나님을 믿는 사람들인데도 하나님의 선민이 되지 못하고 미디안의 광야에서 유리방황하는 베두인처럼 살아가는 켄족의 기원을 이 이야기가 해명하고 있다는 것입니다. 그 발음이 '가인'과 '켄'으로 유사하고, 그 켄족이 광야에서 유랑하는 삶을 살았다는 데서 착안한 해석입니다.

마지막으로 가장 흔히 이해되는 신학적 이해 방식입니다. 한마디로 인간이 드리는 제사, 예배를 받아들이고 안 받아들이는 것은 전적으로 하나님의 주권에 매인 일이라는 해석입니다. 가인과 아벨 가운데 누가 더 정성을 들였고 안 들였는지 우리 인간적 안목에서는 알 수 없지만 하나님께서는 다 아시고 판단하신다는 것입니다.

어떤 이해 방식이 맞는 걸까요? 다 나름대로 일리가 있는 해석이기는 하지만, 이 이야기는 보다 보편적인 인간 실존에 관한 이야기로 볼 때 그 진의에 더 가까이 다가갈 수 있습니다. 어찌 보면 농경 부족과 유목 부족 간의 갈등이라는 이해를 기본으로 하고 있다고 할 수도 있지만, 단지 부족 내지는 종족 간의 갈등 문제라기보다는 보다 보편적인 인간 사회의 갈등에 관한 이야기로 볼 때 본문 말씀의 진의를 더 제대로 이해할 수 있습니다. 최초의 살인사건으로서 이 이야기는 살인을 초래할 만큼 심각한 갈등 관계를 전하고 있는데 초점이 있습니다. 이때 주목할 수 있는 것이 인류역사상 등장한 사회적 분업과 그 분업의 등장과 함께 동반한 사회적 갈등입니다.

사회적 분업은 농경 정착 생활이 시작되면서 등장합니다. 물론 수렵·채집을 하던 시절에도 분업은 있었습니다. 그때의 분업은 대개 성적인 분업이었습니다. 한 공동체 전체가 먹고 사는 문제를 해결해야 했던 당시에는, 남자들은 밖으로 돌아다니며 수렵했고 여자들은 집을 지키며 채집을 했습니다. 수렵은 큰 힘이 필요했지만 불안정한 반면 채집은 큰 힘을 들이지 않고도 안정적이었습니다. 그래서 여성들이 경제적 주도권을 쥐고 있었습니다.

그런데 농경이 본격화되면서도 전혀 다른 양상을 띠기 시작했습니다. 농경은 곡물과 과일의 재배는 물론 동물의 사육까지 동반했습니다. 동물의 사육, 곧 가축을 기르는 일은 처음에는 소규모였지만 점차 확대되어 아예 그것만을 전담하는 집단이 형성되기 시작했습니다. 유목민의 등장입니다. 농경과 유목이 웬만큼 풍요로워지기 시작하면서 사회적 관계는 이전과 전혀 달라졌습니다. 이전에는 한 마을, 한 공동체 전체가 먹고사는 문제를 공동으로 해결을 했고, 따라서 불평등이 없었습니다. 그런데 문명의 이기가 발달하고 소출이 늘어나면서 사회적 분업이 명확해졌을 뿐 아니라 경제적 활동은 점차 가족 단위를 중심으로 하게 됩니다. 여기서 중요한 인식의 변화가 일어납니다. '소유' 관념의 등장입니다. 사적 소유 관념입니다. 공동체적 공유 관계에서 사적 소유 관계가 사회의 중심원리로 등장하게 됩니다. 바로 여기에서 인간 사회의 갈등은 증폭하게 됩니다.

가인과 아벨의 이야기는 바로 그 갈등의 기원과 양상에 대한 중요한 통찰을 담고 있는 이야기입니다. 사회적 분업과 사적인 소유 관념의 등장은 하나님에 대한 제의의 양상까지 바꿔놓기 시작했습니다.

오늘 이야기를 보면 두 형제가 제사를 따로따로 드리고 있습니다. 한 하나님을 섬기는 한 형제임에도 불구하고 이들은 하나님께 제사를 따로따로 드리고 있습니다. 여기에 이해하기 어려운 본문 말씀의 뜻을 헤아릴 수 있는 중요한 열쇠가 있습니다. 한마음이 되어, 하나가 되어 함께 드려야 할 예배가 각기 따로 드려지고 있는 상황 자체가 문제입니다. 이러한 현상은 한 하나님을 섬기는 행위로서 예배가 사적인 욕망을 드러내고 자신을 과시하는 행위로 전락했다는 것을 나타냅니다. 예배 역시 경쟁의 행위로 전락했다고 할까요? 형제 사이의 관계의 파탄이 하나님과의 관계의 파탄으로 나타나고 있습니다.

누가 왜 그와 같이 변질시켰는지 직접 언급하고 있지는 않지만, 본문 말씀은 결과적으로 형인 가인에게 그 책임을 묻고 그의 제사를 하나님께서 받아들이지 않았다고 함으로써 그 장본인이 가인이라는 것을 암시하고 있습니다. 하나님께서는 가인에게 묻습니다. "네가 잘했다면 왜 얼굴을 쳐들지 못하느냐?" 가인의 예배 동기가 처음부터 잘못되어 있음을 암시하는 말씀입니다. 동생을 제치고, 자기 자신만 하나님께 인정받으려 했던 가인의 태도를 암시하는 것 아닐까요?

하나님의 이 질책은 다른 형제와 이웃을 제치고 나만 살겠다고 생각하는 우리 모두를, 아니 그렇게 하지 않으면 생존 자체가 불가능하도록 조장하고 있는 오늘의 사회, 오늘의 세상을 향한 엄숙한 물음입니다.

이 물음 앞에서도 가인은 여전히 자신의 태도를 반성하지 않고 오히려 자신에게 질책하는 하나님을 못마땅하게 여기며 자신의 행위가 당연한 듯 여깁니다. 결국 그는 자신의 책임을 묻는 하나님의 물음을 외면하고 갈 데까지 갑니다. 아벨을 불러내어 끝내 그를 살해하고 맙니다.

아우를 살해함으로써, 관계회복의 일말의 가능성마저도 송두리째 부정해 버린 가인은 이제 그 살인행위에 대해 직접적으로 책임을 묻는 하나님 앞에서마저도 책임을 회피하는 태도로 일관합니다. 하나님께서 묻습니다. "네 아우 아벨이 어디 있느냐?" 하나님은 아우가 어디에 있느냐고 묻고 있습니다. 형제와 더불어 살아가야 할 인간 존재에 관한 근본적 물음입니다. 가인은 답합니다. "제가 아우를 지키는 사람입니까?" 여전히 책임회피를 하는 모습입니다. 형제의 고통에 아랑곳없이 자기 소유를 통해서만이 스스로의 삶을 보장받을 수 있다고 생각하는 인간의 전형적인 대답입니다.

그 결과는 무엇일까요? 오늘 말씀은 인간들이 저마다의 소유에 기반한 경쟁 관계를 형성하고 평화로운 인간관계를 파탄시킨 결과는 결국 인간의 생존 조건 자체의 붕괴라는 것을 강조합니다. "네 아우의 피가 땅에서 나에게 울부짖는다. … 네가 밭을 갈아도, 땅이 이제는 너에게 효력을 나타내지 않을 것이다." 자신과 경쟁 관계에 있던 아우를 제치고 나면 그다음부터 땅에서 나온 모든 소출은 자기 것이 될 것이라고 생각했던 가인, 인간이 맞이하게 되는 결과입니다. 아우와 더불어, 형제와 더불어 땅의 소출을 누리고자 할 때 하나님은 그것을 허용하지만, 혼자 누리고자 할 때에는 아무도 누릴 수 없다는 것을 말합니다.

인간 사회의 도덕과 윤리의 기원이 어디에 있을까요? 서로 돕지 않으면 살 수 없다는 절박한 삶의 위기에 그 기원이 있다고 봅니다. 말하자면 협업이 원초적인 도덕의 기초라는 이야기입니다. 서로 돕지 않으면 살 수 없기에 상대를 존중하고 공정한 절차를 존중하고,

마침내 모든 사람이 만족할 만한 정의를 추구하게 된 것입니다. 인류는 오랜 세월 그렇게 살았기에 육체적 능력이 취약했지만 번성하고 문명을 일궈낼 수 있었습니다. 그런데 그 도덕적 삶에 위기가 닥쳤습니다. 사회적 분업이 뚜렷해지고, 그와 더불어 격차가 발생하면서 그 도덕은 배타적 성격을 띠고 갈등을 증폭시키게 된 것입니다. 가인과 아벨의 이야기는 그 첫 번째 심각한 위기에 대한 깊은 통찰을 함축합니다.

그 위기는 아마도 수천 년 전, 아니 나아가 1만 년 전 그 순간의 위기로 그치지 않고 지금까지 지속되고 있습니다. 오늘 우리의 삶의 모습도 그렇게 닮아있지 않습니까? 특별히 자본의 전능함을 믿는 오늘 신자유주의 시대 그 위기는 더욱 심각합니다.

가인을 향한 하나님의 음성을 오늘 이렇게 바꿔 읽을 수 있지 않을까요? '해고되고 실직한 너희 형제들이 어디 있느냐?… 이제 이 회사가 경쟁력을 갖추기 위해 애를 써봐도 해고된 동료들의 피눈물을 흘리게 한 이 회사는 잘 될 턱이 없다.' 자본의 이윤 추구와 이를 위한 경쟁력 강화가 평범한 모든 사람의 인간다운 삶의 방식은 완전히 밀쳐내고 있지 않습니까? 기업경영에서만 문제가 아니라, 효율과 경쟁력 강화는 교육을 포함한 우리의 모든 삶의 영역에서 유일한 기준이 되어버렸습니다. 그 방식 그대로 나가면 끝내 우리의 인간다운 삶은 완전히 파탄 날 수밖에 없습니다. 본문 말씀에서 하나님의 가인을 향한 하나님의 음성은 오늘 우리 시대를 향한 경종이기도 합니다.

그러나 본문 말씀에서 다행스러운 것은 죄를 범한 가인을 하나님께서는 영원한 죽음과 파멸의 구렁텅이로 몰아넣고 있지 않다는 사실입니다. 파멸의 상황을 비로소 실감하고서 두려워하는 가인에게 하나님은 오히려 그를 지켜주시겠다는 약속을 하십니다. 오히려 가인을 죽이는 자에게 일곱 배의 벌을 내리신다고 했습니다. 이것은 죄를 범한 가인에게 다시 한번 기회를 허락하시고 계시다는 것을 의미합니다. '내가 다시 기회를 허락할 터이니 관계의 회복을 위해 헌신하는 삶을 살아라!' 하는 말씀입니다.

사적인 소유를 바탕으로 하고 끊임없이 그에 대한 욕망을 부추기는 삶의 방식으로 인해 발생한 사람들의 관계 파탄 그리고 이로부터 이어진 땅의 파괴 현상이 항구적인 징벌로, 자연적 질서로 용인될 수 없다는 것을 시사하는 말씀입니다. 인간 사회에 그렇게 파멸로 치닫게 내버려 둘 수 없다는 것입니다. 범죄한 가인의 생명에 대한 보존은 인간이 파멸적인 삶으로부터 돌이킬 때 하나님의 창조 질서가 회복된다는 것을 일깨워주고 있습니다.

"네 아우 아벨이 어디 있느냐?"라고 하나님께서 물으실 때, "제 아우는 바로 곁에 있습니다"라고 답할 수 있을 때 저마다의 삶이 온전하게 보존되는 진실을, 오늘 말씀은 우리에게 일깨워주고 있습니다. 그 진실을 되새기며, 더불어 살아가는 세상을 일구기 위해 헌신하는 우리가 되기를 기원합니다.

2018년 8월 26일

# 중용 中庸
## 전도서 7:15-18

꧁ ꙮ ꧂

> 헛된 세월을 사는 동안에, 나는 두 가지를 다 보았다. 의롭게 살다가 망하는 의인이 있는가 하면, 악한 채로 오래 사는 악인도 있더라. 그러니 너무 의롭게 살지도 말고, 너무 슬기롭게 살지도 말아라. 왜 스스로를 망치려 하는가? 너무 악하게 살지도 말고, 너무 어리석게 살지도 말아라. 왜 제 명도 다 못 채우고, 죽으려고 하는가? 하나를 붙잡되, 다른 것도 놓치지 않는 것이 좋다. 하나님을 두려워하는 사람은 극단을 피한다(전도서 7:15-18).

오랜만에 전도서의 말씀을 함께 나누게 되었습니다. 히브리어 '코헬렛'이라는 말을 '전도자'로 번역한 바람에 그 책 이름이 '전도서'가 되었습니다만, 코헬렛은 모임 중에 가르치는 사람을 뜻합니다. 사람들을 가르치는 현인 정도라고 할까요? 그 가르침이 집약된 것이 전도서의 내용입니다. 잠언, 욥기와 더불어 대표적인 지혜서 가운데 하나입니다.

욥기, 잠언, 전도서 이 세 책은 지혜서라는 점에서 공통되지만, 각기 전하는 그 지혜의 성격은 판이하게 다릅니다. 잠언이 매우 상식적인 지혜를 가르친다면, 욥기와 전도서는 그 상식적인 지혜에 의문을 제기하는 전복적인 지혜를 일깨우고 있습니다. 그런데 욥기와 전도서 사이에도 또 차이가 있습니다.

예를 들어 이렇게 이야기하면 이해하기 쉬울 것입니다. '착한 사람이 복 받고 악한 사람은 벌 받는다.' 우리가 가장 쉽게 접하는 교훈일 것입니다. 잠언이 일깨우는 지혜의 성격입니다. 반면에 욥기와 전도서는 그 지혜에 반론을 제기합니다. '아니, 착한 사람이 힘들게 살고 악한 사람이 더 잘 살던데!' 이런 반론입니다.

그 상식적 지혜와 전복적 지혜의 차이가 어떤 의미를 지닐까요? 상식적인 지혜는 삶의 질서 자체를 문제시하지 않습니다. 이미 주어진 질서를 당연히 전제하고 그 안에서 현명하고 의롭게 사는 길을 가르칩니다. 반면에 전복적인 지혜는 주어진 삶의 질서 자체를 문제시합니다. 오늘날 개념으로 말하면 '개인윤리'를 넘어 '사회정의' 내지는 '사회윤리'로 이어지는 문제의식이 있다는 것입니다. 성서가 이렇게 상반된 지혜, 따라서 서로 다른 삶의 측면을 동시에 생각할 수 있는 지혜를 모두 포함하고 있다는 것이 흥미롭습니다.

전복적인 지혜를 일깨우는 지혜서로서 욥기와 전도서 사이에는 어떤 차이가 있을까요?

욥기는 상식적인 지혜에 대한 반문을 극단으로 몰아붙칩니다. 그래서 상식적인 지혜, 상식적인 세계관이 은폐하고 있는 세계의 부조리를 적나라하게 드러내줍니다. 기록된 책으로서 욥기는 결론을 내리고 있지만, 사실 논리적으로 따지면 욥기는 결론이 내려졌다고 보기 어렵습니다. 끊임없는 반문과 이의제기 가운데, 사람들이 상식적으로 믿고 있는 세계관과 실제 부조리한 현실의 간극을 적나라하게 보여 주고 있을 뿐입니다. 그렇게 함으로써 전혀 새로운 세계를 상상할 수 있도록 인도해줍니다.

전도서는 상식적인 지혜에 대해 반론을 제기하고 있다는 점에서 욥기와 같지만, 그 태도는 상당히 다릅니다. 완숙한 현자의 달관한 지혜의 경지를 보여 준다고 할까요? 산전수전 다 겪어본 현자가 평범한 사람들이 아웅다웅하고 살아가는 것을 보고 부질없다고 일깨우는 것과 같습니다. 그러면서 일관되게 나름의 답을 분명하게 제시합니다. 하나님을 경외하며 순간순간의 삶에 충실하라는 권고입니다. 전도서 첫머리를 보면, '헛되고 헛되도다'로 시작하고 있어서, 일종의 허무주의를 노래하고 있는 것이 아닌가 생각되기도 합니다. 그러나 전도서는 허무주의로 귀결되지 않고, 사실은 하나님을 섬기면서 인생을 즐기라는 낙관주의를 가르치고 있습니다.

『반전의 희망, 욥』이라는 책은 우리 교회 성서 연구의 결과를 바탕으로 하여 제가 엮어낸 책입니다. 이 책을 내놨을 때 어떤 분이 이야기하기를, '그 시각으로 이번에는 전도서를 써보면 어떻겠냐?'고 했습니다. 제가 웃으면서 답했습니다. '욥기가 제기한 부조리한 상황은 겪어 본 바 많기에 쓸 수 있었지만, 전도서가 말하는 세상의 영화는 누려보지 못해서 못 쓴다'고 했습니다.

본론으로 들어가 본문 말씀에 초점을 맞추면, 바로 오늘 본문 말씀은 전도서의 성격을 아주 잘 보여 주고 있는 말씀의 한 대목입니다. 다시 한번 볼까요?

> 헛된 세월을 사는 동안에, 나는 두 가지를 다 보았다. 의롭게 살다가 망하는 의인이 있는가 하면, 악한 채로 오래 사는 악인도 있더라. 그러니 너무 의롭게 살지도 말고, 너무 슬기롭게 살지도 말아라. 왜 스스로를 망치려 하는가? 너무 악하게 살지도 말고, 너무 어리석게 살지도 말아라. 왜 제 명도 다 못 채우고, 죽으려고 하는가? 하나를 붙잡되, 다른 것도 놓치지 않는 것이 좋다. 하나님을 두려워하는 사람은 극단을 피한다.

어떤가요? 거참! 저는 웃음부터 나왔습니다. 성경 말씀을 대할 때 꼭 긴장해야 할 필요는 없습니다. 직감적으로 느껴지는 대로 일단 받아들여도 되지 않겠습니까? 진지하게 대하면 달관의 경지가 느껴지지만, 적당히 보자면 적당히 살라는 이야기로도 보이지 않습니까? 욥기가 유발하는 것과 같은 긴장감은 전혀 없습니다. 쭉 이어지는 말씀을 보아도 그렇게 물 흐르듯 흘러가는 느낌입니다. 점점 웃음이 나옵니다.

그런데 다시 들여다보면, '이게 뭐지?' 하고 다시 생각하게 해줍니다. 이제 정색하고 다시 생각해볼까요?

본문 말씀은 앞서 말한 바와 같이, 그 첫머리부터 상식적인 지혜에 의문을 제기하는 전복적 지혜의 성격을 분명하게 보여 주고 있습니다. "헛된 세월을 사는 동안에, 나는 두 가지를 다 보았다. 의롭게 살다가 망하는 의인이 있는가 하면, 악한 채로 오래 사는 악인도 있더라." 의인이 망하고 악인이 오래 산다는 것입니다.

그렇다면 어찌해야 할까요? 언뜻 보기에는, 망하는 일이 있더라도 의롭게 살든지, 악하게 살더라도 오래 사는 길을 택하든지 선택을 요구하는 것처럼 보이기도 하지만, 전도자(코헬렛)는 다른 결론을 말합니다. 그러니 너무 의롭게 살지도 말고 너무 악하게 살지도 말라는 것입니다. 이렇게 보면 전형적인 타협의 논리처럼 보입니다. 적당히 살라는 것으로 보입니다. 옳고 그른 것 그렇게 따지지 말고 살라는 이야기처럼 보입니다. 그런데 둘 다 해롭다는 것을 말하고 있음이 확실해 보입니다. 그렇다면 정말로 옳고 그름을 분별하는 것이 모두 부질없다는 이야기일까요?

본문 말씀에서 눈여겨보아야 할 것은 의로움과 악함이 모두 '자기의' 의로움과 악함이라는 것입니다. 〈새번역〉에는 그 표현이 정확하게 표현되어 있지 않지만, 〈개역〉을 보면 이렇게 되어 있습니다. "내가 내 헛된 날에 이 모든 일을 본즉 자기의 의로운 중에서 멸망하는 의인이 있고 자기의 악행 중에서 장수하는 악인이 있으니" 여기서 의로움과 악함이 모두 사람들 사이의 상대적인 것이라는 뜻입니다.

우리는 악함이 자기에서 비롯된다는 관념에는 익숙합니다. 특히 신앙을 전제로 할 때 그렇습니다. 반면에 의로움은 자기에게 유익하거나 유해한 것과 상관없는 어떤 상태를 나타내는 것으로만 받아들이기 쉽습니다. 본문 말씀은 분명히 둘 모두 '자기의' 것이라고 말하고 있습니다. 자기가 생각하는 의로움에 충실하다는 것을 뜻합니다. '자기 의自己義'를 말하는 것입니다.

본문 말씀이 말하는 의로움과 악함이 모두 해로운 결과로 귀결된다고 말하고 있는 점에서 그 두 가지가 모두 문제가 있다는 것은 더욱 분명하게 피력됩니다. "그러니 너무 의롭게 살지도 말고, 너무 슬기롭게 살지도 말아라. 왜 스스로 망치려 하는가? 너무 악하게 살지도 말고, 너무 어리석게 살지도 말아라. 왜 제 명도 다 못 채우고, 죽으려고 하는가?"

이 말씀은 앞서 말했듯, 둘 모두 해로운 것으로, 따라서 둘 사이의 선택을 말하지 않는다는 것을 분명히 하고 있습니다. 상식에 반하는 문제 제기의 진의가 여기에 있습니다. 상식에 반하는 문제 제기의 뜻이 현실을 무마하고 타협적으로 살라는 것을 용인하려는 데 있지 않고, 정말 바른 길이 무엇인지 생각하게 하려는 데 있다는 것은 이 말씀에 담겨 있습니다. 이 대목에서 본문 말씀은 처음 문제 제기에서 한 단계 뛰어넘어 다른 차원으로 전화되고 있습니다. 여기서는 의롭게 산다는 것과 동일시되는 지혜롭게 산다는 것 그리고 악하게 산다는 것과 동일시되는 어리석게 산다는 것이 대비되고 있습니다. 그런데 여기서 악하게 사는 결과가 서두에서 말한 것과 같이 오래 사는 것이 아닙니다. 그 결과는 제 명도 못 채우고 죽음에 이르는 것 아니겠냐고 반문하고 있습니다.

결국 이 말씀에서 말하는 의롭게 산다는 것과 악하게 사는 것이 각자에게는 전혀 다르게 인식되고 있지만, 사실상 동일시되는 어떤 사태라는 것을 말하고 있습니다. 같은 본질을 지니고 있으되, 다르게 나타나는 현상일 뿐입니다. 이 관계를 도대체 어떻게 이해할 수 있을까요?

악을 행하는 사람이 스스로 반성하지 않고 끊임없이 자기가 쌓은 악행에 의존해서 사는 사태는 우리가 어렵지 않게 이해할 수 있습

니다. 옳음에 대한 의식이 없는 경우입니다. 달리 말하면 수치심이
나 죄의식이 없는 경우입니다. 끊임없이 사기를 벌이는 범죄행위를
저질러놓고도 양심의 가책 같은 것을 느끼지 않은 경우일 것입니다.

그런데 끊임없이 의로움을 추구하는 것 같은데 그것이 스스로를
망치는 것으로 귀결되는 것은 어떤 사태를 말하는 것일까요? 어떤
결벽증과 같은 사태를 말하는 것일까요? 오히려 더 심각한 사태, 단
지 자신만의 문제로 그치지 않고 다른 사람에게도 심대한 영향을
끼치는 어떤 사태를 두고 하는 말입니다. 자기가 옳다고 믿는 바에
대해 일말의 다른 가능성을 두지 않고 확신하면서 자기 소신을 주
장하는 많은 경우가 바로 그 경우일 것입니다. 그 어떤 대상을 악마
화해 놓고 스스로의 양심의 짐을 아예 덜어버리는 경우입니다.

'광수생각'('광주에서 수상한 행동을 한 사람'을 뜻한다는데, '광주항
쟁을 수상한 눈빛으로 바라보는 사람'이라 해야 하지 않을까요?)에 빠져
있는 얼토당토않은 사람과 그 사람의 주장에 동조하는 정치인들은
어떤 경우일까요? 명백히 혐오와 배제의 논리를 펼치면서도 신앙
의 이름으로 정당화하는 종교인들은 어떤 경우에 해당할까요?

움베르토 에코의 소설 『장미의 이름』을 보면 의미심장한 대화가
등장합니다. "악마란 정신의 오만, 웃음이 없는 신앙, 한 번도 의심
을 받지 않은 진리입니다." "너는 예언자들과 진리를 위해 죽을 각
오가 되어 있는 사람들을 두려워해라. 이 사람들은 원래 수많은 사
람을 자기네와 함께, 흔히는 자기네보다 먼저, 때로는 자기네 대신
죽게 만들기 때문이지." 반성의 여지없는 맹신, 맹목적인 진리관이
가진 문제를 날카롭게 지적하고 있습니다. '진리는 고수되는 것이

아니라 탐구되어야 할 어떤 것'임을 일깨우는 이야기입니다. 옳고 그름에 대한 분별 마찬가지입니다.

그래서 오늘 말씀은 이렇게 결론 내립니다. 아무래도 〈개역〉 성경 번역이 더 적절해 보여 〈개역〉으로 인용합니다. "너는 이것을 잡으며 저것을 놓지 마는 것이 좋으니 하나님을 경외하는 자는 이 모든 일에서 벗어날 것임이니라."

적당히 절충하라는 뜻이 아닙니다. 이런 측면과 저런 측면을 모두 생각하는 것이 마땅하다는 이야기입니다. 진정한 의미의 중용中庸의 도를 말하는 것입니다. 차라리 어느 한 편을 택하는 것이 낫지 정말 모든 측면을 헤아리며 정도正道를 찾으려 노력하는 것은 자기를 들볶는 결과를 초래하여 결국 제 명에 가지 못하는 것 아니겠느냐 반문이 들 법도 합니다. 그렇게 염려하는 사람들에게 오늘 말씀은 아주 편안하고 분명한 답을 주고 있습니다. "하나님을 경외하는 자는 이 모든 일에서 벗어날 것임이니라." 하나님께 내맡기라는 이야기입니다. 삶의 진정한 개방성을 의미합니다.

우리가 신앙을 가졌다는 것이 도대체 무엇을 의미하겠습니까? 하나님 안에서 진실한 삶을 살고자 하는 것이며, 그 안에서 매 순간의 삶을 의미 있고 기쁘게 누리는 것 아니겠습니까? 하나님을 믿을 때 그 진정한 삶의 기쁨을 맛보는 우리가 되기를 기원합니다.

2019년 2월 17일

# 그리스도교 신앙의 요체

마가복음 12:28-34

꽃

> 율법학자들 가운데 한 사람이 다가와서, 그들이 변론하는 것을 들었다. 그는
> 예수가 그들에게 대답을 잘 하시는 것을 보고서, 예수께 물었다. "모든 계명
> 가운데서 가장 으뜸되는 것은 어느 것입니까?" 예수께서 대답하셨다. "첫째
> 는 이것이다. '이스라엘아, 들어라. 우리 하나님이신 주님은 오직 한 분이신
> 주님이시다.
> 네 마음을 다하고, 네 목숨을 다하고, 네 뜻을 다하고, 네 힘을 다하여, 너의
> 하나님이신 주님을 사랑하여라.' 둘째는 이것이다. '네 이웃을 네 몸 같이 사랑
> 하여라.' 이 계명보다 더 큰 계명은 없다." 그러자 율법학자가 예수께 말하였
> 다. "선생님, 옳은 말씀입니다. 하나님은 한 분이시요, 그 밖에 다른 이는 없다
> 고 하신 그 말씀은 옳습니다. 또 마음을 다하고 지혜를 다하고 힘을 다하여
> 하나님을 사랑하는 것과 이웃을 자기 몸 같이 사랑하는 것이, 모든 번제와
> 희생제보다 더 낫습니다." 예수께서는, 그가 슬기롭게 대답하는 것을 보시고,
> 그에게 말씀하셨다. "너는 하나님의 나라에서 멀리 있지 않다." 그 뒤에는 감
> 히 예수께 더 묻는 사람이 없었다(마가복음 12:28-34).

그리스도교 신앙의 요체를 간단히 집약하면 어떻게 될까요? 아주 상식적인 물음입니다. '하나님 사랑', '이웃 사랑'으로 집약되지 않습니까? 그 요체를 성서의 말씀을 따라 말하면, 구약성서의 '쉐마'와 신약성서의 '황금률'로 집약하기도 합니다.

'쉐마!' 즉 '들어라!' 하는 말로 시작되는 신명기 6장 4-5절의 말씀은 이렇게 되어 있습니다. "이스라엘은 들으십시오. 주님은 우리의 하나님이시오, 주님은 오직 한 분뿐이십니다. 당신들은 마음을 다하고 뜻을 다하고 힘을 다하여, 주 당신들의 하나님을 사랑하십시오." 오직 하나님을 온전히 섬기라는 말씀입니다.

황금률은 이렇습니다. "그러므로 너희는 무엇이든지, 남에게 대접을 받고자 하는 대로, 너희도 남을 대접하여라. 이것이 율법과 예언서의 본 뜻이다"(마태 7:12). "너희는 남에게 대접을 받고자 하는 대로 남을 대접하여라"(누가 6:31). 이웃, 타인과의 온전한 관계를 형성하는 가장 기본이 되는 태도로 모든 종교적·윤리적 가르침에서 가장 근본이 되는 원칙입니다. 이웃 사랑 역시 이와 같은 인간관계를 바탕으로 하고 있다는 점에서, 이 황금률은 이웃 사랑의 정신을 함축하고 있습니다.

본문 말씀은 바로 그 그리스도교의 가르침을 단적으로 집약하고 있는 말씀입니다. 예수님께서 직접 가르쳐주신 말씀으로, 다른 것은 몰라도 이 말씀만 알면 그리스도교 신앙의 요체를 제대로 안다고 할 수 있습니다. 가장 초보적이지만, 가장 심오한 진실을 일깨워주는 말씀입니다. 사실 어떤 해석을 덧붙이지 않아도 충분히 이해할 수 있는 말씀이지만, 본문 말씀이 전하는 정황을 헤아리는 가운데 그 뜻을 제대로 깨우치기 위하여 본문 말씀을 다시 환기해보겠습니다.

본문 말씀은 일련의 논쟁적인 맥락에서 그 논쟁을 일단락 짓는 말씀으로 등장합니다. 앞의 내용을 살펴보면, 12장 13절 이하에서 이른바 세금 논쟁이 등장하고, 다음 18절 이하에 부활 논쟁이 등장합니다. 세금 논쟁은 바리새파 사람들과 헤롯 당원 가운데 몇 사람이 예수님을 책잡기 위해 유발하였고, 부활 논쟁은 부활을 믿지 않은 사두개파 사람들이 역시 예수님께 흠을 잡기 위해 유발한 것으로 되어 있습니다. 예수님께서는 세금 논쟁에 대해서는 "가이사의 것은 가이사에게, 하나님의 것은 하나님에게"라는 명답으로 응수하였고, 부활 논쟁에 대해서는 사람들이 통상적으로 생각하는 것과는 다르다는 것을 지적하며 "살아있는 사람들의 하나님"을 강조하는 것으로 응수하였습니다.

바로 그 논쟁을 지켜보던 율법학자 가운데 한 사람이 예수님께서 대답을 잘하시는 것을 보고 다가와 물었습니다. "모든 계명 가운데서 으뜸이 되는 것은 어느 것입니까?" 구체적인 주제들에 대해 명답을 내놓는 것을 보고, 그렇다면 이 사람의 근본은 무엇일까 확인하고픈 기대에서 던진 질문입니다.

이 물음에 대해 예수님께서는 답하십니다. "첫째는 이것이다. '이스라엘아, 들어라. 우리 하나님이신 주님은 오직 한 분이신 주님이시다. 네 마음을 다하고, 네 목숨을 다하고, 네 뜻을 다하고, 네 힘을 다하여, 너의 하나님이신 주님을 사랑하여라.' 이 계명보다 더 큰 계명은 없다." 앞서 말한 신명기의 쉐마입니다. 연이어 답하십니다. "둘째는 이것이다. '네 이웃을 네 몸 같이 사랑하여라.' 이 계명보다 더 큰 계명은 없다." 이웃 사랑을 일깨우는 레위기 19장 18절의 말씀입니다.

그 답을 듣고 율법학자가 말합니다. "선생님, 옳은 말씀입니다. 하나님은 한 분이시요, 그 밖에 다른 이는 없다고 하신 그 말씀은 옳습니다. 또 마음을 다하고 지혜를 다하고 힘을 다하여 하나님을 사랑하는 것과 이웃을 자기 몸 같이 사랑하는 것이, 모든 번제와 희생제보다 더 낫습니다." 율법학자는 예수님의 말씀에 전폭적으로 동감을 표합니다. 예수님의 가르침이 자기가 알고 있는 율법의 정신에서 한 치도 벗어남이 없다는 것을 확인한 것입니다.

예수님께서는 율법학자가 슬기롭게 대답하는 것을 보고, 말씀하십니다. "당신은 하나님 나라에서 멀리 있지 않습니다." 이 대화가 있고 난 다음에는 감히 예수님께 더 묻는 사람이 없었다고 본문 말씀은 전하고 있습니다.

이 말씀이 함축하는 바가 무엇일까요? 두말할 것 없습니다. 구약성서에서부터 이어져 온 율법의 근본정신을 환기하고 있고, 예수님께서는 당신이 가르치는 것이 그 근본정신에서 벗어나 있지 않다는 것을 말합니다. 그 진실이 율법에 정통한 율법학자에 의해 확인되고 있습니다. 분명히 그 방법에서 여러 차이가 있었음에도 그 근본정신에서 예수님의 가르침이 구약성서의 율법에서 벗어난 것이 없다는 것을 확인해 주는 셈입니다.

신명기의 쉐마는 하나님을 온전히 섬길 것을 강조합니다. 마음을 다하고, 목숨을 다하고, 뜻을 다하고, 힘을 다하여 하나님을 섬기는 것은 전인적 차원에서 하나님을 섬기는 것을 뜻합니다. 지적으로 이해하고 승인하는 상태나, 감정적으로 몰입하는 상태, 또는 의례적 예배를 드리거나 그저 남들이 보기에 옳다고 여겨지는 행동으로 나타내는 상태, 그 가운데 특정한 형태로 한정되는 것이 아니라 그 모든 형태를 포괄하는 방식으로 하나님을 사랑해야 한다는 것을 말합니다.

그렇게 하나님을 사랑하는 것의 요체는 전적으로 자기를 초월하는 차원입니다. '이만하면 되었다.' '이것으로 충분하다'가 아니라 끊임없이 자기 자신을 돌아보고 자기의 입장과 태도를 상대화하는 것이 하나님을 온전히 사랑하는 것입니다. 하나님을 온전히 사랑한다는 것은 자기중심의 세계에서 전적으로 새로운 세계에 자신을 내맡기는 것을 뜻합니다. 여기서는 어떤 아집도 어떤 우상도 허용되어서는 안 됩니다.

그런데 인간이 스스로 감히 그런 삶을 산다고 어떻게 확인하고 확신할 수 있을까요? 여기에서 두 번째 계명이 중요한 의미를 지닙니다. 네 이웃을 네 몸 같이 사랑하는 데서 우리는 비로소 우리가 하나님을 사랑하고 있다는 것을 확증받을 수 있습니다. 이웃을 사랑하는 삶 가운데서 비로소 하나님을 사랑하고 있다는 사실을 우리는 확신할 수 있다는 이야기입니다. 그것이 율법과 예언에서 끊임없이 강조되어 왔습니다.

본문 말씀에서 율법학자의 대답은 바로 이 점에서 중요한 사실을 확인해 주고 있습니다. "이웃을 자기 몸 같이 사랑하는 것이, 모든 번제와 희생제보다 더 낫습니다." 하나님을 사랑하는 것이 이웃을 사랑하는 것과 별개라고 생각할 때 사람들은 종교적 의례에 몰입하게 됩니다. 본문 말씀은 그 행위가, 사람이 하나님을 사랑하는 하나의 표현으로서 전적으로 무가치한 것은 아니지만 그것으로 충분하지 않다는 것을 확인해주고 있습니다. "더 낫습니다." 하는 표현이 그것을 말해 주고 있습니다.

이 분명한 대화를 통해 더이상 논쟁의 여지는 없어졌다고 본문 말씀은 전하고 있습니다. 그러나 논쟁적 상황이 정말 종결되었을까요? 그렇지 않습니다. 본문 말씀에서 예수님과 율법학자의 대화는, 다른 율법학자들과 바리새파 사람들 그리고 헤롯 당원들과 사두개파 사람들의 잘못을 드러내줍니다. 예수님께서 지금 여기 등장하는 율법학자를 칭찬한 것은 예수님의 진실을 알지 못하거나 인정하지 못하는 다른 율법학자들을 질책한 것과 다름없습니다.

마가복음은 본문 말씀을 예수님의 성전정화 사건과 그리고 이어지는 예수님의 십자가 위에서의 죽음의 사건 사이에 배치함으로써, 예수님의 죽음이 예수님 자신의 잘못이나 죄 때문이 아니라 예수님께서 가르치신 진실을 받아들이지 못하는 사람들의 잘못 때문에 비롯되었다는 사실을 일깨워 주고 있습니다. 구약성서 이래로 알려져 온 율법의 정신을 온전히 따르지 못한 사람들의 잘못 때문에 비롯되었다는 것입니다.

이와 같이 본문 말씀은 이 말씀을 대하는 사람들로 하여금 끊임없이 자신을 돌아보게 한다는 점에서 여전히 논쟁적 맥락 한가운데 있습니다. '나는 과연 온전히 하나님을 사랑하고 있는가', '나는 과연 이웃 사랑을 온전히 실천하고 있는가', 본문 말씀은 끊임없이 되묻게 한다는 것입니다.

그 물음의 상황은 본문 말씀의 이야기가 계속 전파되면서 확대되고 심화됩니다. 마가복음보다 후대에 기록된 마태복음과 누가복음을 보면 알 수 있습니다. 마가복음의 말씀은 예수님께 질문을 던진 율법학자에 대해 어떤 단서나 토를 달지 않습니다. 그저 예수님께서 명답을 하시기에 그 말씀에 탄복하여 예수님의 근본적 태도를 확인하는 역할만 하는 것으로 되어 있습니다. 이 대화를 통해 예수님의 가르침의 진실을 확인하고 있을 뿐 아니라 정통 유대인 가운데서도 얼마든지 예수님의 가르침을 받아들일 만한 사람이 있다는 것을 알려 주고 있습니다. 그런데 마태복음과 누가복음은 질문자의 상황에 대해 부연함으로써 본문 말씀을 대하는 사람들의 스스로의 자세를 돌아보게 만듭니다.

마태복음(22:34-40)은 율법학자가 "예수를 시험하여 물어 보았다."고 단서를 달고 있습니다. 예수님의 가르침에 대한 전인적 승인 또는 따름과는 상관없는 태도입니다. 그와 같은 단서를 감안하고 마태복음의 같은 이야기를 보면, 트집을 잡고 싶은데 트집을 잡을 수 없는 곤란한 상황을 보여 주고 있습니다.

누가복음(10:25-37)은 문제의 상황을 더욱 발전시킵니다. 마태와 마찬가지로 누가도 율법학자가 예수님을 시험하고자 질문을 던진 것으로 묘사하고 있습니다. 가장 중요한 계명을 일깨우고 있다는 점에서 마가복음 본문 말씀과 거의 동일한 대화가 이어집니다. 다만 율법학자의 첫 물음과 대화 말미의 예수님 말씀이 달라집니다. "선생님, 내가 무엇을 해야 영생을 얻겠습니까?"라는 물음으로 시작된 대화가 이어지고, 말미에서 예수님께서는 이렇게 답하십니다. "네 대답이 옳다. 그대로 행하여라. 그러면 살 것이다."

그런데 누가복음 이야기는 여기에서 그치지 않고, 곧바로 연결되는 다른 이야기로 전환됩니다. 유명한 착한 사마리아 사람 이야기입니다. 그 이야기로 전환하는 첫 머리는 이렇게 되어 있습니다. "그런데 그 율법교사는 자기를 옳게 보이고 싶어서 예수께 말하였다. '그러면, 내 이웃이 누구입니까?'"

우리는 이 착한 사마리아 사람 이야기의 줄거리와 그 결론을 잘 압니다. "내 이웃이 누구입니까?"라는 물음에 예수님께서는 자비를 베푼 사람으로서 사마리아 사람을 듭니다. 이 이야기는 자기가 옳다는 것을 과시하고 싶어 하는 사람의 의중을 꿰뚫고 일격을 가한 것입니다.

어떤 점에서 그럴까요? 예수님께 질문을 던진 유대인 율법학자는 자신은 계명을 잘 알고 있을 뿐 아니라 그대로 실천하는 삶을 살고 있다고 자족하고 있었으며, 그것을 과시하고 싶었습니다. 그러나 그 율법학자는 자기가 정해놓은 이웃의 범위가 확고했습니다. 사마리아 사람은 이웃이 아니었습니다. 이런 사고방식과 행동 양식은 오늘 우리의 삶에서도 끊임없이 반복됩니다. 이웃 사랑을 실천한다고 하지만, 그 이웃은 자기에게 편한 이웃이요, 그 점에서 이웃의 경계는 확정되어 있고, 따라서 이웃 사랑마저도 지극히 자기중심적 범위를 벗어나지 못한 것입니다. 그 삶이 자기의 옳음을 입증하는 방편이 될지언정 진정으로 자신을 돌아보고 전적으로 하나님 앞에서 겸허한 삶을 사는 것과는 상관없는 삶이라는 것을 말해 줍니다.

누가복음은 그렇게 문제의 상황을 철저화시키고 있고, 끊임없이 우리로 하여금 문제의 상황에 대한 진정한 답을 찾게 만듭니다. '이만하면 되었다', '이것으로 족하다', 나아가 '나는 이렇게 사는데 저 사람들은 왜 저럴까?' 하는 상태에 머물지 않고 끊임없이 자신을 돌아보게 만듭니다. "내 이웃이 누구입니까?" 하는 물음은 그 이웃의 대상을 확정하는 것으로 답을 찾을 수 있는 물음이 아닙니다. 그 물음에 대한 진정한 응답은 "내가 어떻게 살고 있는가?"하는 물음으로 바꿔 받아들일 때 진정으로 답을 구할 수 있는 물음입니다.

본문 말씀의 뜻을 지적으로 이해하는 것이 중요한 게 아닙니다. 그리스도교 신앙의 요체를 상식적으로 알고 있는 것이 중요한 것이 아닙니다. 말씀이 일깨워주는 진실 앞에서 스스로를 돌아볼 수 있고, 겸허하게 자신의 삶 가운데서 그 뜻을 이루는 것이 중요합니다. 말을 많이 할 것도 없고, 온갖 많은 말에 현혹되어야 할 것도 없습니다.

예수 그리스도께서는 우리에게 그런 허장성세를 바라지 않습니다. 말씀의 진실 앞에서 겸허히 자신을 돌아보고 그 진실을 따르는 삶을 요구할 뿐입니다. 그 진실한 삶으로 진정한 그리스도인이 되기를 기원합니다.

2019년 8월 25일

# 당당히 걷는 삶을 보장하는 신앙

사도행전 3:1-10

❧⚘❧

오후 세 시의 기도 시간이 되어서, 베드로와 요한이 성전으로 올라가는데, 나면서부터 못 걷는 사람을 사람들이 떠메고 왔다. 그들은 성전으로 들어가는 사람들에게 구걸하게 하려고, 이 못 걷는 사람을 날마다 '아름다운 문'이라는 성전 문 곁에 앉혀 놓았다. 그는, 베드로와 요한이 성전으로 들어가려는 것을 보고, 구걸을 하였다. 베드로가 요한과 더불어 그를 눈여겨 보고, 그에게 말하였다. "우리를 보시오!" 그 못 걷는 사람은 무엇을 얻으려니 하고, 두 사람을 빤히 쳐다보았다. 베드로가 말하기를 "은과 금은 내게 없으나, 내게 있는 것을 그대에게 주니, 나사렛 예수 그리스도의 이름으로 [일어나] 걸으시오" 하고, 그의 오른손을 잡아 일으켰다. 그는 즉시 다리와 발목에 힘을 얻어서, 벌떡 일어나서 걸었다. 그는 걷기도 하고, 뛰기도 하며, 하나님을 찬양하면서, 그들과 함께 성전으로 들어갔다. 사람들은 모두 그가 걸어다니는 것과 하나님을 찬양하는 것을 보고, 또 그가 아름다운 문 곁에 앉아 구걸하던 바로 그 사람임을 알고서, 그에게 일어난 일로 몹시 놀랐으며, 이상하게 여겼다(사도행전 3:1-10).

예수 그리스도를 믿는다는 것이 과연 무엇을 의미할까요? 이렇게 근본적인 물음을 던지면 늘 난감해집니다.

어떤 교리적 명제가 명쾌하게 말하는 바와 같이 그대로 믿는 것을 뜻한다면 난감해야 할 이유가 없을 것입니다. 난감해한다면 믿음에 관해 끊임없이 물음을 갖고 있기 때문일 것이고, 그 물음은 아마도 믿음이 단지 어떤 교리적 명제를 받아들이는 차원에 그치는 것이 아니라 구체적인 삶과 관련되어 있다고 생각하기 때문일 것입니다.

본문 말씀은 초기 그리스도인들에게서 예수 그리스도를 믿는다는 것이 어떤 의미로 받아들여졌는지, 따라서 교회는 어떤 것이어야 하는지 잘 보여 주는, 아주 인상 깊은 이야기입니다.

날 때부터 걷지 못하는 사람이 있었습니다. 사람들이 성전에 모이는 시간이면 그는 다른 사람들의 도움을 받아 성전으로 들어가는 아름다운 문 앞에 앉아 구걸합니다. 베드로와 요한이 성전으로 들어갈 때 그 걷지 못하는 사람이 구걸하고 있습니다. 예수님의 제자인 베드로와 요한이 성전 기도회 시간을 지켰다는 것은, 아직 유대교와 별개의 종파로 구별되지 않은 그리스도인들의 실상을 보여 주는 한 단면입니다.

그렇게 유대교의 전통을 따라 성전에 들어가던 베드로가 요한과 함께 그를 눈여겨보며 말합니다. "우리를 보시오." 걷지 못하는 사람은 뭔가 얻게 되리라는 기대로 빤히 쳐다봅니다. 그때 베드로가 말합니다. "은과 금은 내게 없으나, 내게 있는 것을 그대에게 주니, 나사렛 예수의 이름으로 일어나 걸으시오." 이렇게 외치며 그의 손을 붙잡아 일으켰습니다. 그러자 그는 벌떡 일어나서 걷기도 하고 뛰기도 하며 하나님을 찬양하며 그들과 함께 성전으로 들어갔습니다. 그 광경을 목격한 모든 사람이 놀랍니다.

성서에서 육체적 질병의 치유 이야기는 언제나 육체적 질병의 치유를 넘어선 의미를 함축하고 있습니다. 치유의 기적은 언제나 역사적이며 사회적인 의미를 담고 있습니다. 그 의미를 깊이 헤아리자면, 이 이야기는 이미 앞서 이야기한 바와 같이, 당대 그리스도인들이 예수 그리스도에 대한 믿음을 어떻게 받아들이고 있었는지 잘 보여 주고 있습니다.

이 이야기의 주인공이 날 때부터 걷지 못하는 사람이었다는 것은, 그가 원치 않게 자신을 늘 주저앉은 신세로 머물러 있게 만드는 운명적인 조건을 말함과 동시에 오랜 고통의 상태를 말해 줍니다. 그렇게 있는 한 그는 항상 남의 도움에 의지해서 살아갈 수밖에 없습니다. 본문에 묘사된 바와 같이 움직일 때도 남의 도움을 받아야 하고, 앉은 자리에서도 남의 적선에 의존해야 합니다. 사도들이 나타났을 때, 이 걷지 못하는 사람이 기대한 것은 은과 금이었습니다. 그 도움으로 그는 충분히 감지덕지 할 수 있었습니다. 그것으로 그는 비록 걷지 못하는 사람의 처지이기는 하지만 생존하는 데 필요한 음식을 구할 수 있었을 것입니다.

그러나 놀랍게도 베드로는 나사렛 예수의 이름으로 그가 홀로 설 수 있도록 그를 돕습니다. 걷지 못하는 거지에게 은과 금, 곧 돈을 주는 것과 그가 걷지 못하는 상태에서 일어나 제 발로 걸을 수 있도록 해준 것 가운데, 어떤 것이 그 걷지 못하는 거지에게 절실한 것이었을까요? 물어보나마나한 우문입니다. 그가 남에게 의존해서 살아갈 수밖에 없는 걷지 못하는 상태에서 벗어나는 것이야말로 절실한 것입니다. 그것이 불가능하다고 생각하기 때문에 그보다는 은과 금을 더 절실히 기대한 것일 뿐입니다.

성전 앞에서 벌어진 이 사건을 보면 참 기묘한 대비가 이뤄지고 있습니다. 성전종교, 곧 유대 종교의 전통이 강고하게 자리 잡고 있는 현실 가운데 자기 삶을 주체적으로 살아갈 수 없는 한 사람이 있습니다. 그나마 다행스러운 것은 그가 성전종교의 시혜를 받으며 목숨을 연명해갈 수 있다는 사실입니다. 그가 사람들이 성전을 드나들거리는 시간마다 같은 자리에 앉아 있었다는 것은 성전종교를 믿는 신실한 사람들의 선량한 마음으로부터 늘 시혜를 받았다는 것을 뜻합니다. 신앙심을 가진 사람들의 동정과 자선이 그를 버티게 해 주는 조건이었습니다. 동정과 자선은 모든 종교의 중요한 덕목입니다. 그것이 사람들의 삶을 각박하지 않게 하는 것은 사실입니다. 그 거지는 그 덕분에 목숨을 부지하고 살아갈 수 있었음에 틀림 없습니다.

그런데 그리스도를 따르는 제자들은 그 성전종교가 베푸는 시혜와 전혀 다른 것을 베풉니다. 아예 그를 벌떡 일으켜 세워 자신의 삶을 스스로 살아가도록 놀라운 능력을 베풉니다. 여기에 예수 그리스도, 복음의 능력이 있습니다. 그것은 주저앉아 운명을 탓하며 살아갈 수밖에 없는 사람들을 똑바로 서서 걷게 만드는 능력입니다. 자기 삶의 주인공으로 살아가게 만드는 것이 복음의 능력입니다. 그리스도를 믿음으로써 나를 종으로 옭아매는 모든 조건에서 해방되어 진정한 자기 삶의 주인공으로 살아가는 것이 그리스도인의 진정한 모습입니다.

게다가 이 이야기는 또 하나 의미심장한 장면을 전해주고 있습니다. 그 걷지 못하는 사람은 벌떡 일어나서 걷기도 하고 뛰기도 하며 하나님을 찬양하면서 성전 안으로 들어갔다고 합니다. 벌떡 일어나 걷기도 하고 뛰기도 했다는 것은, 그 걷지 못하는 사람이 온전히 치유를 받았다는 것을 극적으로 나타냅니다. 그런데 이 사람은 곧바로 성전에 들어갑니다. 걷지 못하는 사람은 성전에 들어갈 자격이 없는 사람이었습니다. 그러나 이제 멀쩡하게 된 이 사람은 당당하게 성전에 들어갈 자격을 갖추게 되었습니다. 이제 자격을 갖추었으니 문제가 없었을까요? 순전히 형식적인 논리로 따지면 그렇게 받아들여질지 모릅니다.

　하지만 사람들은 충격에 빠집니다. 사람들은 크게 놀랐고 이상하게 여겼습니다. 전혀 예기치 못한 사건, 일상적 경험의 세계를 벗어난 신적 능력이 가시화된 사건 앞에 빠진 충격입니다. 일상적 질서와 경험, 그에 근거한 사고방식을 가진 사람들에게 걷지 못하는 사람이었던 사람이 일어나 걷고, 게다가 성전 안으로 들어온 것은 일종의 침입과도 같은 것입니다. 평온한 일상을 무너뜨리는 침입입니다. 이 사건은 걷지 못하는 사람이 일어난 사건이 그저 그 당사자에게 구원이 되는 사건으로 그치지 않고, 종교적으로 사회적으로 파문을 일으키는 사건이 된다는 것을 보여 주고 있습니다. 그것은 새로운 질서를 예고하는 중대한 사건이 되는 것입니다.

　이 이야기가 초대 그리스도인들의 삶의 모습을 전하는 이야기 바로 다음에 나온다는 것은 매우 의미심장합니다. 바로 앞 2:43-47의 말씀은 원시 그리스도교 공동체의 구체적인 모습을 간결하고 담고 있습니다. 진정한 사랑의 공동체(코뮨)로서 그리스도인 공동체의 모습입니다. 그들은 늘 사도들의 가르침을 되새겼고, 모든 것을 공동 소유로 삼아 필요에 따라 함께 사용했습니다. 그들은 모일 때마다 사랑의 식사를 나눴고 하나님을 찬양했습니다. 그래서 사람들에게 호감을 주었고 날마다 이를 통해 구원받는 사람들이 늘어갔다고, 바로 앞의 본문은 전하고 있습니다.

그리스도인의 공동체는, 모든 사람을 주체로 일으켜 세워 당당하게 자기 삶을 살아가도록 하는 실제적인 조건을 갖추었다는 것을 뜻합니다. 그것은 철저하게 소유와 자격(재산과 인격)에 얽매인 당대 로마세계 안에서 전혀 다른 삶을 추구했다는 것을 말합니다. 걷지 못하는 거지를 일으켜 세운 사도들의 능력은 바로 거기에서 비롯됩니다. 전혀 다른 삶의 질서를 짜고 그 새로운 질서를 구현하기 위해 헌신을 다한 사도들의 능력입니다. 그것은 성전종교가 가르친 동정과 시혜와는 근본적으로 다른 것입니다.

수년 전에 캐나다를 방문했을 때 배운, 캐나다연합교회가 이해하고 있는 선교 개념을 이 대목에서 환기하고 싶습니다. 캐나다연합교회는 선교 개념의 변화를 "자선에서 정의로"라는 말로 압축하며, 자선charity, 봉사service, 옹호advocacy, 정의justice로 변화되어가는 선교의 의미를 정의하고 있습니다. 푸드뱅크의 예를 들어 자선은 즉각적인 필요에 응하는 것으로, 봉사는 사람들과 협력하여 푸드뱅크에서 일하는 것으로, 옹호는 공동체의 부엌과 신용협동조합 등을 만듦과 아울러 정부에 로비활동을 펼치는 것으로 그리고 마지막으로 정의는 공정한 임금을 받을 수 있도록 활동하는 것으로 이해할

수 있습니다. 모든 사람이 저마다 자존감을 갖고 정정당당하게 살아가도록 만드는 것이 선교의 본령이라는 뜻입니다. 그것이 진정한 복음화의 의미라는 것입니다.

소유가 없고 자격이 없으면 걷지 못하는 사람과 같은 삶을 살 수밖에 없는 것이 우리 사회의 실상입니다. 이러한 상황에서 '무소유'만을 말하는 것은 위험할 수도 있습니다. '무소유'여도 '무자격'이어도 살아갈 수 있는 방도를 제시하는 것이 보다 근본적인 치유책일 것입니다.

며칠 전 신문(「한겨레신문」 2018. 8. 16.)에는 흥미로운 의식조사 결과가 나왔습니다. 하나는 우리 사회 청년들의 의식에 관한 것이고, 하나는 평화 의식에 관한 것이었습니다. 청년들의 의식과 관련해서는, 기성세대들이 주로 남북관계에 대한 의식을 기준으로 진보와 보수를 나누는 경향이 강한 반면 젊은 세대들은 분배와 성장 등 복지관련 사항에 대한 태도로 진보와 보수로 나누는 경향이 강하다는 것이며, 그 점에서 우리 사회의 젊은이들이 보수화되었다고 볼 수 없다는 결론이었습니다. 평화 의식과 관련해서는, 평화라는 말에 연상되는 것이 무엇인지 묻는 물음에 한국인은 비둘기를 떠올린 경우가 가장 앞선 반면 구미 사람들은 자유 평등 민주주의를 포함한 공공권리에 대한 것이 가장 앞섰다고 합니다. 평화를 추상적인 상징으로 떠올리는 것은 그것을 유토피아적인 것으로 인식하는 경향을 나타내는 반면 구체적으로 실현 가능한 가치들과 결부시키는 것은 그렇게 실현 가능한 것으로 여기는 경향을 나타낸다고 합니다.

예수 그리스도를 믿는 믿음은 우리의 삶의 조건 가운데서 어떻게 구체화되어야 할까요? 예수 그리스도에 대한 믿음은 궁극적 차원을 함축하지만, 동시에 우리의 구체적인 삶 가운데서 구체화되지 않는다면 우리의 삶과 삶의 질서를 변화시키는 동력을 갖지 못하게 됩니다.

점점 더 많은 소유와 점점 더 많은 자격을 갖추어야만 살아가도록 내모는 우리 사회에서, 유감스럽게도 오늘날 많은 교회마저, 아니 교회가 더더욱 사람들에게 걷지 못하는 사람과 같은 삶을 살도록 강요합니다. 은과 금에 의존하는 삶, 보상에 의존하는 삶, 먹여주는 밥, 선포되는 말씀만 받아먹는 삶을 강요합니다. 여기서 보상을 얻지 못할까 두려워하는 신앙인이 형성됩니다. 그 보상의 법칙에 어긋나는 일은 자기 존재를 파괴하는 것으로 두려워하는 신앙인이 형성됩니다. 걷지 못하는 신앙인입니다.

걷지 못하는 사람으로 은과 금에 의존하는 것보다 은과 금이 없어도 제 발로 걷고 뛰는 것이야말로 진정한 삶의 모습입니다. "은과 금은 내게 없으나, 내게 있는 것을 그대에게 주니, 나사렛 예수 그리스도의 이름으로 일어나 걸으시오." 우리는 그 음성을 가장 기쁜 소식, 곧 복음으로 받아들이는 그리스도인입니다.

우리가 그리스도인이 되는 것은 바로 그 구원의 복음을 우리의 삶 가운데서 구현한다는 것을 뜻합니다. 진정한 그리스도인으로서 삶을 살아가는 우리가 되기를 기원합니다.

2018년 8월 19일

# 삶의 위기 앞에서 성찰하는 신앙

로마서 5:1-5

> 그러므로 우리는 믿음으로 의롭다 하심을 받았으므로, 우리 주 예수 그리스도
> 로 말미암아 하나님과 더불어 평화를 누리고 있습니다. 우리는 또한, 그리스
> 도로 말미암아 지금 서 있는 이 은혜의 자리에 [믿음으로] 나아오게 되었으며,
> 하나님의 영광에 이르게 될 소망을 품고 자랑을 합니다. 그뿐만 아니라, 우리
> 는 환난을 자랑합니다. 우리가 알기로, 환난은 인내력을 낳고, 인내력은 단련
> 된 인격을 낳고, 단련된 인격은 희망을 낳는 줄을 알고 있기 때문입니다. 이
> 희망은 우리를 실망시키지 않습니다. 하나님께서 우리에게 주신 성령을 통하
> 여 그의 사랑을 우리 마음 속에 부어 주셨기 때문입니다(로마서 5:1-5).

본문 말씀은 예수 그리스도의 고난과 죽음의 의미를 깨닫고 믿
는 것이 과연 우리 인간에게 어떤 사건을 불러일으키는 것인지 역
설하고 있는 대목입니다. 본문 말씀은 바로 앞의 4:25의 말씀과 직
결되어 있습니다. "예수는 우리의 범죄 때문에 죽임을 당하시고, 또

한 우리를 의롭게 하시려고 살아나셨습니다"(4:25).

이 말씀은 전통적으로 대속론의 근거가 되어 왔습니다. 죄 없는 사람이 죄인을 대신해 벌을 받았다는 이야기는 참으로 감동적입니다. 또 그 덕분에 처벌을 받아야 할 사람이 처벌을 면할 수 있었다면 마땅히 감사해야 할 것입니다. 나아가 자신의 죄에 대한 책임을 면하게 해준 분의 숭고한 뜻을 따라 스스로 그 뜻을 실현하는 삶을 살고자 하는 것이 마땅합니다. 대속론의 효과가 이렇게 귀결된다면 다행입니다.

그러나 그리스도교 역사에서 대속론은 오용되어 왔습니다. 일종의 주술적 효과를 지닌 것으로 여겨져 왔습니다. 예수 그리스도께서 우리의 죄를 대신하였으니, 우리에게는 더이상 죄가 없다는 믿음은 그리스도인들에게 성찰적이며 실천적인 삶으로 인도하기보다 주술적인 안도의 세계로 인도하였습니다. 그 믿음을 갖고 있는 사람 자신에게는 물론 살고 있는 세계 안에 그 어떤 변화가 없어도 그저 안주하는 것을 정당화해주는 것으로 귀결되었습니다. 저마다의 주관적 믿음만 강화될 뿐 아무런 변화 없는 인간, 아무런 변화 없는 세상을 정당화하는 편리한 도구로 사용되어 온 것입니다.

예수 그리스도의 죽음과 부활에 대한 믿음이 그 정도밖에 되지 않는 것일까요? 아닙니다. 예수 그리스도의 죽음과 부활에 대한 믿음은 전혀 새로운 사건, 곧 새로운 인간과 새로운 세계의 탄생을 향한 출발점입니다. 본문 말씀은 그 진실을 전하고 있습니다.

본문 말씀은 먼저 믿음으로 이르게 되는 삶의 궁극적 목적에 관해 선포합니다. 믿음은 곧 지금까지 경험하지 못했던 새로운 인간,

새로운 세상에 대한 희망입니다. "우리는 믿음으로 의롭게 하여 주심을 받았으므로, 우리 주 예수 그리스도로 말미암아 하나님과 더불어 평화를 누리고 있습니다." 이것은 삶의 의미와 궁극적 목표를 말합니다.

여기에서 평화는 단지 마음의 상태를 뜻하지 않습니다. 그것은 진정한 의미에서 하나님과의 관계를 뜻하며, 또한 동시에 땅 위에서 이뤄져야 할 현실을 뜻합니다. 믿음은 바로 그 궁극적 목적을 향한 출발점입니다. 그러므로 믿음을 가진 사람은 어떠한 어려움 가운데서도 참을 줄 압니다. 참는 것은 사람을 단련시켜 고매한 품격을 만듭니다. 거기에서 희망이 굳건하게 자리합니다.

"환난은 인내를, 인내는 연단을, 연단은 소망을 이룬다"(개역성경). 이 말씀은 그저 고상한 도덕률에 그치는 것이 아닙니다. 믿음을 가진 인간은 새로운 주체로서 새로운 인간입니다. 5절 말씀에 따르면, 성령으로 부어주신 하나님의 사랑을 따라 움직이는 사람입니다. 성령을 받는다는 것은, 지금까지의 자기 한계를 완전히 초월하여 새로운 삶을 사는 것을 뜻합니다.

그 새로운 인간의 삶이 어떻게 가능할까요? 사도 바울에 따르면, 그 새로운 인간의 탄생은 예수 그리스도의 죽음에서 시작되었습니다. 사도 바울은 예수 그리스도의 삶이 아니라 죽음에서부터 이야기를 시작합니다. 바울은 예수의 죽음을 보편사적인 사건으로 의미를 지니는 것으로 봅니다. 죄인들을 구하기 위해 하나님이 사랑을 나타내신 사건으로 봅니다.

그 사건을 대속론으로 이해하는 대신 달리 이해한다면 도대체 어떻게 받아들일 수 있을까요? 잔인한 하나님이 아닐까 하는 의문이 들 법도 하지만, 말씀의 초점은 하나님이 아들을 죽이기로 예정했다는 데 있지 않습니다. 사람들이 그렇게도 깨닫지 못했던 진실을 예수님이 죽고 나서야 비로소 깨닫게 되었다는 데 말씀의 참뜻이 있습니다. 사람들이 스스로 처해 있는 상황을 예수님의 죽음을 통해서야 비로소 인식하고 살아갈 방도를 찾을 수 있게 되었다는 뜻입니다. 그런 의미에서 예수님의 죽음은 사람을 살리기 위한 하나님의 사랑의 행위였습니다.

오늘 우리에게 아리송한 이야기로 들릴지 모릅니다. 사도 바울 당대의 사람들에게는 어땠을까요? 사실은 사도 바울 당대의 사람들에게도 금방 이해될 수 있는 이야기는 아니었습니다. 예수의 죽음이, 인간의 죄를 온전히 드러나게 하는 사건이고, 그런 의미에서 역으로 하나님이 인간을 구원하기 위한 사건이었다는 것은 당대 사람들에게 황당한 이야기였습니다.

바울이 예수의 죽음을 인간 구원을 위한 보편적인 사건으로 이해한 데는 분명한 이유가 있습니다. 바울이 율법을 따르는 사람들이 주장하는 자기 의를 비판한 것은 단지 유대인만을 공격하기 위해서가 아니었습니다. 한 표본으로서 유대인을 겨냥한 것뿐이지, 사실은 또 다른 형태로 그 자기 의를 내세우는 그리스인을 비판하고 있으며, 나아가 모든 인간의 자기 의를 비판합니다. 그것은 바울이 경험하고 있던 세계에 대한 인식, 곧 로마 세계에 대한 인식을 보여 줍니다. 예수의 죽음은 바울이 경험한 그 세계와 떼어놓을 수 없는 사건입니다.

예수가 단지 유대의 율법을 어겨 돌에 맞아 죽었다든지, 아니면 로마제국에 무장봉기를 일으켜 처형당했다면 어땠을까요? 유대의 율법을 어겨 죽었다면 그와 상관없는 사람들에게는 별 의미가 없습니다. 로마제국의 지배에 군사력으로 항거했다면 당연한 일로 간주되었을 것입니다. 두 경우 모두 특정한 체제에 의해 희생되었다는 점에서 그 죽음이 보편적 성격을 지니지 않는 것은 아닙니다.

그러나 예수의 죽음이 모든 사람에게 의미 있는 사건이 될 수 있었던 결정적인 요인은, 그저 진실을 선포했고 사랑을 실천했을 뿐인 그분이 로마의 정치범으로 처형되었다는 사실에 있습니다. 그 사건을 바울은 하나님이 인간을 구원하기 위한 사랑을 나타낸 사건이라고 역설하고 있습니다. 저 변방의 한 사내가 죽은 사건을 그렇게 말하고 있으니 사람들은 얼마나 황당해 했을까요? 그러나 바울에게는 그 '황당함'이 더 없이 좋은 빌미였습니다.

예수의 죽음은 일개 촌부의 죽음이었습니다. 문제는 여기에 있습니다. 사형집행인이었던 총독 빌라도마저도 이유를 알 수 없어 하면서도 결국 죽음에 이르도록 충실한 집행자 역할을 맡습니다. 그것이 예수의 죽음이었습니다. 바울은 바로 거기에서 모든 사람이 그 죽음에 연루되었다는 진실을 깨닫습니다. '우리의 죄' 때문에 예수가 죽었다는 이야기는 그 세계를 살고 있는 모든 사람이 그 죽음과 연루되어 있다는 이야기입니다. 단지 사랑을 이뤘을 뿐인 사람을 죽음에 이르게 하는 그 체제의 현실, 바로 거기에 어떻게든 모든 사람이 연루되어 있다는 것이 문제입니다. 그것이 바로 예수께서 고난을 겪고 십자가의 죽음에 이른 사건의 보편적 의미입니다.

그러므로 예수의 죽음은 그 체제 자체 그리고 그 안에 살고 있는 모든 사람이 죄를 짓고 있다는 사실을 만천하에 드러낸 사건입니다. 그것이 모든 사람을 구원하는 하나님의 사랑을 나타내는 사건이 되는 것은, 그 사건으로 말미암아 자신들이 모두 예수를 죽게 만든 죄에 연루되었다는 사실을 인식하게 되기 때문입니다. 잘못을 알아야 그로부터 돌이킬 수 있습니다. 그런 의미에서 잘못을 인정하는 것은 곧 구원의 가능성으로 직결됩니다. 그 사실을 인정하는 것이 믿음입니다.

　지나친 이야기처럼 들릴 수도 있습니다. 사악한 짓을 저지른 것도 아니고, 선하고 의롭게 살아보려고 노력하는 사람의 입장에서는 무고한 사람을 죽음에 이르게 한 체제에 연루되었다고 하면 억울할 것입니다.

　그러나 예수님의 십자가 위에서의 죽음의 의미를 새기는 바울의 선포는, 인간 스스로의 실존을 밑바닥 근원의 차원에서 되돌아보게 만듭니다. 인간의 삶에 어떤 문제가 있는지 깨닫고 진정으로 새로운 인간으로서 새로운 세계를 희망하고 살도록 일깨웁니다. 그것은 인간의 무력함을 강조하려는 것이 아니라 전적으로 새로운 가능성에 인간 스스로를 내맡기도록 하기 위해서입니다. 사도 바울은 아는 사람만 알고 있을 뿐 그 밖의 사람들은 알지도 기억하지도 못한 사건을 환기하며, 그 사건이 지니는 인간 위기의 상황과 인간 가능성의 상황을 동시에 통찰하고 그 보편적 의의를 역설합니다. 이로써 바울은 인간에게 나락에서 새로운 세계를 꿈꾸는 전망을 보여주었습니다.

우리는 지금 코로나19로 심각한 위기의 상황 가운데서 처해 있습니다. 워낙 심대한 위기로 체감하고 있는 까닭에 위기 여부 자체를 두고 논란의 여지는 없습니다. 그러나 그 위기를 대처하는 태도는 제 각각입니다.

한편에서는 위기의 근원을 깊이 성찰하는가 하면 당장 직면한 위험에 대처하느라 분투하고 있습니다. 환경파괴와 기후변화를 불러일으킨 인간문명에 대한 성찰과 더불어 장기적 비상상황을 유념하고 새로운 삶의 방식을 모색해야 한다는 제안, 모이는 예배를 중단할 수밖에 없는 상황에서 진정한 신앙과 예배 그리고 교회의 의미를 다시 생각하게 되었다는 성찰, 다급하게 실질적인 위기 대응을 위해 연대하는 노력들(의료진들의 헌신, '달빛연대' 등), 안타까워하며 어떻게든 위기 극복을 위해 정성을 모으려는 시도들, 최소한 '사회적 거리두기'를 하며 달라진 일상에 적응하고 있는 노력들이 이에 해당합니다.

그러나 정반대로 각기 주관적 믿음대로 구도를 그려놓고 자기이익에만 몰두하는 행태도 있습니다. 사태 해결에 지혜를 모으기보다 누군가에게 책임을 뒤집어씌우며 정치적 계산을 하는 태도(국내의 보수정치 세력, 일본 정부의 조치 등), 마스크를 사재기하며 한몫 잡으려는 행태, 공동체의 안전보다 자신을 우선시하는 일부 종교집단의 태도 등이 이에 해당합니다. 자신들만 구원받았다고 생각하는 신천지에 의해 감염이 확산되고 사회적 위기가 증대된 것은 그 나쁜 본보기의 극명한 사례입니다. 그 신천지에 젊은이들이 많이 현혹되었다니, 마음이 아픕니다.

과연 어떤 길이 모두가 온전한 삶을 누리는 길인지 분별하기 어렵지 않습니다.

사도 바울은, 지나쳐 버리면 아무도 모를 뻔했던 한 사건에 담긴 인간 위기의 상황과 인간 가능성의 상황을 동시에 통찰했습니다. 그 진실은 끊임없이 우리를 성찰하게 하고 동시에 새로운 가능성을 추구하도록 인도합니다.

오늘과 같이 모든 사람이 느끼고 있는 위기 가운데서 우리가 과연 어떤 삶을 영위해야 하는지 깨닫지 못한다면, 절망입니다. 그러나 이 위기 가운데서 스스로의 삶을 돌아보고 서로를 배려하는 마음이 더욱 고양된다면, 그것은 우리에게 큰 희망이요, 위로가 됩니다. 그 희망을 더욱 키워나가는 우리가 되기를 기원합니다.

2020년 3월 8일

# 그리스도 안에 그리고 우리 안에
## 새겨진 진실

고린도후서 1:18-22

＊

하나님께서는 신실하십니다. 따라서 우리가 여러분에게 하는 말은, '예' 하면서 동시에 '아니오' 하는 것은 아닙니다. 나와 실루아노와 디모데가 여러분에게 선포한 하나님의 아들 예수 그리스도께서는, '예'도 되셨다가 동시에 '아니오'도 되신 분이 아니었습니다. 그리스도 안에는 '예'만 있을 뿐입니다. 하나님의 모든 약속은 그리스도 안에서 '예'가 됩니다. 그러므로, 그리스도로 말미암아, 우리는 "아멘" 하면서 하나님께 영광을 돌리는 것입니다. 우리를 여러분과 함께 그리스도 안에 튼튼히 서게 하시고, 또 우리에게 사명을 맡기신 분은, 하나님이십니다. 하나님께서는 또한 우리를 자기의 것이라는 표로 인을 치시고, 그 보증으로 우리 마음에 성령을 주셨습니다(고린도후서 1:18-22).

사도 바울은 사람들과 직접 대면해서 이야기할 때는 별로 말주변이 없었던 것 같습니다. 반면 오늘 우리에게 남겨진 그의 서신들을 볼 것 같으면 유창한 달변가였던 것으로 보입니다. 글말과 입말이 그 분위기가 다를 수 있는데, 바울의 경우 사람들에게 그 차이가 조금 크게 느껴졌던 것 같습니다.

바울 자신도 그 사실을 강하게 의식하고 있었던 것 같습니다. "'바울의 편지는 무게가 있고 힘차지만, 직접 대할 때에 그는 약하고, 말주변도 변변치 못하다' 하고 말하는 사람들이 있습니다"(고후 10:10). 이에 대해 바울은 곧바로 이렇게 말하면서 스스로를 옹호하기도 합니다. "이런 사람들은, 우리가 떠나 있을 때에 편지로 쓰는 말과 함께 있을 때에 행하는 일 사이에는, 아무런 차이가 없다는 것을 알아야 합니다"(10:11).

말의 분위기가 다르다고 해서 본뜻이 달라지는 것은 아니며, 진정성에 대해 의혹을 두어서는 안 된다는 이야기입니다. 우리에게 남겨진 것은 그의 글말이고, 그것을 보면 바울은 자신의 생각을 매우 생동감 있게 전하고 있다는 것을 알 수 있습니다.

우리가 함께 읽은 고린도후서의 본문 말씀도 글말로서, 사실은 매우 생동감이 있고 흥미롭습니다.

그리스도교 역사에서 정경을 확정한 것은, 신앙의 표준을 확립하려는 시도이기는 했지만, 그로 인해 잃어버린 것도 있습니다. 성서를 생동감 있게 읽을 수 없는 것도 그 가운데 하나일 것입니다. 그저 거룩한 말씀으로만 읽어야 한다는 강박관념이 지배하고 있기 때문입니다. 그렇게만 대하면 기록자의 인격이나 개성, 또는 처해 있는 정황을 상상하기 쉽지 않습니다. 그러나 성서 기록 자체가 하나의 역사적 산물이고, 구체적인 인격과 개성을 지닌 주인공의 기록이라 볼 것 같으면, 훨씬 생동감 있는 의미를 발견할 수 있습니다.

바로 그 점에서 본문 말씀은 서신의 기록자로서 사도 바울의 생생한 감정을 잘 표현해 주고 있습니다. 자신이 직면한 상태에서 어떤 감정의 상태에 있는지 생생하게 드러내 주고 있고, 따라서 그 감정의 상태를 헤아리면서 보게 되면 더욱 그 말씀의 생동감을 실감할 수 있는 내용입니다.

본문 말씀은 어떤 구체적인 정황을 전제하고 있습니다. 바로 앞에 그 상황이 나오는데, 그 상황을 단순하게 정리하면 이렇습니다. 바울이 고린도교회에 또 가기로 했는데, 계획의 변동으로 그 약속을 당장 지킬 수 없는 상황이 되어버렸습니다. 그래서 바울이 고린도교회 교우들을 소홀히 대하고 빈말을 하는 사람처럼 되어버려서, 결코 그런 것이 아니라는 것을 스스로 해명합니다.

바로 앞 구절을 보면 이렇습니다. "내가 이런 계획을 세운 것이 변덕스러운 일이었겠습니까? 또는 내가 육신의 생각으로 계획을 세우기를, '아니오, 아니오' 하려는 속셈이면서도 '예, 예'하고 계획을 세우는 것이겠습니까?"(1:17).

그리고 이어서 본문 말씀을 전하고 있는데, 자신의 진정성을 해명하는 말치고는 상당히 거창합니다. 자신의 진정성을 의심하지 말아달라고 하는데, 그 근거로 신실한 하나님을 말합니다. 어떤 의중일까요? '내가 이런 하나님을 믿는 사람인데, 빈말을 할 수 있겠습니까?' 하는 어조입니다. 거창하지 않습니까? 그래서 바울의 설득은 단순히 자신에 대한 옹호로 그치지 않고 신앙의 요체를 밝히는 신학적 성격을 띠게 됩니다.

이 변증에서 핵심은 이 구절입니다. "(신실한) 하나님의 아들 예수 그리스도께서는 '예'도 되셨다가 '아니오'도 되신 분이 아니었습니다. 그리스도 안에는 '예'만 있을 뿐입니다. 하나님의 모든 약속은 그리스도 안에서 '예'가 됩니다. 그러므로, 그리스도로 말미암아, 우리는 '아멘' 하면서 하나님께 영광을 돌리는 것입니다."

사실 이 말씀의 의미는 매우 분명한데도, 교회 현실에서 많이 오용되고 있습니다. "그리스도 안에는 '예'만 있고 '아니오'는 없으므로 그리스도인은 무조건 '예'만 해야 한다"는 논리로 비약될 때 이 말씀은 오용됩니다. 그 '예'가 무조건적인 순종을 의미하는 것으로 이해될 때 오용됩니다. 그것도 불의한 권위에 맹목적 순종을 정당화하는 것이 될 때 그 오용은 극에 달합니다.

그리스도 안에 '예'만 있고 '아니오'는 없다는 것은 그리스도의 인격 안에 구현된 하나님의 속성을 말합니다. 예수 그리스도의 삶에 하나님의 본질이 드러났느냐 않느냐의 문제입니다. 과연 예수 그리스도의 삶 가운데 "신실한 하나님의 본질이 드러났느냐?", 거기에 대해 "예"라는 것입니다. 거기에 대해 "아니오" 할 만한 것은 없다는 이야기입니다. 예수 그리스도의 삶은 분명하게 하나님의 뜻을 드러냈다는 것입니다. 이것은 바꿔 말하면 예수 그리스도를 봄으로써 신실한 하나님을 분명하게 알 수 있다는 이야기입니다. 지금 우리는 아기 예수 탄생을 맞이하는 대림절 넷째 주일 예배를 드리고 있습니다만, 바로 그 예수에게서 하나님을 보고 믿는 것이 그리스도교 신앙의 요체입니다. 바울은 그 진실을 여기서 환기하고 있습니다.

이 말씀은 세상의 불의를 보고도 무조건 "예" 해야 한다는 것을 말하는 것이 결코 아닙니다. 예수님께서 불의를 보고 "예" 했습니까? 예수님께서는 분명히 "아니오"라고 말했습니다. 이 말씀은 아무 권위에나 맹목적으로 순종해야 한다는 것을 가르치는 말씀이 결코 아닙니다. 하나님께, 예수 그리스도 안에 드러난 하나님께 "예" 하는 것은, 세상의 권위에 대해 오히려 "아니오"로 직결되는 경우가 더 많습니다.

이어지는 말씀 또한 중요한 의미를 지니고 있습니다. 이 대목에서 사도 바울은 자신과 일행의 확신을 피력합니다. "우리를 여러분과 함께 그리스도 안에 튼튼하게 서게 하시고, 또 우리에게 사명을 맡기신 분은 하나님이십니다. 하나님께서는, 또한 우리를 자기의 것이라는 표로 인을 치시고, 그 보증으로 우리 마음에 성령을 주셨습니다." 신실한 하나님께서 분명히 자신들과 함께하시는 까닭에 자신들의 진정성을 믿어 의심치 말아달라는 이야기입니다.

사도 바울과 그 일행, 곧 실루아노(실라)와 디모데는 하나님으로부터 사명을 받아 일하는 사람들입니다. 그들은 그것을 확신하고 있습니다. 자신의 이기적 욕망을 따라 어떤 일을 하는 것이 아니라 진실을 위해 일을 한다는 이야기입니다. 놀라운 일은 그 증거를 주셨다는 것입니다. 하나님께서 자기의 것이라고 표로 인을 치셨다고 합니다. "그 보증으로 우리의 마음에 성령을 주셨습니다." 사도 바울은 단호하게 확신에 찬 어조로 말하고 있습니다.

그걸 도대체 어떻게 알 수 있을까요? 그 보증으로 준 것이 눈에 보이지 않는 '성령'이요, 또한 눈에 보이지 않는 '마음'에 주었으니 사람들이 그걸 어떻게 알 수 있을까요? 한국교회에서는 성령을 받은 것을 확실히 구별하는 기준이 있기는 합니다. 마음이 뜨거운 것이 그 증거 가운데 하나입니다. 그런데 마음이 뜨겁다는 것도 안 보이니까 더 확실한 증거를 찾습니다. 방언이 그 하나의 지표입니다. 사도 바울이 말하고자 한 것이 그런 것일까요?

바울이 말하고자 한 것은 그런 것이 아닙니다. 바울은 고린도전서 13장에서 방언에 관한 가르침을 전하고 있을 뿐 아니라, 곳곳에서 성령의 의미를 헤아릴 만한 내용을 언급하고 있습니다. 갈라디아서 5:22-23에서는 이렇게 말합니다. "성령의 열매는 사랑과 기쁨과 평화와 인내와 친절과 선함과 신실과 온유와 절제입니다." 하나님께서 자신들과 함께하신다는 보증으로 마음에 주신 성령은, 곧 그들의 인격과 삶을 뜻합니다. 성령을 받았다는 증거는 그 인격과 삶으로 드러나게 되어 있다는 것입니다.

결국 자신들을 오해하고 있는 고린도교회 교우들을 향해 사도 바울이 말하고자 하는 것을 간단하게 말하면, 이렇게 됩니다. '우리의 인격과 삶을 알지 않습니까, 정말 빈말이나 하고 다닐 사람들이겠습니까?' 이렇게 묻는 셈입니다. 물론 다시 확인하지만 바울은 단지 그렇게만 말하는 데 머무르지 않습니다. '하나님을 믿는 사람으로서 우리가 허튼 짓을 할 사람이겠습니까?' 이렇게 말하고 있습니다. 결국 바울은 신실한 하나님에 대한 확신과 스스로의 삶 자체에 대한 자신을 동시에 피력하고 있는 셈입니다. 그냥 상대가 듣기 좋은 말만 하고 있는 것이 아닙니다. 하나님에 대한 믿음으로, 그 믿음으로 인한 자신의 삶으로 상대를 설득하고 있는 것입니다.

그리스도교는 말씀의 종교입니다. 하나님을 섬기는 행위의 중심에는 언제나 말씀이 있습니다. 그 어떤 형상을 받들고 기대는 것이 아니라 하나님 말씀의 의미를 새기고 그 말씀을 실천하는 것이 그리스도교 신앙의 요체입니다. 히브리어로 '말씀'을 뜻하는 '다바르'는 곧 '사건'을 뜻하기도 합니다.

그 말씀은 그저 일방적으로 주어지고, 일방적으로 선포된 명령과는 다릅니다. 예컨대 예수께서 이 땅에 오신 사건, 그 사건의 의미를 요한복음은 이렇게 한마디로 집약합니다. "말씀이 육신이 되어 우리 가운데 사셨다"(요한 1:14). 하나님께서 인간의 모습으로 오셨고, 그 가운데서 말씀의 진실을 드러내셨다는 이야기입니다. 따라서 '육신이 된 말씀'의 의미는 진정한 커뮤니케이션, 진정한 대화로서 의미를 지닙니다. 하나님께서 인간에게 말을 거는 방식, 그것은 하나님께서 인간의 자리로 내려오신 방식입니다. 예수 그리스도의 삶은 하나님께서 인간에게 말을 거는 방식을 분명하게 보여주신 것이었습니다.

그렇게 말을 걸어오신 하나님에 대한 응답의 방식, 대화의 방식은 무엇일까요? 기도라는 언어 행위가 있지만, 궁극적으로 하나님과 인간이 소통하는 방식은 삶으로 응답하는 방식입니다. 하나님께서 단지 계명으로 말씀을 던져주는 것에 그치지 않고, 몸소 사랑의 화신으로 인간 가운데 삶을 사셨다는 것은, 그에 상응한 인간의 응답 역시 삶으로 표현되어야 한다는 것을 뜻합니다. 오늘 본문 말씀에 따르면, "우리 마음에 주신 성령", 그 성령의 열매로 답해야 한다는 것을 말합니다. "사랑과 기쁨과 평화와 인내와 친절과 선함과 신실과 온유와 절제", 그렇게 열매를 맺는 삶, 우리의 전인적 인격으로 응답해야 한다는 것을 말합니다.

신실한 하나님에 대한 믿음, 바로 그 하나님께서 우리에게 증거를 주셨다는 확신, 그 믿음을 삶으로 드러낼 수 있는 자신감, 그 모두가 우리에게 요구됩니다. 그 태도는 맹목적 독단에 빠진 것과는 전혀 다릅니다. 흔히 믿음 좋다는 말은 맹목적 독단에 빠진 것을 말하는 것에 지나지 않은 경우가 많습니다. 많은 사람 앞에서 하나님께서 우리에게 주신 증표라고 내보일 만한 삶이라면, 그런 독단과는 상관없습니다. 뭔가 모를 인간적인 매력, 뭔가 모르지만 흠모와 존경을 불러일으키는 힘, 그것이 알고 보니 하나님에 대한 믿음, 그리스도에 대한 믿음에서 비롯된 것이었다는 것을, 사람들에게 알아차리게 할 만할 때, 우리는 비로소 하나님께서 우리 마음에 주신 증거로서 성령을 간직하고 있다고 할 수 있을 것입니다. 진정한 의미에서 영성을 지닌 삶입니다.

「교수신문」은 2019년을 나타내는 사자성어로 '공명지조共命之鳥'를 선택하였습니다. 한 몸에 머리가 둘 달린 새를 말하는 것으로, 머리 둘이 다투다가 결국 죽음에 이른다는 의미를 함축하고 있습니다. 분열된 세상, 분열된 인격이 맞이하게 되는 파탄을 경고하는 경구입니다.

요새 세상을 소란케 하는 선동가가 이렇게 말했습니다. "나는 하나님 보좌寶座를 딱 잡고 살아. 하나님 꼼짝 마. 하나님 까불면 나한

테 죽어." 이런 정치적 선동에 생사가 판가름 나는 하나님은 어떤 존재일까요? 아니, 하나님이 자신의 말 한마디에 생사가 엇갈린다고 말하는 이 사람에게 하나님에 대한 믿음이 있을까요? 아닙니다. 자신이 기득권을 가지고 있을 때는 집회 및 시위에 관한 법률을 금과옥조로 지키던 사람이 이제는 폭력적인 시위로 국회를 마비시키고 있습니다. 그 사람도 입에 하나님이라는 말을 꾀나 자주 달고 다니는 사람입니다. 그의 언행과 그의 인격을 믿을 수 있을까요?

국민의 대표성을 엄격히 반영하는 선거제도를 만들겠다고 약속했던 정당이 집권세력이 되자 당리당략, 이해득실을 따지기에 부심하고 있습니다. 이래서야 되겠습니까?

본문 말씀은 그렇게 분열된 세상, 그렇게 분열된 인격으로는 안 된다는 것을 단호하게 선포하고 있습니다. 사도 바울 일행은 자신들이 결코 그런 사람들이 아니라는 것을 말하고 있습니다.

하나님을 믿기에 진정으로 성령을 받아, 신실하고 진실한 삶으로 사람들에게 감동을 주고 세상을 감동시키는 삶, 그것이 그리스도인의 삶입니다. 이 땅에 오시는 아기 예수를 반기는 것도, 스스로 그 삶을 구현하겠다는 의지의 표현입니다. 그 삶을 살겠다는 의지로 진정한 기쁨으로 예수를 맞이하는 우리가 되기를 바랍니다.

2019년 12월 22일

**성 찰 하 는  신 앙 ,  마 주 하 는  용 기**

# 2부  역사의 무게, 사건의 진실

무도無道한 상황에서 정도正道를 찾아 | 누가복음 2:22-40
인간의 길, 평화의 길 | 누가복음 19:41-48
칼을 쳐서 보습으로… | 이사야 2:1-5
애초 분계선은 없었다 | 사도행전 16:23-34
꿈은 제재하지 못한다 | 에스겔 37:16-17; 요엘 2:28-29
민중의 노래, 부활의 노래 | 사무엘상 2:1-10
불편한 진실을 딛고 일어서야 | 요한계시록 6:9-11

# 무도無道한 상황에서 정도正道를 찾아

누가복음 2:22-40

모세의 법대로 그들이 정결하게 되는 날이 차서, 그들은 아기를 주님께 드리려고 예루살렘으로 데리고 올라갔다. 그것은 주님의 율법에 기록된 바 "어머니의 태를 처음 여는 사내아이마다, 주님의 거룩한 사람으로 불릴 것이다" 한 대로 한 것이요, 또 주님의 율법에 이르신 바 "산비둘기 한 쌍이나, 어린 집비둘기 두 마리를 드려야 한다" 한 대로, 희생제물을 드리기 위한 것이었다. 그런데 마침 예루살렘에 시므온이라는 사람이 있었는데, 그 사람은 의롭고 경건한 사람이므로, 이스라엘이 받을 위로를 기다리고 있었고, 또 성령이 그에게 임하여 계셨다. 그는 주님께서 세우신 그리스도를 보기 전에는 죽지 아니할 것이라는 성령의 지시를 받은 사람이었다. 그가 성령의 인도로 성전에 들어갔을 때에, 마침 아기의 부모가 율법이 정한 대로 행하고자 하여, 아기 예수를 데리고 들어왔다. 시므온이 아기를 자기 팔로 받아서 안고, 하나님을 찬양하여 말하였다. "주님, 이제 주님께서는 주님의 말씀을 따라, 이 종을 세상에서 평안히 떠나가게 해주십니다. 내 눈이 주님의 구원을 보았습니다. 주님께서 이것을 모든 백성 앞에 마련하셨으니, 이는 이방 사람들에게는 계시하시는 빛이요, 주님의 백성 이스라엘에게는 영광입니다." 아기의 아버지와 어머니는, 시므온이 아기에 대하여 하는 이 말을 듣고서, 이상하게 여겼다. 시므온이 그들을 축복한 뒤에, 아기의 어머니 마리아에게 말하였다. "보십시오, 이 아기는 이스라엘 가운데 많은 사람을 넘어지게도 하고 일어서게도 하려고 세우심을 받았으며, 비방 받는 표징이 되게 하려고 세우심을 받았습니다. -그리고 칼이 당신의 마음을 찌를 것입니다.- 그리하여 많은 사람의 마음 속 생각들이 드러나게 될 것입니다." 아셀 지파에 속하는 바누엘의 딸로 안나라는 여예언자가 있었는데, 나이가 많았다. 그는 처녀 시절을 끝내고 일곱 해를 남편과 함께 살고, 과부가 되어서, 여든네 살이 되도록 성전을 떠나지 않고, 밤낮으로 금식과 기도로 하나님을 섬겨왔다. 바로 이 때에 그가 다가서서 하나님께 감사를 드리고, 예루살렘의 구원을 기다리는 모든 사람에게 이 아기에 대하여 말하였다. 아기의 부모는 주님의 율법에 규정된 모든 일을 마친 뒤에, 갈릴리의 자기네 고향 동네 나사렛에 돌아왔다. 아기는 자라나면서 튼튼해지고, 지혜로 가득 차게 되었고, 또 하나님의 은혜가 그와 함께 하였다 (누가복음 2:22-40).

성탄 후 첫 주일이자, 한 해를 보내는 마지막 주일입니다. 누구나 늘 그렇지만, 한 해를 보내는 시점이 되면 지난 시간을 돌아보기 마련입니다.

해마다 이맘때가 되면 「교수신문」에서 그 한 해를 평가하는 사자성어를 채택하고, 그것이 널리 회자됩니다. 매년 관심 있게 들여다보는데, 매번 우리 사회의 절대 다수 구성원이 경험한 현상을 딱

한 마디로 표현하는 그 말에 절로 공감하지 않을 수 없습니다. 올해는 '혼용무도昏庸無道'가 채택되었습니다. 나라 상황이 마치 어둠에 뒤덮인 것처럼 온통 어지럽다는 뜻입니다.

혼昏과 용庸은 사리에 어둡고 어리석은 임금을 지칭하는 혼군昏君과 용군庸君을 동시에 일컫는 말입니다. 혼昏은 해가 져서 사방이 어두워진 상태를 뜻하는 글자로, 사리 분별에 어둡고 품성이 포악한 군주를 가리킬 때 사용하는 말입니다. 용庸은 보통 사람의 평범함에 미칠까말까 한 용렬한 인품을 뜻하는 글자로, 식견이 없고 무능한 군주를 가리키는 말입니다. 무도無道란『논어論語』에 나오는 '천하무도天下無道'에서 유래하는 것으로, 사람이 걸어야 할 정상적인 궤도가 무너진 상태를 말합니다. 결국 '혼용무도昏庸無道'란 어리석고 무능한 군주의 실정으로 나라 전체의 예법과 도의가 송두리째 무너져 버린 사태를 말하는 것입니다.

이 사자성어를 채택하는 데 통치자를 직접 겨냥한 경우는 흔치 않았는데, 이번에는 채택한 용어 자체가 통치자를 겨냥하고 있다는 점이 이례적입니다. 그것은, 연초 메르스 사태로 온 나라의 민심이 흉흉했으나 정부는 이를 통제하지 못하고 무능함을 보여줬고, 중반에는 여당 원내대표에 대한 청와대의 사퇴 압력으로 삼권분립과 의회주의의 원칙이 훼손되었고, 후반기에 들어서는 역사교과서 국정화 논란으로 국력의 낭비가 초래된 사태를 꼬집는 말로 채택된 것입니다.

이 사자성어를 추천한 이승환 교수(고려대 철학과)는, 일찍이 플라톤이 정치를 외면한 가장 큰 대가는 자기보다 못한 저질스런 자들에게 지배당하는 일이라고 말한 것(『국가』)을 환기하며 저질스러운 자들에게 지배당하지 않기 위하여 내년 총선에서 소중한 주권을 포기해서는 안 된다는 것을 강조하고 있습니다(「교수신문」2015. 12. 21.).

성탄절 첫째 주일이자 동시에 한 해를 보내는 송년주일인 오늘 우리는 누가복음 본문 말씀을 함께 읽었습니다. 본문 말씀은 예수님의 부모가 유대교의 정결예법에 따라 태어난 지 8일 만에 아기 예수를 성전에 바칠 때 일어난 이야기의 한 대목입니다.

평생을 메시아가 오시기를 대망하고, 그래서 이스라엘 백성이 구원받는 날만을 고대해 왔던 경건한 예언자 시므온은 아기 예수를 보자 그를 안고 하나님을 찬양합니다. "주님, 이제 주님께서는 주님의 말씀을 따라, 이 종을 세상에서 평안히 떠나가게 해주십니다. 내 눈이 주님의 구원을 보았습니다. 주님께서 이것을 모든 백성 앞에 마련하셨으니, 이는 이방 사람들에게는 계시하시는 빛이요, 주님의 백성 이스라엘에게는 영광입니다." 〈공동번역〉은 이렇게 번역합니다. "주님의 구원을 이제 제 눈으로 확인하였으니, 이제 죽어도 여한이 없습니다. 그 구원은 이방인들에게는 주의 길을 밝히는 빛이 되고 주의 백성 이스라엘에게는 영광이 됩니다." 시므온은 아기 예수를 안고 최고의 찬사를 아끼지 않았습니다. 이 말을 들은 부모는 감격했을 것입니다. 자신들의 아기를 향한 이 극도의 찬사를 다소 의아스럽게 받아들이기는 했지만, 새삼 감격하였으리라는 것은 두말할 것 없습니다.

그러나 감격에 젖어 있을 마리아에게 시므온은 이렇게 말합니다. "보십시오, 이 아기는 이스라엘 가운데 많은 사람을 넘어지게도 하고 일어서게도 하려고 세우심을 받았으며, 비방 받는 표징이 되게 하려고 세우심을 받았습니다. 그리고 칼이 당신의 마음을 찌를 것입니다. 그리하여 많은 사람의 마음속 생각들이 드러나게 될 것입니다." 시종일관 감격스러운 분위기 가운데서 갑작스레 덕담인지 악담인지 알 수 없는 소리를 한 것입니다. 이야기인즉슨 덕담인데, 그냥 덕담으로 받아들이기에는 가시가 돋친 말씀이었습니다.

그래서인지 이 말씀 다음에 마리아의 반응은 전혀 기록되어 있지 않습니다. 아마도, 자신의 몸으로 이스라엘을 구원할 메시아를 낳았다는 사실에 감격하는 마리아에게, '그러나 그 예수가 많은 사람의 비방을 받는 표징이 될 것'이라는 이야기는 결코 인정하고 싶지 않았을 것입니다. 물론 이 말씀은 예수님께서 장차 감당하실 몫을 예언하는 성격을 지니고 있습니다. 결국 예수께서 모든 사람으로부터 외면당하면서 십자가의 고통을 겪게 되었을 때 어머니 마리아의 마음이 칼에 찔린 듯 찢어지게 된 상황을 예언하는 것입니다. 아직 그 일을 겪지 않은 마리아로서는 의아스러웠지만, 그 말 자체만으로도 받아들이기 어려웠을 것입니다. 그 말을 듣는 것만으로도 아마도 마음이 아팠을 것입니다.

어째서 구원자인 메시아 예수가 사람들의 비방을 받는 표징이 되고 그 어머니는 예리한 칼에 찔리는 듯한 아픔을 겪을 수밖에 없을까요?

그것은 세상이 결코 진실을 좋아하지 않기 때문입니다. 사람들은 다들 진실을 외치지만, 사실 많은 사람은 그다지 진실을 좋아하지 않습니다. 많은 경우 많은 사람은 진실이 드러나는 것을 환영하기보다는 불편해합니다. "진리는 우리가 싫어하는 그 무엇입니다." 마이다 슈이치라는 사람이 선사인 스승을 따라다니며 깨달음을 얻은 과정을 기록한 책『이와 같이 나는 들었노라』에 나오는 한 구절입니다. 사람들은 앎에의 욕망보다는 무지에의 욕망에 사로잡히는 경우가 많습니다.

'예수께서 사람들의 비방을 받는 표징이 되고, 그 어머니의 마음이 예리한 칼에 찔리듯 아프리라'고 시므온이 말한 이유는 다른 데 있지 않습니다. 그것은 바로 많은 사람이 진리를 싫어하기 때문입니다. 진실이 밝혀지면 무너져야 하고 패해야 하는 사람들이 많기 때문입니다. 자신들의 숨은 의도, 자신들의 숨은 생각과 음모가 드러나면 자신들의 지위와 목숨이 위태롭게 되는 사람들이 많기 때문입니다.

한편에서는 "더없이 높은 곳에서는 하나님께 영광이요, 땅에서는 주님께서 좋아하시는 사람들에게 평화로다." 하며 노래하였지만, 그처럼 기뻐하지만은 않는 사람들이 또 다른 한편에 있습니다. 그 사람들에게 아기 예수의 탄생은 결코 축복이 아닙니다. 자기 삶의 기반을 뒤흔드는 사건입니다. 허위와 기만을 일삼아 온 사람들, 권위를 내세우며 권세를 휘둘러 온 사람들에게 예수의 탄생은 귀찮고 두려운 사건입니다. 예수의 탄생은 그들이 덮어쓰고 있는 허위를 벗겨내고 진실을 드러내는 사건이기 때문입니다. "많은 사람의 마음 속 생각들이 드러나게 될 것입니다." 이 말씀은 바로 그 사실을 말하는 것입니다. 마태복음이 전하는 헤롯 왕의 어린이 학살은 진실 앞에 제대로 설 수 없는 세상 권세자의 두려움이 빚어낸 비극적 사건이었습니다.

예수님의 생애는 시므온의 예언 그대로였습니다. 예수님은 진리를 혐오하고 부정하는 사람들, 곧 진리를 알지 못하는 사람들로부터 끊임없는 반대의 표적이 되었습니다. 그리고 결국 '진리에 대한 처형'이라 일컬을 수 있는 '십자가형'을 받을 수밖에 없었습니다. 진실을, 진리를 영원히 죽음 속에 가두어 둘 수 있다고 생각하는 사람들이 범한 어리석음이었습니다.

하지만 성서는 진리가 압살될 수 없음을 전하고 있습니다. 참 생명이요, 진리이신 예수께서는 허위와 죽음의 세계를 뚫고 일어나셨습니다. 어둠이 빛을 이길 수 없다는 너무나 자명한 진리의 승리였습니다. 그리스도교 신앙은 바로 그 진실을 믿는 것입니다. 그 신앙은 진실을 두려워하는 세상과 영합하지 않습니다. 어둠이 세상을 온통 뒤덮고 있어 길이 보이지 않는 상황 가운데서 길을 보여 주신 것이 그리스도의 몫이며, 그 길을 따라나서는 것이 그리스도인의 본분입니다.

오늘 우리는 저마다 각기 지난 한 해의 삶을 어떻게 평가하고 있습니까? 그렇지 않아도 그런 형편을 헤아리고 보살피는 데 부족한 목사인데, 올해는 우리의 교회가 부딪힌 어려움 때문에 더더욱 부족할 수밖에 없었음을 송구스럽게 생각합니다. 이럴 때 일수록 서로를 다독이며 서로를 위로하고 격려하는 노력이 필요한데, 목회자로서 부족함을 고백하지 않을 수 없습니다. 외부의 방해로 교회 건

축이 어려움을 겪고 있습니다. 길이 분명히 있는데, 그 길을 폭력으로 막아버리는 자들이 있어 그 길이 무용하게 된 사태를 우리가 경험하고 있지 않습니까? 그 길을 어떻게 다시 낼 수 있을까, 단지 물리적 차원이 아니라 정말 바른 길을 어떻게 낼 수 있을까 하는 것이 지금 우리의 과제입니다.

창세기에 보면 야곱이 이집트에 들어가 파라오 앞에서 하는 이야기가 있습니다. "제가 누린 햇수는 얼마 되지 않지만, 험악한 세월을 보냈습니다"(창세 47:9). 이 말씀이 귓전에 맴돌며 그 의미가 이중적으로 다가왔습니다. 그 말은 한편으로는 험한 세월을 살아온 삶에 대한 탄식이지만, 또 다른 한편으로는 그렇지만 꿋꿋하게 버텨온 삶에 대한 감사의 의미를 함축하고 있습니다. 참으로 험한 세월, 험한 시간, 험한 인연과 마주쳤구나하는 느낌이 들었습니다. 비단 이번 올해의 일, 이번 일만이 아니라, 중대한 삶의 여정이 언제나 그래왔다는 것을 새삼 확인하였습니다. 그렇게 헤쳐 왔으니 이 길 또한 못 헤쳐 가겠는가 하는 생각이 들었습니다.

다른 길이 아닙니다. 진실을 이루고자 하신 그리스도의 길, 바로 그 길을 따라나서는 것입니다. 바로 그 길을 얼마나 신실하게 따르고자 했는가 하는 점에서, 우리의 지난 시간을 돌이켜 보기 바랍니다. 또 그 마음으로 새롭게 다가오는 새해의 시간을 맞이하기를 기원합니다.

2015년 12월 27일

# 인간의 길, 평화의 길

누가복음 19:41-48

❧❧

예수께서 예루살렘 가까이에 오셔서, 그 도성을 보시고 우시었다. 그리고 이렇게 말씀하셨다. "오늘 너도 평화에 이르게 하는 일을 알았더라면, 좋을 터인데! 그러나 지금 너는 그 일을 보지 못하는구나. 그 날들이 너에게 닥치리니, 너의 원수들이 토성을 쌓고, 너를 에워싸고, 너를 사면에서 죄어들어서, 너와 네 안에 있는 네 자녀들을 짓밟고, 네 안에 돌 한 개도 다른 돌 위에 얹혀 있지 못하게 할 것이다. 이것은 하나님께서 너를 찾아오신 때를, 네가 알지 못했기 때문이다." 예수께서 성전에 들어가서서, 장사하는 사람들을 내쫓으시며, 그들에게 말씀하셨다. "성경에 기록하기를 '내 집은 기도하는 집이 될 것이다' 하였다. 그런데 너희는 그것을 '강도들의 소굴'로 만들어 버렸다." 예수께서 날마다 성전에서 가르치셨다. 대제사장들과 율법학자들과 백성의 우두머리들이 예수를 없애버리려고 꾀하고 있었으나, 어찌해야 할지 방도를 알지 못하였다. 백성이 모두 그의 말씀을 열심히 듣고 있었기 때문이다(누가복음 19:41-48).

1945년 8월 제2차 세계대전이 끝나고, 그로부터 올해로 딱 70주년이 됩니다. 특별히 70년이라면 그 상징적 의미가 각별합니다. 두 개의 완전한 숫자(7+10)가 결합되어 있으니 그 상징적 의미가 특별합니다.

　　인류 역사에서 지난 70년이 갖는 의미가 무엇일까요? 70년을 돌아보면서 생각하면 여러 가지 현상이 떠오르고 만감이 교차하겠지만, 1945년 종전이라는 시점을 놓고 생각하면 그 의미는 비교적 선명하게 생각해볼 수 있을 것입니다. 인류 역사에서 전례 없는, 두 차례에 걸친 세계전쟁을 끝내고, 국제적인 평화체제를 확립하고 인간 존엄의 정신을 구현하고자 한 시대로서 의미를 지니고 있습니다. 그것은 국제연합UN의 성립 그리고 국제연합의 인권 선언의 채택으로 가시화되었습니다. 그것은, 인간과 인간 사이에, 나라와 나라 사이에 그렇게 참혹한 폭력이 지배해서는 안 된다는 의지의 천명이었습니다. 평화의 길, 인간존중을 실현하는 길, 그것을 구체화하는 정치체제로서 민주주의의 길을 따르고, 그에 기반하여 국제적인 협력체제를 구축하고자 한 것이, 1945년 전쟁 후 세계역사가 지향해왔던 길이었습니다.

　　지난 70년 동안 정말 그런 정신을 구현해왔느냐고 물으면 여전히 회의적인 답을 내릴 수밖에 없는 것이 서글픈 현실인 것은 사실입니다. 그 서글픈 현실을 가장 극적으로 경험한 곳이 곧 한반도였습니다. 한반도의 민중들에게 1945년 종전은 곧 해방을 뜻했지만, 그것은 동시에 남북의 분단과 대결을 뜻하는 것이었습니다. 불과 5년 후 한반도는 남과 북의 형제들끼리 처참한 전쟁을 겪어야 했습니다. 짓궂은 역사의 장난이었습니다.

그뿐 아니라 이후 남북의 대결과 독재의 역사를 생각하면, 과연 지난 70년이 평화와 인간 존엄을 실현해온 과정이었던가 회의하지 않을 수 없는 것이 사실입니다. 비단 한반도의 상황뿐만은 아닙니다. 계속된 냉전체제 그리고 그 냉전체제가 붕괴된 이후에도 존속하는 패권 체제하에서 전쟁이 끊이지 않고 인권유린의 사태는 멈추지 않았습니다. 지금도 지속되고 있습니다. 그 현실을 생각하면 과연 지난 70년의 역사를 평화와 인권의 시대라고 말하기 어려울지 모릅니다.

하지만, 지난 70년의 역사 과정을 지나오면서 평화와 인권의 가치가 더이상 거스를 수 없는 가치로 자리 잡게 되었습니다. 그리스도교 신앙에서 평화의 가치는 오래되었어도, 인권의 가치는 매우 낯선 것이었지만 그 가치를 적극적으로 받아들인 것도 바로 현대사의 그 과정에서였습니다. 요컨대 현실의 상황을 보자면 여전히 동감하기 어렵지만, 평화와 인권의 가치가 지향해야 할 보편적인 가치가 되었다는 점에서 지난 70년의 역사는 평화와 인권의 시대로 규정지어도 틀리지 않을 것입니다. 현실의 상황 때문에 그 가치는 부정되어야 할 것이 아니라 오히려 여전히 그 가치가 실현되지 않은 현실의 상황 때문에 그 의미는 더욱 절실하게 다가온다고 할 것입니다.

본문 말씀은 예수님께서 예루살렘에 입성하여 성전을 정화하신 사건을 전하는 누가복음의 본문입니다. 모든 복음서가 전하는 성전 정화 사건은, 복음서마다 그 문맥이 조금씩 다르고, 따라서 그것이 갖는 의미가 다소간 차이가 있습니다.

누가복음의 본문은 크게 두 가지 내용으로 구성되어 있습니다. 앞부분(41-44)은 예수님께서 평화의 길을 알지 못하는 예루살렘을 보며 탄식하는 내용이며, 바로 이어지는 부분(45-48)은 성전정화 사건을 전하는 내용입니다. 이와 같은 연결은 우발적인 것이 아니고, 누가복음의 기록자 입장에서는 상호 긴밀하게 관련되어 있습니다. 결론적으로 말하자면, 진정한 평화가 없는 예루살렘의 현실, 그 현실을 극복하고 진정한 평화를 이루는 길과 성전정화 사건은 관련되어 있습니다.

먼저 예수께서 평화가 없는 예루살렘을 보고 탄식하는 장면을 보겠습니다. 예수님께서는 예루살렘을 바라보시면서 눈물을 흘리십니다. 다른 복음서의 증언을 참고하면 감람산에서였을 것입니다. 사실은 산이라기보다는, 전반적으로 고지대인 그 지역에서 도드라진 언덕입니다. 오늘날 그 장소에는 예수님 눈물교회가 서 있습니다. 예루살렘의 성전이 한눈에 들어오는 자리입니다. 바로 그 자리에서 예수님께서 탄식합니다. "오늘 너도 평화에 이르게 하는 일을 알았더라면, 좋을 터인데! 그러나 지금 너는 그 일을 보지 못하는구나."

그래서 닥칠 재앙 때문에 예수께서는 더욱 마음이 아픕니다. "그 날들이 너에게 닥치리니, 너의 원수들이 토성을 쌓고, 너를 에워싸고, 너를 사면에서 죄어들어서, 너와 네 안에 있는 네 자녀를 짓밟고, 네 안에 돌 한 개도 다른 돌 위에 얹혀 있지 못하게 할 것이다. 이것은 하나님께서 너를 찾아오신 때를, 네가 알지 못했기 때문이다."

이 선포는 예루살렘이 전쟁의 상황에 처하여 함락되는 모습을 그리고 있습니다. 역사적으로 예루살렘에서는 숱한 전쟁이 벌어졌고, 이 상황 묘사는 천하의 요새 예루살렘이 공격당하는 모습을 생생하게 보여주고 있습니다. 그러나 예수님께서 말씀하시고자 한 뜻은, 단지 전쟁을 겪는 차원이 아니라 예루살렘 자체가 파멸에 이른다는 것입니다. 그것은 공동체 자체의 붕괴를 뜻합니다. 왜 그래야만 했을까요? 누가복음에 의하면, 바로 이어지는 내용이 그에 대한 답이 됩니다.

이어지는 내용은 성전정화 사건입니다. 다른 복음서에 비해 누가복음은 이 사건을 다소 간결한 형태로 전하지만, 그 문맥에서 의미가 간소화된 것은 결코 아닙니다. 이 땅 위에서 예수께서 하시고자 한 일, 바로 그 일을 가장 극적으로, 상징적으로 보여준 사건이었다는 점에서 복음서들은 일치하고 있습니다.

다른 복음서들에는, 예수께서 성전 뜰에서 환전하는 사람들과 비둘기를 파는 사람들을 내쫓으셨다고 되어 있는데, 누가복음에는 그저 장사하는 사람들을 내쫓았다고 되어 있습니다. 어쨌든 장사하는 사람들을 내쫓았다는 데 다름이 없습니다.

이 일은, 쉽게 연상하기에는 '잡상인 출입금지'를 시행한 것 정도로 보이기 쉽습니다. 그러나 그 사건은 그렇게 단순한 일이 아닙니다. 성전 뜰에서 상행위하는 일이 당연하게 된 데에는 사연이 있습니다. 다른 복음서의 증언을 따라 보면, 환전상과 비둘기 장사가 문제가 되었습니다. 환전상은, 당시 로마제국 치하 유대의 일상생활에서 통용되던 로마의 동전 대신 성전에 헌금할 돈을 바꿔주는 일을 했습니다. 비둘기 장사는 성전 제의에 참여하는 사람들에게 건강한 희생제물을 드릴 수 있도록 제공하는 역할을 했습니다. 언뜻 보기에 정당한 교환행위처럼 보이지만, 이와 같은 상행위는 사실상 유대 민중을 수탈하는 중요한 매개로서 역할했습니다. 그것은 성전 권력을 나타내주는 중요한 장치였습니다.

물론 보이는 것이 전부는 아니었습니다. 성전은 유대의 전통을 상징했고, 그런 만큼 유대의 정체성을 상징하는 것으로 간주되기는 했습니다. 굳이 환전상이 필요했던 것도 그와 관련되어 있기는 합니다. 하지만, 실상이 그런 것은 아니었습니다. 일종의 야합관계라고 할까요? 성전의 지배층은 종교적 의례를 보장받는 대신 사실상 로마 제국에 충성을 다했습니다. 바로 그 점에서도 성전은 민중들을 수탈하는 정점에 있었습니다. 따라서 예수께서 성전을 정화하신 사건은 민중들 위에 군림하는 성전지배체제를 무너뜨린 것을 뜻합니다.

예수께서는 그렇게 민중들을 수탈하는 잘못된 체제로서 성전지배체제를 무너뜨리고 새로운 성전을 세웠습니다. 물론 상징적입니다. 강도들의 소굴이 되어버린 성전을 허물고 하나님께 기도하는 집으로서의 성전을 세우신 것입니다. 그다음 증언하는 내용은, 예수께서 그 이후 날마다 성전에서 가르치셨다는 것입니다.

이를 두고 일어난 반응이 대조적입니다. 대제사장들과 율법학자들과 백성의 우두머리들은 예수를 없애버리려고 하였지만 어쩌지 못하고 발을 동동 구릅니다. 그 성전에서 가르치는 예수를 따르는 백성들이 많았기 때문이었습니다. 백성이 모두 예수님의 말씀을 열심히 듣고 있었다고 되어 있습니다.

사람들을 옭아매는 체제를 무너뜨리고, 진정으로 사람들에게 평화를 가져다는 주는 길을 예수께서 열어 주셨다는 것을 말합니다.

평화는 전쟁이 없는 상태만은 아닙니다. 전쟁이 없는 상태 역시 분명 평화인 것은 분명합니다. 그러나 그것은 매우 제한적인 소극적 평화에 해당합니다. 보다 적극적 의미에서 평화는 일상의 삶 자체가 평화로워지는 것을 말합니다. 이른바 국가안보가 소극적 평화를 말한다면, 적극적 평화는 인간안보를 말합니다. 진정한 평화란 인간안보에 있음은 두말할 것 없습니다. 예수께서 추구한 평화가 어디에 있을까요? 체제 유지와 동일시되는 국가안보 이전에 진정한 인간안보에 있습니다.

체제라는 것은 결국 인간의 삶을 가능하게 하는 하나의 조건일 수 있습니다. 그 점에서 국가안보와 인간안보는 모순 관계가 아닐 수도 있습니다. 그러나 특정한 체제는 그 자체의 수호 논리를 강화하고 인간을 옭아매는 역할을 한다는 것이 역사의 교훈입니다. 예수 시대 성전체제가 그런 역할을 했습니다. 또 오늘 우리는 정권의 안보와 동일시된 국가안보의 논리를 명백히 보고 있으며, 그 논리에 따라 방치된 국민안보의 현실을 명백히 경험하고 있습니다. 2014년 세월호 사건, 2015년 메르스 사태는 그 단적인 실례입니다. 엉뚱하게도 진실을 규명하고자 하는 사람을 감옥에 가두고 있지 않습니까?

그런 정도가 되면 그 체제는 뒤흔들려야 하는 것이 마땅합니다. 본문 말씀이 전하는 예수님의 행적을 따라 보면, 무너져야 마땅합니다. 예수님께서는 그런 비인간적인 체제를 무너뜨리고 새로운 삶을 가능하게 한 것입니다. 인간이 저마다의 삶을 오롯이 누릴 수 있는 길, 그 길을 예수께서는 우리에게 열어 주신 것입니다. 진정한 평화의 길입니다.

오늘 그리스도인은 그 삶의 소중함을 재삼 확인하며 펼쳐나가는 사람들입니다. 참 인간의 길을 걸음으로써 실현하는 참 평화의 길, 그 길을 정진하는 우리가 되기를 기원합니다.

2015년 8월 9일

# 칼을 쳐서 보습으로…

## 이사야 2:1-5

이것은 아모스의 아들 이사야가 유다와 예루살렘을 두고, 계시로 받은 말씀이다. 마지막 때에, 주님의 성전이 서 있는 산이 모든 산 가운데서 으뜸가는 산이 될 것이며, 모든 언덕보다 높이 솟을 것이니, 모든 민족이 물밀듯 그리로 모여들 것이다. 백성들이 오면서 이르기를 "자, 가자. 우리 모두 주님의 산으로 올라가자. 야곱의 하나님이 계신 성전으로 어서 올라가자. 주님께서 우리에게 주님의 길을 가르치실 것이니, 주님께서 가르치시는 길을 따르자" 할 것이다. 율법이 시온에서 나오며, 주님의 말씀이 예루살렘에서 나온다. 주님께서 민족들 사이의 분쟁을 판결하시고, 뭇 백성 사이의 갈등을 해결하실 것이니, 그들이 칼을 쳐서 보습을 만들고 창을 쳐서 낫을 만들 것이며, 나라와 나라가 칼을 들고 서로를 치지 않을 것이며, 다시는 군사훈련도 하지 않을 것이다. 오너라, 야곱 족속아! 주님의 빛 가운데서 걸어가자(이사야 2:1-5)!

예언자 이사야의 선포는 우리에게 아주 익숙한 말씀입니다. 특별히 4절은 국제연합UN 본부 앞에도 새겨져 있는 말씀이기도 합니다. "주님께서 민족들 사이의 분쟁을 판결하시고, 뭇 백성 사이의 갈등을 해결하실 것이니, 그들이 칼을 쳐서 보습을 만들고 창을 쳐서 낫을 만들 것이며, 나라와 나라가 칼을 들고 서로를 치지 않을 것이며, 다시는 군사훈련도 하지 않을 것이다." 모든 민족이 바라는 이상이요 우리 한 사람 한 사람이 바라는 이상입니다. 오늘 우리에게 더더욱 절실하게 느껴지는 말씀입니다.

그러나 오늘 우리가 이 말씀을 대하면서 더더욱 주목해야 하는 것은 이 말씀을 구성하는 앞뒤 문맥이며, 그 문맥 안에서 이 말씀이 뜻하는 바입니다. 그 소망이 이루어지기를 원한다면 어떤 길을 택해야 하는가에 우리는 먼저 주목해야 할 것입니다.

본문 말씀의 앞부분은, 우리가 바라는바 그 희망이 어떻게 해서 이루어질지에 대해 시사하고 있습니다. "마지막 때에, 주님의 성전이 서 있는 산이 모든 산 가운데서 으뜸가는 산이 될 것이며, 모든 언덕보다 높이 솟을 것이니, 모든 민족이 물밀듯 그리로 모여들 것이다." 그리고 만국의 백성이 이렇게 말하리라고 합니다. "자, 가자. 우리 모두 주님의 산으로 올라가자. 야곱의 하나님이 계신 성전으로 어서 올라가자. 주님께서 우리에게 주님의 길을 가르치실 것이니, 주님께서 가르치시는 길을 따르자."

이 말씀이 뜻하는 바가 무엇일까요? 이 말씀은 하나님께 선택을 받은 백성의 사명을 말합니다. 약소민족으로 주변 강대국의 시달림을 늘 받아야 했던 이스라엘 민족의 소망이 무엇이었을까요? 그것은 이스라엘 민족도 다른 민족들을 지배하며 그 위에 군림해 보고 싶은 욕망이었을 것입니다. '봐라! 우리의 하나님께서 너희의 신들을 물리쳤다. 이제 모두 우리 앞에 굴복하라!' 이렇게 다른 민족들에게 힘을 자랑하며 떵떵거려 보고 싶은 마음이었을 것입니다. 실제로 많은 예언이, 시련을 겪고 있는 이스라엘 민족에게 주는 소망의 말씀으로 바로 그와 같은 내용을 선포하고 있는 것도 사실입니다.

그러나 오늘 본문 예언의 말씀은 전혀 다른 방식으로 희망의 말씀을 선포하고 있습니다. 힘이 아니라 하나님의 법을, 무력이 아니라 하나님의 말씀을 선포합니다. 다시 말해, 경제력을 강화한다든지 군사력을 강화해서 국위를 떨치라고 한 것이 아니라, 하나님의 법을 내세우고 하나님의 말씀을 내세움으로 세상의 만백성이 그 길을 따르게 하라는 것입니다.

오늘 말씀은 다가올 소망의 미래가 분쟁으로 얼룩진 오늘 현실과 전혀 다르리라는 것을 말합니다. 동시에 그 미래를 이루어 가는 방식 또한 오늘 세계를 지배하는 방식과 전혀 다른 방식이라는 것을 말합니다. 이 세상 질서의 진정한 역전, 곧 "칼이 보습으로 되는" 일은 그 방법에서부터 달라야 한다는 것을 말합니다. '칼'은 경쟁과 갈등 그리고 죽음의 파멸을 의미하지만, '보습'은 화합과 평화 그리고 살림의 공존을 의미합니다. 그것은 현실을 지배하는 법칙이 완전히 뒤집어져 새로운 법칙이 탄생하는 것을 뜻합니다.

"평화를 원하거든 전쟁을 준비하라." 4세기경 로마제국의 군사 저술가 베게티우스Vegetius의 격언입니다. '팍스 로마나'(로마의 평화)를 구가하던 로마제국은 그 격언에 충실했지만, 끊임없이 전쟁을 준비해야 했던 로마제국은 결국 전쟁 비용을 감당할 수 없어 붕괴하고 말았습니다. 그 역사의 경고에도 세상의 지배자들은 그 격언을 따라 군사적 우위만이 평화를 지킬 수 있다는 믿음에 충실합니다. 역사가 입증하듯, 그 결과는 전쟁의 연속일 뿐입니다.

본문 말씀은 그와는 전적으로 다른 길을 제시합니다. "평화를 원하면 평화를 준비하라." 그 믿음을 따르는 길입니다. '로마의 평화'가 정점에 이른 바로 시기에 태어난 예수 그리스도는 진정한 평화, '그리스도의 평화'를 보여주셨습니다. 이 길은 세상이 따르는 길과는 전혀 상반되는 길입니다. 통상적인 가치의 전복해야 가능한 길입니다. 본문 말씀은 바로 그 예수 그리스도의 길을 몇 세기(기원전 8-6세기) 앞서 보여주고 있습니다.

이 인식의 전환은 중대한 세계관의 변화를 뜻합니다. 누누이 강조하지만 성서 말씀의 위대성, 성서적 통찰의 위대성은 바로 이와 같은 정신사의 변혁에 있습니다. 고대 중국에서는 전국시대를 경유하면서 위대한 사상이 분출하였습니다. 마찬가지로 본문 말씀은 혼란과 갈등의 시대를 경유하면서 이뤄진 사상적 전환, 그 전환을 뚜렷하게 증언하고 있습니다. 강대강强對强의 논리가 아니라, 그것과는 전혀 다른 새로운 차원을 발견한 데 그 통찰의 위대성이 있습니다.

그러기에 본문 말씀은 하나님의 '제2의 창조'를 함축하고 있는 것으로 받아들여집니다. 제2의 창조는 현실을 지배하는 법칙을 뒤집고 전적으로 새로운 법칙으로 세계를 다시 구성하는 것을 뜻합니다. 경제력이나 군사력이 아니라 하나님의 말씀으로 그것이 가능하다고 본문 말씀은 선포합니다. 하나님의 정의로 다시 만들어지는 세계에 대한 희망의 선포입니다. 그래서 본문 말씀은 마지막으로 다시 한번 힘주어 강조하고 있습니다. "오너라, 야곱의 족속아! 주님의 빛 가운데서 걸어가자!"

본문 말씀의 예언을 선포한 이사야와 동시대 예언자 미가는 본문 말씀과 동일한 내용을 선포하면서 거기에 더하여 또 하나 중요한 메시지를 선포하고 있습니다. 4절과 동일한 그 말씀에 이어 미가는 이렇게 선포합니다. "사람마다 자기 포도나무와 무화과나무 아래 앉아서 평화롭게 살 것이다. 사람마다 아무런 위협을 받지 않으면서 살 것이다. 이것은 만군의 주님께서 약속하신 것이다"(미가 4:4).

농사꾼 출신다운 예언자의 선포입니다. 자기가 흘린 땀의 결실을 맛보며 평화로운 일상의 삶을 누리는 세계에 대한 희망입니다. 평화의 궁극적 목적이 무엇입니까? 단지 전쟁 없는 상태가 아니라 일상적 삶의 평화를 이루는 것, 일체의 폭력과 강요 그리고 그로 인한 상처와 불안이 사라진 삶의 평화가 이루어지는 것입니다. 성서의 말씀은 예수 그리스도의 삶은 끊임없이 우리에게 그 평화를 이루는 길을 일깨워주고 있습니다.

동시대 두 예언자의 선포는 지금 그 선포를 듣고 있는 백성이 여전히 기존의 논리에 매여 있는 현실을 반증하고 있습니다. 힘에는 힘으로, 군사력에는 군사력으로 대응하는 그 세계 안에서 그 악순환의 고리를 끊고 새로운 세계로 나아가자고 강력하게 권고하고 있는 것입니다.

오늘 우리가 마주하고 있는 현실과 다르지 않습니다. 아베와 그를 뒷받침하는 일본의 극우세력 그리고 그에 준동하는 한국의 극우

세력들이 일으킨 사실상의 전쟁상태 아닙니까? '경제전쟁'이라 하기도 하고 '유사전쟁'이라고도 합니다만, 어쨌든 총성 없는 사실상 전쟁상태인 것은 분명합니다.

아베 정부가 뭐라 변명하든, 그 저의는 금방 알 수 있습니다. 평화헌법을 개정하여 전쟁할 수 있는 나라로 가고자 하는 욕망, 그래서 누군가를 적으로 간주하여 위기감을 조성하려는 의도, 결국 사실상 전후에도 여전히 극복되지 않은 제국주의의 야욕을 갖고 있는 것입니다. 아베는, 일본 근대화의 선구로 추앙받고 있지만 천황지상주의를 내세우고 정한론征韓論을 주도하여 사실상 일본 군국주의의 정신적 뿌리를 형성한 요시다 쇼인吉田松陰을 존경하고, 만주국의 사실상 기획자였던 외조부 기시 노부스케岸信介를 존경하며, 그 정신을 이어받고자 하는 것으로 알려져 있습니다. 아베는 1945년 전후戰後에도 여전히 변하지 않은 일본 지배 세력의 속마음('立前다테마에'가 아니라 '本音혼네' / '鍍金'이 아니라 '地金')을 대변하고 있는 정치인입니다.

일본의 정치인들은 중국이나 북한을 비판할 때는 '자유', '인권', '민주주의'를 강조하지만, 평화헌법을 개정하려는 맥락에서는 전혀 다른 주장으로 자신들의 속내를 드러내고 있습니다. "국민주권, 기본적인 인권, 평화주의… 이 세 가지는 맥아더가 일본에 강요한 전후 레짐 그 자체 아닙니까? 이 세 가지를 없애지 않으면, 진정한 자주 헌법이 될 수 없어요"(아베 1차 내각 법무대신 나가세 진엔, 2012. 5. 10. 발언 / 「한겨레신문」 2019. 8. 19.).

우리는 그 일본 제국주의와 맞서며 전혀 다른 정신적·사상적 전통을 형성하고 계속 이어오고 있습니다.

3·1 독립 선언의 위대한 자주와 평화 정신이 있습니다. 그 몇 대목입니다.

> 스스로를 채찍질하기에도 바쁜 우리에게는 남을 원망할 여유가 없다.…
> 지금 우리가 할 일은 우리 자신을 바로 세우는 것이지 남을 파괴하는 것
> 이 아니다. 양심이 시키는 대로 우리의 새로운 운명을 만들어 가는 것이
> 지 결코 오랜 원한과 한순간의 감정으로 샘이 나서 남을 쫓아내는 것이
> 아니다. 우리는 단지, 낡은 생각과 낡은 세력에 사로잡힌 일본 정치인들
> 이 공명심으로 희생시킨 불합리한 현실을 바로잡아, 자연스럽고 올바른
> 세상으로 되돌리려는 것이다.…
> 아, 새로운 세상이 눈앞에 펼쳐지는구나. 힘으로 억누르는 시대가 가고,
> 도의가 이루어지는 시대가 오는구나. 지난 수천 년 갈고 닦으며 길러온
> 인도적 정신이 이제 새로운 문명의 밝아오는 빛을 인류 역사에 비추기
> 시작하는구나.…
> 온 세상의 도리가 다시 살아나는 지금, 세계 변화의 흐름에 올라탄 우리
> 는 주저하거나 거리낄 것이 없다. 우리는 원래부터 지닌 자유권을 지켜
> 서 풍요로운 삶의 즐거움을 마음껏 누릴 것이다. 원래부터 풍부한 독창
> 성을 발휘하여 봄기운 가득한 세계에 민족의 우수한 문화를 꽃피울 것이다.

백범 김구 선생의 〈나의 소원〉의 한 대목은 언제 다시 봐도 되새겨야 할 명문이요, 위대한 정신의 유산입니다.

나는 우리나라가 세계에서 가장 아름다운 나라가 되기를 원한다. 가장 부강한 나라가 되기를 원하는 것은 아니다. 내가 남의 침략에 가슴이 아팠으니, 내 나라가 남을 침략하는 것을 원치 아니한다. 우리의 부력富力은 우리의 생활을 풍족히 할 만하고, 우리의 강력强力은 남의 침략을 막을 만하면 족하다. 오직 한없이 가지고 싶은 것은 높은 문화의 힘이다. 문화의 힘은 우리 자신을 행복하게 하고 나아가서 남에게 행복을 주겠기 때문이다. 지금, 인류에게 부족한 것은 무력도 아니요, 경제력도 아니다. 자연과학의 힘은 아무리 많아도 좋으나 인류 전체로 보면 현재의 자연과학만 가지고도 편안히 살아가기에 넉넉하다. 인류가 현재에 불행한 근본 이유는 인의가 부족하고 자비가 부족하고 사랑이 부족한 때문이다.… 인류의 이 정신을 배양하는 것은 오직 문화이다. 나는 우리나라가 남의 것을 모방하는 나라가 되지 말고 이러한 높고 새로운 문화의 근원이 되고 목표가 되고 모범이 되기를 원한다. 그래서 진정한 세계의 평화가 우리나라에서, 우리나라로 말미암아서 세계에 실현되기를 원한다.

우리에게 그 위대한 정신적 유산이 있기에 우리는 일제의 압제에도 굴하지 않을 수 있었고, 독재를 넘어 민주주의를 일궈냈고, 지금 분단의 질곡을 넘어 평화를 이루기 위한 여정에서 분투할 수 있게 된 것입니다. 우리는 지금 마주하고 있는, 피할 수 없는 도발에 대응해 우리를 지킬 수 있는 자구책을 강구하여야겠지만, 그 모든 대비책의 밑바탕에는 세계 만민이 따를 수 있는 도의를 기본으로 삼아야 할 것입니다.

일본을 배척하고 일본 사람을 배척해야 할 까닭은 없습니다. 제국주의의 헛된 망령, 그 망령을 따르는 아베와 그 지지 세력의 망상을 몰아내야 합니다. 경제력보다, 군사력보다 우선하여 민주주의를 더욱 굳건하게 하고 평화를 이루는 길로 그것은 가능합니다. 그 길에 모든 사람이 동참할 수 있도록 호소해야 할 것입니다.

오늘 말씀은 그 진실을 우리에게 다시금 일깨워주고 있습니다. "오너라! 주님의 빛 가운데서 걸어가자!" 그 말씀을 신실하게 따르는 우리가 되기를 기원합니다.

2019년 8월 11일

# 애초 분계선은 없었다

## 사도행전 16:23-34

그래서 이 명령을 받은 부하들이 그들에게 매질을 많이 한 뒤에, 감옥에 가두고, 간수에게 그들을 단단히 지키라고 명령하였다. 간수는 이런 명령을 받고, 그들을 깊은 감방에 가두고서, 그들의 발에 차꼬를 단단히 채웠다. 한밤쯤 되어서 바울과 실라가 기도하면서 하나님을 찬양하는 노래를 부르고 있는데, 죄수들이 듣고 있었다. 그때에 갑자기 큰 지진이 일어나서, 감옥의 터전이 흔들렸다. 그리고 곧 문이 모두 열리고, 모든 죄수의 수갑이며 차꼬가 풀렸다. 간수가 잠에서 깨어서, 옥문들이 열린 것을 보고는, 죄수들이 달아난 줄로 알고, 검을 빼어서 자결하려고 하였다. 그 때에 바울이 큰소리로 "그대는 스스로 몸을 해치지 마시오. 우리가 모두 그대로 있소" 하고 외쳤다. 간수는 등불을 달라고 해서, 들고 뛰어 들어가, 무서워 떨면서, 바울과 실라 앞에 엎드렸다. 그리고 그들을 바깥으로 데리고 나가서 물었다. "두 분 사도님, 내가 어떻게 해야 구원을 얻을 수 있습니까?" 그들이 대답하였다. "주 예수를 믿으시오. 그리하면 그대와 그대의 집안이 구원을 얻을 것입니다." 그리고 하나님의 말씀을 간수와 그의 집에 있는 모든 사람에게 들려주었다. 그 밤 그 시각에, 간수는 그들을 데려다가, 상처를 씻어 주었다. 그리고 그와 온 가족이 그 자리

지난 주간, 특히 지난 금요일 얼마나 흥분된 상태에서 보냈습니까? 남과 북을 갈라놓은 군사분계선을 넘어 남북의 정상이 만났습니다. 단지 5센티미터 밖에 되지 않지만, 남북이 분단된 때로부터 하면 73년, 휴전 시점부터 하면 65년 남북을 가르고, 사실상 남북 체제를 유지시키는 엄청난 장벽 역할을 해온 그 분계선을 북의 정상이 넘어왔습니다. "저는 언제 분계선 넘어갈 수 있습니까?" "지금 넘어가 볼까요?" 이 또한 극적이었습니다.

이미 여러 차례 남과 북의 인사들이 넘나들었지만, 북의 체제를 대표하는 사람이 그 경계선을 넘은 의미는 긴 설명이 필요 없습니다. '뜻이 있는 곳에 길이 있다.' 뜻이 있다면 넘어서지 못할 장벽이 없다는 것을 보여준 역사적 쾌거입니다. 이로써 분단의 상징이었던 분계선은 평화의 상징이 되었습니다.

"평화, 새로운 역사", 그 역사가 시작되는 감격적인 시점에서 본문 말씀을 마주합니다. 본문 말씀은 사도 바울에 관한 이야기로서, 좀 이례적인 성격을 띤 이야기입니다. 사도 바울에 관한 이야기에서 기적 이야기는 흔치 않은데, 이 이야기는 초자연적인 기적 사건을 전하고 있습니다. 사도 바울 일행이 빌립보의 감옥에 갇혔을 때 지진이 일어나 감옥 문이 열렸다는 이야기입니다.

이 이야기의 초점을 제대로 파악하지 못한 한 시대 19세기에 서구 신학자들은 논란을 벌였습니다. 빌립보에서 그런 사건이 일어난 것이 사실이냐를 문제 삼았고, 본문을 사도행전에서 해석하기 가장 곤란한 본문 가운데 하나로 보았습니다. 기회 있을 때마다 강조하지만, 그 기적이 사실이냐 아니냐를 따지는 것은 쓸데없는 일입니다. 그 이야기가 전하는 진실이 무엇이냐, 그 이야기의 초점이 무엇이냐를 문제 삼으면 기적 사건의 사실 여부는 전혀 문제 되지 않습니다. 그러면 이 기적 이야기가 전하는 진실은 무엇일까요?

본문 말씀을 다시 환기해보겠습니다. 사도 바울과 실라는 빌립보의 감옥에 갇히는 신세가 됩니다. 감옥에 갇힌 바울과 실라는 자신들이 갇혀 있다는 사실에 아랑곳하지 않고 하나님께 기도하고 찬송을 불렀습니다. 그때 지진이 일어나 감옥의 터전이 흔들리고 문들이 열렸으며 죄수들의 수갑과 차꼬가 풀렸습니다. 잠에서 깨어 갑작스런 그 사태를 알아차린 간수는 틀림없이 죄수들이 다 탈옥했을 것이라 생각하고 자결하려 합니다. 문책이 두려웠기 때문이었습니다. 그 순간 바울이 큰 소리로 외칩니다. "몸을 해치지 마시오. 우리가 모두 그대로 있소." 당신이 문책을 당해야 할 일이 없으니 절망하지 말라는 외침이었습니다. 그 극적인 사태를 경험하고 이방인 간수는 세례를 받고 그리스도인이 됩니다. 간수는 바울과 실라를 자기 집으로 데려가 대접합니다.

이 극적인 기적 사건의 진실은 바울과 실라의 자유함에 있습니다. 그들에게 감옥의 장벽은 처음부터 문제가 되지 않았습니다. 감옥의 장벽 안에 갇힌 상태에서도 그들은 스스로의 행동에 제약을 받지 않았습니다. 그들은 자신들의 믿음대로 아무런 거리낌 없이 기도하고 찬송했습니다. 그들에게 주어진 장벽이 아무런 문제가 되지 않았습니다. 그들에게는 그 어떤 장벽도 없었습니다. 그들에게 애초부터 장벽이 문제가 되지 않았다는 사실은 물리적인 장벽이 무너지고 자신들에게 채워진 수갑과 차꼬가 풀렸음에도 불구하고 탈옥하지 않고 그 자리에 그대로 있었다는 사실이 역설적으로 증언해 줍니다. 이미 없는 장벽이기에 그 장벽을 넘어서는 것도 새삼스러울 것 없습니다. 바울과 실라의 마음은, 그들의 믿음은 그 어떤 조건에 구애받지 않습니다. 감옥의 장벽은 사도의 일행을 불온하게 여기는 당국이 그어놓은 선에 불과할 뿐이었습니다.

바울과 실라가 체험한 사건은 마치 다니엘이 경험했던 사건을 연상시킵니다. 페르시아 국가 신을 숭배하라는 다리우스 황제의 법령을 어긴 죄로 사자굴에 갇혔지만 다니엘은 그 안에서 무사히 살아났습니다. 세상의 지배적인 법칙이 우리를 압도한다 할지라도 그것이 참 생명을 지켜 주는 길이 아닐 때, 그것을 거부하고 참 생명의 길을 따름으로써 구원에 이를 수 있다는 것을 일깨워주는 이야기입니다.

본문 이야기의 진실은, 물리적 차원에서 지진이 일어나고 감옥문이 열렸다는 데 있는 것이 아닙니다. 감옥문이 열려 있든 닫혀 있든 상관없이 사도 바울과 실라가 그리스도인으로 자유함을 누렸다는 데 있습니다. 그것이 이 기적 이야기의 진실입니다. 그 믿음 때문에 처음부터 그들에게 감옥문은 활짝 열려 있었습니다. 그들은 어떤 장애물도 하나님을 향한 마음을 가로막을 수 없다는 것을 몸으로 보여주었습니다.

사도 바울과 실라의 이 이야기는 초기 그리스도인들의 삶을 극적으로 보여주는, 하나의 전형화된 이야기입니다. 이방인 간수의 놀람 역시 당시 그리스도인이 아니었던 일반인들의 놀람을 나타냅니다. 어떤 점에서 그럴까요?

우선 그리스도인들은 당시 일반 사람들이 믿는 신과는 전혀 다른 신을 믿었고, 또한 전혀 다른 방식으로 믿었습니다. 당시 일반 사람들이 믿는 신이 어떤 신들이었을까요? 주피터, 디아나, 이시스와 미트라 등입니다. 이 신들은 자신들을 섬기는 사람들에게 제물을 요구하였고, 제관들에게 돈을 기부할 것을 요구했습니다. 그 신들은 마치 인간들처럼 자신들의 이해利害에 따라 행동했습니다. 그러나 그리스도인들은 자신들이 믿는 하나님이 인간에게 사랑을 펼치시고, 그 사랑을 통해 인간들 사이에서 사랑을 불러일으킨다고 믿었습니다.

그 믿음은 이방인들과는 전혀 다른 윤리관을 형성하였고, 그 윤리관에 따라 전혀 다른 삶을 살게 했습니다. 이방인들, 곧 당시의 일반인들이 자신들이 섬기는 신들의 축제를 위하여 그 축제 비용을 징세당하고 있을 때, 그리스도인들은 거리와 쓰레기장에 버려진 고아들을 먹여 살리는 공동기금에 자발적으로 기부했습니다. 그리스도인들은 광산에서 강제 노역하거나 섬에 유배된 사람들과 감옥에 갇힌 사람들에게 음식과 약을 주고 친구가 되었습니다. 죽어서도 무덤에 묻힐 수 없는 가난한 사람들과 죄수들에게는 자비로 관을 사서 매장을 해주었습니다.

이러한 그리스도인의 삶은 당시 지배체제의 당국자들에게는 불온한 것으로 여겨졌고, 일반 사람들에게는 경이로운 것으로 여겨졌습니다. 왜 그랬을까요? 어떤 지배체제는 그 체제 아래 있는 사람들이 군말없이 그 체제를 용인하고 순종할 때 지켜집니다. 로마의 국법을 따라야 하고, 그 체제를 뒷받침하는 세계관 곧 종교를 따라야 하는데 그리스도인들은 이를 거슬렀습니다. 일반 사람들은 그 체제에 순응하는 것이 순리라고 믿고 있는데, 그리스도인들은 그 체제가 요구하는 것과는 달리 자발적으로 사랑을 실천하였습니다. 그러니 놀라지 않을 수 없었습니다.

본문 바로 앞에는 사도 바울과 실라가 감옥에 갇히게 된 사연이 무엇인지 밝혀져 있습니다. 이방인들의 도시 빌립보에서 귀신이 들려 점을 치는 여인을 만났습니다. 여자 노예입니다. 그 여자 덕분에 그 주인들(여러 명인 것으로 보아 어떤 단체, 회사와 같은 형태였을 것)은 돈벌이를 톡톡히 했습니다. 그런데 사도 바울은 그 여자에게서 귀신을 내쫓습니다. 그러니 어떻게 되었을까요? 그 주인들은 자기들의 돈벌이 희망이 사라진 것에 분격해서 바울 일행을 고발한 것입니다. 그것이 바울 일행이 감옥에 갇힌 사연입니다.

이 이야기를 잘 음미해보시기 바랍니다. 사도 바울은 그리스도의 이름으로 그 여인을 자유롭게 한 것입니다. 귀신에 붙들린 상태에서 해방되어 자유를 누리게 해준 것입니다. 이 일을 보고 격분한 것은 그 여인이 아닙니다. 그 여자 노예를 소유하고 있는 주인들입니다. 사람들을 자신들의 종으로, 죄인으로 얽어매놓아야 자신들의 욕망과 자신들의 기득권을 지킬 수 있는 사람들입니다. 그 여인에게 자유를 선사한 바울의 행위는 그들에게 당연히 체제를 교란시키는 불온한 행위가 된 것입니다. 그러니 감옥에 갇힌 것입니다. 그러나 바울에게 자신들을 불온하게 보는 시선과 그 시선에 따른 체제와 감옥은 문제가 되지 않았습니다.

사도 바울이 귀신에 붙들린 사람에게 자유를 선사하고, 바로 그 일 때문에 감옥에 갇혔으나 그 상황에 아랑곳없이 자유를 누릴 수 있었던 것은 하나님에 대한 믿음 때문이었습니다. 우리를 사랑하시는 하나님, 그래서 우리에게 진정한 자유를 선사해 주시는 하나님에 대한 믿음입니다.

본문 앞뒤로 제법 길게 이어지는 빌립보에서의 사건에 관한 이야기는 일관되게 그 진실을 밑바탕에 깔고 있습니다. 뒷이야기를 보면, 이미 사도 바울 일행이 감옥에서 빠져나가 간수의 집에서 대접을 받고 한밤을 보냈는데, 아침에 치안관들의 부하들이 석방 소식을 알려 옵니다. 바울은 격노합니다. 붙잡아 가둘 때는 언제고 이제 와서 슬그머니 석방조치를 취하느냐고 하면서 치안관들더러 직접 오라고 호통을 칩니다. 치안관들이 직접 와서 사과하고 공식적인 석방조치를 취함으로써 사태가 마무리됩니다. 그 당당함은 하나님에 대한 믿음에서 비롯됩니다.

앞서 말했듯 우리는 70여 년 분단의 세월을 살아왔고, 그 분단은 남과 북의 사회를 각각 체제의 감옥으로 만들어왔습니다. 남쪽이 자유로운 사회라고 하지만, 금기의 선을 넘어설 수 없다는 점에서 강고한 체제를 구축해온 것을 부인할 수 없습니다. 그걸 '분단체제' 혹은 '이면헌법'이 존재하는 사회라고도 합니다. 그 강고한 체제가 흔들리고 이제 그야말로 '평화의 번영'의 시대가 열리는 전환기에 우리는 서 있습니다.

오늘의 이 역사적 전환은 한순간 이뤄진 일이 아니며, 한두 사람의 결단에 의해 이뤄진 것이 아닙니다. 분단 이래 그 엄혹한 체제가 지속되는 가운데서도 그 장벽을 넘어서고자 꿈꾸며 행동해온 사람들이 있었기에 오늘 역사적 순간을 우리는 마주하게 된 것입니다. 위대한 자유혼을 지닌 선각자들, 자유를 갈망하는 평범한 민초들의 꿈이 있었기에 가능하게 된 일입니다.

그 역사적 순간을 맞이하며, 그 위대한 자유혼이 갈망했던 꿈을 떠올리지 않을 수 없습니다. 1989년 북한을 방문하였던 문익환 목사의 시 〈잠꼬대 아닌 잠꼬대〉의 한 대목을 환기합니다.

난 올해 안으로 평양으로 갈거야
기어코 가고 말거야, 이건
잠꼬대가 아니라고 농담이 아니라고
이건 진담이라고
…


난 걸어서라도 갈 테니까
임진강을 헤엄쳐서라도 갈 테니까
그러다가 총에라도 맞아 죽는 날이면
그야 하는 수 없지
구름처럼 바람처럼 넋으로 살아가는 거지

오늘 우리가 목도한 놀라운 역사적 사건 그리고 그 사건을 목도하면서 대하는 말씀의 의미를 새길 때, 다시 한번 되새기지 않을 수 없는 꿈의 외침입니다. 진정한 그리스도인의 몫이 무엇인지 일깨워주는 꿈의 외침이기도 합니다.

　　냉전의 논리에 편승해 상대를 악마화하고, 자신과 동일하지 않은 사람을 정당한 상대로 대하지 않고, 편견에 기초해 혐오와 배제의 논리를 퍼뜨리는 것은 자유인의 몫이 아니며, 그리스도인의 몫이 아닙니다. 그 무엇이든 사람과 사람을 가르고, 그래서 그 어떤 존재이든 자유를 구속하는 장벽에 맞서고, 그것을 넘어서는 것이 그리스도인의 몫입니다. 오늘 우리가 그 몫을 온전히 감당하기로 재삼 마음가짐을 새롭게 할 수 있기를 기원합니다.

2018년 4월 29일

# 꿈은 제재하지 못한다

에스겔 37:16-17; 요엘 2:28-29

❦

"너 사람아, 너는 막대기 하나를 가져다가, 그 위에 '유다 및 그와 연합한 이스라엘 자손'이라고 써라. 막대기를 또 하나 가져다가 그 위에 '에브라임의 막대기 곧 요셉 및 그와 연합한 이스라엘 온 족속'이라고 써라. 그리고 두 막대기가 하나가 되게, 그 막대기를 서로 연결시켜라. 그것들이 네 손에서 하나가 될 것이다"(에스겔 37:16-17).

"그런 다음에, 내가 모든 사람에게 나의 영을 부어 주겠다. 너희의 아들딸은 예언을 하고, 노인들은 꿈을 꾸고, 젊은이들은 환상을 볼 것이다. 그 때가 되면, 종들에게까지도 남녀를 가리지 않고 나의 영을 부어 주겠다"(요엘 2:28-29).

원래 제목은 "꿈은 가두지 못한다"였습니다. 분단의 철책을 거침없이 넘었던 꿈의 사람 문익환 목사의 한 설교 제목입니다. 그런데 오늘 대북제재의 현실을 떠올리며 "꿈은 제재하지 못한다"로 바꿨습니다.

"꿈을 비는 마음", "잠꼬대 아닌 잠꼬대"에서 노래했고, 온몸으로 그 꿈을 살았던 문익환 목사님의 발자취를, 방북 30주년이 되는 해 그리고 오늘 4·27 1주년 기념이 되는 날 다시 되새겨보고 싶었습니다. 그 시 두 편만 그냥 읊어도 할애된 시간을 훌쩍 넘기겠기에, 다들 마음속에 간직한 그 내용으로 환기하는 것으로 대신하겠습니다.

우리는 지금 간절한 마음으로 꿈을 이루고자 이 자리에 모였습니다. 우리의 꿈, 우리의 간절한 염원을 누가 가로막겠습니까? 감히 누가 제재한단 말입니까? 우리는 수천 년 지속된 꿈을 안고 살아가는 사람들입니다.

에스겔의 말씀은 갈라졌던 민족이 하나되리라는 간절한 소망을 노래하고 있습니다. 그것은 단지 어떤 체제의 통합을 뜻하는 것이 아닙니다. 백성의 하나됨, 민의 하나됨을 말합니다.

예언자 요엘은 다시 선포합니다. 주의 영이 함께하면, 아들딸이 예언을 하고 노인들이 꿈을 꾸며 젊은이들이 환상을 볼 것이라 합니다. 남녀귀천 할 것 없이, 희망을 바라보고 예언을 하며 마침내 꿈을 이루게 될 것이라 합니다.

한참 뒤 사도행전의 저자 누가는 베드로의 선포를 통해 그 희망의 말씀이 마침내 실현되었다고 증언하고 있습니다(사도 2:17-18).

두 예언자가 선포한 시점부터 말하면 대략 500년쯤 지났을까요? 그리고 그로부터 2000년이 지난 오늘 우리는 계속해서 같은 꿈을 꾸고 있습니다. 갈라진 모든 사람이 하나되고 인류가 평화를 이루는 꿈입니다.

꿈을 이루는 데는 그 정도의 호흡이 필요한 것입니다. 그것은 꿈이 실현되는 것이 어렵다는 것을 말하는 것이 아니라, 그렇게 부단히 꿈을 부여잡고 나아갈 때 비로소 그 꿈이 실현된다는 것을 말합니다. 내버려 둬도 이뤄질 것을 꿈이라 하지 않고 환상이라 하지 않으며, 그걸 말하는 것을 예언이라 하지 않습니다. 지금 당장 실현 불가능해 보이지만, 마땅히 이뤄져야 할 어떤 것을 보는 것을 환상이라 하며, 그걸 말하는 것을 예언이라 하며, 그것이 바로 꿈입니다. 꿈은 우리의 비전이며 의지입니다. 우리는 그 '징글징글한' 꿈을 꾸는 사람들입니다.

그 꿈이 이뤄지는 순간이 도둑같이 온다는 것은 아무 때나 예고 없이 온다는 것을 말하지 않습니다. 이미 꿈을 꾸는 순간부터 그 꿈이 이루어졌다고 믿고 나아가는 믿음 안에서 어느 순간 그 꿈이 실현되어 있는 것을 실감하게 된다는 것을 말합니다.


우리는 지금 남과 북이 하나 되기를 바라는 꿈을 안고 이 자리에 함께했습니다. 왜 하나 되기를 원할까요? 원치 않게 갈라졌기 때문입니다. 갈라진 그 현실 때문에 너무나 많은 피를 흘렸고 끊임없이 서로를 적대시하는 가운데 스스로를 각기 소진하고 있기 때문입니다. 우리의 삶과 생각을 왜곡시키고, 민주주의와 인권의 실현을 방해하고 있기 때문입니다. 정의롭지 못하고 평화롭지 못하기 때문입니다.

하나가 되면 어떻게 될까요? 원치 않게 갈라진 자매형제들이 만

나 사랑을 나눌 수 있습니다. 전쟁으로, 끊임없이 지속된 대결로 안고 있는 피의 상처를, 아직도 아픈 상처를 치유할 수 있습니다. 우리의 삶과 생각이 뒤틀리지 않고 바르게 펼쳐질 수 있습니다. '빨갱이'니 '반동분자'니 비인간 취급하는 일이 없어지고 누구나 서로를 존중하며 진정으로 민이 주인이 되는 나라를 만들 수 있습니다. 마지막 남은 제국주의 시대의 유물, 냉전시대의 유물을 철거함으로써, 우리만의 평화가 아니라 동북아시아의 평화를 이루고, 따라서 세계의 평화를 이루는 데 기여할 수 있습니다. 남북을 가로막고 있는 철조망을 걷어치우는 것은 그렇게 숭고한 뜻을 지니고 있습니다.

30년 전 분단의 장벽, 그 철책을 넘었던 문익환 목사의 꿈을 우리는 늘 새겨왔습니다. "통일은 다 됐어!" 그 꿈이 이제 정말 빈말이 아니라는 것을 실감하는 때에 이르렀습니다. 아직 난관이 없는 것은 아닙니다. 그러나 우리가, 우리 국민이 우리 땅에서 꿈을 꾸고 그 꿈을 이루기 위해 발걸음을 떼는 걸 누가 방해하겠습니까?

문익환 목사님보다 앞선 선각자인 송창근 목사님께서는 말씀하셨습니다. "벽도 밀면 길이 된다."

하물며 원래 하나였던 것을 다시 하나로 하는데, 산줄기 물줄기가 이미 통해 있고, 새들이 자유롭게 날고, 들짐승이 자유롭게 왕래하는 땅, 그 땅 위에 사는 사람들이, 오랜 역사를 공유하고 같은 언어를 사용하고, 형제자매로 가족으로 연결된 사람들이 자유롭게 살겠다는데 뭐가 문제입니까?

오늘 남과 북이 하나되도록 간절한 마음으로 기도하는 가운데 우리의 힘을 모읍시다. 그 가운데 하나님께서 영으로 함께하실 것입니다.

화천 평화의 댐 4·27 인간띠잇기 연합기도회

2019년 4월 27일

# 민중의 노래, 부활의 노래

사무엘상 2:1-10

한나가 기도로 아뢰었다. "주님께서 나의 마음에 기쁨을 가득 채워 주셨습니다. 이제 나는 주님 앞에서 얼굴을 들 수 있습니다. 원수들 앞에서도 자랑스럽습니다. 주님께서 나를 구하셨으므로, 내 기쁨이 큽니다. 주님과 같으신 분은 없습니다. 주님처럼 거룩하신 분은 없습니다. 우리 하나님같은 반석은 없습니다. 너희는 교만한 말을 늘어 놓지 말아라. 오만한 말을 입 밖에 내지 말아라. 참으로 주님은 모든 것을 아시는 하나님이시며, 사람이 하는 일을 저울에 달아 보시는 분이시다. 용사들의 활은 꺾이나, 약한 사람들은 강해진다. 한때 넉넉하게 살던 자들은 먹고 살려고 품을 팔지만, 굶주리던 자들은 다시 굶주리지 않는다. 자식을 못 낳던 여인은 일곱이나 낳지만, 아들을 많이 둔 여인은 홀로 남는다. 주님은 사람을 죽죽이기도 하시고 살리기도 하시며, 스올로 내려가게도 하시고, 거기에서 다시 돌아오게도 하신다. 주님은 사람을 가난하게도 하시고, 부유하게도 하시고, 낮추기도 하시고, 높이기도 하신다. 가난한 사람을 티끌에서 일으키시며 궁핍한 사람을 거름더미에서 들어올리셔서, 귀한 이들과 한자리에 앉게 하시며 영광스러운 자리를 차지하게 하신다.

이 세상을 떠받치고 있는 기초는 모두 주님의 것이다. 그분이 땅덩어리를 기초 위에 올려 놓으셨다. 주님께서는 성도들의 발걸음을 지켜 주시며, 악인들을 어둠 속에서 멸망시키신다. 사람이 힘으로 이길 수가 없다. 주님께 맞서는 자들은 산산이 깨어질 것이다. 하늘에서 벼락으로 그들을 치실 것이다. 주님께서 땅 끝까지 심판하시고, 세우신 왕에게 힘을 주시며, 기름부어 세우신 왕에게 승리를 안겨 주실 것이다"(사무엘상 2:1-10).

예수께서 죽음을 딛고 일어선 부활의 아침입니다. 죽임의 힘이 세상을 짓누르고 있지만, 결코 그 죽임의 힘에 의해 소멸될 수 없는 삶의 소중함을 되새기며 찬미하는 아침입니다.

그 부활의 아침에 우리는 하나의 기도를 함께 읽었습니다. 부활 사건을 전하는 여러 본문 말씀들이 있지만, 언뜻 보기에 그 사건과는 상관없어 보이는 이 기도가 대체 부활 사건과 어떤 관계가 있을까요?

사무엘의 어머니 한나의 기도이자 노래인 본문 말씀은 예수님의 어머니 마리아의 찬가의 원형이 되는, 아주 오랜 송가입니다. 은혜를 베푸신 하나님께 감사하는 한 개인의 기도요 송가 형식으로 되어 있지만, 단지 한 개인의 염원이 아닌, 아주 오랜 민중의 염원을 담고 있는 노래입니다. 사무엘이 태어났을 때 그 어머니가 불렀던 노래로 전해지고 있는 이 노래는, 예수님이 잉태되었을 때 그 어머니 마리아가 부른 노래와 그 내용에서 거의 차이가 없습니다. 그것이 뜻하는 바가 무엇일까요? 아주 질긴 생명력을 가진 민중들의 염원이라는 것을 말합니다. 사무엘이 부여받았던 기대, 예수님이 부여받았던 기대가 다르지 않았다는 것을 말하며, 그 기대가 끊임없는 민중들의 희망으로 자리하고 있다는 것을 말합니다.

이제 이 본문 말씀의 맥락을 살펴보겠습니다. 사사 시대 말기에 브라임 지파에 속하는 엘가나라는 사람이 산간지방 라마다임에서 살고 있었습니다. 그에게는 두 아내가 있었는데, 한 사람이 한나요 또 한 사람이 브닌나였습니다. 브닌나에게는 여러 자녀가 있었지만 한나에게는 자녀가 하나도 없었습니다. 엘가나는 특별히 자식이 없는 한나를 챙겼습니다. 제사를 드리고 난 후에는 브닌나와 그 자녀들에게는 제물을 한 몫씩 챙겨주었다면 한나에게는 두 몫씩 챙겨주었습니다. 그것만으로 충분히 위로를 받지 못하는 한나에게 엘가나는 정말 온 정성으로 대했습니다. "당신이 열 아들을 두었다고 해도, 내가 당신에게 하는 만큼 하겠소?" 그렇게 애틋한 마음이었습니다.

그렇지만 한나에게는 큰 위로가 되지 못한 것 같습니다. 그럴 수밖에 없는 것이, 당시 고대사회에서 여인에게 자식, 그것도 아들은 자신의 존재 자체로 여겨졌기 때문입니다. 그것은 물론 아들로 이어지는 상속권과 관련되어 있습니다. 구약성서에서 이런 주제가 되풀이되고 있는 것은 그만큼 절실한 문제였다는 것을 말합니다. 게다가 다른 부인은 여러 자녀를 두고 있는 상황에서 자신에게 자녀들이 없었을 때 어땠을까요? 한나는 간절히 기도했고, 그 결과 기도의 응답을 받아 마침내 자신의 품 안에 사무엘을 안게 되었습니다.

오늘 우리가 읽는 말씀은 그 기쁨을 하나님 앞에서 노래하고 있는 내용입니다. 대개 소원이 이뤄지면 곧바로 성소에 가 하나님께 감사의 의식을 치르는데, 한나는 어린 사무엘이 젖을 뗄 때까지 집에서 함께하다가 마침내 서원한 대로 하나님께 사무엘을 바치며 기뻐합니다. 바로 그 자리에서 부른 노래가 본문 말씀입니다.

먼저 이 노래는 자신의 간절한 소망을 이뤄주신 하나님의 은혜에 감사합니다. 기쁨으로 주 앞에 설 수 있게 되었습니다. 또 자신의 삶을 가로막은 원수들 앞에서도 당당하게 되었습니다. 여기서 원수들이란 꼭 인격적인 존재를 말하는 것만은 아닙니다. 그것은 스스로 바라는 삶을 방해하는 모든 것을 일컫는 말입니다. 자신의 간절한 소망을 들어주시는 하나님이 계시므로 어떤 장애물도 문제될 것이 없다는 믿음의 표현입니다. 그리고 이어 하나님의 놀라운 은혜를 더욱 구체적으로 언급하며 하나님을 찬양하고 있습니다.

"너희는 교만한 말을 늘어놓지 말아라. 오만한 말을 입 밖에 내지 말아라. 참으로 주님은 모든 것을 아시는 하나님이시며, 사람이 하는 일을 저울에 달아 보시는 분이시다. 용사들의 활은 꺾이나, 약한 사람들은 강해진다. 한때 넉넉하게 살던 자들은 먹고 살려고 품을 팔지만, 굶주리던 자들은 다시 굶주리지 않는다. 자식을 못 낳던 여인은 일곱이나 낳지만, 아들을 많이 둔 여인은 홀로 남는다. 주님은 사람을 죽이기도 하시고 살리기도 하시며, 스올로 내려가게도 하시고, 거기에서 다시 돌아오게도 하신다. 주님은 사람을 가난하게도 하시고, 부유하게도 하시고, 낮추기도 하시고, 높이기도 하신다. 가난한 사람을 티끌에서 일으키시며 궁핍한 사람을 거름더미에서 들어올리셔서, 귀한 이들과 한자리에 앉게 하시며 영광스러운 자리를 차지하게 하신다."

하나님의 놀라운 은혜를 찬양하고 있는 이 내용을 잘 음미하시기 바랍니다. 자식을 가지지 못한 여인으로서 한나의 처지를 반영하는 내용은 딱 한 구절뿐입니다. 그 밖의 모든 내용은, 항상 불가능한 상황에 맞닥뜨려 좌절해야 했던, 약한 사람들, 굶주리는 사람들, 가난한 사람들이 마침내 영광스러운 자리를 차지하게 된다는 것입니다. 이 노래가 단지 개인의 노래가 아니라 민중들의 간절한 염원을 담은 노래라는 것을 말해 줍니다.

이 기도, 이 노래의 결말은 다시 하나님을 찬양하며 그 하나님을 섬기는 사람들이 마침내 악인들 가운데서 승리를 거둘 것이라는 것을 염원합니다.

> 이 세상을 떠받치고 있는 기초는 모두 주님의 것이다. 그분이 땅덩어리를 기초 위에 올려놓으셨다. 주님께서는 성도들의 발걸음을 지켜 주시며, 악인들을 어둠 속에서 멸망시키신다. 사람이 힘으로 이길 수가 없다. 주님께 맞서는 자들은 산산이 깨어질 것이다. 하늘에서 벼락으로 그들을 치실 것이다. 주님께서 땅끝까지 심판하시고, 세우신 왕에게 힘을 주시며, 기름 부어 세우신 왕에게 승리를 안겨 주실 것이다.

이스라엘 역사에 대한 기본적 지식을 갖고 있다면 여기서 의아한 대목을 발견할 수 있을 것입니다. 아직 왕이 없던 시절이요, 더욱이 사무엘은 왕을 세우는 일을 극구 반대했던 인물인데, 주께서 기름 부어 세우신 왕의 승리를 말하고 있는 대목입니다. 물론 여기서 왕은 하나님의 선택을 받은 왕이요 하나님의 뜻을 백성들에게 실현하는 왕을 말하는 것이지만, 아직 사무엘의 시대에는 그런 왕이 존재하지 않았습니다. 그것은 사무엘에게 기대되었던 희망이 왕이 존재하는 상황 가운데서도 지속되었다는 것을 말해 줍니다. 사무엘 당대보다 훨씬 후대에 기록된 성서는 민중들 가운데 지속된 그 희망을 그렇게 기록으로 남겨두었습니다.

이집트의 억압으로부터 해방된 원 사건에서 비롯된 이스라엘 백성의 신앙, 곧 이스라엘 민중의 염원은 끊임없이 역사를 관통하는 희망으로 존재해 왔습니다. 해방된 이스라엘 백성은 200여 년 동안 왕이 없이 해방된 자유민으로서 삶을 살았습니다. 그 끝자락에 사무엘이 태어납니다. 사무엘이 그 자유민 공동체의 마지막 지도자로 등장했을 때 이스라엘 백성은 강력한 왕권체제를 바랐습니다. 성서는 애초 그 사실을 하나님의 주권에 대한 배신행위로 이해하고 있습니다. 그래서 사무엘은 극구 반대하지만, 마지못해 백성들의 요구를 들어주었다고 전합니다.

그러나 성서의 역사는 하나님의 주권을 믿음으로써 민중의 주권을 보장받을 수 있다고 믿는 믿음이 왕권체제가 형성되고 난 후에도 결코 사라지지 않았다는 것을 증언해 주고 있습니다. 왕권체제가 형성되어 경제발전의 논리가 지배하고 정치권력이 강화되는 현상이 현저했음에도 불구하고, 예언자들은 하나님의 주권을 믿는 백성 가운데 구현되어야 할 평등의 이상, 정의의 이상을 외쳤습니다.

그것은 단지 어떤 이념의 대치 상황을 말하는 것이 아닙니다. 진정한 삶에 대한 갈망, 그 어떤 것도 그것을 대신할 수 없다는 희망의 표현이었습니다. 그것이 성서의 기저를 이뤘고, 그 희망이 더더욱 가혹한 죽음의 시대를 경유하고 난 다음 더욱 극적으로 표현된 것이 부활에 대한 믿음이었습니다. 바로 예수 그리스도 그리고 바울을 비롯한 사도들에게 이어진 성서의 중심 기저입니다. 그것은 세상의 모든 사람이 봉착하는 불가능의 현실에서도 그 불가능의 장벽을 넘어서 누구나 진정한 삶을 누리고자 하는 희망으로 지속되고 있습니다.

불과 두어 달 전만 해도 한반도를 둘러싼 정세가 이렇게 급변할 줄 누가 알았습니까? 전쟁 위기로 치닫는 위기 상황이 동계올림픽을 기점으로 진정되는 것만으로도 안도하고 위안으로 삼을 수 있으리라는 기대, 그 이상을 넘었을까요? 아직 사태의 귀결 향방이 확정되지는 않았지만, 지금 전개되고 있는 상황은 그 이상의 기대하는 것이 결코 무모한 환상이 아니라 할 만큼 급진전을 이루고 있습니다. 남북 정상회담과 북미 정상회담이 예정된 상황에 북중 정상회담이 이뤄진 것을 보면, 한반도를 둘러싼 정세가 급반전하고 있다는 것을 알 수 있습니다. 평화를 향한 여정이 가시권 안에 들어왔다고 할 수 있을까요? 한반도의 비핵화와 평화체제의 확립이 결코 멀지 않은 미래로 다가오고 있습니다.

이와 같은 역사의 반전, 그것이 곧 부활 사건입니다. 죽임의 갈등과 전쟁에서 삶의 평화로의 반전, 그것이 곧 부활입니다.

바로 그 희망찬 반전이 이뤄지고 있는 이즈음 또 하나의 부활 사건에 주목합니다. '제주 4·3'입니다. '4·3항쟁'이라고도 하지만 아직도 그 이름을 붙이지 못해 그렇게 부릅니다. 내일 모레(4월 3일)면 70주년을 맞이합니다. '제주 4·3'은 해방 이후 일그러진 우리 현대사 속에서 벌어진 민간인 희생 사건 가운데 최대규모의 사건으로 정부의 진상조사위원회에 신고된 희생자 숫자만도 약 15,000명에 이르는 참혹한 반생명·반인권의 사건입니다. 당시 희생자 수는 실제로 25,000~30,000명에 이르는 것으로 추정되고 있고, 이 규모는 당시 제주 인구 27만 명 가운데 10%를 넘어섭니다.

이 비극적인 사건이 일어난 것은 해방 직후 제주도의 특수한 상황 그리고 미 군정 주도 하의 남한만의 단독정부 수립 시도가 그 배경이 되었습니다. 일제 말기 일본군은 제주도에 6만 명의 병력을 주둔시켜 전략적 기지로 삼았는데, 패전 후 그 군대가 철수하였고 대신에 외지에 나가 있던 제주도 출신 6만여 명이 귀환하면서 제주도에는 급격한 인구변동이 있었습니다. 해방 직후 불안한 상황과 소요사태는 어디서나 마찬가지였지만, 급격한 인구변동과 동시에 실직난, 생필품 부족, 흉년 등 여러 가지 악재가 겹친 제주도에서의 불안정한 상황은 심각하였고, 그 분위기 가운데서 1947년 3월 1일 발포사건이 발생하여 민심이 악화되었습니다. 이에 대해 무자비한 진압 작전이 펼쳐졌고, 결국 1948년 4월 3일 제주도민은 자구적 차원에서 본격적인 항쟁을 벌이면서 남한만의 단독 정부 수립에 저항할 수밖에 없었습니다. 그에 대해 미 군정은 군경을 동원해 무차별 학살을 감행하였고, 그로부터 1954년 9월 사태가 종결될 때까지 무려 7년여 동안 비극적인 사태는 지속되었습니다.

이 사태는 단순히 한국의 고립된 한 섬에서 일어난 사건이 아니었습니다. 그 사건은 한국 현대사에서 지울 수 없는 중대한 사건이었을 뿐 아니라 세계사적 차원에서 막 시작된 냉전체제의 비극성을 단적

으로 드러내 준 사건이었습니다. 그 사건은 2차 대전 이후 미군의 지
휘 아래 자행된 동아시아 민중학살의 '원점'이요, '원형'이었습니다.

대한민국 정부는 2000년 1월 12일 "제주 4·3 사건 진상규명 및
희생자 명예회복을 위한 특별법"을 공포하여, 희생자들의 명예를
회복하고 역사를 바로잡고자 하였습니다. 2003년에는 대통령이 나
서 과거 국가권력의 잘못에 대해 사과하기도 했습니다. 그것은 역
사를 바로 세우기 위한 절차였으며, 어떠한 경우라도 무고한 생명
이 권력에 의해 희생되는 일이 있어서는 안 된다는 의지의 천명이
었습니다.

3주 전 저는 한국기독교교회협의회 4·3 평화기행단 대표 자격
으로 제주도에 다녀왔습니다. 비극의 현장을 둘러보고 생존자의 증
언을 듣기도 했습니다. 70년 전 그 사건의 목격자로서 막내둥이에
해당하는 증언자는 "살면 살아지더라"고 했지만, "요즘 너무 좋다"
고 했습니다. 70년 동안 말도 제대로 못하고 살았는데, 이제야 제대
로 그 진실을 증언하게 되어 좋다는 뜻입니다. 어떻게 그 상처가 치
유될 수 있을까요?

체제와 이념의 대결이 낳은 참극을 낡은 시대의 유물로 돌리고
진정한 평화를 이룰 때, 한라에서 백두에 이르기까지 진정한 평화의
바람이 몰아칠 때, 그 가운데서 한 사람 한 사람이 자기 삶을 스스로
결정하고 정겨운 살붙이와 이웃들, 그들과 더불어 사소한 일상의 삶
을 기쁨으로 만끽할 수 있을 때, 비로소 치유가 이뤄질 것입니다.

오늘 한라에서 백두, 백두에서 한라로 이어지는 평화의 바람은
비로소 그 치유의 여정이 시작되고 있음을 보여줍니다. 이 땅의 부

활, 체제와 이념의 대결 때문에 낙인찍히고 숨죽이며 죽은 듯이 살아야 했던 이 땅의 민중 부활 사건입니다. 촛불 항쟁이 없었다면, 이 모든 일이 가능했을까요?

부활 사건은 거대한 화산맥과 같이 분출하는 일련의 사건입니다. 그 일련의 사건은 결국 우리 한 사람 한 사람의 삶을 변화시킵니다. 역사의 부활은 곧 우리 한 사람 한 사람의 부활로 체험될 때 비로소 진정한 부활 사건으로써 의미를 지닙니다. 2천 년 전 한 분이 죽음에 이르렀다가 다시 살아났다는 진실이 왜 중요합니까? 그것은 죽음과 같은 삶을 사는 모든 사람이 그 죽음을 딛고 일어나 진정한 삶을 살 수 있다는 희망의 선취요 표징이 되기 때문입니다.

오늘 부활의 아침, 그 진실을 새기며 우리 모두 진정한 부활 사건의 증언자가 되기를 기원합니다. 우리 모두 진정한 부활의 노래를 부를 수 있기를 기원합니다.

2018년 4월 1일

# 불편한 진실을 딛고 일어서야

요한계시록 6:9-11

※·ֶׁ·※

> 그 어린 양이 다섯째 봉인을 뗄 때에, 나는 제단 아래에서, 하나님의 말씀 때문에, 또 그들이 말한 증언 때문에, 죽임을 당한 사람들의 영혼을 보았습니다. 그들은 큰 소리로 부르짖었습니다. "거룩하시고 참되신 지배자님, 우리가 얼마나 더 오래 기다려야 지배자님께서 땅 위에 사는 자들을 심판하시어 우리가 흘린 피의 원한을 풀어 주시겠습니까?" 그리고 그들은 흰 두루마기를 한 벌씩 받아 가지고 있었습니다. 그들은 그들과 같은 동료 종들과 그들의 형제자매들 가운데서 그들과 같이 죽임을 당하기로 되어 있는 사람의 수가 차기까지, 아직도 더 쉬어야 한다는 말씀을 들었습니다(요한계시록 6:9-11).

1948년 10월 19일, 그로부터 딱 만 70년이 되는 오늘 여순항쟁 70주년을 맞이하여 드리는 추모예배, 그 가운데서 말씀을 나눠야 하는 마음이 편할 수가 없습니다. 공교롭게도 지난 봄 제주 4·3 70주년을 맞이했을 때도 비슷한 상황을 겪었습니다. 한국기독교교회협의회 4 · 3 평화기행 때였습니다.

그 4월의 봄 그리고 한 달 전 두 차례에 걸쳐 제주 4 · 3항쟁의 유적지와 평화공원을 방문하면서 전율하였습니다. 아름다운 평화의 섬 제주가 안고 있는 민족의 상처, 아니 냉전체제가 빚어낸 세계사적 차원에서의 반인류적 참극의 상처를 들춰내고 확인하는 것이 어찌 마음 편한 일이겠습니까? 여순항쟁의 진실을 마주하는 것 또한 마찬가지입니다. 제주가 평화의 섬으로 불리는 것과 마찬가지로 여수 역시 미항으로 불리지 않습니까? 그 아름답고 평화로운 이름 뒤에 감춰진, 아직까지 아물지 않은 상처를 확인하는 일이 마음 편한 일일 수 없습니다.

서로 얽혀 있는 두 사건의 진실이 무엇입니까? 먼저 4 · 3의 진실이 무엇입니까? 1948년 4월 3일, 아니 1947년 3월 1일부터 1954년 9월 21일에 이르기까지 제주에서는 숱한 사람들이 절규하며 쓰러져갔습니다. 진상조사위원회에 신고된 희생자만도 약 15,000명에 이르고, 실제 희생자 수는 그 배에 이를 것으로 추정됩니다.

그들은 독립된 자주 국가 안에서 평화롭게 삶을 누리기를 바랐습니다. 그것이 비극을 초래할 일은 아니었습니다. 외세의 지배를 물리치고 하나된 조국 안에서 평화로운 삶을 누리고자 하는 사람들의 당당한 외침이었고, 마땅한 외침이었습니다. 그러나 비극은 그 외침을 두려워하는 자들로부터 시작되었습니다. 막 시작된 냉전체제의 당사자인 미국과 그 체제에 편승하여 분단국가 안에서 자신의 기득권을 지키고자 했던 이들은 그 외침을 두려워하였고, 마침내 무자비한 폭력으로 그 당당한 목소리를 틀어막고 이루 말할 수 없이 숱한 사람들의 생명을 앗아갔습니다.

그 사건은 한국 현대사에서 지을 수 없는 중대한 사건이었을 뿐 아니라 세계사적 차원에서 막 시작된 냉전체제의 잔혹성을 단적으로 드러내 준 사건이었습니다. 그 사건은 제2차 대전 이후 미군의 지휘 아래 자행된 동아시아 민중학살의 '원점'이요, '원형'이었습니다. 그것은 이념과 체제에 의해 자행된 반인륜적 범죄의 한 원형이었습니다.

여순항쟁의 진실은 무엇입니까? 1948년 10월 19일 여수에 주둔한 국군 제14연대 병사들이 제주 4·3사건 진압 명령을 거부하고 단독정부 수립반대와 미군 철수를 주장하며 일으킨 항쟁입니다.

> 우리는 제주도 애국 인민을 무차별 학살하기 위해 우리를 출동시키려는 작전에 조선 사람의 아들로서 조선 동포를 학살하는 것을 거부하고 조선 인민의 복지를 위하여 총궐기하였다. 1) 동족상잔 결사반대 2) 미군 즉시 철퇴

여순항쟁은 이제 막 그 마각을 드러내기 시작한 냉전체제에 대한 저항에 더하여 동족상잔의 학살을 거부함으로써 반인륜적 범죄행위에 가담할 수 없다는 숭고한 저항의 정신을 드높인 사건이었습니다.

그러나 그 숭고한 정신에도 불구하고 그 사건은 15,000명에 달하는 사람들의 희생과 더불어 비극으로 일단락되었습니다. 제주 4·3이 막 시작된 냉전체제에 의한 민중학살의 원점이었다면, 여순사건

은 그 체제가, 그 체제에 동의하지 않는 한 살아 있어도 살아 있는 것과 같은 삶을 보장하지 않게 될 것이라고 하는 사실을 받아들이도록 강요하는 암울한 경고였습니다. 사실상 분단체제를 민중들의 내면으로부터 받아들이도록 강요하는 결정적 계기가 되었습니다. 이 사건을 계기로 정부는 국가보안법을 제정하고 강력한 반공국가를 구축하지 않았습니까?

오늘 우리는 우리의 마음을 후벼 파는 그 비극의 실상을 다시금 환기하며, 치유의 방법을 찾기 위해 이 자리에 함께하고 있습니다. 그런 만큼 저는 이 시간 그 사건으로 인한 상처를 치유하는 여정을 전망하는 말씀을 나누고 싶었습니다. 정말 그랬습니다. 사건의 상처를 드러내는 것만으로도 쓰라린데, 말씀으로부터 희망의 용기를 얻고 위로를 나눠야 하지 않을까 생각했습니다.

그러나 눈길이 그렇게 가지 않았습니다. 오히려 그 비극의 진실을 정면으로 마주하고 증언하도록 일깨우는 말씀에 눈길이 닿았습니다. 오늘 함께 읽은 요한계시록의 말씀입니다. 그러니까 불편한 진실을 다시금 환기하는 오늘 우리는 거기에 더하여 또 불편한 성서 본문 말씀을 함께 읽은 셈입니다. 어쩌면 그리스도교의 신앙 자체가 가장 불편한 진실, 가장 참혹한 비극의 사건을 기억하는 데서 시작되지 않습니까? 단지 사랑의 삶, 인간이 진정으로 인간답게 사는 길을 실천했을 뿐인 예수께서 당대의 지배체제에 의해 가장 처참한 십자가 극형을 당했던 사건, 역설적으로 그 비극적 사건이 보여준 구원의 능력을 믿는 것이 그리스도교 신앙입니다. 그 믿음의 눈으로 볼 때, 오늘 말씀은 우리에게, 바로 우리의 역사 현장, 우리의 삶의 현장에서 일어난 사건의 의미를 제대로 되새길 수 있는 통찰을 주고 있습니다.

요한계시록은 1세기 전후 로마제국의 극심한 박해 시기에 그리스도인들의 신앙과 희망을 선포하는 신앙고백입니다. 요한계시록 6장은 초대 그리스도인들이 처해 있는 현실을 폭로함과 동시에 그 파국의 종말, 그러나 끝내 이뤄질 그리스도의 승리에 희망을 전하고 있습니다. 어린양이 하나하나 봉인을 떼어낼 때 그 하나하나의 진실이 드러납니다. 들을 귀가 있다면, 이 말씀들이 오늘 '팍스아메리카나' 현실에서도 다르지 않다는 것을 곧바로 알아차릴 수 있을 것입니다.

첫째 봉인을 뗄 때, '흰말을 탄 사람이 면류관을 받고 나아가서 이기고 또 이기려고 한다'고 했습니다. 이것은 로마제국의 정치적 권력을 상징합니다. 로마제국 황제의 끊임없는 정치적 지배의 욕망, 그에 사로잡힌 세계 현실을 말합니다.

둘째 봉인을 뗄 때, '붉은 말을 탄 사람이 평화를 걷어 버리고 사람들을 서로 죽이게 하고 또 큰 칼을 받았다'라고 했습니다. 이것은 로마제국의 군사적 지배를 상징합니다. 군사적 폭력으로 세계를 지배하고자 하는 야욕, 그에 신음하는 세계 현실을 말합니다.

셋째 봉인을 뗄 때, '검은 말을 탄 사람이 손에 저울을 들고 있다'고 했습니다. 저울은 상거래를 상징하는 것으로, 로마제국의 경제적 세계 지배를 말합니다. 그 경제적 지배는 공정하지 않습니다.

넷째 봉인을 뗄 때, '청황색 말을 탄 사람의 이름은 사망인데, 그를 뒤따르는 지옥의 무리들 곧 칼과 기근과 죽음이 사람들의 사분의 일을 멸한다'고 했습니다. 이것은 지배의 귀결이 재난과 역병, 결국 죽음이라는 것을 말합니다.

다섯째 봉인을 떼었을 때, '하나님의 말씀 때문에, 또 그들이 말한 증언 때문에, 죽임을 당한 영혼을 봅니다.' 오늘 우리가 읽은 본문입니다. 넷째 봉인을 뗄 때에 이르기까지, 당대의 현실을 지배하는 죽임의 세력의 실체를 드러내주고 있다면, 다섯째 봉인을 뗄 때 그 죽임의 세력에게 죽임당한 사람들의 실상이 드러납니다. 이 장면은 예사롭지 않습니다. 죽임당한 수많은 영혼들이 자신들의 죽음을 신원하여 주기를 간청합니다. 그런데 그에 대한 응답은 없습니다. 요한은 최후의 심판 그리고 이어지는 그리스도의 최후의 승리를 확신합니다. 그런데 그에 대한 응답은 죽임을 당하기로 되어 있는 사람들의 수가 차기까지 아직도 더 기다려야 한다는 것입니다.

그리고 여섯째 봉인을 뗄 때, 임박한 심판의 실체가 드러납니다. 자연현상이 기이한 조짐을 드러내고 죽음의 냄새가 천지를 진동합니다. 심판받는 주인공들이 열거되는데, 왕들과 고관들과 장군들과 부자들과 세도가들입니다. 여기에 또 의미심장한 목록이 있습니다. 그 심판의 대상에 노예와 자유인 또한 포함됩니다. 그것은 불의한 로마제국의 지배에 굴종하고 타협하며 죽임의 권세에 직간접적으로 빌붙어 사는 '노예' 그리고 이웃의 고통을 외면한 채 자기들만의 천국을 누리고 있는 자유로운 시민들 또한 심판의 대상이 된다는 것을 뜻합니다.

그 과정이 끝나고, 7장 이하에서 일곱 번째 봉인을 떼고 나서야 새 하늘과 새 땅이 열립니다.

오늘 우리가 읽은 대목은 다섯 번째 봉인을 뗄 때의 장면입니다. 이 환상이 뜻하는 바가 무엇일까요? 이것은 예수의 부활 승리로 말미암아 사탄의 세력이 이미 극복되었지만, 그 잔당의 횡포와 발악이 아직 잔존하고 있는 상태를 말합니다. 그로 인해 정의와 평화가 입을 맞추는 하나님 나라는 아직 완전하게 실현되지 않은 상태에 있고, 의롭고 진실하게 살려는 이들에 대한 죽임과 박해 그리고 억압과 음모가 여전히 지속되고 있는 상황입니다.

이것은 자포자기의 상황을 말하는 것이 아니라, 당대의 현실에 대한 냉철한 인식을 보여주고 있습니다. 죽임의 세력이 여전히 위세를 떨치고 있는 현실에 대한 냉철한 인식입니다. 여기에 이어지는 여섯째 봉인을 뗄 때의 상황, 곧 심판의 상황은 지금 다섯 번째 봉인을 뗄 때의 처지에 있는 사람들의 결단을 촉구합니다. 과연 어느 편에 설 것인가를 촉구합니다.

오늘 우리 시대는 과연 어떤 시대일까요? 민주주의가 신장되고 생명과 평화의 삶에 대한 갈망이 사람들 가운데 충일하지만, 여전히 그것을 방해하는 세력이 아직 존재합니다. 그 가운데서 생명과 평화의 길을 선택할 것을 촉구 받고 있습니다. 그 점에서 다섯 번째 봉인이 떼인 그 상황과 같을 수 있습니다.

그러나 본문 말씀이 전하는 바와 같은 아직도 죽음을 기다리는 사람들의 수가 더 차야 하는 상황이라는 것에 대해서는 결코 "아멘" 하기 어렵습니다. 지난 70년이 바로 그런 상황 아니었습니까? 이어진 한국전쟁과 그 와중에서 숱한 학살이 이어졌습니다. 전 국토가 무고한 사람들의 피와 눈물로 흥건히 젖었습니다. 그뿐이 아닙니

다. 1980년 광주에서 학살이 일어났습니다. 지배체제와 국가권력에 의한 살인이 계속되었습니다. 그 체제에 저항하며 목숨을 던진 사람들까지 더하면 그 비극은 그 이후로도 지속되었습니다. 2014년 세월호 사건 그리고 세월호 사건 희생자의 6배에 달하는 사람들이 매년 자신의 일터에서 죽어가는 상황을 생각하면, 그 이상의 죽음의 필요하다는 것은 도저히 용납할 수 없습니다. "이제 그만!"이라고 외쳐야 할 때입니다.

우리는 오늘 여순항쟁의 숭고한 정신을 되새기며, 그 희생자들의 피울음을 다시 불러내고 있습니다. 우리가 그 피울음에 응답하는 길이 무엇일까요?

체제와 이념의 대결이 낳은 참극을 낡은 시대의 유물로 돌리고 진정한 평화를 이루는 길입니다. 이 땅에 진정한 평화가 이뤄져 한 사람 한 사람이 자기 삶을 스스로 결정하고 정겨운 살붙이와 이웃들, 그들과 더불어 사소한 일상의 삶을 기쁨으로 만끽할 수 있을 때,

비로소 비극으로 인한 상처의 치유가 이뤄질 것입니다.

다행히 오늘 한반도에는 평화의 바람이 불기 시작하였습니다. 그 치유의 여정이 이제 시작되고 있다는 것을 뜻합니다. 70년이 지난 오늘에야!

그 여정이 중단되지 않고, 마침내 정의와 평화의 세계 안에서 억울하게 희생당한 영혼들이 진정으로 위로와 평안을 누리고, 우리 모두 기쁨을 나누게 되는 그날까지 계속될 수 있도록, 우리 모두 마음을 모으고 기도할 수 있기를 기원합니다.

여수 여순항쟁 70주년 추모예배

2018년 10월 19일

# 3부  파국 가운데 지속되는 삶의 희망

고통에의 공감과 연대 | 욥기 21:1-6
아니, 지금 당장 | 시편 54:4; 욥기 21:19-22
시련과 고난이 주는 뜻 | 이사야 42:1-9
인간의 진정한 삶을 보장하는 길 | 예레미야 9:22-24
파국 가운데서도 지속되는 삶의 희망 | 창세기 8:18-22; 9:12-17
예수 그리스도를 반기고 따르는 삶 | 마태복음 2:1-12
믿음의 기적 | 요한복음 4:46-54

# 고통에의 공감과 연대

욥기 21:1-6

욥이 대답하였다. 너희는 내 말을 건성으로 듣지 말아라. 너희가 나를 위로할 생각이면, 내가 하는 말에 귀를 기울여라. 그것이 너희는 유일한 위로이다. 너희도 말할 기회를 좀 주어라. 조롱하려면, 내 말이 다 끝난 다음에나 해라. 내가 겨우 썩어질 육신을 두고 논쟁이나 하겠느냐? 내가 이렇게 초조해하는 데에는, 그럴 이유가 있다. 내 곤경을 좀 보아라. 놀라지 않을 수 없을 것이다. 기가 막혀 손으로 입을 막고 말 것이다. 내게 일어난 일은 기억에 떠올리기만 해도 떨리고, 몸에 소름이 끼친다(욥기 21:1-6).

어찌 저의 짧은 말로 감히 위로를 드릴 수 있을까요? 다만, 성서의 말씀에 의존하여 그 말씀의 의미를 나누는 가운데 위로를 얻을 수 있다면 다행이겠다 생각합니다. 말로 표현할 수 없는 참담함을 겪은 가족들과 과연 무슨 말씀을 나눌 수 있을까 생각했을 때, 저는 금방 욥기의 말씀을 떠올렸습니다.

제가 가족들의 이야기를 언론이나 지면을 통해서가 아니라 아주 가까운 거리에서 접할 수 있었던 기회는 지난해 7월 유예은 양의 어머니 박은희 전도사님의 이야기 그리고 올해 3월 바로 이 자리에서 문지성 군의 어머니 안명미 님의 이야기를 전해 들은 기회, 두 번이었습니다.

그 참담함을 겪은 가족들 앞에서 숙연해질 수밖에 없었지만, 그 참담한 상황을 어찌 헤쳐 나오셨는지 그 내밀한 이야기를 접하면서 조금이나마 그 고통스러운 상황을 더 가까이 느낄 수 있었던 것 같습니다. 교회로부터 오히려 상처를 받았다는 이야기도 뼈아프게 남아 있고, '내가 왜?'라고 항변할 수밖에 없었지만 스스로 아픔 때문에 절규하고 호소한 것이 모르는 사이에 모든 사람을 위한 일이 되어가고 있다는 것을 알게 되었다는 이야기에 깊이 공감하기도 하였습니다. 제가 오늘 욥기의 말씀을 함께 나누고자 생각한 것도 저 나름대로 바로 그와 같은 공감의 과정이 있었기 때문입니다.

흔히 욥기 하면 "네 시작은 미약하였으나 네 나중은 심히 창대하리라"(8:7)라는 구절부터 떠 올리고, 또한 욥은 인내와 순종의 표상으로 간주되지만, 그것은 터무니없는 편견일 뿐입니다.

우리가 기억하는 그 경구는 사실은 욥의 친구들이 욥을 정죄하면서 던진 이야기입니다. 그것이 세상 이치인데, 그러지 않은 걸 보니 욥에게 틀림없이 잘못이 있다는 것을 역설하는 대목에서 나온 이야기입니다. 말하자면 욥이 까닭 없이 겪는 고통이 욥의 잘못으로부터 비롯되었다는 것을 정당화하기 위해 던져진 말로써 고통을 겪고 있는 욥의 상처에 소금을 뿌리는 격에 해당하는 이야기입니다. 욥은 현실에서 통용되는 인과의 법칙이 타당하지 않다는 것을 항변하며, 심지어는 신성모독에 이를 경지까지 도발하는 주인공으로 등장합니다. 기존의 법칙, 그 법칙을 용인하는 하나님에 대해 순종하며 인내한 것이 아니라, 만일 하나님께서 그런 법칙을 용인한다면 그 하나님을 믿을 수 없다고 항변하며 하나님의 얼굴을 직접 뵙고 자신의 억울함을 호소하겠다고 나선 주인공이었습니다.

어느 날 갑자기 가진 재산을 다 잃은 욥은 이어 사랑하는 자녀들을 모두 잃습니다. 그것만으로도 참담한데, 몸까지 몹쓸 병에 듭니다. 가진 것을 잃고, 사랑하는 가족을 잃은 데다, 자신의 품격과 인격마저 완전히 손상당하는 지경에 이른 것입니다.

이를 보고 달려온 친구들은 욥을 위로하겠다고 나서지만, 한결같이 위로는커녕 아픈 상처를 덧내는 말들만 뱉어놓습니다. 앞서 말한 그 경구로 집약되듯이, 그것이 마땅한 이치이거늘 그렇지 못한 걸 보니, 도대체 뭘 잘못했는지 생각해보라는 이야기들뿐입니다.

욥은 그럴 리가 없다고 항변하면서도, 지금 자신이 겪고 있는 고통으로 몸부림칩니다. '내가 왜?'라고 절규합니다. 자신이 태어난 가장 기쁜 생일을 저주하기까지 합니다(3장). 하나님마저 그날을 기억하지 않았으면 좋겠다고 탄식하며 어머니는 어쩌자고 자신을 낳았는지 절규합니다. 내가 왜 이런 고통을 겪어야 하는지 그 이유를 알 수 없고 도무지 감당하기 어렵다는 탄식이요 절규입니다.

애초 고통을 겪는 욥을 위로하겠다고 달려오기는 했지만, 자신들이 알고 믿는 세계와 하나님에 대한 기존의 통념에서 한 치도 벗어나지 못한 친구들은 끊임없이 욥의 잘못을 추궁합니다. 네가 잘

못했으니까 하나님이 벌 주신 것이라는 이야기입니다. 그 지겨운 이야기가 반복될 때 욥은 더 큰 목소리로 외칩니다. 오늘 우리가 함께 읽은 본문 말씀에 이르러 욥은 친구들을 향하여 자기 이야기를 정말 제대로 들어달라고 호소합니다. 우리가 읽은 말씀은 거기까지입니다만, 이로부터 욥의 이야기는 중대한 반전에 이르게 됩니다.

욥이 그다음부터 하는 이야기는, 악한 사람들이 잘 되고 거꾸로 착한 사람들이 고통을 겪는 숱한 사례들입니다. 자 봐라! 지금 우리가 사는 세상이 그렇다는 이야기입니다. 어디 착한 사람이 복 받고 악한 사람이 벌 받느냐, 그 반대이지 않느냐 하는 이야기입니다. 욥이 이렇게 항변한 것은 스스로에게 크나큰 반전이요 각성에 해당합니다. 이제껏 욥은 친구들 앞에서 제발 자신의 고통을 헤아려달라고 했을 뿐이지만, 이 순간부터 욥은 타인의 고통에 눈길을 돌리게 됩니다. 나만이 고통을 겪는 것이 아니라, 아니 세상을 가만 보니, 세상 자체가 그렇게 잘못되어 있고 곳곳에 그렇게 억울하게 고통을 겪는 사람들이 있지 않느냐 하는 것입니다.

공동체를 정의하는 기준 가운데 다른 어떤 것보다, 고통의 체감 범위를 그 기준으로 하여야 한다는 견해도 있습니다만, 사람들이 자신이 고통을 겪지 않고도 타인의 고통에 공감하고 연대할 수 있다면, 그런 사람들이 많아진다면 세상은 훨씬 살만해집니다. 한동안 자신의 고통 때문에 탄식하며 절규하며, 어쩌면 고작해야 자기연민에 빠져 있던 욥은 이제 눈을 크게 뜨고 세상을 보며 기존의 허구적 논리에 항변하기 시작합니다. 더 큰 목소리로 더 자신 있게 세상의 부조리, 그 부조리에 매여 있는 하나님을 향하여 항변합니다.

이제 그 항변은 단순한 항변이 아니라 세상의 부조리를 적나라하게 드러내는 항변이요, 따라서 세상의 부조리를 드러내는 만큼, 새로운 세계의 가능성을 열어주는 희망의 언어가 됩니다. 이 점에서 지지치 않은 욥의 항변은 절망의 탄식이 아니라 세상을 바꾸고 잘못된 믿음을 바꾸는 우렁찬 희망의 함성이 됩니다.

오늘 이 시간에 욥의 뒷이야기를 더 장황하게 이야기할 수는 없지만, 결국 하나님께 인정받은 사람은 누구였습니까? 세상을 잘 알고 하나님을 신실하게 믿는다는 친구들이 아니라, 세상이 온통 부조리로 가득하니 이를 도대체 어떻게 이해하느냐 물음을 던지며 그런 세상을 정당화해주는 하나님을 믿을 수 있느냐 항변한 욥이었습니다. 욥이 재산을 회복하고, 새로운 자녀들을 얻게 되었다는 이야기가 욥기의 진정한 결론이 아닙니다. 이미 잃어버린 자녀들을 새로운 자녀로 대체가 될 수 있습니까? 그런 뒷이야기보다 더 중요한 욥기의 진실은 세상의 부조리와 잘못된 믿음을 무너뜨린 욥이 하나님으로부터 인정을 받았다는 사실입니다. 친구들이 욥에게 사과할 때 하나님께서도 그들을 용서해주겠다고 한 하나님의 말씀은 정말 통쾌하기 그지없는 이야기입니다.

저는 우리의 가족들이 그런 몫을 감당해 왔다고 믿습니다. 전적으로 예기치 않게 말로 다 할 수 없는 고통을 겪게 되었지만, 게다가 그 고통이 치유되기보다는 고통에 고통이 더해지는 과정의 연속이었지만, 그 과정에서 포기하지 않고 세상을 향해 외친 가족들 덕분에, 오늘 우리는 그나마 큰 위로를 받을 수 있게 되었습니다.

가장 기쁜 생일날을 거꾸로 원망하며 살아왔지만 그래서 여전히 눈물을 흘릴 수밖에 없지만, 마음으로부터 공감하는 넉넉한 품에 안길 수 있는 위로를 얻은 주인공, 어쩌면 갖가지 부당한 일로 상처받고 고통을 겪은 모두, 세월호로 고통을 겪은 가족, 더불어 상처받은 모든 사람이 그 주인공이 된 듯하지 않았습니까? 5월의 광주를 끊임없이 기억하였기에, 5월 광주와 세월호가 만나 한 자리에 함께할 수 있는 공감과 연대가 있었기에 우리는 그나마 위로를 누리게 되었습니다. 그 공감과 연대가 있었기에 우리는 새로운 사회, 새로운 나라에 대한 희망과 기대를 저버리지 않게 되었습니다.

마침 광주 37주년을 맞아 『소년이 온다』가 재조명되어 작가의 동기를 확인할 수 있었는데, '세상은 어쩌면 그렇게 폭력적이며 또한 어쩌면 그렇게 아름다울 수 있는가?' 하는 물음이 인상 깊었습니다. 저는 세월호 희생자 가족들의 여정에 대해서도 동일한 물음을 던질 수 있다고 생각합니다. 아니 굳이 말하자면, 그 체감하는 것은 고통의 연속이었을 뿐이었다고 말하는 것이 옳을 것입니다. 온갖

험한 말들로 고통을 가중시킨 사람들이 얼마나 많았습니까? 그러나 끝내 포기하지 않은 그 고통의 절규가 사람들의 마음을 움직였고, 마침내 세상을 움직였습니다.

물론 아직도 진실을 환히 드러나지 않았습니다. 아직 돌아오지 못한 이들도 있습니다. 단원고 고창석 선생님과 허다윤 양이 돌아왔지만, 단원고 남현철·박영인·조은화 학생, 양승진 선생님, 여섯 살 혁규와 아빠 권재근 씨, 이영숙 씨가 아직 돌아오지 못했습니다.

또 이제 다시는 이 땅의 평범한 사람들이 그렇게 참담한 일을 겪고 고통스러워해야 할 일은 없을 것이라 안도할 수 있는 상황도 아닙니다. 여전히 노동 현장에서는 매년 1,800-2,000명에 이르는 사람들이 산재로 목숨을 잃고 있습니다. 매년 여섯 건의 세월호 사건이 반복되고 있는 셈입니다.

그렇지만 우리는 만 3년 넘도록 외친 가족들의 절규가 헛되지 않았다는 것을 지금 확인하며 용기를 얻고 있습니다. 오늘 우리에게 위로가 된다면 그것이 바로 위로입니다.

여기에 모인 우리 모두 더 큰 목소리로 세상을 향해 외치기를 바랍니다. 그 진실이 온전히 드러날 때까지 그리고 나아가 평범한 모든 사람이 그야말로 사소한 일상의 행복을 누리며 평화롭게 살게 되는 그날까지 지치지 않고, 포기하지 않고 나아갈 수 있기를 기원합니다.

안산합동분향소 세월호 유가족과 함께 드리는 주일예배

2017년 5월 21일

# 아니, 지금 당장

시편 54:4; 욥기 21:19-22

❧

> 그러나 하나님은 나를 돕는 분이시며, 주님은 내 힘을 북돋우어 주는 분이
> 시다(시편 54:4).
>
> 너희는 "하나님이 아버지의 죄를 그 자식들에게 갚으신다" 하고 말하지만,
> 그런 말 말아라! 죄 지은 그 사람이 벌을 받아야 한다. 그래야만 그가 제 죄를
> 깨닫는다. 죄인은 제 스스로 망하는 꼴을 제 눈으로 보아야 하며, 전능하신
> 분께서 내리시는 진노의 잔을 받아 마셔야 한다. 무너진 삶을 다 살고 죽을
> 때가 된 사람이라면, 제 집에 관해서 무슨 관심이 더 있겠느냐? 하나님은 높은
> 곳에 있는 자들까지 심판하는 분이신데, 그에게 사람이 감히 지식을 가르칠
> 수 있겠느냐?(욥기 21:19-22)

2017년 5월 21일 안산에서 세월호 유족들과 함께 예배를 드리며 말씀을 함께 나눈 적이 있습니다. 그때는 이제 머지않아 진실이 밝혀지리라는 기대가 있었습니다. 촛불의 염원으로 새 정부가 막 출범한 지 얼마 되지 않은 때였기 때문입니다. 그리고 2년 반이 흘렀습니다. 이곳에서 세월호 리본을 달고 가족들과 함께했던 문 대통령이 임기를 시작한 그 기간과 맞아떨어지는 시간입니다.

그런데 그때 가졌던 기대, 즉 세월호 참사에 대한 완전한 진실규명 그리고 어떤 형태로든 책임 있는 자들에 대한 정당한 처벌은 아직도 이뤄지지 않았습니다. 우리는 지금까지도 그치지 않고 호소해 왔지만, 진상규명과 책임자 처벌이 더이상 지체되어서는 안 된다는 절박한 마음으로 오늘 이 자리를 예정했습니다.

그 간절한 마음 덕분일까요? 지난 11월 6일 검찰이 '세월호 참사 특별수사단'을 꾸리겠다고 발표했고, 마침내 11일 공식 출범하였습니다. 여기에 이르기까지는 가족들 그리고 함께하는 시민사회 여러분들이 포기하지 않고 진실규명을 위해 외쳐온 절규와 그에 대한 연대의 여정이 있습니다. 그리고 그 사실을 아는 것 자체가 더욱 가슴 무너지는 일이지만, 구조지연으로 목숨을 잃은 것이 명백한 사례가 사회적 참사 특별위원회(사참위)에 의해 밝혀진 것이 중요한 하나의 계기가 되기도 하였습니다.

그래서 오늘 우리는 또다시 기대하고 있습니다. 아니 다시 외치고 있습니다. 정말로 이번에는 참사의 진실규명과 책임자 처벌이 반드시 이뤄져야 합니다!

그 기대를 안고 오늘 우리는 시편의 말씀과 욥기의 말씀을 읽었습니다. 시편의 말씀은 하나님께서 우리를 도와주신다는 신실한 믿음을 표현하고 있지만, 더 절박한 심정으로 함께하고 있는 우리에게 욥기의 말씀이 우리가 처한 정황을 더 잘 이해할 수 있도록 비춰주고 있습니다.

까닭을 알지 못한 채 고통을 겪는 욥을 두고 친구들이 위로의 말을 건네고 있음에도 불구하고 위로는커녕 오히려 고통을 더욱 가중시키고 있는 것에 대해 욥이 항변하고 있는 대목의 한 부분입니다.

친구들은 일관되게 하나님의 정의를 말합니다. 하나님께서는 정의로우시기에 악한 사람을 벌하시고 선한 사람에게 복을 내리신다고 강조합니다. 따라서 지금 벌을 받는 욥은 악한 삶을 살았다는 증거라고 주장합니다. 혹 우리 가족들은 지금까지 이런 류의 비방에 시달리지는 않았을까요?

욥 역시 하나님의 정의를 의심하지 않지만, 인간의 행복과 불행으로 하나님의 정의가 입증되는 것은 아니라고 주장합니다. 하나님 앞에서 악하기에 불행을 겪고, 하나님 앞에서 선하기 때문에 행복을 누리는 것은 아니라고 합니다. 오히려 선한 사람이 불행을 겪고 악한 사람이 행복하게 사는 경우가 더 많지 않느냐고 항변합니다.

욥의 그 항변에 대해 친구들은 말합니다. 악한 사람들이 잘 사는 것 같지만 언젠가는 벌을 받게 되어 있다고 합니다. 하나님께서 그들에게 당대에 벌을 내리지 않으면 후대에라도 벌을 내린다고 합니다. "하나님이 아버지의 죄를 그 자식들에게 갚으신다" 친구들은 그렇게 말합니다. 욥은 무슨 소리냐고 항변합니다. "죄지은 사람이 벌을 받아야 한다. 그래야만 그가 죄를 깨닫는다" 오늘 본문에서 욥은 그렇게 항변합니다. "아니, 지금 당장!"이라고 외칩니다.

아마도 하나님의 정의를 신실하게 믿는다면 친구들의 말을 믿고 싶을 것입니다. 지금 당장 악한 사람들이 벌을 받지 않더라도 언젠가는 벌을 받게 될 것이라 믿고 싶을 것입니다. 징벌의 유예, 또는 하나님의 뜻의 유예라고 할 수 있을까요? 지금은 유예되고 있지만 하나님의 정의는 기필코 실현된다고 우리 역시 그렇게 믿고 싶습니다. 그러나 욥은 하나님이 악한 사람에게 벌을 내리고 선한 사람에게 복을 내리는 분이 분명하다면, 친구들의 그와 같은 신념은 허구라고 주장합니다. 죄를 지었다면 죄지은 그 사람이 벌을 받아야 그 사람이 깨닫지 어째서 영문도 모르는 그 자식이 벌을 받아야 하느냐고 반박합니다.

욥의 이와 같은 주장은 모든 유예의 논리가 지닐 수 있는 함정을 들추어내며 그 논리에 사로잡힌 사람들을 위기상황으로 몰아넣습니다. 바로 지금 당면한 문제를 역사에 맡기는 태도, 또는 미래에 맡기는 태도의 함정을 들추어냅니다.

물론 이와 같은 유예의 태도는 모든 경우가 동일한 것은 아닙니다. 한편의 사람들은 고의로 현실을 얼버무려 진실을 은폐하고 정의를 호도하기 위해 그 유예의 논리를 폅니다. 반면에 또 다른 한편의 사람들은 바로 그 유예의 논리가 현실을 압도하고 있기에 불가피하게 미래의 희망을 말할 수밖에 없습니다. 이런 의미에서 욥의 주장은 어쩔 수 없이 유예의 태도를 취할 수밖에 없는 이들이 고의로 유예의 태도를 취하는 이들에게 '아니, 지금 당장!'을 외치는 것과 같습니다. 만일 먼 훗날에 가서야 정의가 이뤄지고, 또는 사람이 죽음에 이르러서야 공평함을 누릴 수 있다면 그것은 부조리합니다. 그렇게 유보하는 것은 오히려 하나님의 뜻을 신실하게 따르는 것이 아니라 하나님의 뜻을 호도할 뿐입니다. 욥의 외침은 그 진실을 말하고 있습니다.

지금 이 말씀의 뜻은, 진실은 지금 이 순간 투명하게 드러나야 하며 정의 또한 지금 이 순간 온전히 이뤄져야 한다는 데 있습니다.

그것은 진실규명을 미루고, 정의구현을 유예함으로써 잘못된 질서를 유지하고 그 안에서 기득권을 지키고자 하는 논리의 허구와 기만을 폭로하고 지금 마땅히 모두가 누려야 할 삶의 소중함을 일깨우고 있습니다. 지금 모두가 누려야 할 삶을 소중히 하고, 그렇게 지금 이 순간 누리는 삶 가운데서 기쁨을 누리는 것이 하나님의 뜻이라는 것을 일깨워주고 있습니다.

우리가 지금 세월호 참사의 진실규명과 책임자처벌을 요구하는 것도 그와 다르지 않습니다.

진실을 정면으로 마주하는 것은 우리를 더욱 극심한 고통의 상황으로 몰아넣을지도 모릅니다. 맥박이 뛰는데도 응급조치를 제때에 하지 못한 임경빈 군의 이야기를 알게 되었을 때, 우리 모두 그 마음이 더욱 아플 수밖에 없었습니다. 그보다 우리를 더 괴롭고 고통스럽게 하는 어떤 진실이 드러날지도 모릅니다.

그럼에도 불구하고 우리는 진실을 마주하기를 원합니다. 그 진실을 마주하지 않으면 안 됩니다. 도대체 무엇이 잘못되었는지 알아야 다시는 그렇게 잘못된 사태가 반복되지 않도록 대책을 강구할 수 있기 때문입니다. 304명의 고귀한 생명이 한순간에 스러지고,

게다가 그 생명의 여섯 배에 달하는 또 다른 고귀한 생명이 매년 일터에서 스러져가고, 49년 전(1970)의 전태일의 절규에도 불구하고, 26년 전(1993)의 해상참사에도 불구하고, 1년 전 김용균 군의 비극에도 불구하고, 지금도 그런 사태가 지속되는 사회라면 그 사회는 절대로 정상이 아닙니다. 그 사회는 끊임없이 그렇게 수많은 생명을 제물로 삼아 버티고 있는 괴물과 같은 사회, 마치 몰록 신과 같은 그런 실체일 뿐입니다. 우리가 진실규명을 바라는 것은 그 사회를, 평범한 모든 사람이 일상의 소소한 삶을 소중히 하면서 안전하게 살아갈 수 있는 사회로 바꾸기 위함입니다.

우리가 책임자 처벌을 바라는 것도 마찬가지입니다. 원한의 보복을 위해 외치는 것이 아닙니다. 잘못한 사람이 잘못한 것을 알아야 사회가 바뀌고, 세상이 바뀌기 때문입니다. 우리가 사는 사회, 이 세상은 기계가 아닙니다. 사람이 만들어가는 세상입니다. 그러기에 한 사람 한 사람의 책임과 각성이 중요합니다. 책임자 처벌이 반드시 이뤄져야 한다는 것은 자신이 무엇을 잘못했는지도 모르거나, 그 잘못을 인정하려 들지 않는 사람들에게 진실을 깨닫게 하기 위한 것입니다. 그렇게 함으로써 더불어 평화로운 세계, 정의로운 세계를 이루려고 하는 것입니다.

참사가 발생한 2014년 4월 16일 그로부터 5년이 넘는 세월이 흘렀습니다. 세월호 참사 특별 수사단의 책임자는 그 각오를 이렇게 말했습니다. "이번 수사가 마지막이 될 수 있도록 백서를 쓰는 심정으로 모든 의혹을 철저히 조사하겠다" 그 말이 빈말이 아니기를 바랍니다. 또다시 우리의 기대, 우리의 믿음이 배반당하지 않기를 바랍니다.

정말 더 늦기 전에 진실이 밝혀지기를 우리는 간절히 바랍니다. 그 진실규명 위에 정의가 이뤄지고 모든 사람이 안전하게 삶을 누리는 평화가 이뤄지기를 바랍니다. 여기에 있는 가족들 그리고 함께 연대하는 모든 이들이 그 한마음으로 나아가기를 기원합니다. "하나님은 나를 돕는 분이시며, 주님은 내게 힘을 북돋우어 주는 분이시다"(시편 54:4). 그 마음으로 나아갈 때 이 말씀의 진실을 우리는 알게 될 것입니다.

광화문광장 세월호 참사 진상규명 연합기도회

2019년 11월 14일

# 시련과 고난이 주는 뜻

이사야 42:1-9

"나의 종을 보아라. 그는 내가 붙들어 주는 사람이다. 내가 택한 사람, 내가 마음으로 기뻐하는 사람이다. 내가 그에게 나의 영을 주었으니, 그가 뭇 민족에게 공의를 베풀 것이다. 그는 소리치거나 목소리를 높이지 않으며, 거리에서는 그 소리가 들리지 않게 할 것이다. 그는 상한 갈대를 꺾지 않으며, 꺼져 가는 등불을 끄지 않으며, 진리로 공의를 베풀 것이다. 그는 쇠하지 않으며, 낙담하지 않으며, 끝내 세상에 공의를 세울 것이니, 먼 나라에서도 그의 가르침을 받기를 간절히 기다릴 것이다." 하나님께서 하늘을 창조하여 펴시고, 땅을 만드시고, 거기에 사는 온갖 것을 만드셨다. 땅 위에 사는 백성에게 생명을 주시고, 땅 위에 걸어다니는 사람들에게 목숨을 주셨다. 주 하나님께서 이렇게 말씀하신다. "나 주가 의를 이루려고 너를 불렀다. 내가 너의 손을 붙들어 주고, 너를 지켜 주어서, 너를 백성의 언약과 이방의 빛이 되게 할 것이니, 네가 눈먼 사람의 눈을 뜨게 하고, 감옥에 갇힌 사람을 이끌어 내고, 어두운 영창에 갇힌 이를 풀어 줄 것이다. 나는 주다. 이것이 나의 이름이다. 나는, 내가 받을 영광을 다른 사람에게 넘겨 주지 않고, 내가 받을 찬양을 우상들에게 양보하지 않는다. 전에 예고한 일들이 다 이루어졌다. 이제 내가 새로 일어날 일들을 예고한다. 그 일들이 일어나기 전에, 내가 너희에게 일러준다"(이사야 42:1-9).

시련과 고난이 주는 가장 긍정적인 효과는 무엇일까요? 시련과 고난은 당하는 그 순간 그 자체로는 어떤 긍정적 의미로도 받아들여지기 어려운 것이 사실입니다. 그저 고통일 뿐이며 한시라도 빨리 그 고통으로부터 헤어 나오는 것만이 기대될 뿐입니다. 그렇지만 그 고통의 상황을 이겨내기 위해서라도 어떤 식으로든 의미부여를 하지 않을 수 없는 것 또한 사실입니다.

많은 경우 어떤 원한의 감정에 휩싸이기도 하고, 어떤 식으로든 스스로 추스르며 고통스러운 상황을 돌파하려고 시도합니다. 원한과 분노의 감정에만 휩싸여 있다면 스스로 파괴하는 부정적 상태에 머물러 있다고 해야 할 것입니다. 스스로 추스르며 고통스러운 상황을 돌파하는 노력을 시도하고 그렇게 해서 성공했다면 스스로 강하게 단련하는 긍정적인 효과를 거두었다고 할 것입니다.

그러나 거기서 더 나아가 시련과 고난을 겪어야 했던 그 상황을 더 깊이 이해하고, 그 상황이 자신에게만 닥친 상황이 아니라 많은 인간에게 일반적으로 닥친 상황이라는 것을 이해하게 되면, 스스로가 겪은 시련과 고통의 의미는 더욱 각별하게 다가올 수도 있습니다. 그것은 다른 사람들의 고통을 이해할 수 있는 중요한 계기가 되고, 다른 사람들과 공감할 수 있는 능력과 감수성을 키우는 중요한

계기가 될 수 있습니다. 쓰라린 고통의 상황은 어쩌면 지금 그 고통을 겪고 있는 자기에 대한 연민을 강화하고 그래서 자기 세계로 빠지게 만들기도 하지만, 정반대로 그 고통 가운데서 타인의 고통을 비로소 이해하고 타인과 공감하게 함으로써 자기 세계 밖으로 나아가도록 만들기도 합니다. 아주 간단한 예를 들면, 저는 노안으로 안경을 끼기 전까지는 안경 낀 사람들의 불편함을 전혀 이해하지 못하였지만, 노안으로 안경을 끼게 되면서부터 비로소 안경 낀 사람들의 불편함을 이해하게 되었습니다.

시련과 고난을 겪음으로써 오히려 자기에 대한 이해가 더욱 깊어질 뿐 아니라 타인의 고통에 대해서까지도 공감할 수 있도록 성숙해지는 통찰의 계기, 그것이 바로 보편적 윤리가 가능해지는 지점입니다. 많은 성현의 가르침이 바로 그 점에서 공통되고 있지만, 어쩌면 그 깨달음을 가장 극적으로 보여주는 것 가운데 하나가 성서의 가르침입니다. 성서의 전반적인 내용이 그렇거니와 그 가운데서도 특히 욥기와 같은 책은 납득할 수 없는 부조리한 자신만의 고통의 상황에서 타인의 보편적인 고통의 상황을 이해하게 되는 과정을 그야말로 드라마틱하게 보여주고 있습니다. 욥기가 그 과정을 적나라하게 보여주고 있다면, 본문 말씀이 포함된 이사야서(40-55)의 내용은 아주 정제된 언어로 그 통찰의 결과 어떤 전망이 가능한지, 어떤 대안이 가능한지를 잘 말해 주고 있습니다.

본문 말씀은 제가 개인적으로 가장 좋아하는 말씀입니다. 그 까닭은 저의 목회 철학 내지는 우리 교회의 지향점이 이 말씀이 함축하는 의미와 상통한다고 생각하기 때문입니다. 근본적으로 이 말씀을 포함한, 이사야서의 주의 종에 관한 말씀들이 훗날 예수 그리스도에 대한 예언으로 받아들여진 것은 다 그럴 만한 이유가 있습니다. 그러기에 오늘 이 말씀을 다시 함께 나눔으로써, 신앙인으로서 우리 각자의 삶과 공동체로서 교회의 역할을 돌아보고, 나아가 오늘의 역사적 현실에서 하나님의 뜻을 구현해야 하는 교회 공동체를 일구어나가는 구성원들의 몫을 다시 새겨보고자 합니다.

제2 이사야서(40-55)는 이스라엘 백성이 바빌론에 포로로 잡혀 있던 고난의 시기에 선포된 말씀입니다. 그런데 어떻게 이렇게 놀라운 통찰에 이르게 되었는지 말씀을 들여다볼 때마다 절감하지 않을 수 없습니다. 사실 이 시기는 이스라엘 신앙의 역사, 정신사 과정에서 가장 빛나는 시기로서, 바로 그 시기를 통하여 사실은 성서의 세계가 단지 한 유대민족의 세계를 뛰어넘어 보편적 세계로 펼쳐나가게 되었다고 할 수 있을 것입니다.

그렇게 이스라엘 백성이 바빌론에 포로로 잡혀 있던 시절에 선포된 이 말씀은 제국의 질서 내지는 세상의 질서와는 전혀 다른 방식으로 이뤄질 하나님의 공의를 말하고 있습니다. 거짓 희망으로 가득 찬 세계 안에 진실한 하나님의 종을 통한 새로운 역사를 선포합니다. 여기서 말하는 하나님의 종이 오늘날 예수 그리스도를 예언한 것으로 받아들여지고 있지만, 선포될 당대에 과연 누구를 유념한 것이었는지는 주석 상 끊임없이 논란이 되고 있습니다. 그러나 본문 말씀이 선포하고 있는 바로 그러한 역할을 감당하는 사람이야말로 하나님의 종이라고 볼 것 같으면, 꼭 특정한 사람으로 한정되어야 할 필요는 없습니다. 누구나 그렇게 하나님의 종이 될 수 있습니다.

본문 말씀은 그 형식상 고대 근동에서 제왕이 즉위하여 새로운 법을 제정하고 그것을 공포하는 것을 유념하고 있습니다. 그러나 본문 말씀은 그 내용상 나라의 제왕이 법을 제정하고 선포하는 것과는 전혀 다른 방식으로 하나님의 공의가 실현될 것을 선포하고 있습니다. "그는 소리치거나 목소리를 높이지 않으며, 거리에서는 그 소리가 들리지 않게 하실 것이다. 그는 상한 갈대를 꺾지 않으며, 꺼져 가는 등불을 끄지 않으며 진리로 공의를 베풀 것이다." "그는 소리치거나 목소리를 높이지 않으며, 거리에서는 그 소리가 들리지 않게 하실 것이다."

이 말씀은 흔히 나라의 제왕들이 법을 제정하고 선포하는 것과는 전혀 달리 하나님의 종이 공의를 실현하는 방식을 말합니다. 세상의 통치자는 소통을 유념하지 않습니다. 명령을 내리고 그 명령에 대한 복종을 요구하는 것을 자신의 임무로 압니다. 세상의 통치자는 자신의 권력을 지키기 위한 법질서를 강조하고 자신의 신민들이 그것을 무조건 따를 것을 요구합니다. '소리치거나 목소리를 높인다'는 것은 권력의 위엄을 과시하는 것을 말하며, 동시에 백성 위에 군림하겠다는 권력의 의지를 말합니다. 반면에 '소리치거나 목소리를 높이지 않으며, 거리에서 그 소리가 들리지 않게 한다'는 것은 백성 위에 군림하겠다는 의지로 그 위엄을 과시하는 방식과는 전혀 다른 방식으로 진실한 공의를 실현한다는 것을 말합니다. 사람들에게 절실히 필요한 일을 함으로써 하나님의 공의를 실현하는 것을 말합니다.

더 구체적으로 그것을 어떻게 실현한다는 것일까요? "그는 상한 갈대를 꺾지 않으며, 꺼져 가는 등불을 끄지 않으며 진리로 공의를 베풀 것이다" 하나님의 종이 진실로 베푸는 공의는 메마른 것이 아닙니다. 그가 진리로써 공의를 베풀 수 있는 것은 그가 진실로 가장 연약한 존재를 사랑하는 그 마음에서 비롯됩니다. "상한 갈대를 꺾지 않으며, 꺼져 가는 등불을 끄지 않는" 마음입니다.

'상한 갈대', '꺼져 가는 등불'이 무엇입니까? 거센 바람 앞에 무력하게 사라질 수 있는 존재를 말합니다. 세상을 지배하는 힘에 이리 휘둘리고 저리 휘둘리는 존재를 말합니다. 세상의 지배하는 힘이란 물질의 위력을 말하는 것이기도 하며, 그것에 기반한 정치적 권력을 말합니다. 또 그러한 힘에 의존하는 사람들의 통속적 상식을 말합니다. 돈이 있어야 잘 산다는 생각, 경제를 발전시켜야 잘 산다는 생각, 그러한 것을 가능하게 하는 강력한 정치 권력과 군사력이 있어야 한다는 생각 등을 말합니다. 국가가 등장한 이후 그것은 상식이 되어버렸습니다.

그러나 하나님의 종은 사람들의 일상 안에 실현된 그 질서와 그 질서를 정당한 것으로 여기는 통속적 상식에 반하는 방식으로 하나님의 공의를 실현합니다. 상한 갈대를 꺾지 않고 꺼져 가는 등불을 끄지 않습니다. 거센 바람 앞에 그 존재를 부정당하고 무력하게 사라질 수도 있는 존재를 보호하고, 그 존재들을 다시 일으키고 다시 살리는 방식으로 하나님의 공의를 실현합니다. 그것은 위기에 처한 모든 존재들에게 긴급히 다가와 그 존재들을 위기에서 구해내는 것을 말합니다. 하나님의 종은 상한 갈대를 다시 세우며 꺼져 가는 등불을 다시 살려냅니다. 위기에 처한 생명을 다시 살려냅니다. 그것은 서로의 안녕을 걱정하는 마음과 같고, 안녕치 못한 이들끼리 마음을 모아 서로 이겨낼 힘을 얻는 것과 같습니다.

세상의 질서와 세상의 상식, 다시 말해 하나하나로는 미약한 존재에 불과하지만 마땅히 그 생명을 누려야 할 권리를 지닌 존재들을 귀하게 여기기보다는 그들을 그저 복종을 요구받고 있을 뿐인 신민으로만 간주하는 통치체제 그리고 그것을 정당화하는 상식에 반하는 일은 쉬운 일이 아닙니다.

"그는 쇠하지 않으며 낙담하지 않으며, 끝내 세상에 공의를 세울 것이다" 이 말씀은 오직 진실로 하나님의 공의를 실현하고자 하는 일 자체가 위기에 처할 수도 있다는 사실을 시사합니다. '쇠할 수도' 있으며 '낙담할 수도' 있습니다. 세상의 힘은 만만치 않습니다. 국민과의 소통보다는 자신의 권력을 유지하고자 하는 의지는 쉽사리 꺾이지 않습니다.

그러나 그 권력의 의지에 꺾이지 않는 이가 곧 하나님의 종입니다. 오직 하나님의 진리로 공의를 실현하고자 하는 하나님의 종은 쇠하지도 않고 낙담하지도 않습니다. 하나님의 종은 '내가 하나님의 종이다'라고 요란하게 선언하는 것으로 자신의 몫을 감당하지 않습니다. 쇠하지도 않고 낙담하지도 않으며 끝내 세상에 공의를 실현하고자 하는 의지로 그리고 상한 갈대를 꺾지 않으며 꺼져 가는 등불을 끄지 않는 행동으로 하나님의 종으로서 본분을 다합니다. 생명의 위기에 비로소 진가를 드러내는 이가 곧 하나님의 종입니다.

이어지는 5-9절의 말씀은 문장의 형식으로 보면 앞의 1-4절과는 구별되는 독립적 형식을 취하고 있습니다. 하나님의 종을 언급한 것이 아니라 백성에게 선포하는 형식으로 되어 있고, 그 백성 가운데 하나님께서 이루실 일을 선포하는 형식으로 되어 있습니다. 그러나 전체적인 문맥상 이 말씀은 앞의 말씀과 별개의 것이 아니라 긴밀히 연결되고 있습니다. 다시 말해 하나님의 종을 통해 하나님께서 이루시고자 하는 일을 선포하는 것입니다.

"나 주가 의를 이루려고 너를 불렀다. 내가 너의 손을 붙들어 주고, 너를 지켜 주어서, 너를 백성의 언약과 이방의 빛이 되게 할 것이니, 네가 눈먼 사람의 눈을 뜨게 하고, 감옥에 갇힌 사람을 이끌어 내고, 어두운 영창에 갇힌 이를 풀어 줄 것이다. 나는 주다. 이것이 나의 이름이다. 나는, 내가 받을 영광을 다른 사람에게 넘겨주지 않고, 내가 받을 찬양을 우상들에게 양보하지 않는다. 전에 예고한 일들이 다 이루어졌다. 이제 내가 새로 일어날 일들을 예고한다. 그 일들이 일어나기 전에, 내가 너희에게 일러준다."

여기서 우리는 누가복음에서 예수께서 공생애를 시작하기에 앞서 선포한 말씀을 곧바로 확인할 수 있습니다. 본문 말씀의 핵심사항입니다. '눈먼 사람의 눈을 뜨게 하고, 감옥에 갇힌 사람을 이끌어 내고, 어두운 영창에 갇힌 이를 풀어 줄 것'이라는 선포입니다. 눈이 멀었다는 것과 감옥에 갇혔다는 것은 전형적인 인간의 고통을 말합니다. 눈이 멀었다는 것은 생래적인 고통을 말하는 것이며, 감옥에 갇혔다는 것은 인간 사회의 작위적인 부조리에 의해서 겪게 되는 고통을 말합니다.

하나님의 종은 그 고통으로부터 인간을 구해낸다는 것을 선포하고 있습니다. 언뜻 보기에 인간 사회의 부조리에 의한 고통의 극복은 가능한 것이지만, 생래적인 고통의 극복은 불가능한 것 아니냐고 할지 모릅니다. 그러나 불가능한 것은 아닙니다. 생래적인 한계나 장애를 가진 이들이 고통을 겪는 것이 세상의 현실이지만, 다른 사회적 조건 다른 사회적 맥락에서는 얼마든지 생래적 한계가 필연코 고통의 조건이 되는 것은 아닙니다. 다른 능력 발휘의 조건이 될수도 있습니다.

결국 본문의 핵심은 주의 종이 그렇게 인간에게 구원을 이룬다는 것입니다. 어떻게 이룰까요? 목소리를 높이지도 않고, 상한 갈대를 꺾지 않으며 꺼져가는 등불을 끄지 않는 그 마음으로입니다.

이스라엘 백성이 포로로부터 해방될 것으로 보이는 역사의 여명기에 선포된 말씀이기는 하지만, 자신들의 당한 고난을 원한의 감정으로만 대하지 않고 자신들이 당했던 것과는 전혀 다른 방식으로 대할 수 있는 통찰이 놀랍습니다. 이것이 진정한 신앙의 기초이며, 보편적 윤리의 기초입니다.

> 우리는, 우리가 겪은 부조리를 반복해서는 안 됩니다. 그렇다면 고통의 악순환을 만들어낼 뿐 그 악순환을 단절하는 데 아무런 기여를 할 수 없습니다. 동양의 고대 지혜 가운데는 승전을 상례(喪禮) 치르듯 한다는 말이 있습니다. 승자가 기뻐 날 뛰는 것이 아니라 상대방의 아픔을 배려한다는 뜻입니다(『도올의 중국일기 4』).

오늘 우리는 누구입니까? 상한 갈대를 꺾지 않으며 꺼져가는 등불을 끄지 않는 하나님의 종의 길, 결코 쇠하지도 않고 낙심하지도 않으며 끝내 세상에 공의를 실현하는 하나님의 종의 길, 그 길을 따름으로써 고통에서 해방될 수 있다는 것을 믿는 그리스도인입니다. 이 교회는 바로 그 길을 따르는 그리스도인들의 공동체입니다. 우리는 그 길을 따라 그리스도의 몸인 이 교회를 일궈나감으로써 우리 스스로 기쁨을 누리고 세상에 희망을 전파하는 고귀한 몫을 맡았습니다.

"상한 갈대를 꺾지 않으며 꺼져 가는 등불을 끄지 않으며 진리로 공의를 베푸는" 길, 그러나 결코 "쇠하지 않으며 낙담하지 않으며 끝내 세상에 공의를 세우는" 길에 함께함으로써, "눈먼 사람의 눈을 뜨게 하고, 감옥에 갇힌 사람을 이끌어 내는 몫"을 감당하는 그리스도인으로서, 교회로서 우리의 존재 이유가 있습니다.

이 교회는 바로 그 믿음을 기초로 하고 있습니다. 우리는 다른 어떤 것에 긍지를 가지지 않습니다. 바로 그 믿음을 구현하고자 하는 데서 진정한 긍지를 지니고 있습니다. 모두가 힘을 자랑하고 가진 것을 자랑하는 현실 한가운데서 어딘가에 그것과는 다른 삶이 존재할 때 우리는 희망을 가집니다. 우리 한 사람 한 사람이, 우리의 교회가 그 희망의 출구가 되기를 바랍니다.

2016년 1월 10일

# 인간의 진정한 삶을 보장하는 길

예레미야 9:22-24

나 주의 말이다. 너는 이렇게 전하여라. "사람의 시체가 들판에 거름 더미처럼 널려 있다. 거두어 가지 않은 곡식단이 들에 그대로 널려 있듯이, 시체가 널려 있다." "나 주가 말한다. 지혜 있는 사람은 자기의 지혜를 자랑하지 말아라. 용사는 자기의 힘을 자랑하지 말아라. 부자는 자기의 재산을 자랑하지 말아라. 오직 자랑하고 싶은 사람은, 이것을 자랑하여라. 나를 아는 것과 나 주가 긍휼과 공평과 공의를 세상에 실현하는 하나님인 것과 내가 이런 일 하기를 좋아한다는 것을, 깨달아 알 만한 지혜를 가지게 되었음을, 자랑하여라." 나 주의 말이다(예레미야 9:22-24).

성서의 정신세계, 성서의 신앙세계를 형성하는 데 가장 독특한 역할을 맡은 사람들이 있다면 누구일까요? 예언자들입니다. 이미 성서의 세계에 대해 익숙한 사람들에게 예언자들은 당연히 하나님의 말씀을 전하는 이들로서 새삼스럽게 느껴지지 않을지 모릅니다.

그러나 사실 일반적인 고대의 정치·종교의 양상을 생각하면 성서에 등장하는 예언자는 이례적인 성격을 띠고 있습니다. 흔히 고대국가가 형성될 즈음 이전의 제정일치 시대의 지도자는 두 가지 지도자로 그 역할이 분화되는 양상을 띱니다. 곧 왕과 사제로 나뉩니다. 그런데 성서의 세계에서는 그 두 직분과 함께 또 하나의 직분이 등장하는데, 바로 예언자입니다.

우리말로 예언자는 앞날을 내다보고 이야기하는 사람이라는 의미를 지니지만, 성서의 예언자는 어떤 의미에서 그렇게 봐도 안 될 것 없지만, 그보다는 하나님을 대신해서 말하는 사람이라는 의미가 강하고, 사실은 본래 히브리어 '나비'는 일종의 접신 상태에 빠진 사람 곧 하나님의 부르심을 받은 사람이라는 의미를 지니고 있습니다. 그런 의미를 생각하면 온전히 하나님에 붙들려 사람들에게 말씀을 전하는 사람이라는 의미로 받아들이면 좋을 것입니다.

종교적 지도자라면 으레 감당하는 그 역할이 뭐 그렇게 특별한 것이었을까요? 그것은 그 예언자의 역할이 왕 그리고 제사장의 역할과 뚜렷이 구분되어 온전히 하나님의 말씀을 선포하는 역할을 맡은 데 있습니다. 예언자들은 특별히 왕이나 제사장들이 세습된 것과는 달리 하나님의 은사로 그 역할을 맡게 된다는 점에서부터 구별됩니다. 이른바 카리스마적 지도자입니다. 인간적 세속적 성취의 계보와 무관하게 전적으로 하나님의 은사로 등장하는 지도력입니다. 모든 예언자에게 공통된 소명기사를 보면 그 성격이 분명히 드러납니다.

이들이 특별히 하나님의 말씀을 선포하는 사람들로 역할을 부여받은 것은, 왕과 제사장을 통해 구현된 정치적 종교적 현실이 하나님의 뜻에 부합하지 않는다는 현실과 관련되어 있습니다. 일반적인 고대 정치와 종교의 관계에서 보면 왕과 사제는 대개 신의 대리인으로 간주됩니다. 신의 후광이 권력의 영광이 됩니다. 그런데 성서의 세계 안에서는 그렇지 않습니다. 신의 후광이 권력의 영광을 더해주는 역할을 하지 않습니다. 신의 빛은 권력의 빛이 얼마나 덧없는 것인가를 드러내주는 역할을 합니다. 다시 말해 인간의 권력은 하나님의 주권에 의해 제약을 받고 견제받습니다. 인간의 권력을 견제하는 구체적 역할을 감당하는 이들이 곧 예언자들이었습니다. 예언자들은 온전히 하나님의 말씀을 선포함으로써 그 역할을 감당했습니다.

그런데 그렇게 하나님의 말씀을 선포하는 것이 그저 추상적인 하늘의 뜻이었을까요? 그렇지 않습니다. 그 말씀은 역사와 예언자 자신의 경험과 인격을 매개로 하는 매우 구체적인 성격을 띠고 있었습니다. 여기서 무엇보다도 중요한 것은, 하나님 말씀의 핵심이 그 백성들 가운데서 이뤄져야 할 공평과 정의였다는 것입니다. 하나님께서 인간의 권력을 제한한 것은 그 백성의 권리를 지키고 보호하기 위함이었습니다. 그것이 예언의 요체였습니다.

성서의 독특한 정신세계, 신앙세계는 바로 여기에 있습니다. 출애굽이라는 해방의 사건으로부터 출발한 성서의 정신세계는 바로 예언자들의 선포를 통해 끊임없이 증폭되고 계승되었던 것입니다. 그것이 예수 그리스도에 이르러 정점에 이르렀다는 것은 두말할 나위 없습니다.

이제 본문 말씀의 주인공 예레미야에 주목하고자 합니다. 성서의 예언자들이 모두 비범하지만, 아마도 그 가운데서 가장 비범하고 독특한 예언자 가운데 한 사람이 예레미야일 것입니다. 예레미야는 풍전등화의 남유다 왕국에서 활동했던 예언자로서 민족의 운명과 고난을 자신의 개인적 삶에 그대로 아로 새기고 체현한 예언자였습니다. 성군 요시야 왕의 개혁정치가 반짝였지만, 그 영광은 그야말로 잠깐뿐 이후 유다 왕국은 파국으로 치닫고 제국 바빌론에 의해 멸망에 이르게 되었습니다. 그 지도자들은 바빌론에 포로로 잡혀갔고, 예언자 예레미야는 폐허가 된 고국 땅에 남고자 하였으나 유다 왕국 내의 반 바빌론파에 의해 이집트로 동행 망명하게 되었고 그곳에서 삶을 마감하였습니다.

예언자 예레미야가 그 격랑의 역사 현장에서 예언을 선포하였을 때 그의 예언은 사실 그 누구에게도 수용되기 어려웠습니다. 특별히 바빌론의 침략이 본격화되었을 때, '바빌론에 저항하는 것은 소용없다, 바빌론의 심판을 받아들여라'라고 선포하였기 때문입니다. 국가주의의 입장에서는 말할 것 없고, 민족주의적 입장이나 애국주의의 입장에서도 수용되기 어려운 선포였습니다.

예레미야의 입장에서는 국가나 민족보다 더 중요한 것이 있었습니다. 하나님의 백성, 곧 민중입니다. 민중들 가운데서 이루어져야 하는 정의와 평화, 그것이 가장 중요한 것이었습니다. 그것은 민족이나 국가보다 앞서는 것입니다. 현대적 개념으로 말하자면, 국가가 있고 국민이 있느냐, 국민이 있고 국가가 있느냐 했을 때, 예레미야는 후자의 입장을 따른 것입니다. 사실은 그것이 모든 예언자의 공통적인 입장입니다. 예언자들이 하나님의 공의를 선포했을 때 그 구체적인 의미는 하나님의 백성 가운데서 이루어지는 정의를 뜻하는 것이었습니다.

유독 예언자 예레미야에게서 이 문제가 도드라지게 드러난 것은 그야말로 국가냐 백성이냐 하는 선택의 문제가 현실적으로 제기되었기 때문입니다. 그 문제가 대두되었을 때 예언자는 하나님의 백성들 가운데서 이루어지는 정의를 역설한 것입니다. 그 정의가 무너진 국가는 존재할 이유가 없다는 것이 예언자 예레미야의 선포였습니다. 민족주의적이고 애국주의적인 선포였다면 더 많은 공감을 얻었겠지만, 예레미야는 확고하게 하나님의 백성들 가운데 이뤄지는 정의를 선포했습니다.

말하자면, 예언자 예레미야는 그런 상황 가운데서 끝까지 하나님의 백성들 가운데서 이뤄지는 정의를 역설하는 그 입장을 배반하지 않았던 것입니다. 그러니 외로울 수밖에 없었고, 온갖 박해와 오해를 다 겪어야만 했고, 그런 만큼 그 누구보다도 극심한 고통을 몸과 마음으로 다 겪어야만 했습니다. 진정으로 하나님의 의에 충실한 예언자의 운명이었습니다.

본문 말씀을 예언자 예레미야의 그와 같은 입장을 전제하고 보면, 그 의미가 더욱 분명하게 드러나는 말씀입니다.

나 주의 말이다. 너는 이렇게 전하여라. '사람의 시체가 들판에 거름 더미처럼 널려 있다. 거두어 가지 않은 곡식단이 들에 그대로 널려 있듯이, 시체가 널려 있다.' 나 주가 말한다. '지혜 있는 사람은 자기의 지혜를 자랑하지 말아라. 용사는 자기의 힘을 자랑하지 말아라. 부자는 자기의 재산을 자랑하지 말아라. 오직 자랑하고 싶은

사람은, 이것을 자랑하여라. 나를 아는 것과 나 주가 긍휼과 공평과 공의를 세상에
실현하는 하나님인 것과 내가 이런 일 하기를 좋아한다는 것을, 깨달아 알 만한 지혜
를 가지게 되었음을, 자랑하여라.' 나 주의 말이다(22-24).

일련의 이어지는 선포의 한 대목입니다만, 본문 말씀 전반부는
섬뜩한 현실을 선포하고 있습니다. 그 앞 구절(21)을 보면 더욱 구
체적입니다. "죽음이 우리의 창문을 넘어서 들어왔고, 우리의 왕궁
에까지 들어왔으며, 거리에서는 어린 아이들이 사정없이 죽어가고,
장터에서는 젊은이들이 죽어간다." 온통 죽음이 지배하는 현실입
니다.

어째서 그렇게 되었을까요? 본문 말씀 후반부(23-24)는 그 현실
을 넘어설 길을 제시하는 가운데, 바로 그 현실을 빚어낸 원인을 지
적하고 있습니다. "지혜 있는 사람은 자기의 지혜를 자랑하지 말아
라. 용사는 자기의 힘을 자랑하지 말아라. 부자는 자기의 재산을 자
랑하지 말아라." 학력과 권력과 재력, 이렇게 이해하면 실감날 겁니
다. 그 인간적 성취가 자랑거리가 되고 그 성취와 업적에 따른 사회
의 실상을 말합니다. 그 성취의 토대 위에 세워진 사회가 죽음으로
가득하다는 것을 앞부분의 말씀은 선포하고 있는 것입니다.

그래서 예언자는 하나님의 말씀을 선포합니다. "오직 자랑하고
싶은 사람은, 이것을 자랑하여라. 나를 아는 것과 나 주가 긍휼과
공평과 공의를 세상에 실현하는 하나님인 것과 내가 이런 일 하기
를 좋아한다는 것을, 깨달아 알 만한 지혜를 가지게 되었음을, 자랑
하여라." 내가 얼마나 성취하였는가, 내가 얼마나 우월한 힘을 가지

고 있는가를 자랑할 것이 아니라 하나님을 아는 것을 자랑하라고 합니다. 하나님을 안다는 것이 무엇일까요? 하나님의 뜻을 실현하는 것을 뜻합니다. 그 뜻이 무엇일까요? "긍휼과 공평과 공의" 또는 번역에 따라 "인애와 공평과 정직"입니다. 사람이 사람답게 삶을 누릴 수 있도록 보장하는 삶의 관계를 규정하는 가치들입니다.

어떤 업적의 규모에 따라 쌓아 올려진 체제가 아니라, 평범한 사람들의 삶의 내적인 관계가 우선이라는 것을 일깨우는 말씀입니다. 사람의 생명이 소중하다는 것입니다. 겉껍데기 규모의 형체로 드러나는 삶이 아니라 사람과 사람이 마주치며 형성되는 자애롭고 공평한 관계, 그것이 옳다는 것을 선포하는 말씀입니다.

인간의 정신세계에서 비약을 이룬 이른바 정신사의 '차축시대'의 가장 위대한 통찰 가운데 하나입니다. 성서의 세계에서 그 위대한 통찰에 도달한 중심에 이사야와 예레미야 같은 예언자가 있습니다.

그것이 또 어떻게 이어집니까? 예수 그리스도에게로, 사도 바울과 초기 교회로 이어집니다. 예수님께서 말씀하신 포도원 노동자의 비유(마태 20:1-16) 그리고 바울이 강조한 믿음의 의미가 다 이와 통합니다. 삶이 소중하다, 사람이 소중하다는 것입니다. 본문 말씀은 그것이 하나님의 뜻이고, 그것을 이루는 것을 자랑거리로 삼으라고 합니다. 그러면 죽음이 아니라 생명의 기쁨으로 충일한 현실을 누리게 될 것임을 일깨워주고 있습니다.

이 말씀의 근본 뜻은 오늘 현실의 문제를 해결하는 데도 여전히 중요한 빛을 던져 주고 있습니다. 오늘 우리 사회에서는 정말 우리 사회를 살리는 공정성이 어떤 것이어야 하는지 하는 문제가 새삼 제기되고 있습니다. 최근 불거진 계기로 예를 들자면 두 가지를 들 수 있습니다. 하나는 비정규직의 정규직화와 관련되어 있고, 또 하나는 남북 여자 아이스하키단일팀 구성 문제와 관련되어 있습니다.

비정규직의 정규직화는 공정성의 기준을 공채시험이라는 유일한 기준으로 한정할 것이냐 하는 문제를 제기하고 있고, 이의 해법은 일종의 사회적 합의를 요청받고 있는 상황입니다. 그런데 흥미롭게도 여자 아이스하키 단일팀 성사과정이 중요한 지혜를 시사하고 있습니다. 단일팀 구성을 하게 되면 남쪽의 일부 선수들이 배제되어야 하고, 단일팀의 엔트리 인원을 늘려주면 다른 나라 팀과의 관계에서 불공평을 야기해 공정성이 문제되는 상황이었습니다. IOC는 남쪽 선수들이 배제되지 않도록 다른 나라 팀에 양해를 구해 엔트리를 늘려주되 경기당 참가인원을 동일하게 하는 해법으로 단일팀을 성사시켰습니다. 여기서 주목해야 할 것은 단지 해법의 기술적 차원이 아니라 그 해법을 가능하게 하는 정신이 무엇이냐 하는 것을 주목해야 합니다. 누구도 희생시키지 않으면서 '평화'라는 인류의 숭고한 대의를 실현하고자 한 것 아니겠습니까?

그 어떤 형식과 절차의 바탕이 되는 정신, 그것이 중요한 것입니다. 그 대의가 분명하면 그다음 절차와 형식은 그 대의를 구현하는 방법으로 모색하면 됩니다.

예언자 예레미야의 선포는 그 진실을 새삼 일깨워주고 있습니다. 인간의 진정한 삶을 보장하는 길이 어디에 있는지, 예레미야는 분명하게 선포한 것입니다. "나를 아는 것과 나 주가 긍휼과 공평과 공의를 세상에 실현하는 하나님인 것과 내가 이런 일 하기를 좋아한다는 것을, 깨달아 알 만한 지혜를 가지게 되었음"을 자랑하는 것이야말로 그 길이라고 선포합니다.

그리스도인의 길이 과연 무엇일까요? 우리가 성서의 말씀을 따르고, 그리스도의 길을 따르고자 할 때 그 진실을 다시금 새길 수 있기를 기원합니다.

2018년 1월 28일

# 파국 가운데서도 지속되는 삶의 희망

### 창세기 8:18-22; 9:12-17

노아는 아들들과 아내와 며느리들을 데리고 나왔다. 모든 짐승, 모든 길 짐승, 모든 새, 땅 위를 기어다니는 모든 것도, 그 종류대로 방주에서 바깥 으로 나왔다. 노아는 주님 앞에 제단을 쌓고, 모든 정결한 집짐승과 정결 한 새들 가운데서 제물을 골라서, 제단 위에 번제물로 바쳤다. 주님께서 그 향기를 맡으시고서, 마음 속으로 다짐하셨다. "다시는 사람이 악하다 고 하여서, 땅을 저주하지는 않겠다. 사람은 어릴 때부터 그 마음의 생각 이 악하기 마련이다. 다시는 이번에 한 것 같이, 모든 생물을 없애지는 않겠다. 이 있는 한, 뿌리는 때와 거두는 때, 추위와 더위, 여름과 겨울, 낮과 밤이 그치지 아니할 것이다"(창세기 8:18-22).

하나님이 말씀하셨다. "내가, 너희 및 너희와 함께 있는 숨쉬는 모든 생물 사이에 대대로 세우는 언약의 표는, 바로 무지개이다. 내가 무지개를 구 름 속에 둘 터이니, 이것이 나와 땅 사이에 세우는 언약의 표가 될 것이다. 내가 구름을 일으켜서 땅을 덮을 때마다, 무지개가 구름 사이에서 나타나면, 나는, 너희와 숨쉬는 모든 짐승 곧 살과 피가 있는 모든 것과 더불어 세운 그 언약을 기억하고, 다시는 홍수를 일으켜서 살과 피가 있는 모든 것을 물로 멸하지 않겠다. 무지개가 구름 사이에서 나타날 때마다, 내가 그것을 보고, 나 하나님이, 살아 숨쉬는 모든 것들 곧 땅 위에 있는 살과 피를 지닌 모든 것과 세운 영원한 언약을 기억하겠다." 하나님이 노아에게 말씀하셨다. "이것이, 내가, 땅 위의 살과 피를 지닌 모든 것과 더불어 세운 언약의 표다"(창세기 9:12-17).

본문 말씀은 유명한 노아 홍수 이야기의 종결 부분입니다. 홍수가 끝나고 하나님께서 다시는 물로 세상을 심판하지 않겠다고 약속한 대목과 그 약속의 징표로 무지개를 보여주고 있는 대목입니다. 이 이야기만으로도 흥미롭지만, 그 본문 말씀의 의미를 제대로 이해하기 위하여 전반적인 이야기의 줄거리를 환기해보려고 합니다.

어떤 면에서 역사는 끊임없이 반복됩니다. 창세기의 전반부는 타락과 구원의 희망이라는 이야기 구조를 계속 되풀이합니다. 태초에 세상을 아름답게 지으신 하나님의 뜻과는 달리 인간의 잘못으로 세상이 완전히 타락했을 때 하나님은 세상을 멸하시기로 작정합니다.

그러나 하늘이 무너져도 솟아날 구멍이 있다고 했습니다. 하나님께서는 당신과 늘 동행하던 노아에게 재앙을 피할 길을 알려줍니다. 의롭고 흠이 없는 사람 노아의 존재는 파국 가운데서도 소멸하지 않는 희망을 나타냅니다. 하나님께서는 장차 홍수를 일으켜 땅의 모든 존재를 소멸시킬 작정이므로 그 홍수를 피할 수 있도록 거대한 방주를 만들라고 합니다. 하나님께서 일러주신 대로 노아가 채비를 다 마치고 난 후 하늘에서 비가 쏟아져 홍수로 땅이 뒤덮입니다. 그뿐 아니라 땅속에서 물이 터져 차오르기까지 합니다.

이 이야기가 검증 가능한 역사적 사실일까요? 역사적으로 전 세계가 홍수로 뒤덮인 사실은 확인하기 어렵습니다. 성서의 배경과 관련해 말하면 메소포타미아 지역에 국지적인 홍수와 해일이 있었을 것으로 추정됩니다. 또 이집트 나일강의 범람도 그 한 배경일 수 있습니다. 고대 수메르의 신화에는 노아 홍수 이야기의 원형으로 추정되는 이야기가 있고, 이집트 신화에도 그 단서로 볼 수 있는 이야기들이 있습니다.

세계 여러 지역의 신화나 설화에서도 홍수 이야기는 자주 등장합니다. 그것이 공통으로 겪었던 대홍수의 상황을 반영하는 것인지, 아니면 빙하기가 끝나면서 물이 범람한 사태를 경험한 기억이 반영된 것인지 확인하기는 어렵습니다. 국지적일 수도 있고, 전면적일 수도 있는 어떤 자연재해를 단순한 자연재해로 보지 않고 인간의 타락과 연계시켜 이해한 성서의 관점이 독특할 뿐입니다. 이러한 인식이 종종 오용되기도 하지만, 어쨌든 그것은 인간 사회의 문제를 매우 심각하게 다루고 있는 성서적 통찰의 한 특성을 잘 드러내줍니다.

본문 말씀은 그 홍수의 재난이 끝나기 시작했다고 전합니다. 물이 점점 빠지면서 노아의 방주는 아라랏산에 머물게 되었습니다. 열성적인 성서고고학자들은 그 아라랏산을 확인하기 위해 노력하고 있고, 그 덕분에 아라랏산으로 불리는 몇 개의 산들이 등장하게 되었습니다. 방주 모양의 흔적이 있는 산, 또는 그 파편으로 간주되는 유물들이 발견된 산이 그렇게 아라랏산으로 불리기도 합니다. 그러나 성서의 정확한 원문은 '아라랏 산지'를 말하고 있습니다. 특정한 지점이 아니라 상당히 광범위한 지역을 말합니다. 그곳은 대략 오늘날 터키의 아르메니아 산악지대를 말합니다. 주로 쿠르드족이 살고 있는 땅입니다.

입증 가능한 역사적 사실이라면 확인해서 나쁠 것 없지만 그 사실이 확인되어야만 성서의 진정성이 확인되는 것은 아닙니다. 홍수 이야기의 진정성은 결국 파국에 이를 만큼 인류가 타락했다는 사실, 그러나 파국 이후에 새로운 역사가 시작되었다는 것을 전하는 데 있습니다.

배가 머무르자 노아는 새들을 날려 보내 물이 얼마나 빠졌는지 확인합니다. 첫 번째로 보낸 새가 까마귀입니다. 까마귀는 돌아오지 않았습니다. 다시 비둘기를 날려 보냈는데, 비둘기는 세 차례의 임무를 수행합니다. 그 가운데 한 번 비둘기는 올리브 잎을 물고 돌아왔습니다. 오늘날 평화의 상징으로 간주되는 올리브 잎을 문 비둘기의 이미지는 여기에서 비롯됩니다. 이 이야기 때문에 까마귀는 잊혀지거나 혐오스러운 이미지로 남게 되었습니다. 그러나 신화적 상징구조를 더 깊이 들여다볼 것 같으면 사실 결정적 역할을 한 것은 까마귀입니다. 우리의 고대 신화를 비롯하여 많은 고대 신화에서 까마귀는 태양을 상징합니다(삼족오, 오딘의 까마귀). 까마귀의 등장은 햇빛을 상징합니다. 여기서 까마귀가 중요한지 비둘기가 중요한지 논란을 벌일 필요는 없습니다. 홍수가 물러가고 햇빛이 내리비치게 된 상황을 묘사하는 옛 이야기 방식이라는 것을 이해하면 그만입니다.

홍수가 그치고 물이 마른 것이 확인되자 방주에 올랐던 모든 생물이 다시 땅 위에 내려와 새로운 삶을 시작합니다. 8:13의 말씀은 노아가 육백한 살이 되던 정월 초하룻날 땅 위에서 물이 다 마르기 시작하여 둘째 달 스무이렛날에 땅이 다 말랐다고 전하고 있습니다. 7:11에 의하면 전 해 둘째 달 열이렛날에 홍수가 시작되었다고 했으니 꼬박 1년이 걸린 셈입니다.

그다음에 이어지는 이야기가 첫 번째 본문 말씀입니다. 노아가 하나님께 제사를 드리는 장면을 전하는 말씀입니다. 땅 위에 내려온 노아는 정결한 짐승들과 새들을 골라 하나님께 제사를 드립니다. 하나님께서는 이 제사를 기쁘게 받습니다. 그런데 이 제사를 받는 하나님의 모습이 참 '인간적으로' 그려졌습니다. "주님께서 향기를 맡으시고서, 마음속으로 다짐하셨다." 제물을 받고 인간을 봐주기로 작정하셨다는 것처럼 보입니다. 그렇게 다짐한 내용이 또한 흥미롭습니다. "다시는, 사람이 악하다고 하여서, 땅을 저주하지는 않겠다. 사람은 어릴 때부터 그 마음의 생각이 악하기 마련이다. 다시는 이번에 한 것 같이, 모든 생물을 없애지는 않겠다."

땅을 멸망시킨 이유가 되었던 사실이 이번에는 다시 멸망시키지 않겠다는 유예의 근거가 되고 있습니다. 하나님은 변덕쟁이일까요? 인간이 드리는 제물과 정성 여하에 따라 이랬다저랬다 하시는 분일까요? 많은 사람은 실제로 하나님을 그렇게 이해합니다. 천국에 갔다 왔다는 어떤 사람이 하나님께서 안타까워하면서 상자 하나를 보여주었다는 이야기 아시는 가요? 그 상자 안에는 자신이 미처 구하지 않아 하나님께서 베푸시지 못한 목록들이 잔뜩 들어있더라는 이야기 말입니다. 우리가 믿는 하나님이 과연 그런 하나님일까요?

본문 말씀은 아주 흥미로운 진실을 전해주고 있습니다. 이랬다저랬다 하는 것처럼 보이는 하나님의 태도 가운데서 어떤 하나님이 연상됩니까? 고뇌하는 하나님, 생각하는 하나님, 그런 모습 아닐까요?

이 이야기는 중대한 신학적 사고의 전환을 함축하고 있습니다. 이 이야기에는 끊임없이 선악이 혼재하는 인간 사회 현실에 대한 성서 기자의 통찰이 담겨 있습니다. 홍수로 악이 일소되었다고 생각했는데도 그치지 않는 악의 현실을 두고, 성서 기자는 어떤 답변을 찾고 싶었을 것입니다. 성서 기자는 절대 선도 절대 악도 아닌 인간 삶에 대한 매우 현실적인 통찰에 이릅니다.

'어차피 인간은 악한 존재이니 그 이유로 다시는 벌하지 말자'는 하나님의 결심은 인간과 땅에 대한 유기, 포기의 뜻이 아닙니다. 더 이상 새로운 가능성이 없다는 체념의 표현이 아닙니다. 악한 인간들의 삶 가운데서도 지켜낼 만한 가치 있는 것들이 있다는 것에 대한 긍정의 표현입니다. "땅이 있는 한, 뿌리는 때와 거두는 때, 추위와 더위, 여름과 겨울, 낮과 밤이 그치지 않을 것이다" 이 말씀은 이 땅이 더이상 파국에 이르러서는 안 된다는 하나님의 의지의 표현이요, 인간의 기대의 표현입니다.

성서의 증언은 하나님의 그 '결심'에 그치지 않고, 하나님께서 노아 및 그 자손들, 나아가 모든 생명과 약속을 맺는 이야기를 전하고 있습니다. 9장의 내용이 그 이야기입니다. 애초 에덴동산의 축복 이야기와 비슷하지만 조금 다른 내용입니다. 명확하게 다른 점은 식물뿐만 아니라 동물까지 인간의 먹거리로 허용하고 있다는 점입니다. 그러나 그 희생은 엄격하게 제한되어 있습니다. 더불어 하나님의 형상대로 지음 받은 인간을 죽이는 행위를 명확하게 금지하고 있습니다.

그리고 하나님께서 다시는 홍수로 땅을 파멸시키지 않을 것을 약속하면서 그 징표로 무지개를 보여주셨다는 이야기로 끝을 맺고 있습니다. 무지개는 그 모양에서 그리고 그것을 나타내는 히브리어 어원에서 전쟁을 상징하는 활과 같은 것이지만, 그 활을 세워둠으로써 더이상 파멸적 사태가 벌어지지 않기를 바라는 염원을 나타내게 되었습니다.

그런데 하나님께서 약속하시는 이 이야기는 일방적 성격을 띠고 있습니다. 하나님의 결심에 따라 선포하고 그 징표까지 주신 것으로 되어 있습니다. 노아의 의로움은 인정하지만, 장차 또다시 세상이 혼탁해지리라는 것을 하나님께서 예감하고 그 바탕 위에서 일방적으로 선포한 것입니다. 아무리 잘못이 있다 하더라도 이토록 처참하게 모든 생명이 파멸에 이르는 사태는 없어야겠다는 하나님의 의지의 표명입니다.

이 이야기는 인간이 자기 의에 따라 살아가는 것이 아니라 하나님의 은혜로 살아간다는 고전적인 신학적 진실을 일깨워주고 있지만, 또한 더불어 인간 실존과 관련하여 중요한 진실을 일깨워줍니다.

오늘 본문 말씀은 삶의 지속성, 역사의 지속성을 말합니다. 파국에 이를 만큼 비참한 상황 가운데서도 우리의 삶은 지속된다는 진실, 우리의 역사는 지속된다는 진실, 오늘 본문 말씀은 우리에게 그 진실을 일깨워줍니다. 결코 낙담할 수 없는 삶, 결코 부정되어서는 안 되는 삶의 아름다움에 대한 긍정을 일깨워줍니다. 설령 부정하고 싶은 것들이 우리를 압도하고 있다고 느낄 때조차도 실은 긍정할 만한 그 어떤 것들이 우리의 삶 가운데는 깊이 자리하고 있습니다. 그 진실을 깨달을 때 우리의 삶은 풍요로워질 수 있고 아름다워질 수 있습니다.

우리가 잘못된 세상을 보고 분노하는 진정한 이유가 무엇 때문일까요? 단지 악한 놈들 모두 무너뜨리기 위함이 아닙니다. 단지 잘못된 세상 그냥 뒤집어 엎어버리기 위함이 아닙니다. 소중한 그 어떤 것을 지키기 위함입니다. 사랑을 나누는 사람의 소중함, 서로 교감하며 아름다움을 일궈나가는 모든 생명의 소중함, 실제로 서로 연결되어 서로의 생명을 떠받쳐주는 그 모든 것의 관계의 소중함, 그 관계를 가능하게 하는 일상의 모든 삶, 그것을 지키기 위함입니다.

아직도 진실이 규명되지 않고 책임소재가 판가름되지 않은 세월호 사건을 두고 침통해질 수밖에 없고 분노할 수밖에 없는 까닭이 어디에 있습니까? 아직 맥박이 뛰고 있는 사람마저 시신 처리를 해버린 안일함과 무심함 때문 아닙니까? 생명을 구하는 일보다 더 급한 일이 무엇이었는지 분간 못한 안일함과 무심함에 우리는 분노합니다. 우리가 분노하는 것은 생명의 소중함을 지켜야 한다는 우리의 기대와 믿음 때문입니다.

지난 주간 인천공항에서 287일 동안 갇혀 있다 세상으로 나온

앙골라 출신 루렌도 가족이 함께하는 난민연대 모임에 다녀왔습니다. 잠시 인사말을 하면서 우리의 난민 정책에 대해 부끄러움과 분노를 표하지 않을 수 없었습니다. 난민법이 있지만 그 법의 취지가 무색할 만큼 난민 보호에 인색하기 그지없습니다. 그래도 이렇게 난민심사를 받을 수 있도록 해주신 여러 한국 사람들에게 시종일관 감사하다는 말을 전하는 루렌도 씨와 부인 그리고 천진난만한 네 아이를 보고 있자니 마음이 짠했습니다. 박해를 피해 자유를 얻기 위해 찾아온 손님을 기꺼이 환대할 수 있는 사회, 누구나 안전한 삶을 보장받을 수 있는 사회의 소중함을 그 가족을 통해 더욱 실감하게 되었습니다.

다시 물로 세상을 멸망시키지 않겠다는 하나님의 결심을 전하는 오늘 본문 말씀은 다소 해학적으로 보이는 것이 사실입니다. 또 다른 한편 오늘 이 땅의 현실, 특히 '기후변화'로 통칭되는 지구의 현실을 생각하면 어떤 구원의 가능성, 희망이 있을까 의문이 드는 것도 사실입니다. '그러니 이제 물이 아니라 불로 멸망할 것이다.'라는 이야기는 그저 자조적인 이야기가 아니라 실질적인 예언이 될지도 모릅니다.

그러나 오늘 말씀의 진실은, 인간이 직면한 파국의 상황 가운데서도, 한 사람이 직면한 어떤 극한의 상황 가운데서도 삶을 가능케 하는 그 어떤 희망이 있다는 것을 일깨워주고 있습니다. 우리의 삶을 떠받쳐 주는 그 무엇이 있다는 것을 일깨워주고 있습니다. 오늘 본문 말씀은 그것을 하나님의 뜻, 하나님의 의지로 말하고 있습니다. 그것을 체험하는 것은 각 사람에게, 또는 각 시대의 국면마다

다를 수 있지만, 인간에게 그 진실을 깨우칠 수 있는 지혜가 허락되었다는 것은 정말 다행입니다.

본문 말씀이 말하는 그 진실을 다시 새기는 가운데, 고통스럽고 낙심할 수밖에 없는 현실 가운데서도 우리의 아름다운 삶을 지속할 수 있는 희망을 붙들고 나아가는 우리가 되기를 기원합니다.

2019년 11월 3일

# 예수 그리스도를 반기고 따르는 삶

마태복음 2:1-12

헤롯 왕 때에, 예수께서 유대 베들레헴에서 나셨다. 그런데 동방으로부터 박사들이 예루살렘에 와서 말하였다. "유대인의 왕으로 나신 이가 어디에 계십니까? 우리가 동방에서 그의 별을 보고, 그에게 경배하러 왔습니다." 헤롯 왕은 이 말을 듣고 당황하였고, 온 예루살렘 사람들도 그와 함께 당황하였다. 왕은 백성의 대제사장들과 율법 교사들을 다 모아 놓고서, 그리스도가 어디에서 태어나실지를 그들에게 물어보았다. 그들이 왕에게 말하였다. "유대 베들레헴입니다. 예언자가 이렇게 기록하여 놓았습니다. '너 유대 땅에 있는 베들레헴아, 너는 유대 고을 가운데서 아주 작지가 않다. 너에게서 통치자가 나올 것이니, 그가 내 백성 이스라엘을 다스릴 것이다.'" 그 때에 헤롯은 그 박사들을 가만히 불러서, 별이 나타난 때를 캐어묻고, 그들을 베들레헴으로 보내며 말하였다. "가서, 그 아기를 샅샅이 찾아보시오. 찾거든, 나에게 알려 주시오. 나도 가서, 그에게 경배할 생각이오." 그들은 왕의 말을 듣고 떠났다. 그런데 동방에서 본 그 별이 그들 앞에 나타나서 그들을 인도해 가다가, 아기가 있는 곳에 이르러서, 그 위에 멈추었다. 그들은 그 별을 보고, 무척이나 크게 기뻐하였다. 그들은 그 집에 들어가서, 아기가 그의 어머니 마리아와 함께 있는 것을 보고, 엎드려서 그에게 경배하였다. 그리고 그들의 보물 상자를 열어서, 아기에게 황금과 유향과 몰약을 예물로 드렸다. 그리고 그들은 꿈에 헤롯에게 돌아가지 말라는 지시를 받아, 다른 길로 자기 나라에 돌아갔다(마태복음 2:1-12).

2천년 기독교 역사 가운데서 본문 말씀은 주현절의 뜻을 새기는 가장 적절한 말씀으로 간주되어 왔습니다. 주현절主顯節, Epiphany(주님이 나타난 날), 공현절公現節(공식적으로 나타난 날) 또는 주님 공현 대축일로 불리는 이날은 예수의 출현을 축하하는 교회력 절기입니다. 날짜는 전통적으로는 1월 6일이나, 나라에 따라서는 1월 2일부터 8일 사이의 주일(일요일)로 하기도 합니다. 아니, 예수님의 탄생일이 있는데, 또 무슨 예수님이 나타났다는 것인가 하는 의문이 들지도 모르겠습니다. 정확하게 말하면 예수님의 신성이 나타난 때를 기념하는 절기로 이해하면 됩니다.

물론 그 계기가 무엇인가 하는 점에서는 서방교회와 동방교회의 이해가 다릅니다. 서방교회는 동방박사들이 예수님을 찾아온 때로 받아들이고 있고, 동방교회는 요한으로부터 세례를 받은 때로 받아들이고 있습니다. 그래도 1월 6일을 그 기점으로 보는 데서는 일치합니다.

얼마만큼 사실에 부합하느냐고 묻는다면, 성서에 대한 기본적인 이해의 태도를 해명하지 않을 수 없습니다. 그것은 그 뜻을 기리는 하나의 방식이지, 곧이곧대로 특정한 사실을 기반으로 하고 있는 것은 아닙니다. 절기를 따르는 것은 예수 그리스도의 삶과 죽음이 주는 의미를 깊이 되새겨보는 하나의 방식을 보여주는 것이지 그 자체가 곧 실증적 의미의 역사적 사실을 그대로 반영하고 있는 것은 아닙니다.

본문 말씀의 의미를 깊이 새기기에 앞서 이 말씀이 교회의 역사 가운데서 얼마나 많은 상상력을 자극해 왔는지 먼저 되새겨보는 것도 나쁘지 않을 것 같습니다.

아기 예수의 탄생을 알리는 누가복음과 마태복음이 전혀 다른 스토리로 그 사건을 전하고 있음에도 불구하고, 한 가지 뚜렷하게 공통되는 점이 있습니다. 두 이야기 모두 예수 그리스도의 탄생을 세계사적 사건으로 전하고 있다는 점입니다. 누가복음은 로마의 황제 아우구스투스가 통치하던 시절 일어난 일로서 전하고 있고, 마태복음은 아기 예수의 탄생을 그 누구보다 동방의 박사들이 반기고 있다고 전함으로써 그 성격을 강조하고 있습니다.

마태복음 본문 말씀은 그 동방박사들이 누구인지 분명하게 밝히고 있지 않지만, 그들이 과연 누구인지 역사적으로 지속적인 상상력이 펼쳐졌습니다. 통상 동방이란 유대 땅이 아닌, 가깝게는 아라비아, 바빌론이나 페르시아, 더 멀리로는 인도로 상상되기도 하였습니다. 아마도 과거 페르시아 제국의 판도로 생각하는 것이 가장 그럴 듯할 것입니다. 로마제국의 지배 그리고 그 괴뢰정권으로서 헤롯 대왕이 통치하는 유대 땅에서 일어난 사건을 둘러싸고 그와는 전혀 다른 영향권으로부터 온 현자들이 예수를 반겼다고 전하고 있는 점이 중요합니다.

7세기경부터는 아예 그 세 동방박사의 이름을 확정하여 전하는 전통이 확립되기도 하였습니다. 황금을 바친 노인 모습의 현자로 멜키오르Melchior, 몰약을 바친 중년 모습의 현자로 발타자르Balthasar, 유향을 바친 청년 모습의 현자로 카스파르Caspar가 그 이름입니다. 이들은 인류를 대표한다는 점에서 각각 백인, 흑인, 황인으로 그려지기도 했고, 왕으로 불리기도 했습니다.

이 주인공들은 과거 역사에서 상상력을 촉발시킨 데 그치지 않고 오늘날에도 지속하여 상상력을 자극하고 있는데, 예컨대 〈신세기 에반게리온〉에서 슈퍼컴퓨터의 각 부분 명칭으로 등장하기도 하고, 온라인 게임 〈리니지〉에서도 그 이름이 등장합니다.

아마도 가장 흥미로운 이야기는 헨리 반 다이크의 소설『네 번째 동방박사』일 것입니다. 이 소설은 알타반이라는 네 번째 박사를 주인공으로 하고 있습니다. 알타반은 다른 세 사람과 함께하려 했지만, 도중에 늦어져 혼자서 예수를 맞으러 갈 수밖에 없었습니다. 그는 루비, 청옥, 진주 3가지의 예물을 준비해 여행을 떠났으나, 도중에 가난한 사람과 위기에 처한 사람들을 도와주느라 루비와 청옥을 써버리고 예수도 만나지 못한 채 33년이 흐르고 맙니다. 그가 지치고 피곤한 상태로 예루살렘에 당도하였을 때는 예수께서 처형되는 날이었습니다. 알타반은 기겁해서 자기에게 마지막 남은 진주를 주어서라도 메시아를 구해야겠다고 생각하고 골고타 언덕으로 달려가는데 도중에 또 불쌍한 사람을 만납니다. 알타반은 갈등하지만 결국 진주마저 주어버리고 허탈해하는데, 갑자기 지진이 일어나 머리에 기왓장을 맞게 됩니다. 그는 숨지기 전 결국 자신은 예수에게 예물을 드리지도 못하고 간다며 용서를 빌자, "네가 구한 불쌍한 사람들이 모두 나였다"하는 하나님의 음성이 들려옵니다.

감동적인 이야기입니다. 허구이기에 무의미한 것은 아닙니다. 오히려 어쩌면 예수 그리스도를 어떻게 받아들여야 할 것인지 더 감동적으로 그려낸 이야기 아닐까요? 우리의 신앙이 그런 상상력을 제약한다면 그 신앙은 활력 없이 박제화된 것일 수도 있습니다.

우리가 본문 말씀을 마주하면서 펼칠 수 있는 모든 상상을 열어두되, 본문 말씀이 전하는 이야기 자체를 다시 한번 주목해보겠습니다.

저 하늘 높이 반짝이는 별을 보고 메시아가 태어날 징조임을 알아차린 동방의 박사들은 길을 나섭니다. 별이 인도하는 대로 길을 따라 예루살렘에 이른 동방의 박사들은 사람들에게 메시아가 태어난 곳이 어디인지를 묻습니다.

이 말을 전해 들은 헤롯왕은 깜짝 놀랍니다. 메시아는 세상을 구원할 존재로서 진정한 왕을 뜻합니다. 유대 땅에는 자기밖에 왕이 없는데 또 다른 왕이 태어났다니 헤롯왕은 놀라지 않을 수 없습니다. 그래서 급히 대제사장들과 율법학자들을 불러 모아 놓고 메시아가 어디에서 태어날 것인지를 묻습니다. 대제사장들과 율법학자들은 성경의 예언을 보면, 옛 다윗왕의 고향 베들레헴에서 태어난다고 되어 있기는 하지만 알 수 없는 노릇이라는 듯이 대답합니다.

안달이 난 헤롯은 동방의 박사들을 불러서 베들레헴으로 보내며 부탁했습니다. 그 태어난 장소를 확인하거든 자기도 경배해야겠으니 알려달라고 합니다. 그것은 거짓말이었습니다. 경배하기 위해서가 아니라, 그 아기 예수를 죽이기 위해서였습니다.

동방박사들은 별의 인도를 따라 아기 예수가 탄생한 곳을 찾았습니다. 아기가 어머니 마리아와 함께 있는 것을 보고 동방박사들은 경배하고 각기 준비해 온 선물을 드렸습니다. 황금과 유향과 몰약입니다. 황금은 왕의 권위를 상징합니다. 유향은 하나님께 예배드릴 때 사용하는 것으로 제사장의 역할을 상징합니다. 몰약은 썩지 않게 하는 방부제로 마치 세상을 썩지 않게 하는 예언자의 역할을 나타냅니다. 이 예물을 드린 뜻은 예수님만이 세상의 진정한 왕이요, 제사장이고, 예언자라는 뜻입니다. 그렇게 동방의 박사들은 저 먼 옛날의 예언이 이제야 이루어졌음을 기뻐하며 예수님을 경배했습니다. 그러나 그들은 꿈에 나타난 천사의 도움으로 헤롯왕의 속셈을 알아내고, 먼 길을 돌아 자기 나라로 돌아갔습니다.

박사들이 돌아간 다음 하나님의 천사가 나타나 예수님의 아버지 요셉에게 나타나 헤롯왕을 피해 달아나라고 하였습니다. 그래서 아기 예수님은 이집트로 피신하여 죽음을 피하게 되었습니다. 태어나자마자 예수님은 난민이 되었던 것입니다. 그러나 예수님께서는 이 세상에 사랑을 전함으로써 사람들의 희망이 되셨습니다.

이 이야기에는 예수님의 탄생을 맞이하는 세 종류의 사람들이 등장합니다.

첫 번째는 헤롯왕입니다. 헤롯왕은 예수님의 탄생을 기뻐하지 않고 거부했습니다. 헤롯은 로마의 앞잡이로 유대의 왕이 되었던 사람입니다. 그런데 새로운 왕이 태어나니 불안해질 수밖에 없었습니다. 그래서 헤롯은 두 살 아래 사내 아이들을 모조리 학살하는 잔인한 만행을 저질렀습니다. 말로는 예수님께 경배드려야 하겠다고 해놓고 사실은 그렇게 잔혹한 일을 저질렀습니다.

다음 두 번째는 제사장들과 율법학자들입니다. 이들은 유대의 지도자들로 매우 학식이 많은 사람이었습니다. 성경도 잘 알고 메시아가 태어난다는 예언도 잘 알고 있었습니다. 그러나 그들은 지금 베들레헴에서 태어난 한 아기가 메시아인지 알지 못했습니다. 아마도 인정하지 못했을 것입니다. 그들에게 아기 예수의 탄생은 아무런 사건이 되지 않았습니다. 이 사람들은 메시아는 지체 높은 사람들 가운데서 태어나야 한다고 생각했을 것입니다. 그래서 그들은 아기 예수님을 경배하지 않았습니다.

마지막 세 번째는 동방의 박사들입니다. 앞서 말한 대로 그 동방은 아라비아나 바빌론, 아니면 페르시아나 인도일 수 있습니다. 이 동방은 예부터 문명이 발달했고 특히 천문학이 발달했습니다. 아마도 이 동방의 박사들은 천문학자들이었는지 모릅니다. 이 박사들은 별을 보고 인간 세상에서 일어날 일들을 예측했습니다. 그래서 큰 별이 나타난 것을 보고 지체 없이 길을 나서 아기 예수님을 만났고 감격했습니다. 그리고 경배했습니다.

오늘 우리는 이 세 부류의 사람들 가운데서 어떤 부류에 해당할까요? 너무나 교훈적인 물음인가요? 하지만 순진한 마음으로 그 주인공들을 거울삼아 자신을 돌아보는 것도 나쁘지 않습니다.

적어도 우리 가운데 '예수님이 오시면 내 자리가 위험해지지!'라고 헤롯왕처럼 생각하는 사람은 없겠지요? 예수님이 오셨는지 말

았는지 알 바 없다고 생각한 제사장들이나 율법학자들과 같은 사람도 없을 것입니다. 아마도 동방박사들처럼 진실한 마음으로 예수 그리스도를 맞이하겠다는 마음일 것입니다. 적어도 우리는 의식적으로 그렇게 생각합니다.

그러나 과연 우리가 진정으로 예수 그리스도께서 우리 가운데 함께하시기를 바라고 있는지는 다시 한번 자문해 볼 일입니다.

자, 다시 보십시오! 세 부류의 사람들 한가운데 한 아기가 있습니다. 아기 예수의 탄생을 두고 한 부류의 사람 곧 헤롯은 자신의 존재를 위협하는 사건으로 받아들입니다. 그 사건을 두려운 마음으로 받아들입니다. 한 부류의 사람 곧 제사장과 율법학자들은 메시아가 태어나리라는 사실은 알고 있지만 지금 발생한 사건이 자신들의 삶과는 전혀 무관한 듯이 무심히 여깁니다. 그들은 어떤 두려움도 어떤 기쁨도 없습니다. 그저 지극히 반복적이고 기능적인 자기 역할에만 몰두하고 있습니다. 또 한 부류의 사람 곧 동방박사들은 오랫동안 메시아의 탄생을 갈망했을 뿐 아니라 그 머나먼 길을 달려와 경배합니다. 이들에게 아기 예수의 탄생은 진정으로 기쁜 소식이었습니다. 그 어떤 일보다 중요한 사건으로서 열 일 제치고 반겨야 하는 사건이었습니다. 앞에서 말했지만, 유대 땅에 일어난 일을 두고 동방의 박사들이 반겼다는 것은 그 사건을 세계사적 사건으로 받아들였다는 것을 뜻합니다. 동방박사들은 새로운 세계를 꿈꾼 사람들이었다는 것을 말합니다.

아기 예수의 탄생을 기쁨으로 받아들이는 것은, 지금 세상을 지배하고 우리의 삶을 속속들이 지배하는 삶의 법칙을 부정하고 새로운 삶의 희망을 갖는 것입니다. 이제 갓 태어난 아기가 장차 보여줄 그리고 실제로 살았던 그 삶을 따르겠다는 것입니다. 지배의 욕망을 따라서가 아니라 섬김의 자세로 서로 사랑하는 삶을 살겠다는 결단입니다.

만일 그 삶이 지금 나의 삶을 위협하고 있다고 생각하거나 지금 나의 삶을 불편하게 한다고 생각하면 우리는 헤롯왕과 다르지 않습니다. 만일 그 삶이 지금 내 삶에 아무런 의미도 없고, 세상은 그저 돌고돌 뿐이라고 생각한다면 우리는 제사장이나 율법학자들과 다르지 않습니다. 만일 그 삶에서 진정한 희망을 발견한다면 우리는 저 동방의 박사들과 같을 것입니다.

준비한 말씀을 다시 새기고 다듬는 중 SNS를 통하여 미국의 한 신학자로부터 주현절의 의미를 생각하는 데 정곡을 찌르는 놀라운 통찰이 전달되었습니다. "주현절 이야기의 핵심은 동방박사들이 폭군의 불의한 명령을 거부한 시민 불복종이다"(Serene Jones, 유니온신학교 총장 트윗). 예수 그리스도를 맞이하는 것은 곧 불의한 세상에 대한 거부를 뜻한다는 이야기입니다.

　예수 그리스도의 삶을 따라 살고자 하는 의지와 믿음이 진정으로 내 삶과 이 세상을 변화시킬 수 있다고 믿고 있는지 다시 한번 자문해보시기 바랍니다. 이 교회가 그 역할을 감히 감당할 수 있을지 자문해보시기 바랍니다.

　만일 아기 예수의 탄생 그리고 예수 그리스도의 삶이 나의 삶을 불편하게 하거나 세상을 거스르는 것일 뿐이라고 생각하여 거부감 있다면 그 사람은 세상에 중대한 해악을 끼치는 존재일 수 있습니다. 만일 그 사건이 스스로 삶에 아무런 영향을 미치지 못하고 따라서 그 주변을 변화시키지 못한다면 그 사람은 모르는 가운데 기존의 질서 유지에 기여하는 존재일 수 있습니다. 예수 그리스도의 탄생과 그 삶을 진정으로 받아들이고자 하는 사람은 스스로 변화되며 세상을 바꿉니다. 진정한 그리스도인으로서 존재입니다. 우리 모두, 이 교회가 그 진정한 믿음의 대열에 정진하기를 기원합니다.

2019년 1월 6일

# 믿음의 기적

요한복음 4:46-54

꿈ᐅꙿᐊᘚ

예수께서 또다시 갈릴리 가나로 가셨다. 그곳은 전에 물로 포도주를 만드신 곳이다. 거기에 왕의 신하가 한 사람 있었는데, 그의 아들이 가버나움에서 앓고 있었다. 그 사람은, 예수께서 유대에서 나와 갈릴리로 들어오셨다는 소문을 듣고, 예수께 와서 "제발 가버나움으로 내려오셔서, 아들을 고쳐 주십시오" 하고 애원하였다. 아들이 거의 죽게 되었기 때문이다. 예수께서 그에게 말씀하셨다. "너희는 표징이나 기이한 일들을 보지 않고는, 결코 믿으려고 하지 않는다." 그 신하가 예수께 간청하였다. "선생님, 내 아이가 죽기 전에 내려와 주십시오." 예수께서 말씀하셨다. "돌아가거라. 네 아들이 살 것이다." 그는 예수께서 자기에게 하신 말씀을 믿고 떠나갔다. 그가 내려가는 도중에, 종들이 마중나와 그 아이가 살았다고 보고하였다. 그가 종들에게 아이가 낫게 된 때를 물어 보니 "어제 오후 한 시에, 열기가 떨어졌습니다" 하고 종들이 대답하였다. 아이 아버지는 그 때가, 예수께서 그에게 "네 아들이 살 것이다" 하고 말씀하신, 바로 그 시각인 것을 알았다. 그래서 그와 그의 온 집안이 함께 예수를 믿었다. 이것은 예수께서 유대에서 나와서 갈릴리로 돌아오신 뒤에 행하신 두 번째 표징이다(요한복음 4:46-54).

본문 말씀은 예수께서 고관 아들의 병을 고친 기적을 전하는 이야기입니다. 본문 말씀은 이 이야기 말미에 예수께서 갈릴리에서 일으킨 두 번째 표적, 곧 기적이라고 말하고 있습니다. 그러니까 가나의 혼인 잔치에서 물로 포도주를 만든 기적에 이은 두 번째 기적이라는 이야기입니다. 그것도 동일한 지역에서 연이어 일으킨 기적 사건으로 전하고 있습니다.

예수께서 가나에서 기적을 일으키신 다음 그곳을 떠나 사마리아 지역을 돌아 다시 가나에 이르렀을 때 왕의 신하가 찾아왔습니다. 어떤 왕의 신하였을까요? 세례요한을 처형한 헤롯 안티파스의 신하입니다. 바로 세례요한을 처형했고, 또 바로 그 때문에 결과로 예수께서 공적 활동을 개시하도록 계기를 부여한 통치자의 신하입니다.

이 사람은 가버나움에서 자기 아들이 거의 죽음에 이를 정도로 앓고 있어 예수님께 자기 아들을 살려 달라고 간청합니다. 지체 높은 신분으로서, 더욱이 상식적으로 생각하면 결코 예수님께 그 어떤 호감도 가질 수 없었으리라 예상되는 사람이 예수님께 매달리는 상황이 놀랍습니다. 서 있는 입장이 전적으로 대비되는 처지에 있는 사람이 그 반대편에 서 있는 예수께 다가와 간청하는 상황입니다. 김기춘이 촛불광장에 와서 간청하는 상황으로 비유할 수 있을까요? 그럴 일이 없지만, 이 상황 자체만 놓고 보면 그렇게 비유할 수 있을 것입니다.

그러나 정작 놀라운 것은 겉으로 드러난 그 상황이 아닙니다. 간청하는 고관을 앞에 두고 예수님께서는 의미심장한 말씀을 던집니다. "너희는 표적이나 기이한 일들을 보지 않고는, 결코 믿으려 하지 않는다" 무슨 뜻일까요? 예수께서는 지금 자기 아들의 목숨이 위태로운 사람을 앞에 두고 그것보다 훨씬 위태로운 사람들의 보편적인 중병을 진단하고 있습니다. '기적을 보여주지 않으면 믿지 않는다'라는 예수님의 말씀은 너무나 일반적인 사람들의 심리를 그저 꼬집고 있는 것처럼 보입니다. 그러나 그것은 단순히 그 사실을 꼬집고만 있는 것은 아닙니다. 한 사람, 곧 아들의 목숨이 절박한 위기 상황 앞에서 절박하게 호소하는 사람을 앞에 두고 던진 이 말씀은 그보다 더 심각하게 모든 사람의 삶 자체가 위태로운 위기 상황에 처해 있다는 것을 꼬집고 있는 것입니다. 기적을 보여 주지 않으면 믿지 않는 사람들의 상태는 곧 사람들의 삶 자체가 위기에 처해 있다는 것을 말하고 있는 것입니다.

그 말 앞에서도 왕의 신하, 곧 고관의 태도는 흔들리지 않습니다. 더욱더 절박하게 예수님께 호소합니다. "선생님, 내 아이가 죽기 전에 내려와 주십시오" 정말 놀라운 점은 여기에 있습니다. 지위 높은 고관이 자신의 사회적 지위와는 비교도 되지 않은 예수를 찾아와 머리를 조아린다는 것도 놀랍지만, 정작 놀라운 것은 이 사람의 믿음입니다. 누구도 기적을 보지 않고는 믿지 않으려고 하는데, 이 사람은 털끝만큼의 의심도 없이 예수님에 대한 믿음을 보이고 있습니다. 이 사람의 현재 삶의 기반은 예수께서 보여주신 그 길과는 너무나 다른 데 있습니다. 이미 말씀드린 바와 같이, 세례요한을 처형한 장본인인 헤롯 안티파스의 신하로서 그 권력의 편에서 자신의 삶을 보장받고 있는 사람입니다.

이 사람이 예수를 전적으로 신뢰한다는 것이 무엇을 의미할까요? 그것은 진정한 의미의 회개, 전향을 뜻합니다. 자기의 가장 소중한 아들이 죽음에 이르게 된 절박한 상황이었기 때문에 그런 용감한 전향을 감행하게 되었는지도 모릅니다. 그렇다고 해서 그의 믿음을 폄하할 수는 없습니다. 극한상황에 이르러서도 깨닫지 못하는 사람들이 얼마나 많습니까? 더더욱이 권력을 누리는 사람들은 극한의 상황에서도 끝까지 자신의 입장을 고수하고 강변하고 있지 않습니까? 그런 현실을 볼 때, 비록 뒤늦게 극한상황에서 돌이켰다 할지라도 그렇게 돌이킬 수 있었다면 그 돌이킨 행위를 결코 폄하할 수 없을 것입니다. 그 고관이 극한상황에 이르러서 믿음을 갖게 되었을지언정 그의 믿음은 소중합니다.

'기적을 보지 않고는 결코 믿으려고 하지 않는다'는 예수님의 말씀은 실제로 절박한 위기에 처해 있는데도 사람들이 그 위기를 알아차리지 못하고 있는데, 이 사람은 자기가 처한 위기의 상황을 알아차리고 나섰으니 얼마나 다행인지 모른다는 의미를 함축하고 있는 것으로 볼 수 있습니다. 예수께서는 그 사람의 믿음을 인정합니다. "집으로 돌아가거라. 네 아들이 살 것이다" 성서 번역문은 이렇게 되어 있지만, 그 상황을 더욱 실감나게 그린다면, "집으로 돌아가시오. 당신의 아들이 살아날 것입니다"라고 하는 것이 마땅하겠지요? 어쨌든 그 고관은 예수께서 자기에게 한 이야기를 믿고 떠나갔습니다.

이 사람은 집으로 돌아오는 길에 마중 나온 종들을 통해 자기 아들이 병에서 나아 살아났다는 이야기를 들었습니다. 집에 돌아와 자기 아들이 나은 때를 확인해보니, 바로 예수께서 "당신의 아들이 살아날 것입니다"라고 하신 바로 그 시각이었다는 것을 알게 됩니다. 그리고 그의 온 집안이 믿게 되었다고, 오늘 본문 말씀은 전합니다.

기적을 보고서야 믿는 사람들 틈바구니 가운데서, 믿음으로 기적을 본 사람의 이야기입니다. 왜 하필 그 사람이 고관이었을까요? 이 이야기는 다른 어떤 것은 믿을 수 있는 것이 일절 없어서 그저 예수님을 믿고 따를 수밖에 없었던 사람의 이야기가 아닙니다. 당대 최고권력의 슬하에서 누리는 것이 많았던 사람의 이야기입니다.

이 사실은 중요한 점을 시사합니다. 최고권력의 슬하에서 많은 누려도 그것으로 해결되지 않은 삶의 위기 상황을 말합니다. 아마도 자기가 가장 소중하게 여겼을 아들의 목숨은 지금껏 자기가 누린 것으로 보장받을 수 없었습니다. 어쩌면 이 사실은 모든 인간이 처할 수 있는, 아니 처해 있는 어떤 위기 상황을 말하는 것일 수 있습니다. 많은 것을 누리며 저마다 삶의 행복을 보장받았다고 생각하는 사람들에게도 닥치는 위기의 상황, 그러니까 누구에게나 예외 없이 닥쳐오는 위기의 상황을 말하는 것일 수 있습니다. 그 진실을 모르는 것이 진정한 위기입니다.

'기적을 보고서야 믿으려 한다'라는 예수님의 말씀은 그 진실을 일깨웁니다. 사람들이 그렇게 살아가고 있는데, 정말 일상화된 삶의 위기를 겪는 사람 말고, 어찌 보면 그런 것과는 무관한 삶을 사는 사람마저도 절박한 위기의 상황에 처해 있는 것을, 본문 말씀은 보여주고 있습니다. 그리고 바로 그 사람이 진정으로 구원에 이르는 길을 택했다는 사실을, 본문 말씀은 전하고 있습니다.

본문 말씀이 전하는 진짜 기적은 바로 이것입니다. 죽어가던 아

들이 되살아난 사실이 기적이라기보다는 바로 그 아버지의 믿음이 기적인 셈입니다.

지난 주간 삼성 부회장 이재용의 구속이 기각되었고, 어제 김기춘이 구속되었는데, 앞으로 어찌 될지는 더 두고 봐야겠지만, 현재로서 이 사실은 한국 사회의 현주소를 알려주는 매우 의미심장한 하나의 지표일 것입니다. 김기춘이 구속된 것은 문화예술계 블랙리스트 작성과 관련하여 직권남용 혐의 때문입니다. 우리 사회의 양심의 자유와 표현의 자유를 훼손한 혐의입니다. 이재용은 대가를 주고받는 거래, 그러니까 뇌물공여 혐의로 구속 신청이 되었지만 증거가 불충분하다 하여 구속이 기각되었습니다.

이 사실이 의미하는 바는, 현재 국면에서 그나마 정치적으로 자유주의적 가치 기준이 작동되고 있는 반면 경제사회적 정의의 가치 기준은 여전히 뚜렷하게 서 있지 않다는 것을 나타냅니다.

수 해 전 삼성그룹 회장 이건희가 의미심장한 말을 한 적이 있습니다(2010). "모든 국민이 정직했으면 좋겠다. 거짓말 없는 세상이 돼야 한다" 저는 그때 기억이 지금도 선연하게 남아 있습니다. 그 말의 의미가 무엇일까? 과연 우리 사회의 도덕적 가치를 제시하려는 것이었을까요? 그보다는, 현실을 용인하라는 의미로, 저는 받아들였습니다. 억측일까요? 억측이 아닙니다. 그러니까 재벌을 비판하지만, 재벌 덕에 살고 있지 않느냐, 그러면서 뭘 안 그런 척하느냐, 그 점을 정직하게 용인해야 하지 않느냐 하는 의미입니다. 현실을 용인하라, 그 점에서 정직하라는 이야기입니다.

그 주문의 위력은 아직도 살아 있고, 사람들의 생각과 생활방식에 영향을 끼치고 있습니다. 여기에서 정의로운 윤리적 가치 기준과 도덕적 가치 기준은 흐려지고, 현실을 그대로 용인하는 결과가 발생합니다. 뭘 그런 걸 가지고 문제 삼느냐, 충분히 있을 수 있는 일인데… 하는 통념이 지배한다는 것입니다.

지금 존재하는 삶의 방식이 마땅히 존재해야 할 삶의 방식을 결정하지는 않습니다. 현재의 삶의 방식이 꼭 정당한 삶의 방식을 뜻하는 것은 아니며, 많은 사람이 따르는 대세라고 해서 그것이 정당한 것은 아닙니다. 우리의 삶에 대해 어떤 기대와 소망을 갖느냐, 곧 어떤 믿음을 갖느냐에 따라 우리는 마땅한 새로운 삶의 방식을 찾을 수 있고, 지금과는 전혀 다른 사회를 모색할 수 있습니다.

그리스도를 따르는 믿음은 지금 존재하는 삶의 방식을 답습하는 것이 아니라 마땅히 살아야 할 삶의 방식을 새롭게 추구하는 것을 뜻합니다.

저는 오늘 이 시대에 진짜로 예수 그리스도께서 보여주신 그 길이 구원의 길이라고 믿고 따르는 사람들이 있다면, 그것이야말로 기적이라 생각합니다. 오늘 우리의 삶의 방식이 예수 그리스도께서 보여주신 그 삶의 방식과는 너무나 다르고, 또한 예수 그리스도를 믿는다는 대다수 사람마저도 사실은 포장만 살짝 바꿨을 뿐 오늘 이 세대를 그대로 따르고 있는 현실에서, 그것을 거슬러 진짜 예수 그리스도의 길을 따르고자 하는 사람들이 있다는 것 자체가 기적입니다.

여기에 있는 우리가 그 기적의 주인공들이 되기를 바랍니다. 그래서 오늘 이 세대의 삶의 방식과는 다른 삶의 방식의 기적을 일으킬 수 있기를 기원합니다.

2017년 1월 22일

# 4부 잃은 양을 찾아 나서는 마음, 차별 없는 세계

말씀, 사건의 진실 | 여호수아 3:5-11, 17
빼앗길 수 없는 삶과 노동 | 이사야 62:6-9
잃은 양을 찾아 나서는 마음 | 누가복음 15:1-7
처음 온 사람이나 나중 온 사람이나 | 마태복음 20:1-16
복음의 진실, 차별 없는 세계 | 사도행전 10: 27-36
아무것도 아닌 것들이 보일 때까지 | 빌립보 3:1-14
차별금지, 사랑이 이깁니다! | 야고보서 2:1-13

# 말씀, 사건의 진실

여호수아 3:5-11, 17

❧⚜❧

> 여호수아가 백성에게 말하였다. "당신들은 자신을 성결하게 하시오. 주님께서 내일 당신들 가운데서 놀라운 일을 이루실 것입니다." 여호수아가 제사장들에게 언약궤를 메고 백성보다 앞서 건너가라고 명령하자, 그들은 언약궤를 메고 백성들 앞에서 나아갔다. 주님께서 여호수아에게 말씀하셨다. "바로 오늘부터 내가 너를 모든 이스라엘 사람이 보는 앞에서 위대한 지도자로 세우고, 내가 모세와 함께 있던 것처럼 너와 함께 있다는 사실을 그들이 알게 하겠다. 이제 너는 언약궤를 멘 제사장들에게, 요단강의 물가에 이르거든 요단강에 들어가서 서 있으라고 하여라." 여호수아가 이스라엘 자손에게 말하였다. "이곳으로 와서, 주 당신들 하나님의 말씀을 들으십시오." 여호수아가 말을 계속하였다. "이제 이루어질 이 일을 보고, 당신들은, 살아 계신 하나님이 당신들 가운데 계셔서, 가나안 사람과 헷 사람과 히위 사람과 브리스 사람과 기르가스 사람과 아모리 사람과 여부스 사람을 당신들 앞에서 쫓아내신다는 것을 알게 될 것입니다. 온 땅의 주권자이신 주님의 언약궤가 당신들 앞에서 요단강을 건널 것입니다"(여호수아 3:5-11).

온 이스라엘 백성이 마른 땅을 밟고 건너서, 온 백성이 모두 요단강을 건널 때까지, 주님의 언약궤를 멘 제사장들은 요단강 가운데의 마른 땅 위에 튼튼하게 서 있었다(여호수아 3:17).

본문 말씀은 모세에 이은 이스라엘 백성의 지도자 여호수아가 그 백성과 함께 마침내 약속의 땅 가나안에 당도하게 된 극적인 장면을 전하는 말씀입니다. 하나님의 임재의 상징인 언약궤를 매고 요단강을 건너는 장면입니다.

통상 성서의 첫 부분을 '모세오경'이라 부릅니다. 창세기, 출애굽기, 레위기, 민수기, 신명기를 말합니다. 근대의 비평적 성서 연구가 이뤄지기 전에는 모세가 저자라는 의미에서 그렇게 불렀습니다. 그러나 성서비평학이 일반화된 오늘날에는 그 저자가 모세일리 없고 또한 저자가 단일하다고 보지는 않습니다. 그렇지만 모세오경이라는 명칭은 여전히 사용되고 있는데, 이때 그 의미는 모세의 율법이 중심이 되고 있는 책이라는 것을 함축합니다.

하지만 모세오경이 일종의 조문으로서 율법의 기록은 아닙니다. 이 책은 하나님의 약속 성취 과정을 일련의 구원의 파노라마로서 펼쳐 보여주고 있습니다. 아브라함의 이야기에서 시작하여 이집트에서의 노예 생활을 그리고 있고, 마침내 그 노예 생활에서 해방된 출애굽을 전하는 대목에 이르러 그 구원의 파노라마는 절정에 이릅니다. 이집트 노예 생활에서의 해방은 하나님의 임재를 경험한 놀라운 사건이지만, 그것으로 하나님의 약속이 최종적으로 성취된 것은 아닙니다. 애초 하나님이 아브라함에게 주신 약속이 무엇이었을까요? 하나님께서 주신 땅에서 번성한 민족이 되리라는 약속입니다.

그런데 모세오경에서는 그 약속이 성취되지 않았습니다. 약속의 땅 가나안을 앞두고 모세가 백성에서 말씀을 전하고 홀연히 역사의 무대에서 사라지는 것이 오경의 종결입니다. 그 약속이 성취되는 것은 여호수아서에 이르러서입니다. 모세의 후계자 여호수아 대에 이르러서야 비로소 이스라엘 백성은 가나안 땅에 이르게 됩니다. 그래서 오늘날에는 '오경'이 아니라 '육경'으로 분류하는 것이 옳다는 의견이 설득력을 지니고 있습니다.

오늘 우리가 함께 읽은 말씀은 비로소 약속의 땅 가나안에 이르는 첫 장면을 전해주고 있습니다. 본문 말씀 바로 앞 여호수아서 첫 장에는 여호수아가 백성과 함께 가나안 땅에 진입하기에 앞서 정탐꾼을 보내는 이야기가 나옵니다. 여리고성의 라합이라는 여인과 내통하는 이야기입니다. 그리고 바로 오늘 본문 말씀이 이어집니다.

이제 비로소 요단강을 건너 가나안 땅에 진입합니다. 여호수아는 백성들에게 이릅니다. "성결하게 하시오. 주님께서 내일 당신들 가운데서 놀라운 일을 이루실 것입니다." 그리고 제사장들에게 언약궤를 매고 백성들보다 앞서 나갈 것을 명합니다. 언약궤는 하나님의 말씀이 담긴 상자를 말하며, 그것은 이스라엘 백성에게 하나님의 임재를 상징하는 것입니다. 이 점은 사실상 오늘 말씀의 핵심이 되는 것이므로, 결론부에서 다시 그 의미를 환기하겠습니다.

제사장들이 언약궤를 매고 백성들 앞에 나서자 하나님께서 여호수아에게 말씀하십니다.

바로 오늘부터 내가 너를 모든 이스라엘 사람이 보는 앞에서 위대한 지도자로 세우고, 내가 모세와 함께 있었던 것처럼 너와 함께 있다는 사실을 그들이 알게 하겠다. 이제 너는 언약궤를 맨 제사장들에게, 요단강의 물가에 이르거든 요단강에 들어가서 서 있으라고 하여라.

여호수아는 하나님께서 명하신 바를 환기시키며 백성들에게 말합니다.

이제 이루어질 이 일을 보고, 당신들은, 살아계신 하나님이 당신들 가운데 계셔서, 가나안 사람과 헷 사람과 히위 사람과 브리스 사람과 기르가스 사람과 아모리 사람과 여부스 사람들을 당신들 앞에서 쫓아내신다는 것을 알게 될 것입니다. 온 땅의 주권자이신 주님의 언약궤가 당신들 앞에서 요단강을 건널 것입니다.

그리고 이어 놀라운 기적이 벌어집니다. 가득 차 있던 요단강에 둑이 생겨 물줄기가 끊어졌습니다. 언약궤를 맨 제사장들이 요단강에 머무는 동안 그렇게 물줄기가 끊어진 가운데 모든 백성이 마른 요단강을 안전하게 건너 가나안 땅에 이르렀다고 17절 말씀은 전하고 있습니다. 마치 모세가 백성을 이끌고 홍해를 건넜을 때와 다르지 않은 기적이 재현된 것입니다. 이 기적의 사건은 불가능하다고 생각되었던 일이 실제 현실이 되었다는 것을 극적으로 표현해주고 있습니다.

오늘 본문 말씀에서 새겨보아야 할 여러 가지 초점이 있지만, 번다하게 그 모든 것을 살피기보다는 그 핵심적인 요체에 접근하고자 합니다.

우선 우리는 오늘 본문 말씀을 보면서 불편한 진실을 접하게 됩니다. 현대의 보편적 가치관, 윤리관으로 봤을 때 확실히 불편한 진실이 눈에 띕니다. 오늘 본문뿐만 아니라 어쩌면 여호수아서 전체가 현대적 윤리관에 비추어볼 때 도무지 용납하기 어려운 이야기들로 가득 차 있습니다. 무엇보다 하나님께서 당신의 백성에게 약속하신 땅이 문제입니다. 무주공산이 아닙니다. 본문 10절에 나오는 것처럼 엄연히 다른 주민들이 살아가고 있는 땅입니다. 그 땅에 사는 사람들을 몰아내고 정복하는 방식으로 하나님의 약속을 성취한 것이라면, 모든 민족이 평화를 이루고 살아야 한다는 오늘날의 보편적 가치관에서 과연 정당화될 수 있을까요?

물론 오늘날에도 많은 유대인과 기독교인들이 성서의 표면적 진술을 그대로 믿고 따르며, 사실상 일종의 부족 신앙의 잔재에 해당하는 믿음을 그대로 지키며 승리주의에 도취하기도 합니다. 그러나 오늘 본문 말씀에도 나와 있듯이 하나님이 '온 땅의 주권자'라면 그런 하나님은 자기 스스로 모순을 범하는 것입니다.

그렇다면 낡은 부족 신앙의 잔재를 제거해버리면 될까요? 오늘날 성서학은 도무지 오늘날의 가치관으로 받아들이기 어려운 성서의 이 이야기를 두고 매우 치열한 탐구를 계속하고 있습니다. 출애굽에서 가나안 땅에 이르는 과정을 전하는 이야기의 실체가 무엇인지 깊이 탐구하고 있습니다. 그에 관한 견해는 세 가지로 집약됩니다. 정복설, 이주설, 사회혁명설이 그 견해들입니다.

정복설은 외부의 세력이 가나안 땅을 무력으로 정복하여 정착하

게 되었다는 견해입니다. 표면상으로 보면 성서의 진술과 가장 잘 부합하는 것처럼 보입니다. 이주설은 일거에 군사적 정복을 통해 정착했다기보다는 점진적인 이주를 통해 정착했다고 보는 견해입니다. 성서에 보면 장기간 다른 종족들과 공존하는 가운데 갈등을 겪은 이야기들이 많이 등장합니다. 그러니까 군사적 경합의 양상이 성서의 표면적 기록상 부각되어 있기는 하지만, 실제로는 점진적인 이주가 정착과정의 중심적 양상이었다는 견해입니다. 마지막으로 혁명설은 하층민들이 기존의 왕권체제를 전복하고 새로운 나라를 세웠다고 보는 견해입니다. 여기서 그 하층민은 가나안 외부세력과 가나안 내부세력이 결합된 것으로 추정됩니다. 외부의 히브리인과 가나안의 농민세력입니다.

본문 말씀은 이와 같은 탐구과정에서 내부의 저항에 부딪혀 기존의 왕권체제가 무너지고 그 위에 새로운 나라가 세워졌다는 것을 추정케 해주는 중요한 본문 가운데 하나입니다. "당신들 앞에서 쫓아내신…"이라는 표현이 그 단서입니다. 그리고 바로 앞에 나오는 라합 이야기는 외부세력과 내부세력이 연대하였다는 것을 보여주는 결정적 단서에 해당합니다.

그렇다면 우리가 오늘의 관점에서 불편하게 여기는 사실이 해소될까요? 적어도 우리는, 억압적인 왕권체제를 부정하고 하나님 앞에서 모든 사람이 동등하게 살아가는 평등주의 체제를 이루고자 분투한 여정이었다는 것을 알 수 있습니다. 이후 성서가 전하듯이, 어째서 보다 더 효율적인 통치체제로 받아들여진 왕권체제를 완강하게 거부했던가 하는 것을 알 수 있습니다. 인간이 인간을 지배하는 억압, 그 억압이 없는 사회, 진정으로 해방된 사회에 대한 열망과 분투의 여정에 관한 이야기로서, 우리는 여호수아서의 성격을 받아들일 수 있습니다.

해방의 사건, 그 해방의 사건에 대한 체험과 감격이 이야기의 핵심이라는 것입니다. 민족적 배타성, 종교적 배타성을 정당화하는 이야기로 읽어서는 안 된다는 것을 뜻합니다.

그 불편함이 해소되었다면, 우리는 본문 말씀이 전하는 핵심적 진실에 근접할 수 있을 것입니다. 본문 말씀이 전하는 핵심적 진실은, 하나님의 임재의 상징으로서 언약궤가 일으킨 기적의 사건이 함축하고 있는 의미에 있습니다. 약속의 땅, 곧 하나님 앞에서 공평한 삶이 보장되는 그 땅을 누리는 사건의 시작이 하나님의 말씀으로부터 시작된다는 진실입니다.

성서가 전하는 신앙의 고유한 성격이 이 이야기에 함축되어 있습니다. 성서는 철저하게 형상을 금지합니다. 보이지 않는 하나님을 믿으라고 요구합니다. 고대의 모든 종교는 신의 형상을 세움으로써 신의 임재를 표현하였습니다. 반면에 성서의 신앙은 그 형상 대신에 말씀을, 그 말씀을 담은 언약궤로 하나님의 임재를 표현했습니다.

형상을 거부한 것은 지금 보고 만지는 것을 절대화하는 것에 대한 철저한 거부를 뜻합니다. 지금 주어진 조건을 절대화하는 것에 대한 거부입니다. 그것은 신앙을 맹목적 복종과 숙명으로 일치하는 것에 대한 거부를 뜻합니다. 그것들을 넘어 있는 진실을 추구하라는 것을 말합니다. 그것은 새로운 가능성에 대한 믿음입니다. 그 희망을 이끄는 것이 말씀입니다. 말씀의 진실을 따르는 믿음, 그것이 언약궤로 표현되는 하나님의 임재에 대한 믿음의 실체입니다.

본문 말씀의 참뜻은 그 말씀이 일으키는 사건의 진실을 전하는 데 있습니다. 그 말씀은 사건을 일으킵니다. 빈말이 아닙니다. 사건을 일으키는 말씀입니다. 그 사건은 억압 가운데 있던 백성에게 해방을 안겨주는 것입니다. 이제껏 누리지 못했던 삶을 보장해주는 사건입니다. 불신과 갈등을 넘어 서로가 서로를 정당한 상대로 인정해주는 사건입니다.

지난 주간 우리는 안타까운 마음으로 한 사태를 지켜보며 기도했습니다. 파인텍노동자들의 굴뚝 농성 그리고 그렇게 75미터 굴뚝에 올라간 두 노동자가 내려올 수 있기를 바라는 종교시민사회의 지지연대 단식, 어떻게든 노사가 대화의 테이블에 앉아 타결을 지을 수 있도록 동분서주하는 사람들의 노력, 그 일련의 사태와 과정을 지켜보며 안타까운 마음으로 기도했습니다. 마침내 10일 오전 11시부터 시작된 6차 협상이 날짜를 넘겨 11일 아침 7:30에 이르러 타결되었다는 소식을 접했습니다.

A4 용지 두 장에 지나지 않은 간결한 합의문(노조를 인정하고 일하게 해달라는 것, 이 약속에 대해 책임지라는 것)으로 굴뚝에 오른 사람들도 426일 만에 땅으로 내려오고, 단식했던 이들도 단식을 중단했습니다. 그 몇 문장의 말은 아무렇게나 써도 되는 단순한 말이 아닙니다. 한 마디 한 마디, 심지어 토씨 하나까지도 당사자들의 삶의 무게와 고뇌가 담긴 말입니다. 그 말의 실현을 위해 책임을 감당하겠다는 약속의 표현입니다. 이것만큼은 서로 믿을 수 있다는 신뢰, 이것만큼은 믿어야 한다는 결의를 동반한 말입니다. 그 신뢰와 책임을 다지는 약속의 말이 사건을 일으켰습니다. 그 말이 모두를 해방시켰습니다.

그 약속이 지켜지지 않아 극한의 선택을 해야 하고, 모든 사람이 안타까워하는 사태가 벌어졌던 것을 알기에, 앞으로 또 어찌 될지 조마조마한 마음으로 기도하며 지켜봐야겠지만, 지금으로서는 그 약속으로 사태를 일단락 짓게 되었다는 데 안도합니다.

지난 7일 제가 다른 일행들과 함께 현장을 방문했을 때 금속노조 파인텍지회 차광호 지회장이 말했습니다. "한국 사회가 그래도 무너지지 않고 유지되는 것은 불의보다 정의가 더 많기 때문이라고 믿습니다" 그 말로 지지 격려 방문한 사람들이 거꾸로 위로받았습니다.

하나님의 말씀을 믿고 따르는 것은 다른 것이 아닙니다. 우리의 삶을 변화시키는 희망에 대한 확고한 믿음, 그 믿음을 지켜나가는 것입니다. 그 믿음이 이뤄지도록 서로 소통하고 헌신하는 것입니다. 우리 모두 그렇게 말씀의 진실을 믿고 따르는 삶을 누리기를 기원합니다.

2019년 1월 13일

# 빼앗길 수 없는 삶과 노동

이사야 62:6-9

예루살렘아, 내가 너의 성벽 위에 파수꾼들을 세웠다. 그들은 밤이나 낮이나 늘 잠잠하지 않을 것이다. 주님께서 하신 약속을 늘 주님께 상기시켜 드려야 할 너희는, 가만히 있어서는 안 된다. 늘 상기시켜 드려야 한다. 주님께서 예루살렘을 세우실 때까지 쉬시지 못하게 해야 한다. 또 예루살렘이 세상에서 칭송을 받게 하시기까지, 주님께서 쉬시지 못하게 해야 한다. 주님께서 그의 오른손 곧 그의 능력 있는 팔을 들어 맹세하셨다. "내가 다시는 네 곡식을 네 원수들의 식량으로 내주지 않겠다. 다시는 네가 수고하여 얻은 포도주를 이방 사람들이 마시도록 내주지 않겠다." 곡식을 거둔 사람이, 곡식을 빼앗기지 않고 자기가 거둔 것을 먹고, 주님을 찬송할 것이다. "거둔 사람이 자기가 거둔 것을 내 성소 뜰에서 마실 것이다"(이사야 62:6-9).

쌍용자동차 해고자 복직촉구를 위해 마음을 모으고 있는 오늘 우리는 예언자 이사야의 선포를 함께 읽었습니다. 본문 말씀은 바빌론 포로 생활이 끝나가고 해방의 서광이 비쳐오는 현실에서 예언자 이사야가 희망의 말씀을 선포하고 있는 대목입니다.

본문 말씀의 앞부분은 하나님의 약속은 기필코 이뤄질 것이므로 파수꾼들은 그 약속이 이뤄지는 상황을 눈여겨 지켜볼 것을 말하고 있습니다.

흥미로운 점은, 파수꾼이 그냥 지켜보는 존재가 아니라 하나님의 약속을 끊임없이 환기시키는 역할을 맡아야 한다는 것입니다. "주님께서 하신 약속을 늘 주님께 상기시켜 드려야 할 너희는, 가만히 있어서는 안 된다. 늘 상기시켜 드려야 한다" 파수꾼은 그저 기다리는 수동적인 존재가 아니라 장차 이뤄질 바라는 그 희망을 끊임없이 환기시키는 존재로서 역할을 맡아야 한다는 것을 말합니다. 여기서 더욱 재미있는 표현이 등장합니다. "주님께서 예루살렘을 세우실 때까지 쉬시지 못하게 해야 한다" 하나님을 귀찮게 해야 한다는 이야기인데, 그만큼 절절하게 희망을 이루기 위해 애쓰라는 이야기입니다.

본문 말씀은 이어서 장차 이뤄질 일을 구체적으로 선포하고 있습니다. "'내가 다시는 네 곡식을 네 원수들의 식량으로 내주지 않겠다. 다시는 네가 수고하여 얻은 포도주를 이방 사람들이 마시도록 내주지 않겠다' 곡식을 거둔 사람이, 곡식을 빼앗기지 않고 자기가 거둔 것을 먹고, 주님을 찬송할 것이다. '거둔 사람이 자기가 거둔 것을 내 성소 뜰에서 마실 것이다.'"

우선 이 말씀은 유대 백성이 겪었던 현실을 그대로 환기하고 있습니다. 유대 백성은 바빌로니아 왕국에 나라를 멸망당하고, 그 지도자들이 포로로 붙잡혀갔고, 당연히 그들이 땀 흘려 거둔 소출을 이방의 제국에 빼앗겼습니다. 이 말씀은 바로 그 현실을 환기시키며, 다시 회복될 나라에서는 더이상 그와 같은 일이 일어나지 않을 것을 말합니다.

그런데 이 말씀을 잘 음미해보시기 바랍니다. 자기가 땀 흘려 거둔 것을 남에게 빼앗기지 않고 자기 스스로 누린다는 이 선포는 모든 사람의 평범한 소망을 말하는 것이자 동시에 정의의 핵심적 요체를 함축하고 있습니다. 정의의 핵심적 요체가 무엇입니까? 누구에게나, 각자에게 정당한 몫이 돌아가야 한다는 것이 정의의 요체입니다. 여기서 중요한 초점은 내가 거둔 것이니 내 마음대로 한다는 데 있는 것이 아니라 내 삶이 그 누군가 다른 사람이나 세력으로부터 침해당하거나 지배당하지 않아야 한다는 것입니다. 정의를 깨트리는 것은 지배와 억압 그리고 수탈입니다. 바로 그 현실에서 예언자는 이제 누구에게나 정당한 몫이 돌아가고 누구나 자기 땀의 결과를 누리면서 하나님을 찬양하게 될 것이라 선포하고 있습니다.

자기가 흘린 땀의 결과를 누리지 못하는 현실이 어떤 것입니까? 그것은 그저 억울한 상태에 처해 있다는 것뿐 아니라 나아가 자기 삶을 스스로 살아갈 수 없는 지경에 이르렀다는 것을 말합니다. 생존 자체가 위협을 겪고 있다는 것을 말합니다. 왜 스스로 목숨을 끊는 선택을 해야만 합니까? 살 수가 없기 때문입니다. 예언자 이사야는 타의에 의해 땀의 결과를 빼앗기고 결국 자기 삶 자체를 빼앗긴 현실에서, 자기가 흘린 땀의 결과를 빼앗기지 않음으로써 자기 삶을 누리게 될 것을 선포하고 있습니다.

이 말씀은 바로 그 소망이 이뤄질 때 비로소 사람들은 하나님을 온전히 찬양하게 될 것임을 선포하고 있습니다.

곡식을 거둔 사람이, 곡식을 빼앗기지 않고 자기가 거둔 것을 먹고, 주님을 찬송할 것이다. 거둔 사람이 자기가 거둔 것을 내 성소 뜰에서 마실 것이다.

더 이상 탄식하지 않고 저마다 삶의 기쁨을 만끽하며 하나님을 찬양하게 되리라는 간절한 희망입니다.

본문 말씀이 전하는 상황과 가장 가까운 범례를 우리 역사에서 찾는다면 일제에 의한 식민지배의 상황을 꼽을 수 있을 것입니다. 일제의 식민지 지배 현실을 기억할 때 가장 먼저 떠오르는 것이 무엇일까요? 징용과 공출, 사람에게 강제노동을 강요하고 물자를 강제로 수탈하는 것입니다. 식민지배는 단적으로 인간의 주체적 삶을 부정한다는 데 그 본질이 있습니다. 사람들 스스로가 자신의 삶을 결정할 수 있도록 보장하지 않고 통치 세력이 폭력으로 사람들의 운명을 결정해버릴 뿐만 아니라, 사람들이 자신의 생명을 영위하기 위해 땀을 흘려 거둔 소출마저 빼앗아가 버리는 사태를 이민족 통치 세력과 국가권력의 이름으로 정당화하는 것이 식민지배의 본질입니다.

본문 말씀에서 예언자 이사야가 선포하고 있는 간절한 희망의 메시지는 바로 그 우리의 역사적 경험을 통해 분명하게 이해할 수 있습니다. 우리 사회는 아직도 그 제국주의 시대의 유산을 온전히 극복하지 못하였습니다. 최근 밝혀진 바로는 과거 정부 시절 사법 농단의 여러 사례 가운데 하나로, 일제 당시 징용당해 강제 노동을 해야만 했던 사람들의 개인 청구권마저 가로막으려 했다는 사실이 밝혀지고 있습니다. 정말 촛불혁명이 성공하지 않았더라면 이 나라가 어찌 되었을까요? 소름이 돋고 오싹해질 지경입니다.

그런데 이민족의 지배로부터 벗어났다고 해서 자기 땅에서 자기가 흘린 땀의 열매를 온전히 누리게 된 것은 아닙니다.

> 노동은 노동자의 본질에 속하지 않는다. 그러므로 노동자는 자신의 노동을 통해 자기 자신을 긍정하지 않고 부정하며, 행복을 느끼지 않고 불행을 느끼며, 자유로운 신체적 정신적 에너지를 개발하지 못하고, 자신의 신체를 채찍질하고 자신의 정신을 황폐화한다. 따라서 노동자는 노동 바깥에 있을 때 비로소 안도감을 느끼며 노동을 할때에는 탈아감을 느낀다 (칼 맑스, 『경제학 철학 수고』).

어떻습니까? 오늘날 자본주의 사회에서 노동의 성격을 예리하게 통찰하고 있는 것으로, 이른바 소외된 노동, 노동의 소외를 말하고 있는 것입니다. 노동이 자기를 실현하는 것과 상관없이 소외되어있는 현실입니다. 그러니까 노동을 하면 할수록 자기가 원하는 삶에 가까워지는 것이 아니라 멀어지는 현실입니다. 그러니 일터에서 벗어났을 때야 비로소 안도감을 느끼고 자신이 누구인가를 알아차리는 상황입니다.

정규직과 비정규직 차별, 성별 격차, 그뿐 아니라 각종 출신과 등급에 따라 노동이 분절화되어 있는 한국 사회에서 그 소외는 더욱 극심합니다. '노동이 존중받는 사회', 현 정부가 표방한 바이지만, 그 성과는 아직 불투명합니다. 그러기에 자기 땅에서 자기가 흘린 땀의 열매를 누리고자 하는 희망은 지금 이 땅을 살아가고 있는 평범한 사람들 모두에게 여전히 간절한 희망입니다.

쌍용자동차 사태는 숱하게 산적해 있는 노동문제를 보여주는 단지 하나의 사태가 아닙니다. 쌍용자동차 사태는 신자유주의 시대 우리 사회의 노동문제를 단적으로 보여주는 일종의 시금석입니다. 속칭 '노동문제 백화점'이라 불릴 만큼 우리 사회의 노동문제가 얽히고설킨 현장의 극명한 사례입니다. 2009년 대량 해고 사태와 쟁의 그리고 사실상 대테러전에 준하는 쟁의 진압 사태는 철저하게 자본과 이를 비호하는 부당한 국가권력에 의해 일어난 사태입니다. 30번째의 죽음! 왜 유독 쌍용자동차 노동자들이 목숨을 끊는 일이 빈번하게 일어나겠습니까? 전쟁과 다를 바 없는 그 참화로 인한 상처가 깊기 때문입니다. 이 나라 경찰이 죽였고, 이명박 정부가 죽였습니다.

그 사태가 발생하기 이전까지 노동자들은 열심히 일하였고, 쌍용자동차는 이른바 구조조정을 해야 할 만큼 부실한 기업도 아니었습니다. 단지 신자유주의 파고 가운데서 외자 유치를 위해 우량기업도 그 대상으로 해야 한다는 논리에 따라 외국자본을 끌어들이면서부터 문제가 시작되었습니다. 실질적인 투자는 이뤄지지 않았고, 기술만 유출되는 가운데, 느닷없이 불량기업처럼 되고 말았습니다.

경영부실이 있었고, 이어 심각한 회계 조작이 있었다는 것은 만천하가 아는 일입니다. 그것은 전적으로 비용 절감을 위해 노동자를 해고시키기 위한 구실을 만드는 과정에서 벌어진 사태입니다. 경영의 책임은 시비의 대상도 되지 못하였고, 기업의 부담을 전적으로 노동자들에게 전가시키면서 발생한 문제였습니다. 그저 열심히 일하면서 자신과 가족의 삶을 지키고자 한 노동자들에게는 영문을 알수 없는 날벼락이었습니다. 경영의 부실에도 노동자들은 "함께 살자"며 기업을 살리기 위해 뜻을 모으고, 부당한 구조조정에 저항하였지만 자본과 권력은 이를 무자비하게 짓밟았습니다.

이후 엎치락뒤치락하는 판결과 협의가 있었지만, 해고된 노동자들의 복직은 제대로 이뤄지지 않았습니다. 촛불혁명으로 새 정부에 들어서 기대감이 높아졌지만, 여전히 해결되지 않았습니다. 그 과정에서 지난 6월 29일 김주중 열사의 30번째 죽음, 그 비보가 전해졌습니다.

쌍용자동차 문제가 해결되지 않고서는, 우리 사회에서 노동존중의 사회를 말할 수 없습니다. 아니 지금 정부가 말하는 공정성과 정의, 교과서적 상식으로 통용되는 공정성과 정의 그리고 인권을 결코 말할 수 없습니다. 완전히 기울어진 마당에서 노동자들이 전적으로 일방적인 희생을 강요당한 사태이기 때문입니다. 폭력적으로 인권이 유린된 사태이기 때문입니다. 이 사태가 해결되지 않고는 이 땅에 건강한 윤리적 척도를 세우는 것 자체가 불가능하다는 것을 명심해야 합니다.

그 척도가 무엇입니까? 열심히 일하고 땀을 흘리면 마땅히 자기가 흘린 땀의 결과를 누리며 당당히 삶을 누릴 수 있다는 것 아니겠습니까? 정의는 추상적인 어떤 것이 아닙니다. 바로 그것입니다. 오늘 성서 말씀이 증언하고 있는 것입니다. 그저 열심히 일한 결과가 해고요 죽음이라면 그 사회 자체가 이미 죽음에 이르렀다는 것을 알아야 합니다.

그러나 우리는 그 죽음 가운데서 부활의 희망을 바라고 믿고 있습니다. 죽음, 아니 죽임의 사태가 어떻게 발생하였는지, 그 사태를 야기한 세력들이 얼마나 사악한지를 직시할 때, 우리는 죽음으로 몰아넣는 그 힘을 넘어설 수 있습니다.

본문 말씀이 전하고 있는 파수꾼의 역할처럼, 우리가 믿는 진실과 희망을 끊임없이 환기시켜야 할 것입니다. 하나님을 귀찮게 하고, 세상을 귀찮게 해야 합니다. 우리가 바라는 희망이 이뤄지는 날까지 그렇게 해야 합니다. 더이상 죽음에 굴하지 않고, 모든 사람이 복직되는 날까지, 그뿐 아니라 이 땅 여기저기서 절규하며 너무나도 당연한 노동의 권리를 외치는 노동자들의 평범한 꿈이 이뤄지는 날까지 지치지 않고 나아가는 우리가 되기를 기원합니다.

대한문 앞 쌍용자동차해고자 복직촉구 기도회

2018년 8월 30일

# 잃은 양을 찾아 나서는 마음

누가복음 15:1-7

세리들과 죄인들이 모두 예수의 말씀을 들으려고 그에게 가까이 몰려들었다. 바리새파 사람들과 율법학자들은 투덜거리며 말하였다. "이 사람이 죄인들을 맞아들이고, 그들과 함께 음식을 먹는구나." 그래서 예수께서는 그들에게 이 비유를 말씀하셨다. "너희 가운데서 어떤 사람이 양 백 마리를 가지고 있는데, 그 가운데서 한 마리를 잃으면, 아흔아홉 마리를 들에 두고, 그 잃은 양을 찾을 때까지 찾아다니지 않겠느냐? 찾으면, 기뻐하며 자기 어깨에 메고 집으로 돌아와서, 벗과 이웃 사람을 불러모으고, '나와 함께 기뻐해 주십시오. 잃었던 내 양을 찾았습니다' 하고 말할 것이다. 내가 너희에게 말한다. 이와 같이 하늘에서는, 회개할 필요가 없는 의인 아흔아홉보다, 회개하는 죄인 한 사람을 두고 더 기뻐할 것이다"(누가복음 15:1-7).

본문 말씀은 누가복음의 가장 핵심 요체이자 동시에 예수 그리스도께서 이 땅에 오셔서 하신 일의 핵심 요체를 보여주고 있습니다. '잃어버린 양'의 비유입니다. 매우 간결한 비유에 해당하기 때문에 부연 설명이 필요 없을 정도이지만, 그래도 본문 말씀의 뜻을 새기기 위해 본문 말씀이 전하는 상황을 다시 살펴보겠습니다.

첫 장면은 예수님을 둘러싼 두 부류의 사람을 말하고 있습니다. 먼저 세리들과 죄인들이 예수님의 말씀을 듣기 위해 몰려듭니다. 이들은 예수님의 말씀에서 위로를 얻고 희망을 발견한 사람들입니다. 그런데 또 다른 한편의 사람들이 예수님이 이들을 반가이 맞이하는 것을 보고 수군거립니다. 바리새파 사람들과 율법학자들입니다. 유대의 율법에 충실한 사람들입니다. 이들이 수군거렸다는 것은 그 상황이 마땅치 않았기 때문이었습니다. "이 사람이 죄인들을 맞아들이고, 그들과 함께 음식을 먹는구나!" 유대의 율법으로는 용납할 수 없는 사태였던 것입니다.

그때 예수님께서는 그 바리새파 사람들과 율법학자들을 향하여 비유를 말씀하십니다. 양 백 마리 가지고 있는 사람이 그 가운데서 한 마리를 잃어버리면 아흔아홉 마리를 들에 두고 그 잃어버린 양 한 마리를 찾을 때까지 찾아다니지 않겠느냐 하십니다. 그리고 마침내 그 양을 찾으면 기뻐하면서 어깨에 메고 집으로 돌아와 친구들과 이웃 사람들을 불러 기쁨을 나누지 않겠느냐고 하십니다. 여기서 기쁨을 함께 나눈다는 것은 그저 마음으로 기뻐하는 데 지나지 않는 것이 아니라 잔치를 열며 기쁨을 나눈다는 것을 뜻합니다. 잃었던 양을 되찾은 기쁨이 그렇게 크다는 것을 말합니다.

예수님께서는 그 비유의 말씀 끝에 "이와 같이 하늘에서는, 회개할 필요가 없는 의인 아흔아홉보다, 회개하는 죄인 한 사람을 두고 기뻐할 것이다"라는 말씀을 덧붙입니다. 사실 더 간결한 형태로 동일한 비유를 전하고 있는 마태복음(18:12-14)은, "이와 같이 이 작은 사람들 가운데서 하나라도 망하는 것은, 하늘에 계신 너희 아버지의 뜻이 아니다"라고 전하고 있습니다. 훨씬 비유의 본뜻을 분명하게 집약해주고 있는 말씀입니다.

이렇게 명쾌한 비유의 말씀인데, 무슨 설명이 더 필요할까요? 비유 자체도 간결하고, 그에 덧붙여진 해석 또한 간결하여 큰 어려움 없이 그 뜻을 곧바로 받아들일 수 있습니다. 어째서 목자가 양 아흔아홉 마리를 그냥 두고 단 한 마리를 찾아나서야 했을까요? 그 이유를 우리는 금방 알 수 있지 않습니까?

그렇지만 본문 말씀을 두고 구구하게 말을 덧붙이며 말씀의 뜻을 흐리는 경우들이 있습니다. 목자가 너무 무모하고 어리석지 않으냐 하는 견해가 있을 수도 있습니다. 그 한 마리 양이 특별했기에 찾아 나설 수밖에 없었을 것이라 생각할 수도 있습니다. 또는 100마리를 꼭 채워야 되는데, 한 마리가 빠져서 그 한 마리를 온전히 채우기 위해서는 꼭 찾지 않으면 안 된다고 생각할 수도 있습니다. 가볍게 몇 가지 예를 든 것처럼 보일지 모르지만, 실제로 그런 방식으로 진지하게 생각하는 사람들도 있습니다.

과연 그럴까요? 이 말씀이 그와 같은 공리주의적 원칙을 일깨워주는 말씀이 아니라는 건 금방 알 수 있지 않습니까? 지금 위기에 처해 있는 그 한 마리 양이 소중하다는 것을 일깨우는 것이지 다른 어떤 것을 말하는 것이 아닙니다. 지금 잃어버린 그 양을 찾는 일이 급하다는 이야기입니다.

한국인에게는 본인 자신으로서보다는 그 제자로 인해 더 잘 알려진 선사가 있습니다. 한국의 불교를 세계 널리 전파한 숭산 스님입니다. 그 제자가『만행, 하바드에서 화계사까지』의 저자 현각 스님입니다. 숭산은 23살의 나이에 견성하여 화계사 주지를 거쳐, '정신적으로 방황하는 서구의 젊은이들을 구제하겠다'는 뜻으로 46세에 미국에 건너가 포교활동을 펼쳤습니다. 처음 영어 한마디 못하는 처지에서 뉴욕 할렘가에 방을 얻어놓고 포교 활동을 시작했는데, 오늘날 세계 30여 개국에 그의 가르침을 따르는 130여 개의 선원이 생겼습니다. 미국에서 포교 활동을 할 때 어느 날 한 제자가 그에게 물었습니다. "왜 미국에 와서 포교하십니까?" 이 물음에 숭산이 답합니다. "바로 너 때문이다." 한 사람의 영혼이 지니는 무게, 한 영혼의 소중함을 그 한마디로 답했는데, 그 원조 격에 해당하는 것이 오늘 본문 말씀의 예수님의 비유입니다.

그런데 이 명쾌한 비유의 초점을 흐려 그 본뜻을 곡해하는 것보다 더 큰 문제는 이 간결한 말씀의 의미를 아예 외면하는 교회의 사태입니다. 이미 앞서 확인했지만, 본문 말씀은 핵심이 무엇입니까? 의인 아흔아홉보다 죄인 한 사람을 용납하는 것이 하나님의 마음이라는 것입니다. 작은 사람 하나라도 망하는 것은 하나님의 뜻이 아니라는 것입니다. 이것은 비단 본문 말씀의 핵심 요체일 뿐 아니라 예수님의 말씀과 활동의 핵심 요체입니다.

그 입장에서 죄인들과 세리들을 맞아들이고 그들과 함께 음식을 먹는 것을 보고 수군대고 비아냥거린 사람들이 누구입니까? 바리새파 사람들과 율법학자들이었습니다. 예수님 당대 이들은 어떻게 생각했을까요? 본문 말씀과는 정반대로 생각했습니다. 불신앙의 사람들이 몰락하는 것을 보고 하나님이 기뻐하신다고 생각했습니다. 따라서 이들은 율법에 어긋나는 사람을 정죄하는 것이 하나님의 뜻을 이루는 것으로 생각했습니다. 예수님께서는 바로 그들의 잘못된 생각에 대해 정면으로 반박하며 오늘 비유의 말씀을 선포하신 것입니다.

그런데도 그 말씀을 외면하고 다른 사람을 정죄하는 것을 자신의 본분으로 착각하는 사람들이 많습니다. 통탄스러운 일은 다수의 교회와 기독교인이 그 행동의 표본이 되고 있다는 것입니다.

우리 사회에서는 2007, 2010, 2012년 총 3차례에 걸쳐 차별금지법의 입법이 시도되었지만 아직까지 실현되지 않았습니다. 그 법안이 차별해서는 안 되는 조건으로 제시한 "성별, 장애, 병력病歷, 나이, 출신 국가, 출신 민족, 인종, 피부색, 언어, 출신 지역, 용모 등 신체조건, 혼인 여부, 임신 또는 출산, 가족 형태 및 가족 상황, 종교, 사상 또는 정치적 의견, 범죄 전력 및 보호처분, 성적性的 지향, 학력, 사회적 신분" 가운데서, '성적 지향'에 관한 항목이 동성애를 부추길 것이라는 보수 기독교계의 반발이 그 법의 제정을 막는 가장 결정적인 요인입니다.

또 하나 어처구니없는 사태가 있는데, 2017년 6월 15일 대한예수교장로회총회(합동) 이단대책위원회는 한국기독교장로회 섬돌향린교회 담임목사에게 '이단사상 조사연구에 대한 자료요청의 건'

이라는 '무도한' 공문을 발송하였습니다. 무엇 때문일까요? 우리 사회에서 그리고 교회로서는 드물게 우리 사회의 성적 소수자를 감싸 안고 그들의 인권을 위한 활동을 펼치고 있기 때문입니다. 특정 교단 총회가 자신들과 다른 교단의 총회 소속 교회를 두고 이단 왈가왈부 하는 것이 맞느냐는 문제도 있지만, 성적 소수자들의 인권 옹호를 위한 활동이 이단 정죄의 대상이 되는 것이 과연 가당키나 할까요?

우선 과학적 의학적 견해에 따르면 이렇습니다. 1973년 미국정신의학회는 정신과 진단의 표준을 제시하는 정신장애 진단 및 통계 편람에서 동성애를 정신과 진단명에서 삭제하기로 결정하였습니다.

> 동성애가 그 자체로 판단력, 안정성, 신뢰성, 또는 직업 능력에 결함이 있음을 의미하지 않으므로, 미국정신의학회는 고용, 주택, 공공장소, 자격증 등에서 동성애자에 대해 행해지는 모든 공적 및 사적 차별에 개탄하며, 그러한 판단력, 능력, 신뢰성을 입증해야 하는 부담을 다른 사람들에 비해 동성애자에게 더 많이 지워서는 안 된다고 선언하는 결의안을 채택한다.

이와 같은 의학적 결정에도 불구하고 동성애가 질병이라는 주장이 계속되자 2016년 3월 세계정신의학회는 동성애가 질병이 아니라는 입장을 재삼 밝혔습니다.

> 사회적 낙인과 차별을 영속시킨 불행한 역사에도 불구하고, 현대 의학이 동성을 대상으로 한 성적 지향과 행동을 병리화하는 것을 그만둔 지는

이미 수십 년이 지났다. 세계보건기구는 동성을 대상으로 한 성적 지향을 인간 섹슈얼리티의 정상적인 형태로 인정하고 있다. 유엔인권이사회는 레즈비언, 게이, 바이섹슈얼, 트렌스젠더의 인권을 존중한다. 두 주요 진단 및 분류 체계에서는 동성에 대한 성적 지향, 끌림, 행동 그리고 성별 정체성이 병리 현상이라고 보지 않는다.

많은 사람의 불편함과 거부감에도 특정한 성적 지향이 과학적·의학적으로 병리 현상이 아니라는 것이 오늘날 상식이 되고 있습니다. 그런데 많은 기독교인이 성서가 이를 금지하고 있다는 이유로 성적 소수자에 대한 차별과 정죄를 정당화하고 있습니다. 그것이 과연 정당할까요?

그것을 정당화하는 근거가 되는 것으로 간주되는 성서 본문들이 있지만, 결론적으로 말해 성서가 확고하게 동성애를 정죄하고 있다고 보기는 어렵습니다. 특별히 예언자나 예수님에게서는 동성애를 정죄하는 말을 단 한마디도 없습니다. 동성애를 문제시하고 있는 것으로 보이는 구절이 있는 것은 사실입니다(레위기, 로마서, 고린도전서). 하지만 그것은 오늘날 과학적·의학적 상식이 없는 상태에서의 일종의 편견을 반영하는 것일 뿐이며, 그나마 언급된 그 문맥들을 볼 때 특정한 성적 지향을 정죄하려는 목적을 지닌 경우는 없습니다. 결국 전반적인 문맥과 당대의 상황을 고려해 해석해야 하고(다른 규정은 배제하면서 유독 그것만 문제시하는 것은 성서해석의 오류), 또한 오늘의 보편적인 윤리관에 비추어 판단하는 것이 옳다는 것이 결론입니다.

프란치스코 교황도 이렇게 말했습니다. "누군가 동성애자로서 신실한 마음으로 주님을 찾는다면 어찌 정죄할 수 있겠습니까?" 분명히 낯선 것은 불편할 수 있습니다. 그러나 그것이 곧바로 정죄의 대상이 되는 것은 아닙니다. 더욱이 성서를 근거로 하여 정죄하는 것은 있어서는 안 됩니다.

그렇지만 여전히 완고하게 동성애에 대해 정죄하는 교회와 기독교인의 입장을 어떻게 이해해야 할까요? 타자를 정죄함으로써 자신의 존재감과 정체성을 드러내고자 하는 은밀한 욕망의 발로라고 이야기하지 않을 수 없습니다. 또는 또 다른 정치적 목적 때문에 그 문제를 이용하는 경우도 있습니다. 이른바 성소수자 축제가 서울시청광장에서 열린 것은 2000년부터였는데, 반대시위가 열린 것은 2014년부터였습니다. 이 반대 시위에 참여한 한 목사는 이렇게 실토하였다고 합니다. "우리가 동성애 때문에 이러는 게 아니야. 박원순 때문이지"(「한겨레신문」 2017. 6. 29. 29면 참조). 이 문제로 다른 모든 정책을 매몰시켜버리는 효과를 노리고 있다는 뜻입니다. 대통령 후보 토론 과정에서의 해프닝도 이런 성격을 지니고 있습니다. 또 다른 이유도 있습니다. 그 문제로 자신들이 안고 있는 더 심각한 성적 문제를 덮어버리는 효과를 노리기도 합니다. 앞서 말한 예 가운데서 성적 소수자 인권을 위해 활동하는 교회와 목회자를 이단시하는 그 교단 안에는 성적 스캔들로 물의를 일으킨 경우가 알려진 것만으로도 많지만, 제대로 치리한 경우는 없습니다. 아직도 여성 안수를 허용하지 않는 그 교단에서는 내년부터 신학교에 여학생을 받지 않겠다고 하는 소문도 들립니다.

하나의 예입니다만, 잃어버린 양을 안타까운 마음으로 찾아나서는 태도가 아니라 잃어버린 것을 오히려 반기는 태도를 환기시켜주는 사례입니다. 특정한 하나의 대상에만 관련된 태도가 아닙니다. 누군가를 배제하고 정죄하는 태도는 끊임없는 연쇄 고리를 형성해 칭칭 감기고 얽힌 그물망을 만듭니다. 그로 인해 허다한 사람들이 고통을 겪습니다. 예수님께서 본문 말씀에서 바리새파 사람들과 율법학자들의 태도를 문제시한 것이 바로 그 때문입니다.

의인 아흔아홉보다 죄인 한 사람을 용납하는 것이 하나님의 마음이라는 것, 작은 사람 하나라도 망하는 것은 하나님의 뜻이 아니라는 것, 그것이 예수님의 가르침의 핵심이요, 그리스도교 신앙의 정수입니다.

오늘 우리는 일년의 절반을 마감하고 새로운 절반을 맞이하는 맥추감사절을 맞이하였습니다. 우리는 지난 시간 어떤 열매를 거둬들였습니까? 앞으로 맞이하는 시간 가운데서 또한 어떤 열매를 거두기를 원합니까? 오늘 말씀이 튼실한 열매인지 아닌지를 판가름하는 푯대가 되기를 기원합니다. 그래서 이 교회의 품 안에서 모두가 자유함을 얻고 구원의 희망을 바라는 놀라운 역사가 이뤄지기를 기원합니다.

2017년 7월 2일

# 처음 온 사람이나 나중 온 사람이나

마태복음 20:1-16

❦

"하늘 나라는 자기 포도원에서 일할 일꾼을 고용하려고 이른 아침에 집을 나
선 어떤 포도원 주인과 같다. 그는 품삯을 하루에 한 데나리온으로 일꾼들과
합의하고, 그들을 자기 포도원으로 보냈다. 그리고서 아홉 시쯤에 나가서 보
니, 사람들이 장터에 빈둥거리며 서 있었다. 그는 그들에게 말하기를 '여러분
도 포도원에 가서 일을 하시오. 적당한 품삯을 주겠소' 하였다. 그래서 그들이
일을 하러 떠났다. 주인이 다시 열두 시와 오후 세 시쯤에 나가서 그렇게 하였
다. 오후 다섯 시쯤에 주인이 또 나가 보니, 아직도 빈둥거리고 있는 사람들이
있어서, 그들에게 '왜 당신들은 온종일 이렇게 하는 일 없이 빈둥거리고 있
소?' 하고 물었다. 그들이 그에게 대답하기를 '아무도 우리에게 일을 시켜주지
않아서, 이러고 있습니다' 하였다. 그래서 그는 '당신들도 포도원에 가서 일을
하시오' 하고 말하였다. (저녁이 되니, 포도원 주인이 자기 관리인에게 말하기
를 '일꾼들을 불러, 맨 나중에 온 사람들부터 시작하여, 맨 먼저 온 사람들에게
까지, 품삯을 치르시오' 하였다. 오후 다섯 시쯤부터 일을 한 일꾼들이 와서,
한 데나리온씩을 받았다. 그런데 맨 처음에 와서 일을 한 사람들은, 은근히
좀 더 받으려니 하고 생각하였는데, 그들도 한 데나리온씩을 받았다. 그들은

받고 나서, 주인에게 투덜거리며 말하였다. '마지막에 온 이 사람들은 한 시간 밖에 일하지 않았는데도, 찌는 더위 속에서 온종일 수고한 우리와 똑같이 대우하였습니다.' 그러자 주인이 그들 가운데 한 사람에게 말하기를 '이보시오, 나는 당신을 부당하게 대한 것이 아니오. 당신은 나와 한 데나리온으로 합의하지 않았소? 당신의 품삯이나 받아 가지고 돌아가시오. 당신에게 주는 것과 꼭 같이 이 마지막 사람에게 주는 것이 내 뜻이오. 내 것을 가지고 내 뜻대로 할 수 없다는 말이오? 내가 후하기 때문에, 그것이 당신 눈에 거슬리오?' 하였다. 이와 같이 꼴찌들이 첫째가 되고, 첫째들이 꼴찌가 될 것이다"(마태복음 20:1-16).

본문 말씀은 성서 가운데서 아주 널리 알려진 이야기입니다. 포도원 일꾼 이야기로 잘 알려 있습니다. 예수님께서 하늘나라의 비유로 전하고 있는 이 이야기는, 한 포도원 주인이 일꾼들을 찾아 그들에게 일거리를 주고 또 필요한 삯을 주는 이야기입니다. 이 이야기는 오늘날 노동 사회에서 발생하는 문제들에 대해 어떤 해법이 가능한지 중요한 통찰을 주고 있는 이야기이기도 합니다.

포도원 주인은 이른 아침 일꾼들을 불러다 한 데나리온을 주기로 하고 데려다 씁니다. 포도원 주인이 약속한 한 데나리온은 당시 하루 최저생계비였고, 당시 율법(레위 19:13; 신명 24:15)에 따라 노동자들이 굶지 않도록 하기 위해 그 임금은 꼭 그날 저녁에 지급하게 되어 있었습니다.

그런데 이 포도원 주인은 이른 아침에 품꾼들을 데려다 쓰는 것으로 그치지 않고 또 장터에 나가 사람들을 데려다 씁니다. 오늘 실

업과 불안정한 노동의 현상이 심각합니다만, 예수님 당시 사회에서
도 생계수단을 갖추지 못한 가난한 민중들이 제대로 된 일자리를
갖지 못한 경우가 많았습니다. 이 포도원 주인은 이른 아침 외에도
네 차례나 더 품꾼들을 데려다 일을 시킵니다.

일하고 싶어도 일할 수 없는 사람들에게 일자리를 제공해 주고
있는 이 포도원 주인의 행위는, 오늘의 상황에 비추어보더라도 확
실히 의로운 일에 해당합니다. 일자리를 잃은 사람에게 실업수당을
주는 것도 중요하지만, 일할 수 있는 사람들에 대한 최대의 배려,
최대의 복지는 안정적인 일자리를 주는 것 아니겠습니까?

그런데 이 주인이 일꾼들에게 품삯을 줄 때 문제가 발생합니다.
저녁때가 되어 품삯을 지급하는데, 늦게 온 사람부터 동일하게 지
급합니다. 아마도 임금의 투명성을 보여주기 위한 의도인 것 같습
니다. 맨 먼저 온 사람들부터 하나씩 품삯을 받고 돌아가면 나중에
온 사람들이 얼마나 받는지 알 수 없고, 따라서 적게 주든 똑같이
주든 먼저 온 사람들의 불만을 살 일도 없었을 것입니다. 그런데 뒤
에 온 사람부터 품삯을 주니까 앞에 온 사람들도 그 내역을 알고 당
연히 먼저 온 자기들이 더 많이 받을 것이라고 기대했던 데서 벗어
나자 문제가 되었습니다. 일한 시간만큼 받아야 한다는 것이 당시
사람들의 상식이요 오늘 역시 우리의 상식입니다. 그런데 이 주인
이 그 상식을 엎어버렸습니다. 주인은 이의를 제기하는 일꾼에게
"당신에게 주는 것과 꼭 같이 이 마지막 사람에게 주는 것이 내 뜻이
오" 소위 상식에 비추어 볼 때 주인의 임금지급 방식은 공정하지 못
한 처사로 보입니다.

그런데 바로 여기에 바로 성서가 말하는 하나님 정의의 요체가 있습니다. 예수님께서 처음 비유를 꺼낼 때 하늘나라는 이 포도원 주인과 같다고 말했습니다. 그 주인의 의중에 하늘나라의 뜻이 담겨 있다는 이야기입니다. 그렇다면 어떤 의미에서 그 뜻이 하늘나라의 정의, 곧 하나님 나라의 정의를 함축하고 있을까요?

가장 일반적 의미에서 정의는 각자에게 정당한 몫을 주는 것을 뜻합니다. 여기에서 가장 일반적인 정의의 원칙이 확립되는데, 그것은 기여에 따른 분배의 원칙입니다. 업적에 따른 분배의 원칙입니다. 물론 그 원칙이 확고하다 해도 문제가 다 해결되는 것은 아닙니다. 그 기여를 일률적 기준으로 평가할 수 없기 때문입니다. 예컨대 자본을 투자한 기업가와 노동력을 제공한 노동자의 몫은 자본과 노동으로 나뉘는데 투자된 자본과 투여된 노동은 동일한 기준으로 평가될 수 없습니다. 오늘 우리가 사는 자본주의 사회에서는 자본에 우선권을 부여하고 있지만 자본 그 자체가 가치를 생산하는 것이 아니고 오로지 가치를 생산하는 것은 노동이기 때문에 노동에 우위를 부여해야 한다는 견해가 오히려 상식적입니다. 그 양자의 균형을 맞추자는 것이 오늘날 이야기되는 '경제민주화'의 핵심입니다.

어쨌든 돈이든 노동이든 기여한 몫에 따라 나눈다는 것이 일반적 정의의 요체로 받아들여져 왔습니다. 이른바 비례적 정의론입니다. 그 원칙만 잘 지켜져도 사회는 제법 정의로워질 수 있습니다.

그런데 성서의 이야기는 그와 같은 비례적 정의와는 전혀 다른 '이상한' 정의를 내세우고 있습니다. 돈을 가진 주인이 자기 마음대로 한 데 요체가 있는
것이 아닙니다. 이 이
야기에서 주인은 기여
와 업적에 상관없이,
다시 말해 노동시간에
상관없이 일꾼들에게
똑같은 임금을 지급합
니다. 그 한 데나리온
은 당시 노동자들이 하
루를 살아갈 수 있는
최저생계비에 해당합
니다. 주인은 노동시간

에 상관없이 모든 일꾼에게 최저생계비에 해당하는 만큼 공평하게
임금을 지급한 것입니다.

　이 이야기는 단순히 주어진 물질을 어떻게 나눌 것이냐 하는, 이
른바 경제적 원칙으로만 환원될 수 없는 인간관을 함축하고 있습니
다. 업적에 상관없이 살아가는 데 필요한 최저생계비를 보장한다는
것은, 인간은 누구나 업적에 상관없이 존엄한 존재로서 품위를 유
지하며 살아갈 권리가 있다는 것을 인정하는 것입니다. 그것이 곧
하나님 정의의 요체입니다. 그 어떤 인간적 업적 여하에 따라 인간
의 삶에 차등이 발생해서는 안 된다는 것이 성서적 정의, 곧 하나님
정의의 요체입니다.

　사람마다 능력의 차이가 있을 수 있고, 또 사람들 사이에서 기회

의 불균등이 있을 수 있습니다. 그러나 사람이 기본적으로 누려야 할 것에는 차별이 없어야 한다는 것이 이 포도원 주인이 제시하고 있는 정의의 요체입니다. 이것이 곧 하나님의 나라라고 예수님께서는 가르쳐 주셨습니다.

오늘 성서 이야기는 거기에 그치지 않고 묘한 여운을 남기는 교훈으로 끝을 맺습니다. "이와 같이, 꼴찌들이 첫째가 되고 첫째들이 꼴찌가 될 것이다" 언뜻 보면 '늦게 온 사람도 똑같이 필요한 임금을 받을 수 있다', 단순히 이 사실을 옹호하고 있는 듯한 인상을 주지만, 사실은 그보다 더 깊은 의도를 지니고 있습니다. 이 말씀은 사람들 사이의 근본적인 관계의 변화를 말하고 있습니다. 꼴찌가 첫째가 되고 첫째가 꼴찌가 되는 현실은, 먼저 온 사람이나 나중 온 사람이나 모두 동등하게 되는 현실을 말합니다. 통상적으로 기득권에 따라 당연히 더 많은 것을 기대했던 사람들에게 그 통념이 무너지는 것을 경험하게 함으로써, 이 이야기는 그 진실을 더욱 극적으로 강조합니다. 단순한 역전을 말하는 것이 아니라 어떤 조건의 차이에도 불구하고 동일하게 일용할 양식을 누리며 스스로의 존엄성을 지키는 삶을 가능하게 하는 인간적 관계, 사회적 관계를 이 이야기는 말하고 있습니다. 정규직과 비정규직의 차이가 무의미해진다는 이야기입니다.

"꼴찌들이 첫째가 되고, 첫째들이 꼴찌가 될 것이다" 이 말씀의 뜻은 직선의 대열을 그리며 생각해서는 안 됩니다. 곡선의 대열, 또는 원형의 대열을 생각할 때 제대로 이해할 수 있습니다. 앞서기 위해 달리는 대열이 아니라, 앞서고 뒤서는 개념 없이 함께 춤을 추는 대열을 생각해야 합니다. 춤추는 대열에서는 첫째와 꼴찌가 아무 의미가 없습니다. 함께 춤추는 대열만 있을 뿐입니다. 그러니까 결국 앞서고 뒤서는 관계에만 익숙해져 있는 사람들에게 그와 같은 대열과는 전혀 다른 대열로서 삶의 질서를 일깨워주는 말씀입니다. 그것은 진정한 의미에서 가치의 전도를 말합니다. 그런 의미에서 성서는 매우 급진적인 가르침을 전해주고 있습니다.

한국 사회는 촛불혁명으로 새로운 희망을 안게 되었습니다. 촛불을 함께 들었던 모두의 마음은 단지 정치 권력을 바꾸는 것에 그치지 않고 저마다의 삶을 바꾸고자 하는 희망으로 가득했습니다. 거리의 시민과 일터의 노동자들이 분리되었던 1987년 항쟁과 달리 평범한 시민과 노동자들이 광장에서 하나가 된 촛불항쟁은 그 간절한 희망의 발로였습니다. 아마도 오늘 성서 이야기가 전하고자 하는 그 뜻과 다르지 않은 희망일 것입니다.

그러나 그 희망과 기대에도 불구하고 땀 흘려 일하는 평범한 사람들의 삶의 현실은 여전히 팍팍합니다. 지난해 수출 규모로만 보면 세계 6위에 이른 경제대국 한국에서 그 주역인 노동자들의 상황은 최악입니다.

부끄럽게도 한국 사회는 아직도 노동자의 기본권리가 정당하게 보장되고 있지 않습니다. 노동조합 조직률은 10.3%로 낮은 상태이고, 곳곳의 사업장에서 노사 간 협의는 결렬을 겪고 노동자들이 길거리로 고공으로 나서 절규할 수밖에 없는 현실입니다. 노동자들의 존엄성을 지킬 수 있는 마지막 선택으로서 단체행동 또한 처벌의 대상이 되어 극도로 제한되어 있습니다. 산업재해 또한 빈발하여 매년 세월호 희생자 6배에 달하는 노동자들이 산재로 하나뿐인 목숨을 잃고 있습니다. 그나마 일하는 노동자들의 절반에 이르는 이들이 비정규직의 굴레에 매여 불안정한 고용 상태에 처해 있고 극심한 임금차별로 최저생계비도 보장받지 못해 생활고를 겪고 있습니다.

촛불항쟁으로 탄생한 새 정부가 일자리 대책을 최우선 과제로 삼고 비정규직의 정규직화와 최저임금의 인상을 추진하고 있지만, 지금 그 취지가 무색해지는 사태들이 벌어지고 있습니다. 비정규직의 정규직화는 공공부문에서 보여지는 바와 같이 예외의 대상이 남발되고 있는가 하면 변형된 형태의 정규직화로 이른바 '중규직화'라는 사태가 야기되고 있습니다. 또 다른 한편 정규직의 반발로 비정규직의 정규직화 자체가 난항을 겪고 있는 경우들이 많습니다. 최저임금의 인상 역시 난관에 봉착해 있습니다. 최저임금 산입범위를 둘러싼 사회적 논란은 아직 해결되지 않은 과제로 남아 있으며, 여전히 최저생계비를 보장받지 못한 노동자들의 생활고는 지속되고 있습니다.

일하는 노동자들이 자신의 정당한 권리를 주장할 수 없을 뿐 아니라 대다수 노동자가 갖가지 이유로 생활고를 겪고 있는 현실을 타개할 수 있는 사회적 합의에 기초한 정책과 제도가 지금 절실히 요청되고 있습니다.

문명국가의 기본 규범이자 동시에 국제사회의 공통규범으로서 노동삼권은 완전하게 보장되어야 합니다. 노동자는 자신의 정당한 권리를 주장하는 행위로 그 어떤 불이익도 겪어서는 안 되며 노동자의 인간으로서 존엄성과 생활인으로서 삶의 향유 권리를 보장받아야 합니다.

그 기본권이 보장되는 바탕 위에서 당면한 과제로서 비정규직화의 정규직화, 최저임금의 인상 정책 역시 해법을 찾아야 할 것입니다. 상시지속적인 업무에 대해서는 예외없이 정규직화해야 한다는 원칙이 지켜지는 가운데 그 현실적 해법이 모색되어야 합니다. 자발적인 선택을 포함하여 불가피하게 발생하는 비정규직을 용인한다 해도 어떤 경우이든 동일노동 동일임금의 원칙이 지켜지는 가운데 고용과 근무의 형태가 차별의 요인이 되는 사태를 허용하지 말아야 합니다.

나아가 사회적 정의와 공정성의 기준을 합의할 수 있는 각계의 노력이 절실히 요청됩니다. 지금까지 우리 사회에서는 광범위하게 비자발적인 비정규직의 형태를 허용해 온 까닭에 제한된 상시 정규직이 일종의 특권으로 인식되어 온 현실을 직시할 필요가 있습니다. 지금 논란이 되는 공정성의 문제는 사실상 그 특권체제를 상식적인 것으로 용인하는 전제에서 비롯되고 있습니다. 따라서 그 정규직을 보장하는 절차만이 유일한 공정성의 기준이 될 수 없다는 사회적 인식을 높이고 다양한 공정성의 기준을 모색하는 노력이 필요합니다. 여기서 사회적 약자들에게 충분한 기회가 허용되고 결과적으로 인간으로서 존엄한 삶을 보장받도록 하는 절차에 대한 합의가 사회적으로 이뤄져야 합니다.

우리는 우리 사회가 파국에 이르지 않기를 바랍니다. 촛불의 염원을 담아 온전한 민주주의를 이루기를 바랍니다. 민주주의는 다양한 사회적 소수자들과 약자들이 마땅히 저마다의 삶의 권리를 온전히 보장받는 데서 이뤄집니다.

오늘 우리 사회에서 노동자들의 권리를 보장하는 것은 사회적 구성원으로서 다수를 이루고 있음에도 불구하고 그 권리의 행사 차원에서 약자로 전락한 평범한 이들의 정당한 권리를 인정하는 것을 뜻합니다. 너무나 평범하고 지당한 그 기대와 요구가 상식이 되는 사회, 이로부터 우리는 진정한 민주주의가 꽃피울 것이라 믿습니다.

그리스도의 삶과 고난의 의미를 새기며 그 뜻을 이 땅에 실현하고자 하는 우리 그리스도인과 교회는, 일하는 노동자들이 정당한 삶의 권리를 보장받고 여러 사회적 소수자와 약자들이 저마다의 마땅한 삶을 누리는 것이 곧 하나님 나라에 다가서는 것임을 믿습니다. 함께 나아가는 그 길에서 좌절하지 않고, 용기를 내어 달려 나갈 수 있기를 기원합니다.

광화문 비정규직노동자들과 함께하는 사순절 집중기도회

2018년 2월 22일

# 복음의 진실, 차별 없는 세계

사도행전 10:27-36

&&&

그리고 베드로는 고넬료와 말하면서 집 안으로 들어가서, 많은 사람이 모여 있는 것을 보고, 그들에게 말하였다. "유대 사람으로서 이방 사람과 사귀거나 가까이하는 일이 불법이라는 것은 여러분도 아십니다. 그런데 하나님께서는 나에게, 사람을 속되다거나 부정하다거나 하지 말라고 지시하셨습니다. 그래서 여러분이 나를 부르러 사람들을 보냈을 때에 반대하지 않고 왔습니다. 그런데 묻고 싶은 것이 있습니다. 무슨 일로 나를 오라고 하셨습니까?" 고넬료가 대답하였다. "나흘 전 이맘때쯤에, 내가 집에서 오후 세 시에 드리는 기도를 하고 있었습니다. 그런데 갑자기 어떤 사람이 눈부신 옷을 입고, 내 앞에 서서 말하기를 '고넬료야, 하나님께서 네 기도를 들으시고, 네 자선 행위를 기억하고 계신다. 욥바로 사람을 보내어, 베드로라고도 하는 시몬을 불러오너라. 그는 바닷가에 있는 무두장이 시몬의 집에 묵고 있다' 하였습니다. 그래서 나는 곧 당신에게 사람을 보냈던 것입니다. 그런데 이렇게 와 주시니, 고맙습니다. 지금 우리는 주님께서 당신에게 지시하신 모든 말씀을 들으려고, 다같이 하나님 앞에 모여 있습니다." 베드로가 입을 열어 말하였다. "나는 참으로, 하나님께서는 사람을 외모로 가리지 아니하시는 분이시고, 하나님을 두려워

본문 말씀은 베드로가 처음으로 이방선교를 하게 된 사건을 전하고 있습니다. 유대 민족에게서 이방인들의 세계로 복음이 전해진 사건, 그 사건은 그저 복음의 지평이 확장된 것에 그치는 것이 아닙니다. 그것은 그리스도의 복음이 어째서 만민에게 구원의 기쁜 소식이 되는지를 알려주는 사건이요, 따라서 그리스도교의 본질이 무엇인지를 드러내는 결정적인 사건입니다. 10장 전체가 이 사건을 전하고 있는데, 본문 말씀은 그 일련의 이야기 가운데 한 대목입니다.

이 이야기는 경건한 사람으로 하나님을 경외하는 이방인 고넬료의 환상과 이에 상응하는 베드로의 환상이 마주치는 가운데 두 사람이 직접 만남으로써 그리스도의 복음이 구현되는 극적인 사건을 전하고 있습니다.

사도행전 10장 서두는 먼저 고넬료의 이야기를 전하고 있습니다. 고넬료는 가이샤라에 주둔하고 있는 로마군 이탈리아부대의 백인대장이었습니다. 로마 시민권을 가지고 있는 사람들로 구성된 군대의 한 장교였다는 것을 뜻합니다. 사실 이 이야기부터가 사건의 극적인 성격을 이미 예고하고 있습니다. 그리스도의 평화와는 다른 로마의 평화는 그 군대에 의해 지탱되는 것이었습니다. 바로 그 군대의 중요한 일원이 그리스도의 복음을 만나게 되는 극적인 사건을 본문 말씀은 예고하고 있습니다.

그는 아직 그리스도를 모릅니다. 그는 경건한 사람으로, 하나님을 두려워하고 유대 백성에게 자선을 베풀며, 늘 하나님께 기도하는 사람이었습니다. '하나님을 경외하는 사람'은 유대인도 아니요, 또한 유대교로 개종한 사람도 아니지만, 유대교 회당을 거점으로 하는 유대인 공동체에 연대하는 사람들을 뜻합니다. 재래의 종교를 따르는 대신 유대인들의 신앙에 호감을 갖고 연대하는 사람들입니다. 그들은 아직 그리스도인이 아닙니다.

그러한 고넬료에게 환상이 보입니다. 천사가 나타나 욥바의 무두장이 시몬의 집에 머물고 있는 베드로를 찾아가 그를 데려오라고 합니다. 가이샤라에서 욥바는 대략 50Km로 하루쯤 걸리는 거리인 셈입니다. 오후에 출발한다면 다음 날 오전에 도착할 수 있는 거리입니다. 고넬료는 하인 두 사람과 경건한 병사 한 사람을 보냅니다. 이 경건한 병사는 아마도 자신과 같은 성향으로 믿을 만한 사람이었을 것입니다.

고넬료가 보낸 사람들이 욥바 가까이 이르렀을 때 베드로가 환상을 봅니다. 기도하려 하였지만 시장한 터에 환상을 봅니다. 하늘이 열리고 큰 보자기와 같은 그릇이 끈이 달려 내려오고 그 안에는 온갖 네 발 달린 짐승과 땅을 기어 다니는 짐승과 날짐승들이 들어 있었습니다. 그와 동시에 한 음성이 들려왔습니다. "베드로야, 일어나서 잡아먹어라." 경건한 유대인이었던 베드로는 유대 전통에서 부정한 것들로 간주하는 것을 먹을 수가 없었습니다. "절대로 그럴 수 없습니다. 저는 부정하고 속된 것을 한 번도 먹은 일이 없습니다" 하고 대답합니다. 다시 음성이 들렸습니다. "하나님께서 깨끗하게 하신 것을 속되다고 하지 말아라." 이런 대화가 세 차례나 오고 간 뒤에 그 그릇은 하늘로 올라갔습니다.

그 그릇에 구체적으로 어떠한 짐승들이 들어 있었는지는 알 수 없습니다. 하지만 베드로가 완강히 거부한 것으로 보아 아마도 경건한 유대인들로서는 입에 댈 수 없는 짐승들이 함께 들어 있었을 것입니다. 묘한 일이었습니다. 베드로는 자기가 본 환상이 대체 무슨 뜻일까 하면서 어리둥절하고 있었습니다. 그때 마침 로마군대의 장교 고넬료가 보낸 사람이 찾아와 베드로를 초대했습니다. 베드로는 자기를 초대하러 온 이들을 맞아들여 하룻밤을 잔 후 다음 날 함께 가이사랴로 떠납니다.

가이사랴의 고넬료는 사람들을 불러놓고 베드로를 정중히 맞이합니다. 26절을 보면 흥미로운 장면이 등장하는데, 고넬료가 엎드려 절하며 베드로를 맞이하는 장면입니다. 우리에게는 익숙한 장면일 수 있지만, 고넬료의 그 행위는 신적인 존재를 맞이하는 그들의 관례였습니다. 그러자 깜짝 놀란 베드로가 "일어나십시오. 나도 역시 사람입니다"라며 그를 일으켜 세웁니다.

그리고 본문 말씀이 이어집니다. 고넬료의 일행을 만난 베드로는 말문을 엽니다. "유대 사람으로서 이방 사람과 사귀거나 가까이 하는 일이 불법이라는 것은, 여러분도 아십니다. 그런데 하나님께서는 나에게, 사람을 속되다거나 부정하다거나 하지 말라고 지시하셨습니다. 그래서 여러분이 나를 부르러 사람들을 보냈을 때에 거절하지 않고 따라왔습니다. 그런데 묻고 싶은 것이 있습니다. 무슨 일로 나를 오라고 하셨습니까?"

이 물음 자체에 이미 극적인 사건의 진실이 모두 함축되어 있습니다. 유대 사람이 이방 사람을 상종하는 것이 율법에 어긋나지만, 하나님께서는 사람을 속되다 하거나 부정하다 하지 말라고 지시하셨다는 것입니다. 그래서 자신을 부르러 온 사람들이 이방 사람들이라는 것을 알고 있었지만 왔다고 합니다.

그런데 무슨 일로 자신을 불렀느냐는 물음은 도대체 이 일이 어떻게 벌어지게 된 것인지를 확인하는 절차로서 의미를 지닌 것입니다. 고넬료의 대답이 무엇입니까? 기도중 환상을 보았다는 것입니다. 하나님께서 명하셨다는 것입니다. 이방인과 유대인의 경계를 무너뜨린 것, 사람이 다른 사람을 정죄하고 부정하는 것 자체를 부정하는 것, 그것이 곧 하나님의 뜻이라는 것을 확인해 줍니다.

베드로가 선포합니다. 고넬료의 집에 모인 사람들 앞에서 그 일이 어떻게 가능하게 되었는지를 본격적으로 설파합니다. "나는 참으로, 하나님께서는 사람을 외모로 가리지 않는 분이시고, 그분을 두려워하며 의를 행하는 사람은, 그 사람이 어느 민족에 속해 있든지, 다 받아 주신다는 것을 깨달았습니다. 하나님께서는 이스라엘 자손에게 말씀을 보내셨는데, 곧 예수 그리스도를 통하여 평화를 전하셨습니다. 예수 그리스도는 만민의 주님이십니다." 말씀은 계속 이어집니다. 예수 그리스도의 삶과 죽음은, 바로 그 극적인 사건을 보여주었습니다. 이어지는 말씀은 그 내용을 설명하는 것입니다. 그리스도의 복음은 추상적인 어떤 구원의 문제가 아니라 인간의 삶에 그와 같이 놀라운 변화를 일으키는 사건이라는 것을 말합니다.

우리는 이 말씀과 똑같은 예수 그리스도의 가르침을 기억합니다. 착한 사마리아 사람 이야기입니다(누가 10:25-37). 예수 그리스도의 가르침뿐이 아닙니다. 사실은 오래전 구약성서의 가르침이기도 했습니다. "나는 사람이 판단하는 것처럼 그렇게 판단하지는 않는다. 사람은 겉모습만을 따라 판단하지만, 나 주는 중심을 본다"(삼상 16:7).

이 일관된 가르침의 뜻이 무엇입니까? 본문 말씀이 증언하고 있는 맥락에서 보면, 그것은 그리스도교의 여러 가르침 가운데 하나가 아니라 그리스도교를 그리스도교로 만든 본질적인 가르침입니다.

출신이나 민족, 그 어떤 경계에 따라 구별되는 조건이 문제가 아니라는 것을 일깨운 것이 그리스도교 신앙의 요체입니다. 그 조건을 문제시하는 질서와 가치관을 거슬러 인간을 인간으로, 생명을 생명으로 온전히 인정하는 것이 복음의 요체입니다. 그리스도 안에서는, 하나님 안에서는 성별, 장애, 병력病歷, 나이, 출신 국가, 출신 민족, 인종, 피부색, 언어, 출신 지역, 용모 등 신체조건, 혼인 여부, 임신 또는 출산, 가족 형태 및 가족 상황, 종교, 사상 또는 정치적 의견, 범죄 전력 및 보호처분, 성적性的 지향, 학력, 사회적 신분 등이 차별 조건이 되지 않습니다.

고넬료와 베드로가 만난 극적인 사건의 의미는 바로 거기에 있

습니다. 예수께서 이미 삶과 죽음으로 보여주셨던 그 사건, 뿐만 아니라 이미 오래전에 하나님께서 사람들에 일깨워 주신 진실이 있건만 사람들은 그 진실을 따르지 않습니다. 사회적 통념에 거스르지 않은 관습을 따르면 자신에게 가장 편한 것으로 여겨집니다. 오늘 본문 말씀이 전하는 사건은 사람들이 아무 생각 없이 편하게 여기는 그 사고방식과 삶의 방식을 문제시하며 무엇이 사람들에게 진정한 삶을 가능하게 하는지를 일깨워주고 있습니다.

오늘은 특별히 설명절 연휴 가운데 있는 주일입니다. 고유한 민속명절에는 대개 가족 간의 사랑을 나누는 계기가 됩니다. 그 사랑은 동질성을 확인하는 것을 바탕으로 하고 있습니다. 그러나 그 동질성을 바탕으로 하는 배타적인 사랑이 전부라면 세상은 결코 사랑으로 가득해질 수 없습니다. 오히려 사랑이 악으로 돌변하는 사태까지 발생할 수 있습니다. 거꾸로 다른 존재에 대한 관심과 연대, 다른 사람을 사랑하는 것이 세상을 바꿉니다. 그 길이 모든 존재를 존중하는 세계, 사랑의 유대를 만들어냅니다.

지난 주일 교회 사회선교위원회가 모여 사회선교를 위한 귀한 뜻을 담은 사회선교 헌금을 어떻게 배분할 것인지 결정했습니다. 한국기독교장로회총회 사회선교사 제도의 정착을 위해서, 한국기독교교회협의회 정의평화위원회 성소수자목회연구소위원회의 목회매뉴얼 제작을 위해서 그리고 난민지원활동에 애쓰는 한국디아코니아를 위해서 우선 할애하기로 했습니다. 한국교회가 눈길을 돌리지 않거나, 거꾸로 적대시하기까지 하는 이들을 위해 귀한 뜻을 전할 수 있다는 것에 의미가 더욱 크다고 생각하였습니다.

본문 말씀은 사람들이 자기 편한 대로만 생각하는 통념을 벗어나 낯선 타인에게 다가서는 놀라운 사건을 전해줌으로써 그리스도교의 복음의 요체 그리고 그로 인해 시작된 교회의 본분을 우리에게 일깨워주고 있습니다. 그 진실을 받아들이고 구현하기 위해 결단하고 헌신하는 우리가 되기를 기원합니다.

2020년 1월 26일

# 아무것도 아닌 것들이 보일 때까지

빌립보서 3:1-14

✿

끝으로, 나의 형제자매 여러분, 주 안에서 기뻐하십시오. 내가 같은 말을 되풀이해서 쓰는 것이 나에게는 번거롭지도 않고, 여러분에게는 안전합니다. 개들을 조심하십시오. 악한 일꾼들을 조심하십시오. 살을 잘라내는 할례를 주장하는 자들을 조심하십시오. 하나님의 영으로 예배하며, 그리스도 예수 안에서 자랑하며, 육신을 의지하지 않는 우리야말로, 참으로 할례 받은 사람입니다. 하기야, 나는 육신에도 신뢰를 둘 만합니다. 다른 어떤 사람이 육신에 신뢰를 둘 만한 것이 있다고 생각하면, 나는 더욱 그러합니다. 나는 난 지 여드레만에 할례를 받았고, 이스라엘 민족 가운데서도 베냐민 지파요, 히브리 사람 가운데서도 히브리 사람이요, 율법으로는 바리새파 사람이요, 열성으로는 교회를 박해한 사람이요, 율법의 의로는 흠 잡힐 데가 없는 사람이었습니다. [그러나] 나는 내게 이로웠던 것은 무엇이든지 그리스도 때문에 해로운 것으로 여기게 되었습니다. 그뿐만 아니라, 내 주 예수 그리스도를 아는 지식이 가장 고귀하므로, 나는 그 밖의 모든 것을 해로 여깁니다. 나는 그리스도 때문에 모든 것을 잃었고, 그 모든 것을 오물로 여깁니다. 나는 그리스도를 얻고, 그리스도 안에 있는 사람으로 인정받으려고 합니다. 나는 율법에서 생기는 나 스스로 의가 아니라, 그리스도를 믿는 믿음으로 말미암아 오는 의 곧 믿음에 근거하여, 하나님에게서 오는 의를 얻으려고 합니다. 내가 바라는 것은, 그리스도를 알고, 그분의 부활 능력을 깨닫고, 그분의 고난에 동참하여, 그분의 죽으심을 본받는 것입니다. 그리하여 나는 어떻게 해서든지, 죽은 사람들 가운데서 살아나는 부활에 이르고 싶습니다. 나는 이것을 이미 얻은 것도 아니며, 이미 목표점에 다다른 것도 아닙니다. 그리스도 [예수]께서 나를 사로잡으셨으므로, 나는 그것을 붙들려고 좇아가고 있습니다. 형제자매 여러분, 나는 아직 그것을 붙들었다고 생각하지 않습니다. 내가 하는 일은 오직 한 가지입니다. 뒤에 있는 것은 잊어버리고, 앞에 있는 것을 향하여 몸을 내밀면서, 그리스도 예수 안에서, 하나님께서 위로부터 부르신 그 부르심의 상을 받으려고, 목표점을 바라보고 달려가고 있습니다(빌립보서 3:1-14).

빌립보서는 사도 바울이 유럽 땅에 처음으로 세운 교회에 보낸 편지로서, 다른 서신들이 논쟁적인 데 반해 빌립보교회에 대한 감사와 찬사로 일관하고 있습니다. 그런데 그 가운데 이례적으로 논쟁적인 한 대목이 등장합니다. 바로 본문 말씀입니다.

편의상 1절부터 그대로 읽었습니다만, 사실 주 안에서 기뻐하라는 1절 상반부는 앞의 2장 말미에 연결된 종결구로 보는 게 좋습니다. 거기까지 내용이 기쁨의 서신이었다면 1절 하반부터는 투쟁의 서신이라 할 만큼 그 성격이 확연히 구별됩니다.

먼저 바울은 지금 하고자 하는 이야기가 계속 되풀이되는 이야기라는 것을 확인합니다. 되풀이되는 이야기가 혹시 빌립보교회에 불편함을 야기할지도 모른다는 염려를 하며, 그 되풀이가 자신에게 번거로운 일이 아니며, 빌립보교회의 안전을 위해서도 좋은 일이라고 말합니다. 되풀이된다는 사실 때문에 중간에 또 다른 서신이 있지 않았나 추정케 하지만, 그 되풀이가 꼭 서신을 통해서가 아니라 구두로 전달되었을 수도 있습니다.

그렇게 운을 떼고 난 다음 바울의 이야기는 거친 직격탄입니다. 할례를 주장하는 악한 사람들을 개들이라 칭하며 그들을 조심하라고 일갈합니다. 바울은 여기에서만 이 '개들'이라는 표현을 쓰고 있지만, 그것은 유대인들의 욕설로서 무지한 자들, 불신자들, 이방인들을 나타냅니다. 사도의 입에서 나온 것이라 보기 어려울 정도로 심한 욕설입니다. 이렇게 심한 욕설을 퍼붓고 있는 것으로 보아, 할례를 주장하는 이들이 빌립보교회에 직접적으로 영향을 미칠 수 있는 범위 내에 있었던 것으로 보입니다. 이방인 교회인 빌립보교회에서 할례를 주장한 이들은 누구였을까요?

여기서 당시 유대인들과 이방인들 사이에서 할례가 평화적 공존을 상징하는 역할을 했던 경우도 있었다는 것을 환기할 필요가 있습니다. 이방인이 유대인과 결혼할 때 할례를 하는 것은 공동의 삶을 가능하게 하는 하나의 조건이었습니다. 그러나 정반대로 이방인 출신에 대한 배려의 차원에서 할례는 종종 유대인들에 의해 만류되기도 했습니다. 할례는, 유대 정통주의자들의 주장처럼 선민의 표징으로서만이 아니라 그저 공존을 위한 하나의 방편으로 받아들여지기도 했고, 그 까닭에 이방인들 가운데도 할례를 한 사람들이 있었습니다. 이들의 일부가 빌립보교회에 합류하고 있었던 것으로 추정되며, 바울의 공격은 이들을 향하고 있는 것으로 보입니다. 바울의 격한 말투와 이어지는 내용을 보면 교회 안에서 그것을 자랑거리로 삼았다는 것은 분명해 보입니다.

그에 대한 바울의 대응은 할례를 정신화하는 것이었습니다(3절 이하). 육체를 신뢰하지 않고 하나님의 영으로 봉사하며 예수 그리스도 안에서 자랑하는 자신들이야말로 진정으로 할례를 받은 사람이라고 주장합니다. 여기서 육체를 신뢰하지 않는다는 것은 일반적인 의미에서 세속적 삶 자체를 부정한 것은 아닙니다. 그것은 몸에 할례를 하는 것을 구원의 표징으로 삼는 태도, 곧 율법에 매인 삶의 태도에 한정된 것입니다. 바울은 그 육체의 할례가 중요한 것이 아니라 하나님의 영으로 봉사하며 그리스도 안에서 사는 삶이 중요하다고 강조합니다.

바울은 육체의 의미에서 자랑거리가 없어서 그렇게 말하고 있는 것은 아닙니다(4절 이하). 다시 말해 바울은 율법의 준수라는 차원에서 말하면 옛날에 그 누구보다도 자랑할 거리가 많았습니다. 바울은 율법이 명한 대로(창세 17:12) 태어난 지 8일 만에 할례를 하였고, 이스라엘 사람 가운데 베냐민지파 사람이며, 히브리인 가운데 히브리인이며, 율법준수에서는 가장 철저한 바리새파 사람이었습니다.

여기서 '이스라엘', '히브리'는, 종종 이방인들에게서 경멸적 의미로 사용되는 '유대인'과는 달리 이스라엘 민족의 종교적 자긍심 내지는 언어 또는 문화적인 자긍심을 표현할 때 사용되는 개념들입니다. 베냐민지파는 바울의 예전 이름과 동일한 사울 왕이 속했던 지파로서, 여기에서는 바울 자신이 이스라엘의 순수 혈통이라는 것을 강조하는 의미로 사용되고 있습니다. 바울이 이처럼 말하고 있는 것은 그깟 할례한 것(정확하게는 '자르는 것') 하나 가지고 자랑거리로 삼는 이들에게, 자기로 말할 것 같으면 그보다 훨씬 자랑거리가 많았다는 것을 말하고자 한 것입니다.

그러나 바울은 현재의 자신을 하나의 모범으로 내세웁니다(7절 이하). 바울은 먼저 그리스도 때문에 그간 자신에게 이로웠던 것을 해로운 것으로 여기게 되었다고 밝힙니다. 다마스쿠스 사건을 회상하는 이 이야기는 자신의 전폭적인 결단을 강조합니다. 그리스도 때문에 그 결단이 가능했다는 인식을 바탕에 깔고 있지만, 바울은 여기서 자신의 결단을 강조합니다. 그 결단은 그야말로 전적인 가치의 전도를 의미합니다.

8절 이하의 말씀은 편지를 쓰고 있는 현재 시점에서 앞의 7절과 같은 내용을 다시 반복하며 강조합니다. 바울은 그리스도를 아는 지식이 가장 고귀하기에 다른 모든 것을 해로 여깁니다. 그리스도 때문에 모든 것을 잃었지만, 그 잃은 모든 것을 단지 오물로 여길 뿐입니다.

그러나 바울은 가장 소중한 그리스도를 얻고 그리스도 안에 있는 삶을 인정받고자 합니다. 그것은 자신에게서 비롯되는 의가 아니라 그리스도를 믿는 믿음으로 오는 의, 곧 하나님께로부터 오는 의를 가지려는 것입니다. 전적인 삶의 전환을 뜻합니다. 기존의 자신의 삶을 떠받쳐 주는 조건에 의지하거나 그에 의존한 주관적 욕망을 따르는 삶이 아니라 전적으로 하나님으로부터 비롯되는 의를 따르고자 하는 삶입니다. 이 열망을 말하는 데서 바울의 어투는 일관되게 자신의 선택과 결단의 중요성을 강조합니다.

하나님의 의에 이르는 길은 그리스도를 알고, 그분의 고난에 동참하여 죽으심을 본받고 마침내 부활의 능력을 깨닫는 것입니다 (10절 이하). 바울은 여기서 최종의 목적으로서 죽은 사람들 가운데서 살아나는 부활에 대한 강력한 희망을 피력합니다. 죽은 사람들 가운데서 살아나는 부활의 능력은 그리스도의 고난에 동참하고 완전하게 자신을 비워버린 죽음의 상황 가운데 처하게 되었을 때 부여받습니다. 역설의 진실입니다.

예수님과 실제 삶을 공유한 적도 없고, 게다가 그 선포하는 말씀마저 예수님의 삶에 관해서는 한마디도 없고 십자가와 부활만을 역설한 바울이 예수님의 진정한 사도가 된 까닭이 바로 여기에 있습니다. 바울은 빌립보서보다 다소 늦게 쓴 고린도전서(1:27-28)에서 같은 뜻의 말씀을 이렇게 말하였습니다. "하나님께서는, 지혜 있는 자들을 부끄럽게 하시려고 세상의 어리석은 것들을 택하셨으며, 강한 것들을 부끄럽게 하시려고 세상의 약한 것들을 택하셨습니다. 하나님께서는 세상에서 비천한 것들과 멸시받는 것들을 택하셨으니 곧 잘났다고 하는 것들을 없애시려고 아무것도 아닌 것들을 택하셨습니다."

'아무것도 아닌 것들'을 택하셨다는 것이 무슨 의미일까요? 기존의 질서에서는 어떤 이름도 갖지 못하는 사람들, 존재하지만 존재하지 않은 것처럼 여겨졌던 사람들, 이름을 가졌더라도 그저 배제와 혐오의 대상으로만 불렸던 사람들을 당당한 삶의 주체로 세웠다는 것을 말합니다. 그것은 하나님의 사랑의 급진성을 뜻하며, 새로운 인간의 탄생, 새로운 세계의 탄생을 뜻합니다.

사도 바울이 보기에 그것이 예수 그리스도의 삶의 의미였습니다. 예수께서는 바로 그러한 사람들의 친구가 되셨고, 그들을 하나님 나라의 주인공으로 선포하셨을 뿐 아니라, 그들과 당신을 동일시하기까지 하셨습니다. 바울이 예수님과 직접 삶을 나누지는 못하였지만, 그 진실을 일절 몰랐던 것은 아닐 것입니다.

그런데 바울이 보기에, 그 진실을 보다 극적으로 보여준 것이 바로 십자가 위에서의 죽음과 부활의 사건이었습니다. 하나님의 아들이 십자가 위에서 무력하게 죽음을 맞이한 것, 그것은 그야말로 하나님 자신이 아무것도 아닌 것이 되어 버린 사태였습니다. 그러나 그것이 끝이 아니었습니다. 세상의 권력은 그렇게 엄연한 존재를 비존재로 만들어버리면 끝이라고 생각하지만, 그것은 권력과 그 권력에 의해 지탱되는 현존하는 질서의 어리석음과 무모함을 드러낼 뿐입니다. 완전하게 부정당한 그 존재가 만천하에 드러나 빛나는 존재가 되는 사건이 일어납니다. 부활의 사건입니다.

엉터리 합의로 '소녀상'을 철거하도록 강요하고, 전시장에 놓인 '소녀상'을 가려버린 것으로 끝이 납니까? 오히려 온 세계 도처에 소녀상이 세워지고, 그 소녀상과 함께하는 운동이 벌어지고 있지 않습니까? 부활의 사건입니다. 물론 여기에서 끝나는 것은 아닙니다. 그 소녀상이 대변하는 일본군 '위안부' 할머니들이 진정한 사과를 받고, 나아가 그 어떤 폭력에 의해서든 마땅한 권리를 유린당한 모든 여성이 당당한 삶을 누리는 것이야말로 진정한 부활의 사건일 것입니다.

사도 바울은 지금 자신이 그 궁극적 목적에 이르는 여정 가운데 있다는 사실을 강조하고 있습니다. "나는 이것을 이미 얻은 것도 아니며, 이미 목표점에 다다른 것도 아닙니다. 그리스도 예수께서 나를 사로잡으셨으므로, 나는 그것을 붙들려고 좇아가고 있습니다"(3:12). 이 이야기는 바울 자신의 고백일 뿐 아니라, 바울이 겨냥하고 있는 사람들의 태도를 동시에 반증해주고 있습니다.

바울이 '개들'이라고 욕설을 퍼부어댈 만큼 바울과는 다른 입장이었던 사람들의 태도가 어떤 것이었는지 여기서 분명하게 드러납니다. 그들은 기본적으로 할례를 주장하는 사람들로서 율법에 매인 태도를 취하고 있었는데, 이들은 바울이 보기에 악한 일꾼들이었습니다(3:2 참조). 여기서 드러나는 이들의 입장은 스스로 완전한 목표에 도달하였다고 간주하는 것입니다. 이들이 율법에 매인 태도였다는 앞의 진술을 전제하면 율법에 의한 성취를 강조하는 태도였다는 것을 알 수 있습니다. 율법에 대한 충실성과 동시에 그에 대한 자신감을 갖고 있었다는 것을 뜻합니다.

자신이 기독교인이라는 이름을 갖게 된 것 그리고 그렇게 불릴 만한 어떤 외적 표지를 충실하게 따르는 것으로 온전함에 이르렀다고 생각하는 착각입니다. 오늘 많은 기독교인에게서 볼 수 있는 사태입니다. 끊임없이 남을 정죄하는 데 익숙한 기독교인들에게서 전형적으로 드러나는 태도입니다.

바울은 자신이 다만 목표를 향해 달려갈 뿐 아직 그것을 붙들었다고 할 수 없다고 단호하게 말하고 있습니다. 그것으로 보아 바울이 공격의 대상으로 삼고 있는 사람들의 태도는 그와는 상반된 것이었음에 틀림없습니다. 바울은 예수께 사로잡힌 바 되었지만 그렇다고 그것이 완전한 목표에 도달한 것을 뜻하는 것은 아니라고 자각하고 있습니다. 살아 있는 동안 끊임없이 최종의 목표를 향해 달려갈 뿐이라고 말합니다. 반면에 바울의 공격을 받는 이들은 자신들이 이미 그 목표에 도달한 듯 허세를 떨고 있습니다.

지난 주간, 일본에서 오신 손님들을 모시고 안내하는 중, 청주 고인쇄박물관에 들렀습니다. 현존하는 세계 최고의 금속 활자본 『직지直指』가 인쇄된 흥덕사 터에 세워진 박물관입니다. 유키네 가족이 하도 꼼꼼하게 살피기에 따라다니며 저도 꼼꼼히 볼 수밖에 없었는데, 그『직지直指』의 핵심 되는 내용을 한 벽면에 우리 말로 새겨놓은 것이 눈에 띄었습니다.

아지랑이는 본래 물이 아닌데, 목마른 사슴은 알지 못해 부질없이 헤매인다. 자신이 어리석어 진실하지 않으면서 세상을 헛되고 헛되다 하네. 진리는 원래 형체도 없어 집착이 없고, 구름처럼 모였다 흩어지네. 어느 날 스스로 성품이 원래 비어 있음을 깨달으면 열병에 땀을 낸 듯 후련하리… 흐린 날 비 쏟아져 물에 고이더니… 물 위에 동동 거품이 일어나는 것이 보이네… 앞의 것이 이미 사라지는가 하더니 뒤의 것이 다시 생기고… 앞과 뒤가 서로 이어져 진리에 닿을 지니….

지금 알고 있는 것, 지금 성취한 것을 완전한 것으로 착각하는 데서 벗어나 끊임없이 진리를 향하여 정진할 것을 일깨워주는 말씀입니다. 위대한 통찰은 이렇게 통합니다.

우리가 하나님을 믿을 때, 예수 그리스도를 믿을 때 과연 어떤 태도를 갖고 있습니까? 궁극적 목적을 향해 끊임없이 달려나가는 그 태도로 나아가기를 바랍니다. 그것은 어떤 것에 매이지 않습니다. 따라서 제멋대로 누군가를 정죄하지 않습니다. 그저 궁극적 목적을 행해 나아갈 뿐입니다.

그러나 그것이 결코 막연한 것은 아닙니다. 아무것도 아닌 것들을 진짜로 제대로 보게 될 때 우리는 그 목적에 이르고 있다는 것을 알 수 있습니다. 그 믿음으로 나아가는 우리가 되기를 기원합니다.

2019년 8월 18일

# 차별금지, 사랑이 이깁니다!

야고보서 2:1-13

❦

나의 형제자매 여러분, 여러분은 영광의 우리 주 예수 그리스도를 믿고 있으니, 사람을 차별하여 대하지 마십시오. 이를테면, 여러분의 회당에 화려한 옷을 입은 사람이 금반지를 끼고 들어오고, 또, 남루한 옷을 입은 가난한 사람도 들어온다고 합시다. 여러분이 화려한 옷차림을 한 사람에게는 특별한 호의를 보이면서 "여기 좋은 자리에 앉으십시오" 하고, 가난한 사람에게는 "당신은 거기 서 있든지, 내 발치에 앉든지 하오" 하고 말하면, 바로 여러분은 서로 차별을 하고, 나쁜 생각으로 남을 판단하는 사람이 된 것이 아니고 무엇이겠습니까? 사랑하는 형제자매 여러분, 들으십시오. 하나님께서는 세상의 가난한 사람을 택하셔서 믿음에 부요한 사람이 되게 하시고, 하나님을 사랑하는 이들에게 약속하신 그 나라의 상속자가 되게 하시지 않았습니까? 그런데 여러분은 가난한 사람을 업신여겼습니다. 여러분을 압제하는 사람은 부자들이 아닙니까? 또 여러분을 법정으로 끌고 가는 사람도 부자들이 아닙니까? 여러분이 받드는 그 존귀한 이름을 모독하는 사람도 부자들이 아닙니까? 여러분이 성경을 따라 "네 이웃을 네 몸같이 사랑하라"는 으뜸가는 법을 지키면, 잘하는 일입니다. 그러나 여러분이 사람을 차별해서 대하면 죄를 짓는 것이요, 여러

> 분은 율법을 따라 범법자로 판정을 받게 됩니다. 누구든지 율법 전체를 지키
> 다가도 한 조목에서 실수하면, 전체를 법한 셈이 되기 때문입니다. "간음하지
> 말라" 하신 분이 또한 "살인하지 말라"고 말씀하셨습니다. 어떤 사람이 간음
> 은 하지 않는다고 하더라도 살인을 하면, 결국 그 사람은 율법을 범하는 것입
> 니다. 여러분은, 자유를 주는 율법을 따라 앞으로 심판을 받을 각오로, 말도
> 그렇게 하고 행동도 그렇게 하십시오. 심판은 자비를 베풀지 않는 사람에게는
> 무자비합니다. 그러나 자비는 심판을 이깁니다(야고보서 2:1-13).

야고보서는 신약성서 안에서 매우 독특한 위치를 차지하고 있습니다. 이른바 공동서신, 그러니까 특정 교회에 보내진 편지가 아니라 초기 교회 시대 여러 교회에서 널리 읽혀진 서신 가운데 하나인 야고보서는 우선 바울의 서신서들과 다른 성격을 지니고 있다는 점에서 구별됩니다.

초기 교회가 어느 시점을 지나면서부터는 바울의 서신에서 가르친 내용이 중심이 되고, 그 까닭에 바울 이후의 서신서들도 바울의 권위에 의존하였습니다. 그뿐 아니라 바울의 주장은 오늘날까지 이어지는 그리스도교 교리를 형성하는 데도 결정적 기여를 하였습니다. 바울서신의 핵심 요체가 무엇입니까? 오직 믿음으로 구원에 이른다는 것입니다. 그것은 일체의 업적과 보상의 논리를 배격하는 인권 선언으로서 의의를 지니고 있습니다. 그런데 오늘날 그 의미가 퇴색되고 그저 하나의 교리적 명제로만 굳어져 있습니다. 그 현

상은 이미 초기 교회에서도 나타났습니다. 그 실질적 의미가 사라지고 형식적인 명제만 남게 된 상황입니다. 야고보서는 그런 상황 가운데서 행함이 없는 믿음은 죽은 믿음이라는 것을 일깨워주고 있다는 점에서 바울 서신과는 다른 특징을 지니고 있습니다.

이 야고보서의 저자에 관해서는 논란이 많기는 하지만 예수님의 형제 야고보라는 게 일반적 통설입니다. 열두 사도 가운데 한 사람인 야고보가 아니라 예수님의 동생 야고보입니다. 그 야고보가 직접 썼느냐 하는 점에서도 논란이 있기는 합니다. 그러나 후대의 어떤 저자가 썼다 하더라도 다른 야고보가 아니라 예루살렘교회의 권위자였고 '의인'으로 칭송받았던 예수님의 동생 야고보의 권위에 의존하여 쓴 것은 틀림없어 보입니다.

결론에 이르러 다시 생각할 문제이기는 합니다만, 바울의 주장과 야고보의 주장이 근본적으로 다른 것일까요? 그렇게 다르다고 인식하는 것은 피상적인 견해일 뿐입니다. 야고보서가 말하고자 했던 근본 뜻을 본문 말씀을 중심으로 함께 나누겠습니다.

본문 말씀은 오늘의 시점에서도 새삼스럽게 부연 설명을 하지 않아도 금방 알아들을 수 있을 만큼 명료합니다. 야고보서는 그 자체로 매우 명료하고 유려한 그리스어으로 기록된 서신입니다.

본문 말씀 첫머리는 그 자체로 전하고자 하는 메시지를 함축적으로 명료하게 선포하고 있습니다.

> 나의 형제자매 여러분, 여러분은 영광의 우리 주 예수 그리스도를 믿고 있으니, 사람을 차별하여 대하지 마십시오.

얼마나 분명합니까? 여기서 저자는 영광의 주 예수 그리스도를 믿는 것과 사람을 차별 대우하지 않는 것을 일치시키고 있습니다. 예수 그리스도를 믿음으로 마땅히 해야 할 일은 곧 사람을 차별 대우하지 않는 것입니다. 이 진실은 구약의 율법이 일깨워주는 것이자 동시 초기 교회 당시 사도 바울의 가르침과 일치하는 것입니다.

> 이 세상에는 신도 많고, 주도 많으나, 당신들의 주 하나님만이 참 하나님이시고, 참 주님이십니다. 그분만이 크신 권능의 하나님이시요, 두려우신 하나님이시며, 사람을 차별하여 판단하시거나, 뇌물을 받으시는 분이 아니시며, 고아와 과부를 공정하게 재판하시며, 나그네를 사랑하셔서 그에게 먹을 것과 입을 것을 주시는 분이십니다. 당신들이 나그네를 사랑해야 하는 것은, 당신들도 한때 이집트에서 나그네로 살았기 때문입니다(신명 10:17-19).

> 선한 일을 하는 모든 사람에게는, 먼저 유대 사람을 비롯하여 그리스 사람에게 이르기까지, 영광과 존귀와 평강을 내리실 것입니다. 하나님께서는 사람을 차별함이 없이 대하시기 때문입니다(로마 2:10-11).

이 메시지는 성서 전체에 일관된 것이며, 사실상 핵심에 해당하는 것입니다. 성서 전체의 대강입니다. 야고보서는 성서의 근본이자 동시에 예수님의 가르침의 핵심을 새삼 환기하고 있습니다.

군이 그렇게 환기해야 할 이유가 무엇이었을까요? 그 가르침에도 불구하고 사람들 사이에 차별이 일어나고 있었기 때문입니다. 그것도 그리스도를 믿는다는 공동체 안에서마저 그 차별이 일어나고 있었기 때문입니다.

2절부터 이어지는 말씀은 첫머리에 선포한 말씀에 대한 부연설명에 해당합니다. 저자는 공동체 안에 화려한 옷을 입고 금가락지를 낀 사람과 남루한 옷을 입은 가난한 사람이 동시에 들어오는 예를 들고 있습니다. 그 선명한 대비와 함께 그에 대한 반응을 확인합니다. 화려한 옷차림을 한 사람에게는 호의를 보이며 좋은 자리에 앉도록 권하는 반면 가난한 사람에게는 그냥 서 있든지 발치에 앉으라고 한다는 것입니다. 하나의 경우를 예로 들고 있지만, 실제로 교회 안에서마저 그런 일이 벌어지고 있다는 것을 암시하고 있습니다. 오늘 말씀은 사람을 그렇게 차별하여 대한다면 그것은 나쁜 생각으로 남을 판단하는 것 아니겠느냐 묻습니다. 그리스도를 믿는 사람으로서 도저히 용납할 수 없는 행위를 하고 있다는 뜻입니다.

5절 이하의 말씀은 사람을 차별하지 말라는 말씀에서 한 걸음 나아가 하나님께서는 오히려 세상의 가난한 사람을 택하여 믿음이 좋은 사람이 되게 하시고, 하나님 나라의 상속자가 되게 하셨다고 선포합니다. 하나님의 뜻이 어디에 있는 분명하게 알라는 이야기입니다. 그 진실을 외면하고 가난한 사람들을 업신여겨서는 안 된다는 사실을 재삼 확인합니다.

여기에 덧붙여 부자들의 악행을 고발합니다. 그리스도인들을 압박하는 사람들도, 심지어 법정으로 끌고 가는 사람들도 그들이 아니냐고 단호하게 묻습니다. 재삼 확인하기를 하나님께서 주신 존귀한 이름을 모독하는 것도 그들 아니냐고 말합니다. 부자들이 지배하는 세상의 논리를 따르지 않고 예수님의 가르침을 따라 하나님의 선택을 받은 가난한 사람들의 입장에서 세상을 보고 새로운 삶을 살고자 하는 이들이 그리스도인입니다. 그러한 그리스도인들을 박해하고 심지어는 법정으로 끌고 가는 일, 다시 말해 그리스도인을 그리스도인답게 하는 일을 방해하고 저지하는 것은 곧 하나님께서 부여하신 그리스도인의 이름을 모독하는 것입니다. 그것은 곧 하나님을 모독하는 일이라는 것을 오늘 말씀은 선포하고 있습니다. '하나님께서 여러분에게 주신 존귀한 이름을 모독'한다는 것은 그런 뜻을 함축합니다.

이미 첫 대목에서 확인한 것이지만, 사람을 차별대우한다는 것은 그리스도를 믿는 믿음과 합치할 수 없다는 것이 오늘 말씀의 대전제입니다. 부자를 우대하고 가난한 사람을 멸시하는 것, 강자를 우대하고 약자를 멸시하는 것, 그것은 단지 인간들 사이의 문제로 그치는 것이 아닙니다. 그리스도에 대한 믿음을 저버린 행위입니다. 그 차별행위의 밑바탕은 사실상 유력한 사람을 숭배하는 믿음이 깔려 있습니다. '인물숭배'라고 할까요? '차별대우', '불공평', '외관에 대한 집착'은 힘에 대한 숭배요, 곧 그 힘을 가진 사람에 대한 숭배에서 비롯된 것으로, 그러기에 하나님을 섬기고 예수 그리스도를 믿는 것과는 상관없다는 이야기입니다.

본문 말씀은 편지를 받는 수신자들, 곧 초기 그리스도인들에게 그런 잘못을 범해서는 안 된다는 것을 단호하고 호소력 있게 강조하고 있습니다. '그리스도를 믿는 여러분이 그래서야 되겠습니까?' 그렇게 묻고 있는 것입니다.

그러나 본문 말씀은 그렇게 부정적인 물음으로 단호히 질책하는 것에서 그치지 않습니다. 8절 이하에서는 긍정적인 대안을 분명히

제시함으로써 그리스도인의 정체성의 근거를 분명히 해주고 있습니다. "여러분이 성경을 따라 '네 이웃을 네 몸같이 사랑하라'라는 으뜸가는 법을 지키면, 잘하는 일입니다."

성서의 대강, 예수님의 가르침의 핵심이 무엇인지 다시 확인해주고 있습니다. 여기서 '이웃'은 본문 말씀의 맥락에서 말하면 '가난한 사람들'을 뜻하고, 보다 폭넓은 성서의 맥락에서 말하면 '사회적 약자들'과 '소수자들'을 뜻합니다. 그 약자들과 더불어 살아가는 것이 성서가 일관되게 가르치고 있는 핵심입니다. 이어지는 말씀은 율법을 지키되 그 핵심을 간과한다면 율법을 어기는 것이 될 것이고, 그렇게 율법을 어기는 것은 하나님의 심판을 면치 못하게 될 것이라 선포하고 있습니다.

여기서 으뜸가는 계명으로서 '이웃사랑'을 언급하면서 '간음'과

'살인'을 언급한 까닭이 어디에 있을까요? 그 어떤 계명을 대비시켜도 논리적으로 문제없지만 굳이 그 두 가지를 언급한 것은 그 나름의 의도가 있습니다.

이웃 사랑을 거부하는 행위가 살인행위에 해당한다는 것은 구약성서 이래 오랜 가르침입니다. "이웃의 살 길을 막는 것은 그를 죽이는 것이며 일꾼에게 품삯을 주지 않는 자는 그를 살해하는 것이다"(집회서 34:22). "사랑이 그 자체로 죽은 자를 살리고 죽음에 넘겨진 자를 불러 되살리려 하듯이, 증오는 살아 있는 자를 죽이며 작은 죄인을 살려두지 않는다. 증오의 영은 모든 사람에게서 그 편협함으로 역사하며 사탄과 함께 인간의 죽음을 향해 세력을 뻗치기 때문이다"(가드의 유훈서 4:6-7). 예수님께서도 형제를 증오하는 것이 살인과 다를 바 없다는 것을 말씀하셨는가(마태 5:21 이하) 하면, 요한1서 또한 같은 뜻의 말씀을 단호하게 선포하고 있습니다. "자기 형제자매를 미워하는 사람은 누구나 살인하는 사람입니다"(요일 3:15).

간음을 언급한 것도 어렵지 않게 알 수 있습니다. 부자를 우대하고 아첨하는 것은 곧 영적 간음이라 봤기 때문입니다. 하나님을 모독하는 행위라고까지 봤으니, 더 긴 설명이 필요 없습니다.

성서가 이렇게 분명하게 가르치고 있는데, 어째서 우리 사회에서는 혐오의 논리의 진원이 기독교 세력이 되고 있을까요? 요 며칠 사이 언론에서 확인되고 있듯이, 최근 우리 사회의 가짜 뉴스의 진원지가 '에스더'라는 이름의 유튜브 방송 아닙니까? 무슨 선교를 표방한 것으로 알려져 있지만, 그게 선교입니까? 그리스도인의 이름을 욕되게 하는 것이며 하나님의 이름을 욕되게 하는 것 아닙니까?

차별금지법을 반대하고, 인권조례를 반대하며, 반무슬림, 반동성애, 반페미니즘, 반난민을 주장하는 가짜 뉴스의 진원지입니다. 그에 현혹되는 다수의 기독교인들은 또 뭡니까?

문제는 그런 혐오와 증오의 논리를 받아들이는 풍토입니다. 어떤 것을 지향함으로써 자기 정체성을 갖느냐, 어떤 것을 반대함으로써 자기 정체성을 확인하느냐 하는 것은 하늘과 땅 차이, 천당과 지옥의 차이를 지닙니다. 혐오와 증오를 유포하는 가짜 뉴스를 만들어내고 그에 현혹되는 기독교인들과 많은 사람이 천당을 살고 있는지 지옥을 살고 있는지는 반문하지 않아도 압니다. 사랑하기에도 모자라는 삶인데, 증오하고 반대하는 데 정열을 쏟는 삶이어야 하겠습니까?

오늘 말씀은 우리에게 분명하게 선포합니다. "나의 형제자매 여러분, 여러분은 영광의 우리 주 예수 그리스도를 믿고 있으니, 사람을 차별하여 대하지 마십시오" "여러분이 성경을 따라 '네 이웃을 네 몸같이 사랑하라'는 으뜸가는 법을 지키면, 잘하는 일입니다" 이 말씀을 따라 진정한 그리스도인으로서 이 땅에서 평화를 이루는 우리가 되기를 기원합니다.

2018년 9월 30일

# 5부 탈·향脫·向

# 격랑의 한가운데서

마태복음 14:22-33

예수께서는 곧 제자들을 재촉하여 배에 태워서, 자기보다 먼저 건너편으로 가게 하시고 그동안에 무리를 헤쳐 보내셨다.

무리를 헤쳐 보내신 뒤에, 예수께서는 따로 기도하시려고 산에 올라가셨다. 날이 이미 저물었을 때에, 예수께서는 홀로 거기에 계셨다. 제자들이 탄 배는, 그 사이에 이미 육지에서 멀리 떨어져 있었는데, 풍랑에 몹시 시달리고 있었다. 바람이 거슬러서 불어왔기 때문이다. 이른 새벽에 예수께서 바다 위로 걸어서 제자들에게로 가셨다. 제자들이, 예수께서 바다 위로 걸어오시는 것을 보고, 겁에 질려서 "유령이다!" 하며 두려워서 소리를 질렀다. [예수께서] 곧 그들에게 말씀하셨다. "안심하여라. 나다. 두려워하지 말아라" 베드로가 예수께 말하였다. "주님, 주님이시면, 나더러 물 위로 걸어서, 주님께로 오라고 명령하십시오" 예수께서 "오너라!" 하고 말씀하셨다. 베드로는 배에서 내려, 물 위로 걸어서, 예수께로 갔다. 그러나 베드로는 [거센] 바람이 불어오는 것을 보고, 무서움에 사로잡혀서, 물에 빠져 들어가게 되었다. 그때에 그는 "주님, 살려 주십시오" 하고 외쳤다. 예수께서 곧 손을 내밀어서 그를 붙잡고 말씀하셨다. "믿음이 적은 사람아, 왜 의심하였느냐?" 그리고 그들이 함께

> 배에 오르니, 바람이 그쳤다. 배 안에 있던 사람들은 그에게 무릎을 꿇고 말하
> 였다. "선생님은 참으로 하나님의 아들이십니다"(마태복음 14:22-33).

　본문 말씀은 격랑의 한가운데서 진정한 믿음이 무엇인지를 일깨
워줍니다. 그저 예수님께서 보여주신 또 하나의 기적에 관한 이야
기로 보일지 모르지만, 단순히 초자연적인 기적에 관한 이야기가
아니라 그야말로 역사의 격랑 가운데 있는 오늘 우리에게도 중요한
진실을 일깨워주고 있는 말씀입니다.

　마태복음이 전하는 바를 따르면, 세례요한이 처형된 이후 예수
께서는 갈릴리 호수 주변에서 오병이어의 놀라운 기적을 보여주셨
습니다. 바로 그 놀라운 일이 있고 난 후 예수께서는 제자들을 먼저
배에 태워 보내십니다. 당신은 남아 모여 있던 사람들을 돌려보내
고, 따로 기도하는 시간을 갖습니다. 그냥 예사로운 상황 묘사 같지
만, 예수께서 군중들 가운데 계시다가 따로 떨어져 기도하는 모습
은 일관된 행동 패턴입니다. 기도하면서 성찰하는 기회를 갖는다는
것은 누구에게나 필요한 일입니다.

　그즈음 제자들이 탄 배는 육지로부터 멀어지면서 풍랑에 시달립
니다. 제자들이 풍랑에 시달리며 두려워하고 있는데, 새벽녘쯤 예
수께서 물 위를 걸어 제자들을 향하였습니다. 제자들은 깜짝 놀라
"유령이다!" 하고 외칩니다. 깜짝 놀라는 제자들을 향해 예수께서는
말씀하십니다. "안심하여라. 나다. 두려워하지 말아라."

　물 위를 태연하게 걷는 이가 예수님이라니 제자들은 일단 안도

하였을 것입니다. 그러나 가만 보면 아직 완전하게 확신하고 있지는 못한 상황입니다. 베드로가 확인하려고 듭니다. "주님, 주님이시면, 나더러 물 위를 걸어서, 주님께로 오라고 명령하십시오" 예수님께서는 아무 조건 없이 말씀하십니다. "오너라" 베드로는 배에서 내려 물 위를 걸어 예수께로 향합니다. 그러나 베드로는 거센 바람이 불어오는 것을 보자 무서움에 사로잡혀 물에 빠져들고 말았습니다. 베드로는 살려 달라 외치고, 예수께서는 손을 내밀어 베드로를 붙잡습니다. 그리고 말씀하십니다. "믿음이 적은 사람아, 왜 의심하였느냐?" 그들이 함께 배에 오르자 바람이 그쳤습니다. 그때서야 제자들은 예수님을 제대로 알아보고 외칩니다. "선생님은 참으로 하나님의 아들입니다."

기적 이야기를 접할 때마다, 우리는 우리에게도 그런 기적이 일어난다면 우리가 확실히 믿을 수 있으리라는 기대감을 갖습니다. 그러나 모든 성서의 기적 이야기는 그저 초자연적 사건을 객관적으로 전하는 것이 아닙니다. 모든 기적 이야기는 그 사건이 일어나는 데 관여된 사람들에게 주는 의미와 관련되어 있습니다. 사람들은 기적을 보고서야 믿으려 합니다. 그것은 사람들의 중병입니다. 예수님께서는 과시적으로 기적을 보여줌으로써 사람들을 믿게 하려 하지 않았습니다. 예수님께서 일으키신 기적에는 항상 그에 관여된 주인공들이 있습니다. 기적은 예수님과 그 주인공들의 상호관계 속에서 일어난 놀라운 사건이지, 그 관계를 떠난 객관적인 초자연적 사건이 아닙니다.

본문 말씀이 전하는 기적 이야기의 초점은 무엇일까요? 오늘 본문 말씀의 의미를 이해하는 데 중요한 대목이 있습니다. 베드로의 분열된 두 시선입니다. 물 위를 걸어서 예수님을 향하던 베드로는 자신의 시야에 거센 바람이 불어오는 것이 들어왔을 때 물에 빠져듭니다. 예수님을 향하던 시선이 풍랑으로 향하게 되면서 베드로는 위기에 처합니다. 예수님을 향하던 믿음이 주변의 불안정한 상황을 보면서 혼란에 빠진 상황을 말합니다.

그러나 이 이야기의 진정한 뜻은 예수님을 바라볼 수도 있고, 풍랑을 바라볼 수도 있는 두 가지 시선 그 자체에 문제가 있다는 데 있지 않습니다. 한 인간이 다양한 시선을 가진다는 것은 문제가 아닙니다. 그것은 오히려 인간의 훌륭한 능력에 해당한다 할 것입니다. 우리는 우리가 바라는 목표에 시선을 맞춰야 하지만 동시에 그 목표를 이루는 데 고려해야 할 현실을 무시할 수 없습니다. 그 두 가지 시선이 균형을 이뤄야 우리는 제대로 된 삶을 살 수 있습니다. 신학자 칼 바르트가 "한 손에 성경, 한 손에 신문!"이라고 한 것은 우리의 구체적인 현실 가운데서 우리의 믿음을 확인하는 태도를 말합니다.

이 점에서 오늘 베드로가 위기에 처한 것은 인간이면 누구에게나 불가피한, 아니 오히려 풍요로운 '두 가지' 시선을 가지고 있다는 데 있지 않습니다. 베드로의 위기는 목적을 상실한 방황에 있습니다. 예수께서 "믿음이 적은 사람아, 왜 의심하였느냐?" 했을 때, 여기서 '의심'은 두 마음을 품는 것을 뜻합니다. 한마음으로 집중하지 못하고 두 마음을 품는 것을 뜻합니다. 두 가지 방향으로 동시에 가려고 하는 것을 말합니다.

처음 예수님을 향한 베드로의 시선은 요동치는 풍랑 앞에서 혼란을 겪고 풍랑으로 향한 시선에 압도를 당하고 맙니다. 요지부동, 평안하게 물 위를 걷는 예수님이 아니라 현실의 격랑에 휩쓸려 버린 것입니다. 그것은 모든 평범한 인간들의 실존일 것입니다. 이것 때문에 안 되고, 저것 때문에 안 되고… 하는 핑계에 매여 있는 삶입니다. 품고 있는 꿈을 이루기 위해 현실적인 조건을 헤아리려는 태도가 아니라, 꿈을 이루려고 해보지도 않은 채 이런저런 현실적인 조건들과 핑계에 매여 좌절하는 태도에 빠진 인간의 상황입니다.

본문 말씀의 의미를 더 깊이 이해할 수 있는 또 다른 이야기가 있습니다. 본문 말씀이 전하는 상황 설정과 다소 차이가 있지만, 오히려 그 의미를 더욱 분명하게 알 수 있는 말씀으로, 풍랑을 잔잔케 하시는 예수님의 이야기입니다(마태 8:23-27; 마가 4:35-41).

예수님과 제자 일행이 배를 탔습니다. 배를 타고 가는데 바다에 풍랑이 일었습니다. 바다가 요동을 치고 따라서 배가 요동을 치고 결국 그 배에 탄 사람들도 안절부절 요동을 치는 상황입니다. 제자들은 다급하게 살려달라고 호소할 뿐 어찌할 바를 모릅니다. 배가 요동치는 대로 이리 쏠리고 저리 쏠리며 허둥대었을 것입니다. 그런데 예수님께서는 태연스럽게 주무시고 계십니다. 요동치는 바다 한가운데 떠 덩달아 요동치는 배, 그 배 밖에 계셨던 것이 아닙니다. 제자들과 똑같은 배 위에 계셨습니다. 한 배를 탔는데도 모든 사람은 허둥대고 있는데 반해 단 한 사람 예수께서는 평안하게 주무시고 계십니다. 요동치는 바다를 잠잠케 하시기 전에 그 요동과 상관없이 스스로 잠잠한 모습입니다.

사람들은 놀랍니다. 도대체 어떻게 그럴 수가 있을까 놀랍니다. 도대체 어떻게 그럴 수가 있을까요? 그 요동치고 소란스러운 상황 가운데서 태연스럽게 잠을 잘 수 있다니 놀라운 일입니다. 우리가 언뜻 보면 풍랑이 일어 배가 요동치는데 사람들이 허둥대는 것이 당연한 것이요 그 안에서 잠을 자는 것이 오히려 이상합니다.

그러나 이 이야기는 우리가 모르는 사이 당연하게 생각하지만 깊이 생각해보면 알 수 있는 중요한 진실을 일깨워줍니다. 요동치는 바다 한가운데, 그 위에 역시 요동치는 배 위에서 허둥대는 것으로 사태가 수습되지 않는다는 것을 말하고 있습니다. 오히려 그 안에서 잠잠함으로써만 그 사태를 수습할 수 있습니다. 격랑 한가운데서 중심을 잡을 때 비로소 요동치는 상황을 수습할 수 있습니다.

제자들은 허둥댔고 예수님은 잠잠하였습니다. 제자들은 세태를 따랐고 예수님은 중심을 지켰다는 것을 말합니다. "변하지 않는 것으로 변하는 것을 대처한다"(以不變 應萬變)는 말이 있습니다. 호치민의 좌우명입니다. 변화를 외면하고 거부하는 것이 아니라 변화에 가장 적극적이고 능동적으로 대처하는 지혜를 말합니다. 감각적으로 느껴지는 사태에 매몰되고, 즉각적으로 솟구치는 욕망에 매달리면 전체가 보이지 않습니다. 움직이는 대로 따라가면 움직이는 사물만 볼 수 있을 뿐 전모를 볼 수 없습니다. 마음에 변하지 않는 중심이 있어야 변하는 사태를 제대로 볼 수 있습니다.

밭갈이를 배우던 아들이 아버지에게 물었습니다. "어떻게 하면 아버지처럼 이랑을 반드시 일굴 수 있습니까?" 아버지가 말하기를 "앞을 똑바로 보고 가라!" 했답니다. 그런데도 아들이 일군 밭의 이랑은 삐뚤빼뚤했습니다. 그래서 아버지가 반문했습니다. "도대체 어떻게 했느냐?" 아들이 답하기를 "아버지 말씀대로 앞을 똑바로 보고 갔습니다" 했습니다. "앞에 뭐가 있었느냐?" "바로 제 앞 소 엉덩이만 바라보고 좇아갔습니다" "바로 저 앞에 나무를 기준으로 삼았어야지!" 그와 같은 이치입니다. 마치 제자들은 소 엉덩이만을 바라본 꼴이었고, 예수님은 저 앞의 나무를 바라본 것과 같습니다.

신학자 라인홀드 니버는 이렇게 기도했습니다. "하나님, 바꿀 수 없는 것을 받아드릴 수 있는 고요함을 우리에게 주십시오. 바꾸어야 할 것을 바꿀 수 있는 용기를 우리에게 주십시오. 두 가지를 구별할 수 있는 지혜를 우리에게 주십시오."

지금 우리는 역사의 격랑 한복판에 있습니다. 격랑의 역사가 어떻게 하면 바른 방향으로 나아갈 수 있을까요? 그 가운데서 우리는 어떻게 해야 할까요? 다른 어떤 것이 아니라 진정한 삶을 위해 지켜야 할 가치를 중심에 세우고 그 가치를 굳건하게 지키는 것이야말로 격랑을 헤쳐나갈 수 있는 길이 됩니다.

저는 특별히 이번 1-2월을 큰 부담을 갖고 보내는 중입니다. 지난 주간에는 한국기독교장로회총회 사회선교정책협의회에서 발제를 맡았고, 이번 주간에는 성공회 사회선교정책협의에서, 다음 주간에는 한국기독교교회협의회 사회선교정책협의회에서 주제강연을 맡은 상태입니다. 격랑의 역사 한복판에서 교회의 역할을 모색하는 것으로 말문을 열어주는 몫입니다. 유능한 분들이 많은데 어리숙한 제가 그 말문을 여는 역할을 어쩌다가 한꺼번에 줄줄이 맡게 되어 큰 부담을 느끼고 있습니다. 그렇지만 감히 그 역할을 맡을 수 있는 것은, 요동치는 역사 한복판에서 우리가 지켜야 할 중심 가치가 무엇인지, 역사의 방향을 판가름할 수 있는 가치 기준을 제시하는 것이라면 할 수 있기 때문입니다. 저의 지혜가 아니라 성서에서 비롯되고 그리스도교 신앙 전통 가운데서 지속되어 온 지혜를 오늘의 상황에서 재음미하는 것이기에 감히 할 수 있다면 한다는 마음으로 부심하고 있습니다.

그 지혜의 근원 예수 그리스도는 우리의 진정한 삶의 푯대입니다. 세상은 언제나 격랑을 칩니다. 우리의 삶은 언제나 풍랑 위에서 요동치는 배와 같습니다. 예수 그리스도께서 일러주신 길을 따름으로써 그 격랑을 넘어 진정한 삶의 희망을 이루는 우리가 되기를 기원합니다.

2017년 1월 29일

# 탈 · 향 脫 · 向

## 창세기 12:1-4

주님께서 아브람에게 말씀하셨다. "너는, 네가 살고 있는 땅과 네가 난 곳과 너의 아버지의 집을 떠나서, 내가 보여 주는 땅으로 가거라. 내가 너로 큰 민족이 되게 하고, 너에게 복을 주어서, 네가 크게 이름을 떨치게 하겠다. 너는 복의 근원이 될 것이다. 너를 축복하는 사람에게는 내가 복을 베풀고, 너를 저주하는 사람에게는 내가 저주를 내릴 것이다. 땅에 사는 모든 민족이 너로 말미암아 복을 받을 것이다." 아브람은 주님께서 말씀하신 대로 길을 떠났다. 롯도 그와 함께 길을 떠났다. 아브람이 하란을 떠날 때에, 나이는 일흔다섯이었다(창세기 12:1-4).

아버지가 세상을 뜨고 난 후 형제들 사이에 분쟁이 일어나는 경우가 종종 있습니다. 그 사연을 들여다보자면 다양하겠지만, 대개 재산 상속과 관련되어 있는 경우가 많습니다. 나눠 먹을 떡고물이라도 있으니 아웅다웅하는 것입니다. 세상을 떠난 아버지는 말이 없건만

무심한 자식들은 자기 욕심을 채우겠노라고 그렇게 다툽니다.

그렇게 싸우는 자식들을 둔 애꿎은 아버지가 있습니다. 바로 아브라함입니다. 싸우는 자식들은 누구일까요? 그 싸우는 자식들의 이름은 유대인, 아랍인/무슬림, 기독교인입니다. 이들 모두는 아브라함을 한 조상으로 섬기고 있습니다. 그러면서도 이들은 서로 싸웁니다.

유대인은 자신들이 아브라함의 아들 이삭의 후손이라 믿고 있습니다. 이삭은 아브라함의 둘째 아들이지만 하나님의 약속으로 태어난 자식이기 때문에, 이삭의 후손인 유대인이야말로 아브라함의 적자라고 믿고 있습니다. 반면 아랍인은 자신들이 아브라함의 첫째 아들 이스마엘의 후손이라 믿고 있습니다. 당연히 맏아들인 이스마엘의 후손이니 자신들이 아브라함의 적자라고 믿고 있습니다. 아브라함이 모리아 산 정상에서 하나님께 바치려 했던 그 아들을 유대인은 이삭으로, 아랍인은 이스마엘로 믿고 있습니다. 그래서 그 모리아 산이라 믿고 있는 예루살렘의 시온산 언덕에 유대인은 성전을, 무슬림은 황금 돔과 알아크사 사원을 세워놓았습니다. 기독교인들은, 예수 그리스도의 조상으로 여겨진 아브라함을 믿음의 조상으로 받들고 있습니다. 혈육상의 조상은 아니지만 믿음의 조상으로 오히려 어쩌면 더 거룩하게 받들고 있는지도 모릅니다. 기독교인은 시온 산으로 간주되는 언덕 맞은편에 우뚝한 성묘교회를 세워두고 있을 뿐 아니라, 그 주변에 가장 많은 교회를 자랑하고 있습니다.

'평화의 도시'라는 뜻으로 알려진 '예루살렘'(원래는 샤하르/샬림의 집: 태양신의 거주지)은 그 이름과는 상반된 역사를 지니고 있습니다. 서로 적자임을 주장하는 아브라함의 후손들의 분쟁으로 얼룩진 도시가 되어 버렸습니다. 지금도 그 도시를 둘러싼 분쟁은 지속되고 있습니다. 그래서 예루살렘에 평화가 깃들 때 진정으로 세계 평화가 이루어질 것이라는 예언은 결코 빈말이 아닌지도 모릅니다.

도대체 한 조상을 섬긴다면 더욱 평화스럽게 지내야 할 텐데, 오히려 더 지독하게 다투는 사연이 어디에 있을까요? 서로 적자임을 내세우는 이유는, 적자라는 사실을 공인 받음으로써 누릴 수 있는 혜택이 많다고 생각하기 때문입니다.

과연 아브라함과의 연고권을 빌미로 하여 다퉈야 할 만한 어떤 요인이 있을까요? 성서 본문 말씀을 보면 그렇게 보일 만하기는 합니다. 한마디로 아브라함(아직 당시로서는 '아브람'이지만)은 "복의 근원"이 될 것이라 선포하고 있습니다. "땅에 사는 모든 민족이 아브라함으로 말미암아 복을 받을 것"이라고 선포합니다. 이 말씀을 피상적으로 볼 것 같으면, '아, 바로 그 복을 독차지하기 위해 싸우는가 보구나!' 하고 이해할 수도 있습니다.

그러나 도대체 그 복이 뭘까요? 같이 나누면 안 되고, 꼭 혼자서 독차지해야 하는 것일까요? 이렇게 생각하면 착잡해지지 않을 수 없습니다. 자기 조상이 복의 근원이라는 결과적 사실만을 기억하며, 그 연고권을 주장으로써 그 조상에게서 비롯되는 복을 독차지하려는 태도에서 형제들간의 싸움은 시작됩니다. 그게 사실은 따지고 보면 정통성과 명분의 우위를 갖는 것일 뿐이지만, 특정한 역학관계 안에서는 그것이 결정적인 의미를 가질 수도 있기에 그것에 기대려 합니다. 지금 유대인들이 팔레스타인 땅에 대한 연고권을 주장하며 그 땅에 살고 있는 다른 주민을 배제하는 것이 바로 그런 태도입니다.

그러나 복의 근원으로 인정을 받은 아버지 아브라함이, 자신에게 내린 복 때문에 자기 자식들이 그렇게 치고 박고 싸우기를 원할까요? 아니, 아브라함에게 복의 근원이 될 것이라고 선언했던 하나님께서, 당신의 그 선언이 분쟁의 씨앗이 되기를 원하실까요? 그렇지 않다는 것은 너무나 자명합니다.

우리가 기억해야 할 것은 아브라함이 복의 근원이 되었다는 결과적 사실이 아닙니다. 우리가 기억해야 할 것은 아브라함이 복의 근원이 된 사연입니다.

아브라함이 복의 근원이 된 사연이 과연 어디에 있을까요? 단도직입적으로 말하면 하나님의 말씀을 따랐다는 데 있습니다. 그것은 매우 구체적인 결단을 동반합니다. "너는 네가 살고 있는 땅과 네가 난 곳과 너의 아버지의 집을 떠나서, 내가 보여주는 땅으로 가거라" 이것이 하나님의 말씀입니다. 이 말씀을 따른 데 아브라함이 복의 근원이 된 사연이 있습니다. 그리고 오늘 우리 그리스도인들에게 아브라함이 믿음의 조상이 된 사연이 있습니다.

'네가 살고 있는 땅', '네가 난 곳', '너의 아버지의 집'은 지금까지 자신의 생활의 안정을 제공해 준 바탕이며 조건입니다. 이미 익숙한 것들이고 언제나 눈에 들어오는 것들입니다. 눈감아도 알 수 있는 그런 것들입니다. 그러나 '내가 보여주는 땅'은 낯선 곳입니다. 하나님께는 환히 보일지 모르겠지만 아브라함에게는 아직 보이지 않은 땅입니다. 그것은 눈을 아무리 크게 떠도 보이지 않는 것입니다. 미지의 세계입니다. '네가 살고 있는 땅'이 이미 완결된 세계라면, '내가 보여줄 땅'은 열려 있는 가능성의 세계입니다. '네가 살고 있는 땅'에서 '내가 보여줄 땅'으로의 이동은 공간적 지리적 이동일뿐 아니라 새로운 세계로의 모험입니다. 그러기에 그것은 결단입니다. 가능성을 믿고 확실하게 자신을 내던지는 결단입니다.

오늘 말씀은 그렇게 결단한다면 복의 근원이 될 것이라고 합니다. 그 한 번의 결단으로 수없이 많은 가능성이 다가올 수 있습니다. 복의 근원이 된다는 것은 그런 뜻입니다.

민중신학자 안병무 선생은 이를 '탈·향脫向'으로 집약하였습니다. 익숙한 기존의 세계에서 떠나'(脫) 낯선 새로운 세계를 향한다(向)는 것입니다. 아직 보이지 않지만, 보이는 것에 연연해하지 않고 새로운 가능성을 향해 나서는 것이 믿음입니다. 아브라함은 그 삶의 여정을 전형적으로 보여주었다는 점에서 믿음의 조상이 된 것입니다. 그러므로 복의 근원이 된 아브라함을 조상으로 떠받드는 것은 그 믿음의 결단을 본받는 것이어야 합니다.

하나님의 말씀을 따름으로써 복의 근원이 되고, 복을 받는다는 것은 매우 중대한 의미를 함축하고 있습니다. 성서의 신앙세계를 다른 고대의 종교적 신앙세계와 구별해주는 요체가 여기에 있습니다. 바로 스스로 주체적 결단을 동반한다는 점입니다. 아브라함이 보여주었고, 이후 그리스도인에게까지 계속되는 신앙의 요체는, 낡은 세계에서 벗어나 새로운 세계를 향한 세계관의 변화와 함께 윤리적 결단을 동반하는 데 있습니다. 그저 간절히 빌면 내리는 복에 의존하는 신앙이 아니라 복의 근원이 되는 삶을 살겠다는 결단을 동반하는 신앙입니다.

오늘은 맥추감사절입니다. 한해의 절반을 마무리하고 또 남은 절반을 맞이하는 시점입니다. 본래 농경생활 주기에서 한 해 절반의 첫 소출을 거둬들이고 이를 감사하는 절기입니다. 밀과 보리를 추수하고 이를 하나님께 드리며 기뻐하는 절기입니다. 우리는 텃밭에서 지난 주일에 감자도 거둬들였고, 보리도 이미 거둬들었습니다. 워낙 한정 생산된 것이라 누구 코에 붙여야 할지 희소할 정도이기는 하지만, 그래도 씨를 뿌리고 거둬들이는 이치를 환기하는 데는 부족함이 없는 농사입니다.

그런데 성서를 보면 아주 흥미로운 사실을 발견합니다. 바로 그 맥추감사절에 이스라엘 백성은 하나님께 햇곡식 예물을 드리면서 신앙고백을 또한 드립니다. 이른바 '역사신조'입니다(신명 26:5-10).

> 내 조상은 떠돌아다니면서 사는 아람 사람으로서 몇 안 되는 사람을 거느리고 이집트로 내려가서, 거기에서 몸 붙여 살면서, 거기에서 번성하여, 크고 강대한 민족이 되었습니다. 그러자 이집트 사람이 우리를 학대하며 괴롭게 하며, 우리에게 강제노동을 시켰습니다. 그래서 우리가 주 우리 조상의 하나님께 살려 달라고 부르짖었더니, 주님께서 우리의 울부짖음을 들으시고, 우리가 비참하게 사는 것과 고역에 시달리는 것과 억압에 짓눌려 있는 것을 보시고, 강한 손과 편 팔과 큰 위엄과 이적과 기사로, 우리를 이집트에서 인도하여 내셨습니다. 주님께서 우리를 이 곳으로 인도하셔서, 이 땅 곧 젖과 꿀이 흐르는 땅을 우리에게 주셨습니다. 주님, 주님께서 내게 주신 땅의 첫 열매를 내가 여기에 가져 왔습니다.

첫 열매를 거둘 수 있기까지 자신들의 현재의 삶이 어떻게 가능하였는지, 철저하게 역사적으로 회고하면서 그 삶이 가능하도록 이끌어주신 하나님의 은혜에 감사하는 내용입니다. 그 첫머리에 등장하는 것이 바로 아브라함을 비롯한 조상들의 삶의 여정입니다. 그리고 이집트에서의 노예생활에서 구출하여 가나안 땅에 이르게 해주신 하나님의 손길을 환기하고 있습니다. 이 신앙은 철저한 역사의식을 동반하고 있습니다.

그저 '천지신명께서 햇빛을 내려 주시고 비와 바람을 내려주셔서 이렇게 열매를 거두게 되었습니다.' 하는 류의 고백도 혼자서 모든 것을 이룰 수 없는 자연의 이치와 삶의 이치를 환기하고 있다는 점에서 그 나름대로 숭고한 뜻을 담고 있음에 틀림없습니다. 그런데 성서의 신앙은 그보다 훨씬 철저한 역사의식을 동반합니다. 어쩌면 끊임없이 나그네와 같은 삶의 여정을 살아야 하는 사람들 그리고 그 여정에서 억압과 고통을 겪어야 하는 사람들 가운데 하나님이 함께하신다는 자각을 동반한 신앙입니다.

그 자각이 구체적인 만큼 그 믿음은 언제나 구체적인 윤리적 결단을 요구합니다. 그러니까 그 믿음은, 하나님 앞에서 인간의 한계를 분명히 의식하고 있음에도 인간의 능동적 역할을 강조하는 역사의식과 윤리의식을 바탕으로 하고 있습니다. 이 점에서 성서의 신앙, 그리스도교의 신앙은 매우 긴장도가 높은 신앙이라 할 수 있습니다. 역사신조에 이어지는 말씀은 이렇게 선포합니다.

그리고 당신들은 그것을 주 당신들의 하나님 앞에 놓고, 주 당신들의 하나님께 경배드리고, 레위 사람과 당신들 가운데서 사는 외국 사람과 함께, 주 당신들의 하나님이 당신들과 당신들의 집안에 주신 온갖 좋은 것들을 누리십시오(신명 26:10-11).

별도의 생업수단이 없는 레위인들과 이방인 나그네들과 더불어 거둔 것을 함께 나누라는 것입니다. 하나님의 은혜에 감사하는 것은 그저 막연한 대상을 향한 것이 아닙니다. 하나님의 은혜에 대해 감사하는 것은 낯선 이들을 받아들이고 그들과 더불어 삶을 나누는 결단을 동반하는 것입니다. 그것은 자신들이 다른 사람들에게 낯선 이방인이었던 사실을 환기시키며 그때 겪었던 고통을 되새기는 가운데 더불어 살아가는 삶을 이루고자 하는 결단입니다.

"너는, 네가 살고 있는 땅과 네가 난 곳과 너의 아버지의 집을 떠나서, 내가 보여 주는 땅으로 가거라." 그 하나님의 말씀을 따른 아브라함이 모든 민족에게 복의 근원이 되는 까닭이 무엇인지, 이제 분명해지지 않았습니까? 그것은 낯선 타인들과 더불어 전혀 새로운 삶을 누리는 세계를 지향하는 믿음 때문입니다.

오늘 우리 사회는 가치관의 변화를 요청받고 있고, 또 그런 만큼 의미 있는 변화 또한 이뤄지고 있습니다. 냉전의식을 넘어 평화의식이 고조되고 있습니다. 지난 주간에는 양심적 병역거부자들에게 대체복무제도를 마련하지 않은 것은 위헌이라는 헌법재판소의 판결이 나오기도 하였습니다. 양심의 자유와 인권의 보장이라는 측면에서 중요한 변화입니다.

물론 사회적으로 쟁점이 되고 있지만 여전히 서로 다른 의견들이 대립하고 있는 경우도 있습니다. 예컨대 난민을 대하는 시선, 외국인 노동자와 이주민을 대하는 시선, 성적 소수자를 대하는 시선

등이 그렇습니다.

그런데 더더욱 놀라운 것은 절대다수의 사람들에게 해당되는 사안임에도 불구하고 아직도 국제적 차원에서 상식적인 규범이 통용되지 않는 하나의 영역이 있고 다른 시선들이 엇갈리고 있다는 것입니다. 바로 노동을 바라보는 시선입니다. 지난 주간 전경련에서 초청한 미국의 경제학자 폴 크루그먼이 깜짝 놀란 반응을 보였습니다. 한국에서는 주당 52시간씩이나 노동을 하느냐고 반문했지요. 주 52시간 노동제를 갑자기 시행하면 곤란하지 않느냐는 전경련 부회장의 질문에 대한 반응에서였습니다. 우리 사회에서 이른바 주류 인사들이 가진 인식 수준을 단적으로 보여주는 예입니다.

정말 무엇이 인간을 위한 삶인지, 어떻게 해야 그 삶을 모두가 누릴 수 있는지, 그것이 우리 사회가 지향해야 할 바입니다. 그 지향점이 배제된 채 효율과 경쟁이 목표가 된 삶의 방식에서 벗어나야 합니다.

오늘 말씀을 통해 하나님께서 원하실 뿐 아니라, 우리 인간들이 진정으로 기뻐할 수 있는 삶이 무엇인지 재삼 새기고, 그 삶을 향하여 나아가는 우리가 되기를 기원합니다.

2018년 7월 1일

# 치명적인 유혹

## 민수기 21:4-9

꿏

그들은 에돔 땅을 돌아서 가려고, 호르산에서부터 홍해 길을 따라 나아갔다. 길을 걷는 동안에 백성들은 마음이 몹시 조급하였다. 그래서 백성들은 하나님과 모세를 원망하였다. "어찌하여 우리를 이집트에서 데리고 나왔습니까? 이 광야에서 우리를 죽이려고 합니까? 먹을 것도 없습니다. 마실 것도 없습니다. 이 보잘것없는 음식은 이제 진저리가 납니다" 그러자 주님께서 백성들에게 불뱀을 보내셨다. 그것들이 사람을 무니, 이스라엘 백성이 많이 죽었다. 백성이 모세에게 와서 간구하였다. "주님과 어른을 원망함으로써 우리가 죄를 지었습니다. 이 뱀이 우리에게서 물러가게 해 달라고 주님께 기도하여 주시기 바랍니다" 그리하여 모세가 백성들을 살려 달라고 기도하였다. 주님께서 모세에게 말씀하셨다. "너는 불뱀을 만들어 기둥 위에 달아 놓아라. 물린 사람은 누구든지 그것을 보면 살 것이다" 그리하여 모세는 구리로 뱀을 만들어서 그것을 기둥 위에 달아 놓았다. 뱀이 사람을 물었을 때에, 물린 사람은 구리로 만든 그 뱀을 쳐다보면 살아났다(민수기 21:4-9).

에리히 프롬은『자유로부터의 도피』라는 책에서, 사람들은 자유가 억압당할 때 자유를 얻기 위해 갈망하지만, 거꾸로 자유가 주어졌을 때 오히려 자유로부터 도피하고자 하는 경향을 띤다는 것을 통찰하고 있습니다. 노예의 삶은 자유가 없이 주인이 지시하는 대로 따라가면 그만입니다. 반면에 자유를 누린다는 것은 자기의 삶을 스스로 결정한다는 것을 말합니다. 이 삶에는 의지와 결단 그리고 그에 따르는 책임이 중요합니다. 자유로부터 도피하고자 하는 것은, 그 책임의 상황을 회피하고자 하는 사람들의 경향을 말합니다. 그래서 에리히 프롬은 '…으로부터의 자유'에서 '…을 향한 자유'로 나아갈 때 인간의 진정한 자유가 보장된다고 보았습니다.

성서의 출애굽기와 이어지는 책들은 자유를 향한 인간의 갈망 그러나 그 자유를 향한 여정의 고단함을 극적으로 보여주고 있습니다.

이집트의 군대를 따돌리고 탈출에 성공하여 광야에 이르자마자 히브리 백성들은 불평을 털어놓기 시작합니다. 히브리 백성은 그 지도자 모세와 아론을 원망합니다. "차라리 우리가 이집트 땅 거기 고기 가마 곁에 앉아 배불리 음식을 먹던 그때에, 누가 우리를 주님의 손에 넘겨주어서 죽게 했더라면 더 좋을 뻔하였습니다. 그런데 당신들은 지금 우리를 이 광야로 끌고 나와서, 이 모든 회중을 다 굶어 죽게 하고 있습니다"(출애 16:3). 소위 이집트의 고기 가마에 대한 그리움입니다. 고기 가마가 있기는 하였을까요? 어쨌든 자유를 향한 여정에서 고단함으로 인한 퇴행적인 환상입니다.

민수기의 본문 말씀은 출애굽의 여정에서 반복되는 불평의 상황을 전합니다. 천신만고의 여정을 지나 이제 머잖아 가나안 복지에 이르게 되었을 즈음, 히브리 백성은 에돔 땅을 우회하여 광야 길을 지나가게 되었습니다. 그들은 마음이 조급해져서 하나님과 모세를 원망했다고 전합니다.

> 어찌하여 우리를 이집트에서 데리고 나왔습니까? 이 광야에서 우리를 죽이려고 합니까? 먹을 것도 없습니다. 마실 것도 없습니다. 이 보잘것없는 음식은 이제 진저리가 납니다.

이 상황은 출애굽기가 전하는 불평의 상황과 조금 다릅니다. 출애굽기가 전하는 바는 아예 먹을 것이 없다고 불평하는 상황이었습니다. 백성들이 그렇게 불평했을 때 하나님께서는 만나와 메추라기를 내려서 그들의 굶주림을 해결해 주셨습니다. 민수기가 전하는 상황은, 먹고 마실 것이 없다고 불평하는 건 똑같은 것처럼 보이는데, 전혀 없는 것은 아닙니다. "이 보잘것없는 음식은 이제 진저리가 납니다"라고 말하고 있습니다. 아마도 그간 일용할 양식이 되었던 만나와 메추라기를 두고 하는 말이겠지요.

일용할 양식이 아예 없던 상황과 넘쳐나지는 않지만 일용할 양식이 있는 상황의 차이는 큽니다. 절대 빈곤의 상황에서 경제개발을 해야 하는 상황과 웬만큼 먹고 살만해진 상황에서 계속 경제성장을 지상의 가치로 여기는 것은 다릅니다.

본문 말씀을 보면, 하나님께서는 다른 처방을 내립니다. 아예 먹고 마실 것이 없다고 불평했을 때는 일용할 양식을 내려 주셨습니다. 인간의 기본적인 욕구는 충족되어야 한다는 뜻입니다. 그러나 일용할 양식이 충족된 상황에서 터져 나온 불평에 대해서는 다른 처방을 내리십니다. 불평하는 백성들에게 벌을 내리십니다. 불뱀을 보내어 사람들을 물게 하여 수많은 사람이 죽음에 이르렀다고 본문 말씀은 전하고 있습니다.

이 대목에서부터 본문 말씀은 조금 난해해집니다. 고대 종교의 상징이 등장하면 이를 어떻게 이해해야 할지 오늘 우리의 관념으로는 해석상의 곤란함을 느낄 수밖에 없습니다. 불가불 본문의 진의에 다가서기 위해서는 불뱀 또는 뱀의 상징적 의미를 헤아리지 않을 수 없습니다.

우선 본문의 내용을 그대로 환기하겠습니다. 하나님께서 내린 진노로 많은 백성이 죽음에 이르게 되자 백성들은 모세에게 와서 간청합니다. "주님과 어른을 원망함으로써 우리가 죄를 지었습니다. 이 뱀이 우리에게서 물러가게 해 달라고 주님께 기도하여 주시기 바랍니다."

그러자 모세는 하나님께 백성들을 살려달라고 간청하였고 하나님께서는 백성들이 사는 길을 일러주십니다. "너는 불뱀을 만들어 기둥 위에 달아 놓아라. 물린 사람은 누구든지 그것을 보면 살 것이다" 모세는 구리로 뱀을 만들어 기둥에 달아놓았습니다. 사람들은 뱀에 물렸을 때 그 뱀을 쳐다보면 살아났습니다.

오늘 우리의 관념으로 볼 때 그저 주술적 행위에 지나지 않은 이 장면을 어떻게 이해해야 할까요?

이 이야기에 등장하는 '뱀' 또는 '불뱀'은 모순된 이중적인 상징으로 등장합니다. '불뱀'은 날개 달린 뱀을 뜻하는 것으로 그냥 '뱀'과는 구별되기에 약간 혼선은 있지만, 그 혼선은 그다지 중요하지 않습니다.

이 이야기에서 뱀은 우선 치명적인 유혹의 상징으로 등장합니다. 사람을 죽음에 이르게 할 수도 있는 존재입니다. 사람이 삶을 삶답게 누리지 못하고 죽은 것과 다름없는 상태로 만드는 치명적인 유혹을 상징합니다. 아마도 직접적으로는 사막에서 독사를 경험한 데서 이러한 연상이 가능했을 것입니다. 치명적인 유혹의 상징으로서 뱀은 창세기에도 나오고 있습니다.

그러나 동시에 뱀은 다시 생명의 상징으로 등장합니다. 구리로 만든 뱀을 바라보고 사람들이 살 수 있게 되었다는 대목에서 그 뱀은 생명의 상징이 됩니다. 보다 일반적인 뱀의 상징적인 의미입니다. 뱀은 겨울잠에서 다시 깨어나는 재생再生, 허물을 벗는 환생, 끈질긴 생명력을 가진 불사不死의 동물로 인식되었습니다. 또 많은 알과 새끼를 낳아 다산성多産性의 풍요와 가복家福의 신으로서 생명 탄생과 치유의 힘을 나타내는 존재로 인식되기도 했습니다. 의신醫神 아스클레피오스의 지팡이와 군의관의 상징은, 뱀이 생명의 창조와 치유의 힘을 상징하고 있다는 것을 말해 줍니다. 오늘 본문에서 뱀을 바라봄으로써 죽음에 이르지 않고 살게 되었다는 이야기는 바로 그러한 고대 종교적 상징의 관념을 반영하고 있습니다.

성서는 왜 이렇게 헷갈리는 이야기를 하고 있을까요? 고대 상징의 세계에 익숙하지만, 그러나 오직 하나님만을 믿는 성서기록자의 시선에서는 뱀의 상징을 나름대로 성서적 맥락에서 '토착화'시키고 있는 까닭에 다소 혼란스러워 보일 뿐입니다. 아마도 고대 사람들은 생명의 상징인 뱀을 바라보는 주술적 행위 자체가 효력을 지니는 것으로 믿었겠지만 성서의 기자는 그 관습을 잘 알고 있으면서도 그 의미 그대로 받아들인 것은 아닙니다.

본문 말씀의 전체적 맥락에서 볼 때 뱀을 바라보는 행위는 사람을 죽음에 이르게 하는 치명적인 유혹의 위험성을 환기하는 뜻을 지니고 있습니다. 하나님을 원망하던 백성들이 치명적인 유혹의 위험성을 환기했을 때, 그들은 다시 하나님의 뜻을 따라 구원에 이르게 되었다는 것을, 본문 말씀은 말하고 있는 것입니다. 본문 말씀에서 뱀을 바라보는 것은 치명적인 유혹의 실체를 바라보고 스스로 삶을 되돌아보는 성찰을 뜻하는 것입니다.

그 의미는 마치 오늘 우리가 십자가를 바라보는 것과 같습니다. 십자가가 무슨 영광스러운 것인가요? 그것이 무슨 능력을 지니는가요? 그것은 세상의 폭력성을 나타내는 것이며, 세상의 수치를 나타내는 것입니다. 그 십자가가 특별히 의미를 지니는 까닭은 그것이 그리스도의 고난을 상징하기 때문입니다. 십자가를 바라볼 때 그리스도의 고난의 길을 떠올릴 수 있다면 우리는 구원에 길에 이를 수 있지만 십자가 자체가 어떤 능력을 발휘해주기를 기대하는 마음으로 바라본다면 그것은 한갓 미신에 지나지 않습니다.

본문 말씀은 자유의 기나긴 여정에서 겪을 수 있는 사람들의 치명적인 유혹에 관한 이야기입니다. 본문 말씀은 일용할 양식을 넘어서는 물질의 유혹, 과욕에 빠질 때 사람은 자유를 잃고 죽음에 이른다는 것을 말하고 있습니다.

오늘 우리가 기후변화를 심각하게 여기고 대책을 모색하는 것은, 오늘의 인간 문명이 빠지고만 치명적인 유혹의 실체를 제대로 응시하고자 하는 것 아닐까요? 일상이 되어버린 미세먼지를 줄이고, 예측하기 어려운 기상변동에 대처하는 기술을 개발하기 이전에, 그 현상을 야기한 치명적인 유혹의 실체를 깨닫는 것이 먼저일 것입니다. 인간의 경제적 풍요와 그것을 기반으로 하는 인간의 자유를 보장받기 위해, 무한정 기술을 개발하고 자연을 착취한 결과가 오히려 거꾸로 인간의 생명을 위협하게 된 것 아닙니까? 살겠다고 하는 짓이 죽음으로 인도하는 현실!

성서의 말씀은 그 치명적인 유혹의 실체부터 제대로 응시함으로써, 그로부터 벗어나도록 우리를 일깨워주고 있습니다. 그 깨달음을 나누고 함께 결단하는 이 자리가 되기를 기원합니다.

기독교환경회의 개회예배

2018년 12월 6일

# 예수님의 정공법

## 마태복음 8:18-22

꽃장식

예수께서, 무리가 자기 옆에 둘러 서 있는 것을 보시고, 제자들에게 건너편으로 가자고 말씀하셨다. 율법학자 한 사람이 다가와서 예수께 말하였다. "선생님, 나는 선생님이 가시는 곳이면, 어디든지 따라가겠습니다" 예수께서 그에게 말씀하셨다. "여우도 굴이 있고, 하늘을 나는 새도 보금자리가 있으나, 인자는 머리 둘 곳이 없다" 또 제자 가운데 한 사람이 말하였다. "주님, 내가 먼저 가서, 아버지의 장례를 치르도록 허락하여 주십시오" 예수께서 그에게 말씀하셨다. "너는 나를 따라오너라. 죽은 사람의 장례는 죽은 사람들이 치르게 두어라"(마태복음 8:18-22).

세계보건기구who가 코로나19를 '세계적 대유행팬데믹'으로 선언하고, 한국에서도 확진자 증가추세가 주춤하기는 해졌지만 여전히 확산의 위험이 도사리고 있는 지금, 모두에게 필요한 것은 서로에 대한 격려와 도움 그리고 희망이 담긴 위로일 것입니다. 여전히 얼굴을 마주하지 못한 가운데 벌써 세 번째 맞이하고 있는 오늘 주일

예배 가운데서도, 말씀을 통해 위로를 받고 싶은 것이 우리 모두의 기대일 것입니다.

언뜻 보기에 본문 말씀은 그 기대와는 거리가 먼 것처럼 느껴집니다. 예수님은 어찌 그리 단호할까요? 본문 말씀은 비정하다고 느껴질 만큼 단호한 예수님의 입장을 보여주고 있습니다.

그러나 본문이 전하고 있는 예수님의 말씀은 우리의 삶을 근원적으로 되돌아보게 만듭니다. 따라서 진정한 생명의 길이 무엇인지 일깨워주고 있습니다. 이로써 우리에게 진정한 위로와 희망의 근거가 무엇인지 깨닫게 해줍니다.

누가복음(9:57-63)에도 병행 구절이 있지만, 마태복음의 본문은 조금 더 간결하면서 극적인 성격을 띠고 있습니다.

예수님께서 제자들과 함께 길을 가는데 율법학자 한 사람이 말합니다. "선생님, 나는 선생님이 가시는 곳이면, 어디든지 따라가겠습니다" 예수님께서 답하십니다. "여우도 굴이 있고, 하늘을 나는 새도 보금자리가 있으나, 인자는 머리 둘 곳이 없다" 결연한 의지를 표한 사람을 도리어 짐짓 놀라게 만드는 답입니다.

본문 말씀은 그 사람이 율법학자라고 합니다. 율법학자라면 사람들에게 존경받는 지위에 있었고 그 삶 또한 안정되어 있었을 것입니다. 그런 사람이 예수를 따르겠다고 했고, 예수께서는 그 사람에게 당신의 삶을 분명하게 알려 줍니다. '그래도 따르겠습니까? 그렇다면 좋습니다' 하는 답입니다. 다소 당혹스럽기는 하지만, 그래도 여기까지는 납득할 만합니다. 그런데 그 다음 이어지는 이야기는 조금 더 심합니다.

이번에는 예수님을 따르던 제자 가운데 한 사람이 아버지의 장례를 치르게 해달라고 간청합니다. 예수님께서는 매몰차게 말씀하십니다. "너는 나를 따라오너라. 죽은 사람의 장례는 죽은 사람들이 치르게 두고, 너는 가서, 하나님의 나라를 전파하여라" 여기서 물론 두 번째로 등장하는 '죽은 사람들'은 영적으로 죽은 사람들을 뜻한다는 것은 충분히 헤아릴 수 있습니다(도마 11, 51 등 참조).

오늘날 통념으로 봐도 그렇지만, 죽은 사람의 장례를 치르는 일은 그 어떤 일보다 우선합니다. 부모의 장례라면 더더욱 그렇습니다. 당시 유대교에서 죽은 사람의 장례를 치르는 일은 살아 있는 사람의 의무일 뿐 아니라 나아가 적극적인 선행으로 간주되었습니다. 그런데 지금 예수님께서는 당신을 따르며 하나님 나라를 전파하는 일이 그 일보다 우선한다고 잘라 말씀하십니다. 당시 율법과 도덕 관념으로는 패륜을 저지른다는 평을 받아 마땅한 태도였습니다.

도대체 어쩌자고 예수님께서는 이렇게 단호하게 몰아붙이시는 걸까요? 거두절미하고 말하자면 예수님께서는 하나님 나라를 전파하는 절박성을 이야기하고 있습니다. '다른 일에 신경 쓸 겨를이 없다. 지금 가장 필요한 것은 하나님 나라를 전하는 것이다' 그야말로 거두절미하고 사람들이 지금 따라야 할 옳은 길의 절박성을 이야기하고 계신 것입니다. 예수님의 말씀은 늘 우리 삶의 근본적 전환을 요구합니다. 특별히 오늘 본문 말씀에서 예수님의 그 정공법, 정면 돌파 태도가 극적으로 도드라지고 있을 뿐입니다.

말씀의 의미를 다시 헤아려볼까요? 율법학자는 무턱대고 따르겠다고 말했을 리 없습니다. 율법학자는 당대의 율법, 곧 당대의 사회질서를 대변하고 있습니다. 그런 사람이 예수를 따르겠다고 했을 때는 그 자체로 일대 사건입니다. 예수님께서 두 팔 벌려 맞이하는 것이 훨씬 극적으로 보일 만합니다. 그런데 예수님께서는 그에게 확인합니다. "여우도 굴이 있고, 하늘을 나는 새도 보금자리가 있으나 인자는 머리 둘 곳이 없다" '정말 나를 따르겠습니까? 나의 삶은 이렇습니다. 이와 같은 삶에 거리낌이 없다면 나를 따르시오' 하는 이야기입니다.

이 말씀을 가만히 생각해보면 엇갈리는 양가적인 느낌이 동시에 교차합니다. 한편으로는 고단한 예수님의 삶이 느껴집니다. 그러나 동시에 결코 그 어떤 것에도 매이지 않는 자유로운 삶에 대한 결연한 의지가 느껴지기도 합니다. 바람과 같이 사는 삶, 어쩌면 모든 사람이 또 한편으로 갈망하는 자유로운 삶을 향한 의지 같은 것입니다. 그 모순된 느낌에서 오히려 예수님의 말씀의 뜻은 더욱 분명해집니다. '그 삶에 후회하지 않을 마음의 자세가 되어 있습니까? 그렇다면 나와 함께 진정한 자유를 누립시다' 하는 이야기입니다.

예수를 따르는 삶이 어떤 거리낌도 없이 현실의 삶의 연장에 지나지 않았다면, 예수님께서는 새삼 당신의 삶을 그렇게 환기하지 않았을 것입니다. 그러나 예수님께서는 막상 확인하고 보면 놀랄 수도 있는 당신의 삶을 구체적으로 밝히면서 따르겠다고 나선 사람의 의지를 확인합니다. 예수님께서는 기존 현실의 삶의 연장선상에서 어떤 보상을 내걺으로써 따르라고 요구하는 것이 아니라, 기존 현실의 삶의 방식과는 다르지만 오히려 진정한 자유를 누리는 삶을 따를 것인지 확인하고 당신을 따르라고 이야기하고 있는 것입니다.

　이어지는 제자와의 대화는 그 말씀의 진의를 더욱 분명히 해주고 있습니다. 앞서 말했듯이 장례를 치르는 일은 중요한 일입니다. 주검을 만져서는 안 되는 사제도 친척의 경우에는 예외가 인정될 만큼(레위 21:1-3) 당대 율법의 관념에서 중대사였습니다.

　당시 모든 사람이 매여 있는 율법 체제에서도 중대사로 여기는 그 일마저도 뿌리치라는 말씀의 진의, 그보다는 하나님 나라가 중요하다는 말씀의 진의를 깊이 헤아려야 합니다. 그 일을 예수님께서는 죽은 사람의 일로 치부하고 있습니다. 인간적으로 헤아려볼 때 아버지를 잃은 제자의 슬픔을 모를 리 없었을 것입니다. 그렇지만 오늘 본문에서 그 정황은 가려져 있습니다. 단호한 말씀만 두드러집니다. 율법에서도 중대사로 간주하는 일을 죽은 사람들의 일로 간주하는 태도, 이것은 율법학자의 전향을 더욱 극적으로 강조하고 있습니다. 사람들이 율법에 매여 있는 것이 곧 죽음이라는 것을 뜻합니다. 내가 나로서 살아가지 못하고, 그 어떤 체제에 매여 종노릇하는 삶, 그 삶에 대해 아무런 문제의식이 없이 살아가는 삶은 곧 삶이 아니라 죽음이라는 이야기입니다.

일찍이 함석헌 선생께서 말씀하셨습니다. "생각하는 백성이라야 산다." 그저 목숨을 연명하고 있다고 사는 것이 아니라 세상의 부조리를 알고 나의 나됨을 지키기 위해 끊임없이 생각하고 저항하는 사람이라야 진정으로 살아 있다는 것을 뜻합니다. 예수님께서 "나를 따르라"고 한 것은 그렇게 살라는 것을 뜻합니다. 그저 주어진 체제 안에서, 많은 사람이 따른다고 해서 생각 없이 따르는 것이 삶을 보장해주지 않는다, 진정으로 살 길을 따르라는 이야기입니다. 그것이 하나님 나라라는 이야기입니다.

예수님께서는 지금 사람들이 사는 현실의 삶과 질적으로 구별되는 하나님 나라의 삶을 단호하게 구별합니다. 우물쭈물할 때가 아니라고 합니다. 왜 그렇게 단호하게 이야기해야만 했을까요?

우리의 삶에서 낡은 것과 새로운 것, 악한 것과 선한 것은 선명하게 갈라져 있지 않습니다. 예수님께서 그렇게 잘라 말씀하신 것은 우리의 삶이 그렇게 뒤엉켜 있기 때문입니다. 세상이 투명하다면 예수님의 말씀은 그렇게 위력을 지닐 수 없습니다. 낡은 것과 새로운 것, 그른 것과 옳은 것 사이에서 엉켜 살고 있기에 예수님께서는 사람들을 향해 진정한 구원의 길을 단호하게 말씀하신 것입니다.

본문 말씀에 이어지는 이야기(8:23-27)는 풍랑을 잔잔케 하신 예수님의 이야기를 전하고 있습니다. 혼란 가운데 허둥대는 사람들 틈바구니에서 예수님께서 중심을 잡고 그 사태를 진정시켰다는 것을 뜻합니다. 본문 말씀의 뜻과 직결됩니다.

오늘 우리 세계를 지배하는 가치관이 무엇입니까? 적자생존, 각자도생의 원리입니다. 무한한 욕망을 부추기는 자본의 체제가 보장해주는 삶을 누리기 위해 바둥댑니다. 그 기준에 부합하는 자격과 능력을 갖춘 사람만이 살아갈 수 있습니다. 우리가 살아가는 세계의 실상입니다.

교회는 그 세상 한복판에서 참 생명의 길을 실현하는 사명을 지니고 있습니다. 그러나 어떻습니까? 교회가 오히려 한술 더 뜨고 있지는 않습니까? 자신들만 구원의 무리에 포함되어 있다는 의식으로 무장되어 있다면 세상의 질서와 가치관에서 벗어나 있지 않습니다. 오늘 세상을 떠들썩하게 만든 신천지는 그 교회 안에서 배태되었고, 그렇게 유지되는 세상과 교회를 더욱 압축하여 사람들에게 헛된 희망을 바라보게 한 것입니다.

신천지 신도들이 가족마저 버리고 충성을 바친 것은, 본문에서 예수님께서 말씀하신 참 생명의 길, 자유의 길을 따르는 것과 결코 동일시될 수 없습니다. 자신의 욕망에 포로된 결과일 뿐입니다. 그렇게 해서 결국 이만희의 종밖에 되지 않습니다. 그 거짓 가르침에 현혹되어서는 안 됩니다. 갈수록 노예가 될 뿐입니다.

우리가 처해 있는 세계의 실상, 죽음과 다르지 않은 삶의 실상을 정면으로 마주해야 합니다. 거기에서 진정으로 삶을 삶답게 누리는 길이 무엇인지 깨달을 수 있습니다.

지금 여전히 우리가 헤어 나오지 못한 코로나19 위기를 돌파하는 방법도 마찬가지일 것입니다. 정치적인 이해득실을 따지느라,

또는 올림픽이라는 중대사를 치러야 한다는 이유로 그 실상을 은폐·축소하거나 엉뚱한 트집을 잡아 책임 전가해서야 되겠습니까? 그 질병의 실상과 정면으로 마주하고 그것을 극복하기 위해 모든 힘과 지혜를 모으는 것이 마땅하지 않습니까? 어떤 사태의 실상을 마주하는 일은 언제나 두렵습니다. 확진자가 늘어 두렵고, 그렇게 늘어나 병실부족으로 혼란을 겪을 수도 있습니다. 하지만 어떤 방법이 생명을 보호하고 살리는 길인지 점점 분명해지고 있지 않습니까?

예수 그리스도를 따르는 그리스도인과 교회는, 혼란한 세상 가운데서 무엇이 참 생명을 보장하는 길인지 끊임없이 찾고 그 길을 따르는 사명을 부여받고 있습니다. 살아 있어도 죽은 것과 다름없는 삶이 아니라 진정으로 살아 있는 삶을 누리기 위해 나선 이들이 그리스도인입니다. 오늘 말씀의 의미를 새기며 그 삶을 스스로 누리고 세상에 펼쳐나가는 우리가 되기를 기원합니다.

2020년 3월 15일

# 생명을 위한 자각적인 선택

요한복음 12:20-26

명절에 예배하러 올라온 사람들 가운데 그리스 사람이 몇 있었는데, 그들은 갈릴리 벳새다 출신 빌립에게로 가서 청하였다. "선생님, 우리가 예수를 뵙고 싶습니다" 빌립은 안드레에게로 가서 말하고, 안드레와 빌립은 예수께 그 말을 전하였다. 예수께서 그들에게 대답하셨다. "인자가 영광을 받을 때가 왔다. 내가 진정으로 진정으로 너희에게 말한다. 밀알 하나가 땅에 떨어져서 죽지 않으면 한 알 그대로 있고, 죽으면 열매를 많이 맺는다. 자기의 목숨을 사랑하는 사람은 잃을 것이요, 이 세상에서 자기의 목숨을 미워하는 사람은, 영생에 이르도록 그 목숨을 보존할 것이다. 나를 섬기려고 하는 사람은, 누구든지 나를 따라오너라. 내가 있는 곳에는, 나를 섬기는 사람도 나와 함께 있을 것이다. 누구든지 나를 섬기면, 내 아버지께서 그를 높여주실 것이다"(요한복음 12:20-26).

본문 말씀은 유대의 명절 곧 유월절을 맞아 많은 사람이 예루살
렘에 와 있는 가운데 예수님의 일행에게 일어난 일을 전하고 있습
니다. 복음서들 사이에는 겹치는 이야기들도 많지만, 이 이야기는
다른 복음서들에는 등장하지 않은 이야기입니다.

유월절에 예루살렘에 예배하러 온 사람들 가운데 그리스 사람
(헬라 사람)이 몇 있었습니다. 이 사람들이 종족 상 그리스인을 뜻하
는 것인지는 분명치 않지만, 유대인이 아닌 그리스어를 사용하는
이방인이라는 것은 분명해 보입니다. 이방인으로서 '하나님을 경외
하는 사람들'이 아닐까 생각됩니다. 이들이 굳이 자기들이 말을 건
네기 쉬운 두 제자, 곧 그리스식 이름을 가진 빌립과 안드레에게 부
탁하여 예수님을 뵙고자 청한 상황을 보면, 확실히 이방인이었을
것으로 보입니다. 예수님의 일행이 성전 앞마당에 있었다면, 이방
인들은 유대인들의 경계 안에는 들어올 수 없었기에 누군가를 건너
이야기를 전하려고 했던 상황을 충분히 상상해볼 수 있기 때문입니
다. 어쨌든 이 '그리스 사람들'이 이른바 정통 유대인과는 구별되는
사람들을 뜻한다는 사실이 중요합니다.

본문 말씀 바로 앞의 내용, 곧 19절을 볼 것 같으면, 사람들이 예
수님에게 환호하는 것을 보고 바리새파 사람들이 탄식합니다. "이
제 다 틀렸소. 보시오. 온 세상이 그를 따라갔소."

본문 말씀이 전하는 상황, 곧 그리스 사람들이 갈릴리(사실 벳새
다가 엄밀히 갈릴리라 할 수는 없지만, 그렇게 인식된 당시의 통념을 반
영) 출신인 빌립에게 말을 건네 예수님을 뵙고 싶다고 말하고, 빌립
이 다시 안드레를 통해 예수님께 그 말을 전달하는 상황은, 온 세상

이 예수님을 따르는 바로 그 상황을 극적으로 전해주고 있습니다.

이것은 매우 도드라진 대비의 상황입니다. 여기서 유대 백성들의 선생으로 간주되는 바리새파 사람들은 예수를 거부하고 있는데, 엉뚱한 이방인들이 예수를 받아들이고 있다는 사실이 대비되고 있습니다. 이것은 초기 교회의 상황을 반영하고 있으며, 그것은 곧 세상이 지금 변해가고 있다는 것을 말해줍니다. 예수 그리스도의 복음으로 세상이 변해가고 있는 진실을 말해 주고 있는 것입니다.

이어지는 이야기는, 그 사람들의 요청에 대해 예수님께서는 그들이 당신을 찾고 있는 사실이 갖는 의미를 전해주고 있습니다. 이미 그들의 청대로 만나겠다는 의지를 더 적극적으로 표명한 셈입니다. 이방인들이 당신을 뵙고자 하는 상황, 그것이 곧 세상의 변화를 알리는 중대한 조짐이라는 것을 말하고 있습니다. "인자가 영광을 받을 때가 왔다."

먼저 예수님의 이 말씀만 볼 것 같으면, 드디어 예수님께서 이방인들로부터도 인정을 받고, 마침내 영광을 누리게 되었다는 것을 말하는 것으로 보입니다. 그러나 이어지는 말씀은 그 영광을 누린다는 것이 무엇을 뜻하는 것인지 밝혀 주고 있습니다. 그것은 통상적으로 생각하는 영예와는 다른 것입니다.

"내가 진정으로 진정으로 너희에게 말한다. 밀알 하나가 땅에 떨어져서 죽지 않으면 한 알 그대로 있고, 죽으면 열매를 많이 맺는다. 자기의 목숨을 사랑하는 사람은 잃을 것이요, 이 세상에서 자기의 목숨을 미워하는 사람은, 영생에 이르도록 그 목숨을 보존할 것이다. 나를 섬기려고 하는 사람은, 누구든지 나를 따라오너라. 내가 있는 곳에는, 나를 섬기는 사람도 나와 함께 있을 것이다. 누구든지 나를 섬기면, 내 아버지께서 그를 높여 주실 것이다."

이와 유사한 말씀은 우리가 복음서나 서신의 곳곳에서 접할 수 있습니다. 목숨을 버리는 사람이 영생을 누리고, 섬기는 사람이 거꾸로 영광을 누린다는 역설입니다. 예수님의 선포 그리고 예수님의 삶과 죽음을 집약적으로 표현한, 그리스도교 메시지의 핵심에 해당하는 말씀입니다. 그리스도인은 그 역설의 진실을 믿습니다. 상호 모순이 되는 역설, 그래서 그 말 자체로만 생각하면 도무지 이해할 수 없는 역설, 그것을 그리스도인은 믿는 것입니다. 우리가 명백히 그리스도인라면 이 진실을 믿는다고 당당하게 고백할 수 있어야 할 텐데, 그게 도대체 어떻게 가능할까요?

다른 복음서들에서 비어 있는 여백을 친절하게 메워주는 역할을 하는 요한복음서는 이 대목에서도 아주 친절하게 그것이 어떻게 가능한지 적절한 비유를 통해 전해주고 있습니다. "밀알 하나가 땅에 떨어져서 죽지 않으면 한 알 그대로 있고, 죽으면 열매를 많이 맺는다" 숱한 예수님의 비유는 거의 모두 농사짓는 일과 관련되어 있기에 농사짓는 농민들, 당시의 민중들이 금방 다 알아들을 수 있는 이야기들이었습니다. 단 한 문장으로 끝나는 오늘의 비유는, 농사를 짓지 않는 사람이라 하더라도 금방 알아들을 수 있는 비유입니다.

목숨을 버리는 사람이 영생을 누리고, 섬기는 사람이 거꾸로 영광을 누리는 역설의 진실은 바로 이 비유에 함축된 그대로입니다. 한 톨의 밀알은 땅에 떨어져 기존의 형체가 사라지지만, 그로써 싹이 트고 줄기가 자라 열매를 맺는 이치, 그것이 예수께서 우리에게 일깨워주신 진실입니다.

　그것은 자기만의 아집, 자기만의 전통, 자기만의 세계에서 벗어나 더 큰 세계를 인식할 수 있을 때 비로소 진정한 자기의 모습을 볼 수 있을 뿐 아니라 진정한 의미에서 생명을 영위할 수 있다는 것을 뜻합니다. 그 깨달음은 일상적인 생활윤리로 구체화되어야 합니다. 섬기는 사람이 오히려 하나님으로부터 높임을 받게 될 것이라는 이야기는 바로 그것을 말합니다.

　예수님께서는 말씀하시기를 당신을 섬기려고 하는 사람은 당신을 따르라고 합니다. 따른다는 것은 곧 섬기는 본을 보여주셨던 그 삶을 따르는 것을 뜻합니다. 예수 그리스도께서 계시는 곳, 곧 하나님 나라에서는 그렇게 섬기는 사람들이 함께 기쁜 삶을 누리게 될 것이며 그것이 곧 하나님으로부터 인정받는 삶이라고 예수님은 말씀하십니다.

　앞서 말한 대로 본문 말씀은 예수를 거부한 바리새파 사람들과 예수를 뵙고자 찾아 나선 이방인들을 극명하게 대비해주고 있습니다.

　바리새파 사람들은 자신의 정통, 곧 자신들의 세계에 머물며 그것을 지키고자 한 사람들입니다. 그 열심에서, 그 성실함에서 그들을 따라가기 어려울 것입니다. 하지만 그들은 자신의 것을 지키고자 하는 그 열성 때문에 새로운 구원 빛을 받아들이지 못했습니다.

　반면에 본문 말씀에 등장하는 이방인들은 자신들만의 그 세계를 박차고 나선 사람들입니다. 이들이 속한 헬레니즘 세계가 얼마나 강고합니까? 오늘날 서구 그리스도교 문명뿐만 아니라 이슬람 문명에 이르기까지, 그 문명을 형성한 두 기둥으로 간주될 만큼 유대인의 전통과 그리스인의 전통은 저마다 독창적이고 강력한 세계를 형성하고 있었습니다. 오늘날에는 동급으로 간주되지만 예수 당시 영향력으로 보면 어떨까요? 유대인의 전통은 그리스인의 전통에 비해 미미할 따름이었습니다. 이미 고대 그리스를 경유하여 로마 시대에 이르기까지 지대한 영향력을 행사하고 있을 만큼 그리스인의 전통은 강력한 것이었습니다. 본문이 말하는 그리스인은, 그 세계 안에서 호흡하고 생명을 누리고 있는 사람들이었습니다. 바로 그 세계에 매여 있던 사람들이 전향한 사건, 그 사건의 의미를 본문 말씀은 전하고 있습니다.

그리스도인이 된다는 것, 그리스도의 복음을 받아들인다는 것은 그만큼 엄청난 사건입니다. 우리 그리스도인들은 바로 그와 같은 사건의 의미를 되새기며, 바로 우리 자신들 가운데서도 그 놀라운 사건이 일어나기를 갈망하는 사람들입니다.

오늘 우리는 일찍이 경험하지 못한 그야말로 낯선 경험을 겪고 있습니다. 코로나19로 인한 질병 그 자체의 공포는 새삼 말할 것 없거니와 인간 삶의 모든 국면을 새롭게 구성하지 않으면 안 되는 사태를 경험하고 있습니다. 인권의 문제, 생명권의 문제, 정치체제의 문제 등 다각도로 다시 생각하지 않으면 안 되는 사태로 오늘의 위기를 겪고 있습니다.

가장 두드러진 것 가운데 하나가 어쩌면 경제 관념의 변화 조짐일지도 모릅니다. 경제는 경제 그 자체의 논리에 따라 작동한다는 것이 현대 경제학의 믿음이었지만, 보이지 않는 바이러스 하나로 그 믿음이 무너질 수 있다는 것을 경험하고 있습니다. 시장 원리에 맡겨야 한다는 목소리는 잠잠해졌고, 세계의 모든 나라가 어려움에 처한 사람들을 지원하는 특단의 대책을 강구하고 있고, 난망해보이기만 했던 기본소득 보장에 관한 이야기가 순식간에 확산되었습니다. 단지 경제 살리기로 귀결될지 진짜 인간의 삶을 보장하는 새로운 경제 운용으로 귀결될지 숙제이지만, 지금까지 지켜왔던 믿음이 무너지고 있다는 것은 분명해 보입니다. 코로나로 주요 생산활동이 중지되어 대기오염이 준 만큼 더 많은 사람이 생명을 건지게 되었다는 진단도 있는 만큼 앞으로 어떤 지혜가 발휘될지도 모릅니다.

교회 또한 겪어보지 못한 낯선 세계에 들어섰습니다. 많은 교회가 모이는 예배 대신 흩어져 있는 그 자리에서, 각 가정에서 예배를 드리고 있습니다. 그것은 모이는 예배가 우리의 신앙을 표현하는 중요한 한 방식이라는 것을 부정해서가 아닙니다. 그것이 오늘 직면한 생명의 위기 상황을 더욱 심화시킬 수 있는 소지를 안고 있다면, 스스로 소중히 여기는 것마저도 제한해야 한다는 취지에 공감하기 때문입니다. 모든 사람 생명의 안전을 지키는 것이 더 큰 예배가 될 수 있다고 믿기 때문입니다.

우리는 이 경험이 임기응변이 되지 않기를 바랍니다. 모이는 교회를 잠시 중단했음에도 공동체적 유대를 지속할 수 있고 각자의 삶의 자리에서 그리스도인으로서 삶을 구현해갈 수 있다면 그것이야말로 건강한 교회, 온전한 그리스도인으로서 삶을 구현하고 있다는 적극적인 증거가 될 것입니다.

물론 우리는 하루빨리 얼굴을 마주하기를 바랍니다. 사람은 역시 얼굴을 마주하면서 직접적인 관계를 형성하는 데서 그 관계를 더욱 돈독히 할 수 있기 때문입니다. 그렇기는 하지만, 지금 만나지 못하는 이 시간을 그저 정지된 시간으로 여기기보다 진정한 교회됨의 의미, 그리스도인됨의 의미를 생각하고 구현하는 계기로 삼기를 바랍니다.

　오늘 우리는 어쩔 수 없는 위기 상황에서 새로운 경험을 하고, 성찰하는 계기를 갖게 되었습니다. 그러나 그리스도인은 스스로 선택하여 생명에 이르고자 하는 믿음을 지향합니다. 끊임없이 삶을 돌아보고 생각하며 낡은 세계를 벗어나 진정으로 생명을 보장하는 세계를 선택하는 것이 그리스도인의 길입니다. 그 길에 기쁨으로 함께 나서는 우리가 되기를 기원합니다.

2020년 3월 22일

# 위대한 순간, 바울의 전향

사도행전 9:1-19

❦

사울은 여전히 주님의 제자들을 위협하면서, 살기를 띠고 있었다. 그는 대제 사장에게 가서, 다마스쿠스에 있는 여러 회당으로 보내는 편지를 써 달라고 하였다. 그는 그 '도'를 믿는 사람은 남자나 여자나 가리지 않고, 닥치는 대로 묶어서, 예루살렘으로 끌고 오려는 것이었다. 사울이 길을 가다가, 다마스쿠스 가까이에 이르렀을 때에, 갑자기 하늘에서 환한 빛이 그를 둘러 비추었다. 그는 땅에 엎어졌다. 그리고 그는 "사울아, 사울아, 네가 왜 나를 핍박하느냐?" 하는 음성을 들었다. 그래서 그가 "주님, 누구십니까?" 하고 물으니, "나는 네가 핍박하는 예수다. 일어나서, 성 안으로 들어가거라. 네가 해야 할 일을 일러 줄 사람이 있을 것이다" 하는 음성이 들려왔다. 그와 동행하는 사람들은 소리는 들었으나, 아무도 보이지는 않으므로, 말을 못하고 멍하니 서 있었다. 사울은 땅에서 일어나서 눈을 떴으나, 아무것도 볼 수가 없었다. 그래서 사람들이 그의 손을 끌고, 다마스쿠스로 데리고 갔다. 그는 사흘 동안 앞을 보지 못하는 상태에서, 먹지도 않고 마시지도 않았다. 그런데 다마스쿠스에는 아나니아라는 제자가 있었다. 주님께서 환상 가운데서 "아나니아야!" 하고 부르시니, 아나니아가 "주님, 여기 있습니다" 하고 대답하였다. 주님께서 아나나아에게 말씀하셨다. "일어나서 '곧은 길'이라 부르는 거리로 가서, 유다의 집에서 사울이라는 다소 사람을 찾아라. 그는 지금 기도하고 있다. 그는 [환상 속에] 아나니아라는 사람이 들어와서, 자기에게 손을 얹어 시력을 회복시켜 주는 것을 보았다" 아나니아가 대답하였다. "주님, 그가 예루살렘에서 주님의 성도들에게 얼마나 해를 끼쳤는지를, 나는 많은 사람에게서 들었습니다. 그리고 그는 주님의 이름을 부르는 사람들을 잡아 갈 권한을 대제사장들에게서 받아 가지고, 여기에 와 있습니다" 주님께서 그에게 말씀하셨다. "가거라, 그는 내 이름을 이방 사람들과 임금들과 이스라엘 자손들 앞에 가지고 갈, 내가 택한 내 그릇이다. 그가 내 이름을 위하여 얼마나 많은 고난을 받아야 할지를, 내가 그에게 보여주려고 한다" 그래서 아나니아가 떠나서, 그 집에 들어가, 사울에게 손을 얹고 "형제 사울이여, 그대가 오는 도중에 그대에게 나타나신 주 예수께서 나를 보내셨소. 그것은 그대가 시력을 회복하고, 성령으로 충만하게 되도록 하시려는 것이오" 하고 말하였다. 곧 사울의 눈에서 비늘 같은 것이 떨어져 나가고, 그는 시력을 회복하였다. 그리고 그는 일어나서 세례를 받고 음식을 먹고 힘을 얻었다. 사울은 며칠 동안 다마스쿠스에 있는 제자들과 함께 지냈다(사도행전 9:1-19).

사도 바울은 그리스도교 신앙을 보편화하는 데 그 기초를 닦은 장본인입니다. 갈릴리 예수사건이 사도 바울을 거치지 않았다면 오늘 그 사건의 위대성이 세계인에게 알려지기 어려웠을 것입니다.

본문 말씀은 그 위대한 삶의 전환이 이뤄진 결정적 계기를 전하고 있습니다. '바울의 회심', '바울의 개종', 또는 '바울의 전향' 등 매우 다양하게 불리는 그 사건은 일단 '다마스쿠스(다메섹) 사건'이라

부르는 것이 적절할 것입니다. 이 사건은 그리스도인들에 대한 열렬한 박해자였던 사람이 그 정반대로 그리스도에 대한 가장 열렬한 사도로 변모하게 된 계기입니다.

이 사건의 실체가 무엇일까요? 많은 상상력을 자극하지만, 그 실체를 간단하게 말하기 어려운 사건입니다. 물론 성서가 증언하는 그대로 객관적 사실로 받아들이면 될지도 모릅니다. 본문 말씀이 전하는 그대로 받아들이면 되지 않느냐 생각할 수도 있습니다. 본문 말씀이 전하는 바를 다시 환기해볼까요?

예수를 따르는 무리들을 샅샅이 찾아내 예루살렘으로 압송하려고 다마스쿠스로 향한 사울은 뜻하지 않은 일을 만나게 됩니다. 갑자기 하늘에서 빛이 환하게 비쳐 그는 그만 그 자리에 엎드리고 말았습니다. 그리고 음성을 듣습니다. "사울아, 사울아, 네가 왜 나를 핍박하느냐?" 대체 누구시냐고 묻는 물음에 "나는 네가 핍박하는 예수다"라는 응답과 함께 예수께서는 사울에게 다마스쿠스에서 해야 할 일을 일러 주십니다. 그런데 그와 동행한 사람들은 음성은 들었으나 아무도 보지 못했습니다. 이 일로 사울은 눈이 어두워져 겨우 사람들에게 부축을 받아 몸을 움직입니다. 그리고 사흘 동안 시력을 잃고 먹지도 마시지도 못했습니다. 그런 그에게 예수님의 부름을 받은 아나니아가 나타나 세례를 주고 눈을 뜨이게 해주었습니다. 그리스도에 대한 박해자가 이방인을 위한 사도로 거듭나는 극적인 사건입니다.

이 보도를 그대로 믿으면 간단할 것 같지만, 그대로 믿기에는 난점이 있습니다. 사도행전은 9장 말고도 다른 두 곳(22:6-16, 26:12-

18)에서 이 사건을 반복해 전하고 있습니다. 그런데 그 사건에 대한 묘사가 조금씩 다릅니다. 예컨대 오늘 본문은 동행자들이 소리는 들었으나 빛은 보지 못했다 하고, 두 번째 본문은 빛은 보았으나 소리는 듣지 못했다 하고, 세 번째 본문은 빛을 보았다는 암시와 함께 모두 함께 엎드렸다고 전하고 있습니다. 또 셋째 보도는 아나니아에 대해 전혀 언급하지 않는 반면 첫째 보도와 둘째 보도는 아나니아가 등장하는 장면을 전혀 다르게 묘사하고 있습니다.

이상은 사도행전이 전하고 있는 사건기록에서의 차이지만, 정작 바울 자신이 기록한 친서를 볼 것 같으면(갈라 1:17; 고전 9:1, 15:8) 그 사건의 실체는 더욱 아리송해집니다. 어렴풋하게 암시되어 있을 뿐 사건의 실체는 알 수 없습니다. 군이 핵심을 짚는다면 '내가 예수를 만났다'는 것만 확인할 수 있습니다.

성서가 이 사건을 전하는 사정이 이러한데, 이를 어찌 받아들일 수 있을까요? 분명한 것은 이 사건이 하나님께서 이 역사에 개입하신 데 대해 사울이 그에 대해 응하고 있다는 것입니다. 신이 개입한 사건과 한 인간이 응답하는 사건이 짝을 이루고 있다는 것입니다. 하나님께서 어떻게 개입하셨는지에 대해서는 우리의 상상의 범위를 넘어섭니다. 우리가 상상할 수 있는 것은 이를 받아들인 한 인간의 태도와 그 정황에 관한 것입니다. 다시 말해 우리가 헤아려 볼 수 있는 것은 역사 내적 차원에 한정될 수밖에 없습니다.

그렇다면 우리는, 어떻게 가장 열렬한 그리스도의 박해자가 가장 열렬한 그리스도의 전도자로 변화되었을까 하는 것을 헤아려봄으로써 이 사건의 실체를 가늠할 수 있을 것입니다.

먼저 사울은 어째서 그리스도인들을 박해할 수밖에 없었을까요? 그것은 자신의 존재 근거가 되는 유대교의 가르침과 그리스도를 따르는 사람들의 '도道'가 다르다고 봤기 때문입니다. 그저 다를 뿐 아니라 자신의 존재 기반을 뒤흔들 만큼 위험하다고 봤기 때문입니다. 뭐가 그렇게 달랐을까요?

그 물음에 답하기 위해서는 먼저 당시 유대인들의 믿음이 어떤 것이었는지 알아야 합니다. 또 동시에 당시 그리스도인들은 유대교와 구별된 그리스도'교인'이 아니라 그 안에 있던 한 부류라는 점을 감안해야 합니다.

당시 유대인들은, 첫째 이스라엘의 하나님 야훼를 유일한 하나님으로 믿고 예배해야 한다고 믿었습니다. 둘째 그 야훼 하나님께서 자신들을 선택된 백성으로 삼았다고 믿었습니다. 셋째 그 하나님께서는 선택된 백성에서 계시된 율법을 주었다고 믿었습니다. 유대인들 가운데서도 기왕의 분파에 따라 구체적인 믿음의 내용에 차이가 있기는 했습니다. 예컨대 부활과 관련하여 당시 최상위층에 속하는 사두개파 사람들은 믿지 않은 데 반하여 사울이 속하였던 바리새파 사람들은 이를 믿고 있었습니다.

또 바리새파 사람들은 최후의 심판에 관해서도 믿고 있었습니다. 마침내 하나님께서 친히 악한 세상을 심판하고 그 백성들을 구원하시리라는 믿음을 갖고 있었던 것입니다. 바리새파 사람들의 믿음과 훗날 그리스도인이 된 사람들의 믿음은 많은 부분에서 공유되고 있었습니다.

그렇다면 뭐가 달랐을까요? 예수의 '도'를 따르는 사람들은 결정

적으로 유대인 바리새파 사람인 사울이 지키고 있는 믿음에 손상을
가하는 것으로 보였습니다.

첫째로 이들은 자신들의 공동체에 정통 유대교의 율법을 지키지
않는 아무것도 아닌 자들을 받아들이고 나아가 유대인뿐만 아니라
할례받지 않은 이방인들까지도 받아들여 함께 식탁을 나눴습니다.
선택받은 백성으로서 거룩함을 훼손하는 것이었습니다. 둘째로 사
울은 예수를 따르는 이들이 갈릴리 나사렛 출신 '예수'를 '그리스도'
로 고백하는 것을 용납할 수 없었습니다. 예수를 메시아로 고백하
는 것은 당시 정통 유대인에게는 받아들여질 수 없었습니다. 백성
을 구원할 메시아는 마땅히 다윗 왕의 후손으로서 그만한 위엄을
갖춘 분이어야 했습니다. 그러나 예수는 전혀 그에 부합하는 인물
이 아니었습니다.

게다가 십자가에 매달려 죽었습니다. 이 사실은 두 가지 차원에
서 거리낌을 뜻했습니다. 유대인의 통념상 나무에 매달려 죽은 사
람은 저주받아 죽은 자에 불과했습니다(신명 21:22-23). 또 다른 한
편 십자가형은 당시 로마제국의 정치범에게 부과된 가장 잔혹한 처
형이었습니다. 그것은 로마제국의 반역자라는 것을 뜻합니다. 로
마제국에 맞서 직접 저항하지 않고 어쩔 수 없이 그 지배를 용인할
수밖에 없는 유대인의 입장에서 보더라도 십자가형을 당한 사람은
처절한 패배자에 지나지 않습니다. 그렇게 십자가는 '수치'를 의미
했습니다.

그런데 그렇게 십자가형을 당한 사람을 '그리스도'로 '메시아'로
고백하는 이들이 사울에게 용납될 리 없었습니다. 그 믿음을 따르

는 이들이 유대사회 안에 공존하는 한 선택받은 백성의 거룩함은 무너지고, 따라서 하나님의 구원의 손길을 받을 수 없다고 본 것입니다. 사울은 그래서 그리스도인들을 박해했습니다.

그랬던 그가 다마스쿠스 사건을 계기로 어떻게 변모했습니까? 이방인을 위한 사도로 나섰습니다. 선민 유대인과 이방인의 경계를 무너뜨렸습니다. 자신은 정통 유대인 엘리트로서 모든 것을 갖추고 있었지만 그 모든 것을 오물로 여기고 가장 보잘 것 없는 사람들, 아무것도 아닌 사람들, 유대적인 의미에서나, 그리스적인 의미에서나, 로마적인 의미에서 아무런 권리를 갖지 못하는 사람들의 편에 섰습니다. 바리새파 사람들이 고수해왔던 '거룩함의 정치'를 팽개치고 '사랑의 정치'를 펼쳤습니다.

게다가 십자가를 전면에 내세웠고, 그 십자가 위에서의 죽음으로부터의 부활을 가장 핵심적인 믿음의 진실로 역설하였습니다. 바울에게서 십자가는 기존의 모든 상식, 기존의 모든 정당성, 기존의 모든 합리성의 중단을 뜻하는 것이었습니다. 전대미문, 전인미답의 전적으로 새로운 세계로 향하는 표지로서 십자가를 우뚝 세운 것입니다. 그것은 하나님의 뜻이 '주어진' 조건 안에 있는 것이 아니라 그 조건을 '넘어서는' 데 있다는 것을 당당하게 표방한 것입니다.

어째서 그 십자가를 내세웠을까요? 예수의 삶을 공유하지 못했던 사람으로서 약점을 덮을 수 있는 전략 때문이었을까요? 아닙니다. 십자가야말로 예수의 삶을 가장 극적으로, 가장 응축하여 보여주고 있다고 보았기 때문입니다. 모든 것을 비워버린 하나님, 가장 높고 영광스러운 자리에서 가장 낮고 비천한 자리에 오셔서 아무것도 아닌 자들과 스스로를 동일시한 예수의 삶을 그보다 더 극적으로 보여준 사건은 없다고 보았기 때문입니다.

본문 말씀은 바울이 어떻게 그 믿음에 이르게 되었는지 그 실마리를 보여주고 있습니다.

사건의 실체를 누구나 알아들을 수 있는 말로 재구성하는 것은 여전히 숙제로 남아 있습니다. 다만 사울이 이 사건을 통해 겪은 체험의 실체를 가늠해볼 수 있을 따름입니다. 헤아려봐야 할 요소들이 많지만, 크게 두 가지 점을 주목하면서 그 체험의 실체를 가늠해보고자 합니다. 첫 번째는 이 사건을 통해 사울이 예수를 만났다는 점이요, 둘째는 이를 계기로 이방인을 위한 사도로서 사명을 부여받았다는 점입니다.

첫째로 사울은 광채 속에서 음성을 듣고 그 음성의 주인공을 곧바로 예수로 인식합니다. 사울은 예수를 박해한 당사자가 아닙니다. 그는 예수를 따르는 사람들을 박해한 사람이었습니다. 그런데 그 음성은 "왜 나를 피박하느냐?"는 것이었습니다. 예수를 따르는 이들과 예수의 연속성, 동일성을 말해 주는 말씀입니다. '예수는 여전히 당신을 따르는 사람들 가운데 현존해 계시다'는 것을 말합니다.

바울이 예수의 삶을 몰랐기에 십자가, 곧 죽음과 부활을 역설한 것이 아니라는 것을 이 대목에서 알 수 있습니다. 비록 직접 예수와 삶을 공유하지는 못했지만, 예수를 따르는 이들에게 계속되는 예수의 삶을 사울은 이미 알고 있었습니다. 몰랐으면 박해도 불가능합니다. 알고 있는데, 그것을 용인할 수 없었기에 박해를 한 것입니다.

광채와 음성 가운데 그 예수께서 사울 앞에 임재하셨습니다. 이를 예사롭게 여기기 쉽지만, 사울이 놀라운 체험을 하게 된 사건의 실체가 드러납니다. 갈릴리 예수사건 이후, 그 사건의 의미가 인간의 구원을 위한 보편적 사건으로 받아들여지는 데는, 다시 말해 새로운 세계를 꿈꾸는 그리스도인 공동체로서 교회가 탄생하게 되는 데는 중요한 두 가지 사건이 있었습니다. 마가의 다락방에서 일어난 오순절 성령강림 사건(사도 2:1-13) 그리고 사울이 체험한 다마스쿠스 사건일 것입니다. 마가의 다락방 사건의 주체는 성령이었습니다. 그뿐 아니라 신약성서가 전하는 놀라운 사건의 주체는 항상 성령으로 등장하는 경우가 빈번합니다. 그런데 다마스쿠스 사건의 주체는 예수입니다.

성령께서 임하셨다고 해도 좋고, 예수의 영이 임하셨다고 해도 좋을 것 같은데, 굳이 예수께서 나타나셨다고 말하고 있습니다. 바울은 이 사실을 다른 데서도 강조하고 있습니다. 그것은 예수의 삶의 실체를 온전히 알게 되었다는 것을 의미합니다. 십자가 위에서의 죽음 이후 낙담한 제자들에게는 그 죽음의 의미가 영적 차원에서 승화되어 되살아나는 부활의 체험이 절실했을 것입니다. 그러나 사울에게는 실제로 가장 낮은 곳에서 아무것도 아닌 사람들과 더불어 살았던 예수의 삶의 실제를 직시하고 그것이 갖는 의미를 온전히 받아들이는 것 자체가 더욱 절실한 것이었습니다.

그것은 물론 '타임머신'을 타지 않는 한 바울이 경험할 길은 없었습니다. 그러나 바울은 예수를 따르는 제자들이라는 '타임머신'을 탈 수 있었습니다. 그들에게 지속되는 예수의 삶을 알고 있었습니다. 그런데 그것이 지금 자기에게 요구되는 삶으로 받아들여지게 된 것입니다.

그 극적인 사건과 더불어 눈을 보지 못하게 되었다가 아나니아라는 사람을 만납니다. 사흘간 어둠 가운데 있다가 다시 보게 되었다는 것은 진정한 거듭남을 뜻합니다. 그 거듭남의 사건에서 아나니아는 조력자로서 등장합니다. 또 바울은 다른 곳에서 곧바로 아라비아로 갔다고 했는데(갈라 1:17), 그것은 마치 예수께서 광야에서 겪은 체험을 연상시킵니다. 그 일련의 과정이 예수의 삶을 스스로에게 각인시키는 과정이었을 것입니다.

그렇게 만난 예수께서는 사울을 이방인을 위한 사도로서 사명을 부여하십니다. "그는 내 이름을 이방 사람들과 임금들과 이스라엘 자손들 앞에 가지고 갈, 내가 택한 내 그릇이다"(9:15).

바울은 유대인 엘리트였습니다. 그는 그리스어와 아람어를 구사

했고, 히브리어를 알았으며 라틴어까지 알고 있었던 것으로 추정됩니다. 그것은 이전에는 자신에게 자랑거리였습니다. 그러나 이제 그 자랑거리는 그리스도의 복음을 전하는 도구로 바뀌었습니다.

당시 예수를 그리스도로 따르는 사람들, 그 주요 지도층에게 이방인 선교는 중요 과제가 아니었습니다. 그리스도의 복음은 여전히 선민 가운데 전파되어야 하는 것으로 여겨지는 것이 상식이었습니다. 그러나 사울은 예수의 삶 자체가 이미 모든 경계를 무너뜨렸다고 인식한 것입니다. 삶 자체가 그것을 이미 보여주셨고 십자가는 그 극한을 보여주신 것으로 받아들인 것입니다. 가장 높이 계신 하나님께서 가장 극한의 자리에까지 내려오셨다면, 그사이에 어떤 경계도 있을 수 없다는 인식입니다. 그래서 십자가는 동시에 화해의 표징이 됩니다. 사람들 사이에 죄를 만들어내고, 적대감을 만들어내는 그 모든 조건을 걷어치우도록 만드는 진정한 화해의 표징이 된 것입니다.

바울은 다마스쿠스 사건을 통해 예수의 삶의 진실을 온몸으로 새기고, 그로부터 바로 이방인을 위한 사도로서, 아무 권리도 갖지 못하는 사람들에게 복음을 전파하는 사람으로 거듭나게 되었습니다. 그 사건은 예수 그리스도의 삶과 죽음의 진실을 온전하게 직면하게 된 빛나는 사건이었습니다.

이로부터 바울은 세계를 이전에 보던 시각에서 벗어나 그와 달리 전적으로 거꾸로 보게 되었습니다. 진정한 세계관의 혁명을 경험한 사건이었습니다. 꽉 차 있는 하나님, 완벽한 하나님, 실상은 꽉 찬 욕망, 모든 것을 다 갖춘 사람의 욕망의 투사에 지나지 않은 하나님이 아니라, 전적으로 자신을 비워 버린 하나님, 아무것도 가지지 못한 사람들과 동일시하는 하나님을 만난 것입니다. 그것은 스스로를 완전히 비워버린 자신의 삶으로 전환을 뜻합니다. 자신이 가진 조건과 능력이 어떻게 사라질 수 있겠습니까? 특권을 보장했던 그 모든 것을 예수 그리스도의 삶을 구현하는데, 아무것도 아닌 존재들이 당당히 그 존재를 인정받고, 권리 없는 사람들이 사람으로서의 진정한 삶을 누리는 새로운 세계를 이루는 데 헌신하는 도구로 사용한 것입니다. 바울의 인의론은 그 세계의 구현을 요체로 합니다.

우리가 그리스도인으로서 살아가는 것은 그 세계에 대한 희망, 그 세계 안에서 새롭게 태어나는 인간에 대한 희망을 퍼트려 나가고, 그것을 이루기 위해 헌신하는 것을 뜻합니다. 우리 모두 그 '도'를 따르는 데 낙심하지 않고 나아가기를 기원합니다.

2019년 9월 8일

# 아무것도 가지지 않은 것 같으나
# 모든 것을 가진

고린도후서 6:1-10

우리는 하나님과 함께 일하는 사람으로서 여러분에게 권면합니다. 하나님의
은혜를 헛되이 받지 않도록 하십시오. 하나님께서 말씀하시기를 "은혜의 때
에, 나는 네 말을 들어주었다. 구원의 날에, 나는 너를 도와주었다" 하셨습니
다. 보십시오, 지금이야말로 은혜의 때요, 지금이야말로 구원의 날입니다.
아무도 우리가 섬기는 이 일에 흠을 잡지 못하게 하려고, 우리는 무슨 일에서
나 아무에게도 거리낌거리를 주지 않습니다. 우리는 무슨 일에서나 하나님의
일꾼답게 처신합니다. 우리는 많이 참으면서, 환난과 궁핍과 곤경과 매 맞음
과 옥에 갇힘과 난동과 수고와 잠을 자지 못함과 굶주림을 겪습니다. 또 우리
는 순결과 지식과 인내와 친절과 성령의 감화와 거짓 없는 사랑과 진리의 말씀
과 하나님의 능력으로 이 일을 합니다. 우리는 오른손과 왼손에 의의 무기를
들고, 영광을 받거나, 수치를 당하거나, 비난을 받거나, 칭찬을 받거나, 그렇
게 합니다. 우리는 속이는 사람 같으나 진실하고, 이름 없는 사람 같으나 유명
하고, 죽는 사람 같으나, 보십시오, 살아 있습니다. 징벌을 받는 사람 같으나
죽임을 당하는 데까지는 이르지 않고, 근심하는 사람 같으나 항상 기뻐하고,

> 가난한 사람 같으나 많은 사람을 부요하게 하고, 아무것도 가지지 않은 사람 같으나 모든 것을 가진 사람입니다(고린도후서 6:1-10).

'서신'은 그 발신자와 수신자가 명백한 만큼 무척 생생한 성격을 띠고 있습니다. 그 청중이나 독자의 범위가 분명합니다. 어떤 일반적 교훈서나 교리서와 같은 것이 아닙니다. 발신자와 수신자가 공유하고 있는 상황을 배경으로 하고 있고, 그런 만큼 하나하나의 주장이 어떤 구체적인 상황과 연계되어 있습니다. 그 점을 우리가 조금 더 깊게 알게 되면, 당연히 서신서에 담긴 내용을 훨씬 깊게 이해할 수 있을 것입니다.

사도 바울이 고린도교회에 전하는 서신은 본래 네 통이었던 것으로 추정되지만, 그 가운데 두 번째 서신과 네 번째 서신이 남아 오늘날 고린도전후서를 구성하게 되었습니다. 사도 바울의 모든 서신이 그렇듯 고린도서 역시 하나의 교의적 체계를 설파한 것은 아니고 구체적인 공동체의 상황에 대응하는 차원에서 기록된 것입니다. 물론 사도 바울은 구체적인 문제 상황에 대한 해법을 찾으면서 그 나름의 신학적 입장을 취했습니다. 사도 바울의 그 신학적 입장은 문제의 상황을 접하기 이전부터 이미 확립된 것도 있으나 많은 부분 문제의 상황에 대처하면서 첨예화되고 발전되었다고 할 수 있습니다.

고린도서는 매우 첨예한 쟁점을 담고 있는데, 그것은 고린도교회 상황의 복잡성과 관련되어 있습니다. 고린도교회는 크게 세 가지 문제로 혼란과 갈등을 겪고 있었습니다. 첫 번째는 분파 간의 갈등이었습니다(1:12). 그것은 특정한 지도자를 중심으로 하여 교회 공동체서 구성원들이 나눠지고 갈등을 겪은 상황을 말합니다. 두 번째는 기존의 성적 역할의 혼란 상황이었습니다. 고린도교회 안에서 여성들의 역할이 두드러졌는데, 이들은 예언이나 방언 등 특별한 은사를 받은 여성들이었습니다. 이들은 기존의 가족적 질서에 순응하기보다는 그 질서를 교란시키는 것으로 간주되었습니다. 세 번째는 주인과 노예, 부자와 가난한 사람들 사이의 갈등이었습니다. 이 밖에도 보다 더 세부적인 갈등의 상황이 복잡하게 얽혀 있었습니다.

본문 말씀은 그 갈등의 상황 가운데서도 첫 번째 갈등, 곧 분파간의 갈등 상황을 전제로 하고 있습니다. 더 특정해서 말하면, 그 상황을 거시적 배경으로 하는 가운데 사도 바울이 고린도교회에서 모욕을 당한 것과 관련되어 있습니다.

누가 나를 마음 아프게 한 일이 있으면, 실은 나를 마음 아프게 한 것이 아니라, 과장하지 않고 말하면, 어느 정도는 여러분 모두를 마음 아프게 한 것이라 하겠습니다. 여러분 대다수는 그러한 사람에게 이미 충분한 벌을 내렸습니다. 그러니 여러분은 도리어 그를 용서해주고 위로해 주어야 합니다. 그 사람이 지나친 슬픔에 짓눌리는 일이 없도록 해야 합니다(2:5-7).

이 증언은 고린도교회에서 바울의 마음을 괴롭게 한 일이 있었지만, 그 일이 일단락되었다는 것을 보여주고 있습니다. 7장 6절 이

하의 증언을 보면, 그 문제의 당사자가 돌이켰을 뿐 아니라 고린도 교회 공동체 전체가 그 문제가 잘못되었다는 것을 알고 뉘우쳐 사도 바울을 열렬히 변호하게 되었다고 합니다. 그 어간에 사도 바울은 아마도 격한 편지를 보냈던 것 같습니다. 그러나 동역자 디도가 고린도교회를 방문하고 돌아와 전한 소식은 그처럼 기쁜 소식이었습니다.

오늘 우리가 읽은 본문 말씀이 포함된 고린도후서는 그 기쁜 소식을 듣고 난 후 고린도교회에 보내는 편지입니다. 그렇게 기쁜 소식을 듣고 난 후라 사도 바울은 더욱 자신 있게 자신의 진심을 고린도교회 교우들에게 피력하고 있습니다.

본문 말씀에서 사도 바울과 그 일행은, 다른 어떤 사심이 아니라 오직 전적으로 하나님의 일을 감당하고자 하는 마음으로 스스로 헌신하고 있다는 것을 먼저 분명히 합니다. 하나님의 일꾼으로서, 하나님의 동역자로서 자신의 역할을 강조합니다. 바울은 그렇게 끊임없이 스스로 변호하지 않으면 안 되는 상황 가운데 있었습니다. 참 착잡한 상황입니다.

그런데 바울이 그렇게 자신을 변호해야만 하는 상황 가운데서도 특이한 점은, 그 어떤 세속적 권위에 의존하여 자신을 변호한 것이 아니라 전적으로 하나님에 의존하여 그렇게 하고 있다는 것입니다. 수사의 형식으로 보자면, 오늘날 많은 목사의 어법도 이를 닮아 있습니다. 그런데 어떤가요? 어쩌면 너무 익숙해서 진정성이 없어 보이지 않나요? 오늘날 그 어법은 너무 식상해져 버렸습니다. 그래서 그렇게 이야기가 나오면 오히려 귀담아 듣지 않게 되어버렸습니다.

왜 그럴까요? 하나님의 이름으로 온갖 세속적 권위를 정당화하고 있기 때문입니다. 나아가 하나님의 뜻을 따른다는 그 말과 삶이 괴리되어 있기 때문입니다.

바울에게서 정말 특이한 점은, 스스로를 변호하는 그의 주장이 그의 삶으로 뒷받침되고 있다는 것입니다. 자신의 말이 진정성을 갖고 있다는 것을 삶으로 보여주고 있다는 점입니다. '내가 예수 그리스도와 생애를 공유한 적이 없고 심지어 그분을 따르는 사람들을 한 때 박해하기까지 한 것은 분명하다. 그러나 지금 나의 삶이 그리스도를 따르는 삶이 아니란 말이야?' 이렇게 이야기할 수 있을까요? 바울은 그 어떤 다른 권위에 의존하지 않고 그리스도를 따르는 자신의 삶 자체로 진정성을 호소하고 있습니다.

> 아무도 우리가 섬기는 이 일에 흠을 잡지 못하게 하려고, 우리는 무슨 일에서나 아무에게도 거리낌거리를 주지 않습니다. 우리는 무슨 일에서나, 하나님의 일꾼답게 처신합니다. 우리는 끝까지 참았습니다. 환난과 궁핍과 곤경과 매 맞음과 옥에 갇힘과 난동과 수고와 잠을 자지 못함과 굶주림을 겪었습니다. 또 우리는, 순결과 지식과 인내와 친절과 성령의 감화와 거짓 없는 사랑과 진리의 말씀과 하나님의 능력으로, 이 일을 합니다. 우리는 오른손과 왼손에 의의 무기를 들고, 영광을 받거나, 수치를 당하거나, 비난을 받거나, 칭찬을 받거나, 그렇게 합니다(6:3-8a).

이 고백은 사도들이 처한 현실적 상황입니다. 하나님의 일꾼으로서 살아가는 사람들의 실제 모습이었습니다. "환난과 궁핍과 곤경과 매 맞음과 옥에 갇힘과 난동과 수고와 잠을 자지 못함과 굶주림을 겪었습니다." 복음을 전하는 사도의 일행은 남들이 보기에 즐거울 것 같지 않았습니다. 그렇지만 사도와 그 일행은 한결 같았습니다. "우리는 순결과 지식과 인내와 친절과 성령의 감화와 거짓 없는 사랑과 진리의 말씀과 하나님의 능력으로, 이 일을 해왔습니다. 우리는 오른손과 왼손에 의의 무기를 들고, 영광을 받거나, 수치를 당하거나, 비난을 받거나, 칭찬을 받거나, 그렇게 합니다" 그 어떤 영화를 구하지 않고 전적으로 하나님의 뜻을 전하는 데 전력을 다한다는 이야기입니다.

그러기에 사도와 그 일행은 자신 있게 그 일을 감당하는 자신들의 자긍심을 내세울 수 있으며 그것이 진정한 기쁨이라는 것을 말할 수 있습니다.

> 우리는 속이는 사람과 같으나 진실하고, 이름 없는 사람과 같으나 유명하고, 죽은 사람과 같으나, 보십시오, 살아 있습니다. 징벌을 받는 사람과 같으나 죽임을 당하는 데까지는 이르지 않고, 근심하는 사람과 같으나 항상 기뻐하고, 가난한 사람과 같으나 많은 사람을 부요하게 하고, 아무것도 가지지 않은 사람과 같으나 모든 것을 가진 사람입니다(8-10).

놀라운 역설의 진실입니다. 도대체 이 역설을 어떻게 받아들여야 할까요? 어떻게 이런 고백이 가능할까요? 궤변이요 기만일까요?

진실을 입증하는 데 몇 가지 방법이 있습니다. 연역, 귀납, 변증이 그것입니다. 기독교 신앙이 등장하면서 여기에 하나가 더 추가됩니다. 역설입니다. 예를 들어, 여러 딸을 둔 어머니가 딸들에게 어떤 물건을 사주려 할 때 어떻게 결정하느냐에 따라 그 방식을 이해할 수 있습니다. 어머니의 주장대로 물건을 사는 것이 연역법이요, 딸들의 의견을 들어 물건을 사는 것이 귀납법이요, 어머니와 딸들이 의논해서 물건을 사는 것이 변증법입니다. 그러나 어머니와 딸들의 의견이 팽팽하게 대립하는 경우가 있습니다. 이 경우가 역설입니다. 원래 헬라어에서 Paradox는 두 의견이 대립되는 상태를 말합니다. 부정과 긍정이 동시에 있는 상태입니다. 상식적인 논리로 역설은 진실을 입증하는 방법으로 인정되지 않았습니다. 결론이 없기 때문입니다. 매듭을 지어야 하는데 매듭이 없습니다.

그런데 기독교 신앙은 역설을 진실을 밝히는 가장 중요한 논리로 삼습니다. 하나님으로부터까지 버림받은 분이 하나님이라는 고백, 죽어야 산다는 고백 그리고 오늘 사도 바울의 고백이 바로 역설입니다. 이 역설은 기독교 신앙에서 처음 나온 것은 아닙니다. 이미 소크라테스가 진실을 설파하는 가장 중요한 원리로 삼았던 방식이기도 합니다. "나는 내가 알지 못하는 것을 안다." 그것이 삶의 진실입니다.

역설은 모든 상식적 논리가 더이상 통용되지 않는 상황에서 나오며, 그 상황을 말하기도 합니다. 말로 다 표현할 수 없는 상황의 진실을 표현합니다. 한마디로 신비입니다. 무한한 대립은 무한한 가능성입니다. 바꿔 말하면, 역설은 지금 경험하고 있는 것에 대해 전적으로 새로운 것을 기대하는 믿음의 표현입니다. 전적으로 새로운 것을 바라는 것입니다. 그 어떤 방식으로든 어설픈 결론을 내리지 않는 태도입니다. 뻔히 예견되어 있는 결론을 기대하지 않는 태도입니다. 모든 것에 대해 판단하기를 중지하는 태도가 아니라 끝까지 진실을 위해 달려가는 태도입니다.

바울은 빌립보서에서 고백합니다. "나는 이것을 이미 얻은 것도 아니며, 이미 목표점에 다다른 것도 아닙니다. 그리스도 예수께서 나를 사로잡으셨으므로 나는 그것을 붙들려고 좇아가고 있습니다"(빌립보 3:12). 그 신비한 경지를 향해 달려가는 삶, 그것이 신앙인의 삶입니다. 지금 경험하고 있고 지금 누리고 있는 그 어떤 것에도 매이거나 의탁하지 않고 궁극적인 것을 향해 달려가는 삶입니다. 끝내 그 궁극에 도달하리라는 믿음, 그렇게 구원에 이르리라는 믿음이 우리를 기쁘게 합니다. 그 믿음이, 가진 것이 없는 것 같지만 모든 것을 가졌다는 것을 일깨워줍니다.

예컨대, 다람쥐 쳇바퀴 도는 것처럼 돌고 도는 인생에는 하나의 길밖에 없습니다. 그러나 그 쳇바퀴에서 탈출하면 무한한 길이 열립니다. 뻔히 예견된 일상만이 나를 기다리고 있다면 답답해지고 심드렁해집니다. 아직 알지 못하지만 뭔가 기대되는 일이 있어야 즐겁지 않습니까? 지금 동계올림픽이 한창입니다만, 어째서 스포츠 경기에 빠져들까요? 단순히 승패에 대한 관심 때문만은 아닐 것입니다. 예측하기 어려운 그 결과에 대한 기대감 때문입니다. 사람을 대할 때도 그렇습니다. 한계가 뻔히 다 들여다보이는 사람이 있는가 하면 마르지 않는 샘물 같은 느낌을 주는 사람이 있습니다. 아니면 넓고 깊은 바다 같다고 할까요? 그 깊이와 넓이를 헤아리기 어려운 사람이 있습니다. 늘 기대가 되고 설레게 만드는 사람입니다.

사도 바울은 오늘 말씀 뒤에 이렇게 덧붙입니다. "우리는 마음을 넓혀 놓았습니다. 우리가 여러분을 옹졸하게 만드는 것이 아니라, 여러분의 마음이 옹졸한 것입니다.… 여러분도 마음을 넓히십시오"(12-13). 사도 바울은 교회 밖 사람들로부터 오해를 받았을 뿐 아니라 교회 안의 사람들로부터도 오해를 받았습니다. 교회 밖의 사람들에게만 부질없는 사람으로, 사서 고생하는 사람으로 보였을 뿐 아니라 교회 안의 사람들에게도 그렇게 보였습니다. 그래서 거꾸로 '여러분이 마음을 넓히면 내가 전혀 다르게 보일 것'이라는 사실을 힘주어 강조합니다. 누가 봐도 뻔한 그런 옹졸한 마음이 아니라 누가 봐도 쉽게 속단할 수 없는 그렇게 넓은 마음을 가지라는 것입니다. 그것이 신앙인의 마음 자세입니다. 전혀 새로운 것을 기대하는 사람들의 마음입니다.

세상에는 선한 뜻, 좋은 뜻을 가진 사람들이 많습니다. 많은 단체도 있습니다. 그 선한 사람들, 어떤 목적을 이루는 데 효율적이고 조직적인 단체들이 있음에도 불구하고, 그것을 뛰어넘어 굳이 그리스도인으로 살아야 하고 굳이 교회 공동체를 일구어야 하는 사연이 과연 무엇일까요? 전혀 새로운 세계, 궁극적인 구원에 대한 믿음 때문입니다. 우리의 경험과 상식을 완전히 뛰어넘는 구원을 기대하는 믿음 때문입니다. 지금 일상적으로 경험하는 세계를 초월하는 세계에 대한 기대와 희망 안에 그리스도인의 공동체는 존재합니다. 출신이 다르고 생각이 다른 사람들끼리 함께 만나 공동체를 이룰 수 있는 근거가 거기에 있습니다.

우리는 아직 어렴풋하게밖에는 알지 못합니다. 그러나 우리에게는 믿음이 있습니다. 예수 그리스도께서 보여주신 그 전적으로 새로운 세계에 대한 믿음이 있습니다. 아직 알지 못하지만 그 믿음이 있기에 우리는 지금 여기 한 자리에 있습니다.

오늘은 사순절이 시작되는 첫 주일입니다. 세상에서 고난을 겪으신 그리스도 예수께서 진정한 구원자라고 믿는 것이 그리스도교 신앙입니다. 예수 그리스도의 고난의 의미를 되새기는 사순절 절기에 그 신앙의 신비를 깊이 체감하는 여러분이 되시기 바랍니다.

2018년 2월 18일

# 성문 밖 구원의 길

히브리서 13:12-16

❧

> 그러므로 예수께서도 자기의 피로 백성을 거룩하게 하시려고 성문 밖에서
> 고난을 받으셨습니다. 그러하므로 우리도 진영 밖으로 나가 그에게로 나아가
> 서, 그가 겪으신 치욕을 짊어집시다. 사실, 우리에게는 이 땅 위에 영원한 도
> 시가 없고, 우리는 장차 올 도시를 찾고 있습니다. 그러니 우리는 예수로 말미
> 암아 끊임없이 하나님께 찬미의 제사를 드립시다. 이것은 곧 그의 이름을 고
> 백하는 입술의 열매입니다. 선을 행함과 가진 것을 나눠주기를 소홀히 하지
> 마십시오. 하나님께서는 이런 제사를 기뻐하십니다(히브리서 13:12-16).

사람에게는 누구에게나 가장 소중한 것이 있습니다. 자기 삶을
지탱시켜 주는 어떤 것입니다. 그것을 자각하고 있든 아니든 그것
이 사라지면 삶의 의미를 상실하고 무력감에 빠지게 되는 어떤 것
입니다. 흔히 '마음의 지성소'라고도 합니다.

지성소至聖所란 일 년에 딱 한 번 모든 백성을 대표해서 대제사장

이 들어가 하나님을 만나는 성전 안의 가장 깊은 장소를 말합니다. 구약시대 이스라엘 백성의 믿음에서 볼 때 지성소는 하나님과 백성을 연결하는 중심이었고 그것은 동시에 이스라엘 백성이 하나님의 선민이라는 것을 보증해주는 지표 같은 것이었습니다. 여러분은 각자 어떤 마음의 지성소를 갖고 있습니까?

히브리서의 말씀은 구약성서 시대의 그 지성소 관념을 전제하고 있지만, 그와는 전혀 다른 형태와 의미로서 그리스도교 신앙의 요체를 말하고 있습니다.

신약성서 가운데서 최고 수준의 헬라어를 구사하는 히브리서는 유대인의 전통에 비추어 예수 그리스도의 의미를 설파하고 있습니다. 특별히 제사 종교로서 유대교의 전통에 비추어 예수 그리스도의 의미를 이야기합니다. 예수 그리스도를 진정한 화해자로서 진정한 제사장으로 이해하고 있는 것이 하나의 특징입니다.

그러나 히브리서는 유대인들의 믿음의 연장선상에서 예수 그리스도에 대한 믿음을 말하지는 않습니다. 유대인들이 상식적으로 중요하다고 생각하는 통념을 빌어 말하되 그것을 단순히 반복하는 것이 아니라 근본적으로 다른 것을 말합니다. 하나님과 인간 사이의 화해를 이루는 제사에 빗대어 말하지만, 유대교의 제사를 정당화하는 것이 아니라 전혀 새로운 의미의 제사를 말하고 있는 것입니다.

히브리서의 저자는 뚜렷한 목적을 갖고 있습니다. 그것은 신앙의 내적 위기에 응답하고자 하는 것입니다. 예수 그리스도를 믿는다면서도 무엇을 믿는 것인지 혼란스러워하고 회의에 빠진 사람들에게, 진정한 삶의 의미를 부여해 주는 믿음을 역설합니다. 이 청중들은 유대교적 전통에는 익숙합니다. 반면 예수 그리스도에 대한 믿음에는 아직 불완전합니다. 그러기에 유대교적 상식에 비추어 예수 그리스도에 대한 믿음의 의미를 말하고 있는 것입니다.

> 예수께서도 자기의 피로 백성을 거룩하게 하시려고 성문 밖에서 고난을 받으셨습니다. 그러하므로 우리도 진영 밖으로 나아가서, 그가 겪으신 치욕을 짊어집시다.

본문 말씀의 핵심이자 동시에 히브리서의 대미에 해당하는 이 말씀은 유대인들의 제사 의식을 전제하고 있습니다. 유대인들은 자신들의 죄를 사함 받고 하나님과 화해를 이루기 위해 제사를 드릴 때, 속죄 제물을 잡아 피를 성전 안 지성소에 바치고 그 몸은 성 밖에서 태워버렸습니다. 지성소는 일 년에 단 한 번 대제사장만 들어갈 수 있는 곳이었습니다. 희생제물이 되는 동물의 부정한 몸은 성문 밖에서 태워버리고 오직 순결한 피만 지성소에서 하나님께 바침으로써 온 백성이 순결에 이른다고 믿었습니다. 이와 같은 믿음에서는 지성소만이 거룩한 곳이고 성문 밖은 부정한 곳이 됩니다.

그러므로 '성문 밖' 곧 '진영 밖'으로 나아가자는 말씀은 그 통념을 뒤집어엎는 말씀입니다. 이것은 지성소를 뒤바꾸는 말씀입니다. 성문 안에 있는 성전 그리고 그 한가운데 있는 지성소에서 드려지는 피로써만이 구원에 이를 수 있다고 생각하는 사람들에게, 성문 밖에서 고난을 겪으시고 세상의 화해를 이루신 예수 그리스도에게 진정한 구원의 길이 있다고 한 것입니다. 이제 지성소는 성문 안에 있는 것이 아니라 성문 밖에 있다고 이야기하는 것입니다.

'성문 안'과 '성문 밖'은 어떤 차이가 있을까요? 성은 하나의 확고한 질서와 체제를 의미합니다. 성벽이 둘러져 있고 궁전이 있고 성전이 있고 지성소가 있어 조직화된 질서가 절대시되는 곳입니다. 어떤 희생을 치르더라도 지켜져야 하는 것입니다. 그 안에서의 삶은 그 격에 맞는 법도와 절차를 따라야 합니다. 그 성문 안에 사는 것은 그 질서와 체제가 보장해주는 삶의 안락을 누리는 것입니다. 반면에 성문 밖은 성벽도 울타리도 없고 반듯한 길도 없고 화려한 집도 없습니다. 성문 안의 질서를 따르는 시각에서 보면 무질서한 곳입니다. 사람들도 보잘것없습니다. 살아가는 방식도 다릅니다. 그래서 성문 안의 사람들은 그 성문 밖을 부정한 곳으로 여깁니다.

성문 안과 성문 밖은 그렇게 대조됩니다. 성문 안에는 지체 높은 사람들이 안락하게 살아가는 반면 성문 밖에서는 항상 땀 흘려 일하는 사람들이 소박하게 살아갑니다. 그런데 그 성문 안 사람들은 항상 성문 밖 사람들 덕분에 살아갑니다. 성문 밖 사람들의 고단한 노동과 소출 덕분에 성문 안 사람들은 살아갈 수 있습니다. 그런데도 성문 안 사람들은 군림하고 영광을 누린 반면 성문 밖 사람들은 섬기며 희생합니다.

'성문 밖의 그리스도'는 비단 십자가가 세워진 골고다 언덕이 성문 밖에 있다는 사실만을 뜻하지 않습니다. 그리스도의 삶 자체가 성문 안 사람들과 달리 성문 밖 사람들을 대변한다는 것을 뜻합니다. 성문 밖 갈릴리 민중들은 예수 그리스도를 환영했지만 성문 안 제사장들과 율법학자들 그리고 로마의 총독은 예수 그리스도를 배척했고 결국 성문 밖 십자가에 매달았습니다. 그렇게 예수 그리스도께서는 영원히 성문 밖 사람들을 표상하는 존재가 되었습니다.

히브리서의 저자는 성문 밖으로 나아가자고 합니다. "우리도 진영 밖으로 나가 그에게로 나아가서 치욕을 짊어집시다." 성문 밖에서 사셨고, 그 성문 밖에서 십자가에 달려 치욕을 겪으신 그리스도의 삶에 동참하자는 뜻입니다. 그것은 성문 안의 질서와 가치에서 볼 때 치욕일 뿐입니다. 그 치욕은 우리를 파멸에 이르게 하지 않고 진정한 구원에 이르게 합니다.

> 사실 우리에게는 이 땅 위에 영원한 도시가 없고, 우리는 장차 올 도시를 찾고 있습니다. 그러니 우리는 예수로 말미암아 끊임없이 하나님께 찬미의 제사를 드립시다. … 선을 행함과 가진 것을 나눠주기를 소홀히 하지 마십시오. 하나님께서는 이런 제사를 기뻐하십니다.

성문 밖으로 나아가는 것은 지금 눈에 보이는, 주어진 것들에서 안녕을 누리는 삶이 아니라 새로운 삶을 추구하는 것을 말합니다. 지금 주어진 삶의 질서가 영원할 것이라고 생각하는 믿음이 아니라 지금 주어진 것과는 전혀 다른 삶이 다가오리라는 믿음을 추구하는 것입니다. "이 땅 위에 영원한 도시가 없고, 우리는 장차 올 도시를 찾고 있습니다." 이 말씀은 그런 뜻입니다. 성문 밖으로 나아가는 것은 도피가 아닙니다. 성문 안에서 누릴 수 있는 것들을 얻으려면 너무 고단하기에 도망치는 것이 아닙니다. 진정으로 새로운 삶을 위한 선택이요 결단입니다.

성문 안에서는 누군가의 힘에 의뢰하여 자신의 구원을 보장받을 수 있었습니다. 제사장의 손에 들리어진 희생제물의 피로 구원을 받았습니다. 단 한 사람의 제사장 말고는 모든 사람이 자기 운명을 자기가 선택하지 못합니다. 통치자이든 제사장이든 나보다 힘 있는 누군가에게 내 몫을 넘겨야 사는 삶입니다.

그러나 성문 밖의 삶은 다릅니다. 제도가 보장하고, 제사장이 대신해 주는 어떤 의례를 따라야만 하나님께 제사를 드리고 구원을 보장받는 것이 아닙니다. 내 입술로 하나님을 찬미하고 스스로 선을 행하고 가진 것을 나눔으로써 진실로 하나님께 제사를 드리고 바로 거기에서 진정한 구원의 희망을 맛봅니다. 눈에 보이는 건축물로서 지성소는 존재하지 않습니다. 내 입술로 하나님을 찬미하고 스스로 선을 행하고 가진 것을 나누는 자리가 지성소가 되고, 바로 그 일을 행하는 때가 지성소를 찾는 순간이 됩니다. 성문 밖의 그리스도를 따르는 삶, 성문 밖의 그리스도를 믿는 믿음은 그것을 뜻합니다.

저마다의 마음의 지성소는 과연 무엇일까요? 스스로 물음을 던지며 답해야 할 일입니다. 그러나 그리스도인으로서 진정한 지성소는 분명합니다. 그것은 더이상 성문 안 성전 안에 있지 않습니다. 성문 밖 평범한 사람들이 살아가는 삶의 한복판이 곧 그리스도인의 지성소입니다. 오늘 우리는 여전히 한 자리에 모이지 못한 채 예배를 드리는 가운데 그 의의를 더욱 실감하고 있습니다. 우리가 하나님을 찬미하고, 선을 행하며 가진 것을 나누기로 결단하고 그렇게 행하는 것이 곧 진정한 예배요 그 일이 이뤄지는 자리가 곧 지성소입니다.

우리가 흩어져 예배를 드릴 때 마땅히 우리의 마음이 향해야 할 곳 또한 분명합니다. 실질적으로 사람들을 엄습해오는 질병으로 고통을 받는 사람들, 그것을 막기 위해 혼신을 다하고 있는 사람들, 전사회적으로 '사회적 거리두기'가 시행되고 있지만 그로 인해 삶이 무너지는 사람들, 더 나아가 스스로뿐 아니라 타인의 삶을 위해 더 뛰어다녀야 하는 사람들입니다.

당장 우리가 무엇을 어떻게 해야 할지 막연할 수도 있습니다. 그러나 사회적 위기, 심각한 생명의 위기가 닥쳤을 때 가장 먼저 위험에 처하게 되는 이들을 생각하고, 그들 모두가 평온한 삶을 누릴 수 있는 세상을 위해 마음을 모아 기도하고 지혜를 모으는 일의 중요성을 우리는 새삼 깨닫고 있습니다. 그 각성이 우리가 일상을 회복했을 때 또한 지속되고 그 각성에 따른 행동이 펼쳐질 때 모든 사람이, 모든 생명이 평화를 누리는 길이 열릴 것입니다.

외신의 보도를 보며 짐짓 놀랐습니다. 한국인은 정부에 대한 기대가 높고 시민 의식이 높을 뿐 아니라 사회적 신뢰가 높은 것이 코로나19를 효과적으로 대처하는 중요한 이유가 된다고 평가하고 있습니다. 평상시 상식으로 보면 고개를 기웃할 수밖에 없지만, 적어도 코로나19 사태에서는 틀리지 않은 진단일 수 있습니다. 역시 위기에 강한 면모를 보이고 있다고 할까요? 그 평가가 옳다면 그것이 우리의 일상의 삶 안에서도 지속되기를 바랍니다. 일상의 삶 가운데서 가장 연약한 사람들이 안전하게 살고, 헌신적으로 땀 흘려 일하는 사람들이 정당하게 인정받을 수 있는 사회, 더 나아가 좀 덜 쓰고 덜 움직이면서도 사랑의 유대를 돈독히 하는 사회를 이룰 수 있다면 오늘 겪는 위기는 중대한 전환의 계기가 될 것입니다.

성문 밖에서 그리스도께서 고난을 겪으신 것은, 소수만이 삶의 안위를 보장받는 체제와 삶의 방식을 넘어 모든 생명이 진정한 삶을 누리는 길이 무엇인지 우리에게 보여준 사건이었습니다. 그 진실을 새기며 그 길을 따르는 우리가 되기를 기원합니다.

2020년 3월 29일

# 6부  새로운 세계, 새로운 인간

구름기둥과 불기둥으로 인도하시는 하나님 | 출애굽기 13:20–22

진정으로 풍요로운 삶 | 이사야 55:1–5

내 마음이 맑아야 | 누가복음 6:36–42

하늘의 삶을 누리는 사람들 | 누가복음 10:17–20

하늘이 열리고 영이 내려와 | 마태복음 3:13–17

미친 상상력 또는 유쾌한 상상력 | 요한복음 8:54–59

종교의 한계지점에서 시작되는 새로운 삶 | 로마서 7:14–25

# 구름기둥과 불기둥으로
# 인도하시는 하나님

출애굽기 13:20-22

그들은 숙곳을 떠나 광야 끝에 있는 에담에 장막을 쳤다. 주님께서는, 그들이 밤낮으로 행군할 수 있도록, 낮에는 구름기둥으로 앞서 가시며 길을 인도하시고, 밤에는 불기둥으로 앞 길을 비추어 주셨다. 낮에는 구름기둥 밤에는 불기둥이 그 백성 앞을 떠나지 않았다(출애굽기 13:20-22).

한 해를 마감하는 때면 지난 시간을 돌아보고, 또 앞으로 맞이할 시간을 예비하며 삶의 자세를 가다듬기 마련입니다. 지난 시간 우리는 어떻게 살아왔고, 앞으로 맞이할 시간 어떻게 살아갈까요?

바로 그 물음을 던지게 되는 오늘 이 시간, 우리는 출애굽기 본문 말씀을 함께 마주하고 있습니다. 본문 말씀 범위로 한정할 것 같으면, 그 내용은 매우 간결합니다. 이집트를 탈출한 히브리 백성이 광야 사막의 여정을 나서는 동안 하나님께서 그 백성이 밤낮으로 행군할 수 있도록 낮에는 구름기둥으로 앞서가시며 길을 인도하시고, 밤에는 불기둥으로 앞길을 비추어 주셨다는 것입니다.

이 단순한 이야기가 어떤 의미를 지닐까요? 먼저 그 전후 문맥을 살펴봄으로써 그 의미에 접근해보도록 하겠습니다.

우리가 알다시피 이집트에서 노예 생활을 하던 히브리 백성은 이집트의 최고권력 파라오와의 질기고 질긴 투쟁 끝에 이집트를 탈출하게 됩니다. 드디어 노예 생활을 청산하고 자유의 여정에 돌입하게 됩니다. 그런데 오늘 본문 말씀의 바로 앞부분에서는 심상치 않은 사실을 언급합니다.

이집트에서, 하나님께서 약속하신 땅 가나안에 이르는 길은 최단거리로 말하면 지중해 연안을 따라가는 육로가 있습니다. 이집트에서 오늘날 팔레스타인 자치구가 자리 잡고 있는 가자를 경유하는 길입니다. 그러나 이스라엘 백성이 탈출한 경로는 지름길이 아니라 광야를 경유한 우회로였습니다. 오늘 본문 말씀에 앞서는 말씀은 불레셋(필리스티아) 사람들이 사는 해안 지름길을 따라가다가 전쟁이라도 치르면 이스라엘 백성이 지레 겁먹고 이집트로 되돌아갈 것을 염려하여 우회로로 인도하였다고 전하고 있습니다. 이집트를 탈출한 이스라엘 백성은 가나안 복지에 이르기까지 많은 전투를 치르는 것으로 성서는 전하고 있지만, 전투 경험이 없는 노예들로서 이제 막 이집트를 탈출한 이스라엘 백성들의 처지를 생각하면 나름대로 합리적인 설명이기는 합니다.

하지만 보다 근본적인 사연은 다른 데 있습니다. 이 사실은 지름길이 없는 역사적 현실을 말해 주고 있으며, 자유의 소중함을 자기 몸과 마음에 새기는 여정의 소중한 의미를 강조합니다. 신명기에서는 그 의미를 이렇게 말하고 있습니다.

> 당신들이 광야를 지나온 사십 년 동안, 주 당신들의 하나님이 당신들을 어떻게 인도하셨는지를 기억하십시오. 그렇게 오랫동안 당신들을 광야에 머물게 하신 것은, 당신들을 단련시키고 시험하셔서, 당신들이 하나님의 계명을 지키는지 안 지키는지, 당신들의 마음 속을 알아보려는 것이었습니다(신명 8:2).

성서가 전하는 출애굽의 여정은 단순한 하나의 실증적 역사 기록이 아닙니다. 그보다는 인간의 실존적 정황을 가장 극적으로 그려내고 있는 일종의 서사시입니다. 그 점에서 단순한 과거의 이야기가 아니라 오늘날에도 끊임없이 재현되고 있는 인간 삶의 정황을 통찰할 수 있도록 빛을 던져주고 있는 이야기입니다. 인간이 살아가면서 부딪힐 수 있는 다양한 삶의 양태, 인간 삶의 여정 가운데 부딪힐 수 있는 여러 국면을 극적으로 보여주고 있습니다.

본문 말씀 또한 그 중요한 하나의 국면, 하나의 양태를 극적으로 보여주고 있습니다. 자유를 향한 여정, 해방의 여정은 지름길이 없지만 그렇다고 해서 그것이 불가능한 것은 결코 아니라는 진실을 본문 말씀은 전해주고 있습니다. 이집트에서 탈출한 이스라엘 백성은 우회로로 접어든 까닭에 불가불 홍해를 건너지 않으면 안 되었습니다. 그 홍해를 건넌 이야기 역시 초자연적 사건을 체험했다는 것을 전하는 데 근본 뜻이 있는 것이 아닙니다. 사람들이 생각할 때 상식적으로 불가능하다고 믿었던 놀라운 일이 벌어졌다는 것을 전하는 데 그 근본 뜻이 있습니다.

본문 말씀은 그 놀라운 사건을 앞둔 백성의 상황입니다. 이집트 쪽 홍해변을 따르는 백성들의 여정을 하나님께서 함께하셔 낮에는 구름기둥으로 밤에는 불기둥으로 인도하셨다는 것입니다. 다시 처음 물음으로 돌아가, 과연 그것이 의미하는 바가 무엇일까요?

이 이야기는 우선 백성과 함께하시는 하나님을 상징합니다. 백성의 여정과 동행하시는 하나님을 나타냅니다. 이것은 매우 단순한 상징 같지만, 다른 고대의 종교적 상징과 비교할 때 각별한 의미를 지닙니다. 하나님은 어느 특정한 장소에 머무는 분이 아니라 백성의 삶의 여정 그 자체 안에 계시는 분이라는 것을 뜻합니다.

그런데 그렇게 백성과 함께하는 하나님에 관한 표상이 어째서 구름기둥과 불기둥일까요? 그것은 성서 줄거리로 보면 훗날 시내 광야에서의 체험이 반영된 것일 겁니다. 아마도 화산이 폭발할 때 치솟는 구름기둥과 불기둥을 하나님의 현존을 나타내는 현상으로 인식한 탓일 겁니다. 나중에 모세가 시내산에서 하나님을 만나는 이야기를 보면, 온통 구름이 산을 덮은 가운데 불 가운데서 나타나신 하나님을 만나는 장면이 나옵니다(19:18). 구름기둥과 불기둥은 그렇게 하나님의 현존을 상징하는 것으로 인식되었던 것입니다.

그렇게 백성들의 여정 가운데 동행하는 하나님을 표상하는 것으로 구름기둥과 불기둥은 백성들에게 두 가지 역할을 맡습니다. 하나는 길을 안내하는 역할이요, 또 하나는 보호하는 역할입니다. 길을 안내하는 역할은, 그것이 앞에서 방향을 지시함으로써 백성을 인도한다는 것을 말합니다. 보호한다는 것은 뭘까요? 그것은 사막의 조건을 이해하면 금방 알 수 있습니다. 사막의 환경은 내리쬐는

뙤약볕 아래 그것을 피할 수 있는 그늘을 찾기가 어렵습니다. 낮의 구름기둥은 그늘을 만들어줌으로써 백성들을 보호하는 역할을 합니다. 또한 사막은 낮과 밤의 기온차가 큽니다. 따라서 밤의 불기둥은 차가운 밤기운 탓에 추위에 떨지 않도록 온기를 더해주는 역할을 맡습니다.

이 단순한 이야기는 인간의 보편적 갈망을 잘 표현해 주고 있습니다. 그 앞길을 인도해준다는 점에서 자유의 갈망을, 그 여정을 안전하게 보호해 준다는 점에서 안정의 갈망을 표현해 주고 있습니다. 이 이야기가 깨우쳐 주고 있는 진실은, 하나님 안에서 그것이 가능하다는 것입니다.

깊이 묵상해보시기 바랍니다. 인간은 끊임없이 주어진 한계상황을 돌파하여 자기 자신을 구현하려는 갈망으로 살아갑니다. 우리가 꿈을 갖는 것, 그것은 주어진 한계 상황 가운데 머무르지 않고 더 높은 이상을 구현하려는 것을 뜻합니다. 그것은 자유에의 열망에 다름 아닙니다. 그러나 동시에 인간은 주어진 어떤 안정적인 조건을 필요합니다. 삶을 지탱해주고 보호해주는 조건 없이 또한 생존 자체가 불가능합니다. 그것은 일차적으로 물질적인 조건으로부터 나아가 어떤 사회적 조건이나 지위 등으로 구체화되는 것들입니다. 이 양 측면을 생각할 때 자유를 향한 열망이 인간의 삶을 발전시키는 원동력으로 몫을 한다면, 안정을 향한 희구는 인간의 삶을 보호하는 틀과 같은 몫을 합니다. 어쩌면 끊임없이 그 양자 사이의 균형과 조화를 추구하는 가운데 인간의 삶이 영위되고 있다고 할 수 있습니다.

자유가 없는 안정은 노예의 삶으로 귀결될 수 있고, 안정 없는 자유는 혼란과 불확실성 가운데 두려운 삶으로 귀결될 수 있습니다. 그러기에 둘 사이에 균형을 맞추는 것은 인간 삶의 필수적 요건에 해당합니다. 프로이드는 말하기를 인간 문명은 양자 사이의 교환이요 거래라고 하기도 했습니다.

그래서 건강한 사회, 건강한 삶이란 끊임없이 양자 사이의 균형을 맞추려는 부단한 운동이 지속되는 사회, 그런 삶일 것입니다. 마치 시계추가 왔다 갔다 하듯 말이지요. 한쪽으로 기울면 그 반대편으로 당겨 균형을 맞추는 것입니다.

그런데 우리 삶의 모습은 어떨까요? 안정을 위하여 자유를 속박당하는 삶의 형국이 더욱 두드러지지 않을까요? 그런데도 문제는 진정한 삶의 안정이 이뤄지지 않는 것이 오늘날 일반화된 삶의 모습입니다. 그야말로 절대다수의 사람들이 삶의 위기 가운데 처해 있습니다. 그것을 바로 잡으려는 시도는, 추를 반대편으로 옮기려는 시도는 불온한 것으로 간주되고 그 추를 한쪽에 붙잡아두려는 힘이 여전히 강고합니다.

더 구체적으로 우리는 저마다 어떤 삶의 모습으로 살아가고 있을까요? 지난 시간 우리는 어떤 모습으로 살아왔을까요? 저마다 그 답을 찾아볼 수 있을 것이고, 어쩌면 저마다 그 답이 다를 수도 있을 것입니다. 한 해를 마감하며 또 한 해를 맞이하는 시점에서 스스로 묻고 스스로 답을 찾아볼 수 있기를 바랍니다.

우리의 교회는 어떤 행보 가운데 있을까요? 오늘 우리 교회는 이번 주간으로써 사실상 18년을 꽉 채우고 다음 주일 신년 첫 주일이

면 18주년을 맞이합니다. 지난 18년간 우리의 교회는 어떤 행보를 해왔을까요? 저 한 사람의 몇 마디로 온전한 평가를 내릴 수는 없지만 적어도 목회자로서 의지와 자세만큼은 진솔하게 이야기할 수 있습니다.

18년의 여정을 어떻게 말할 수 있을까요? 감히 말하건대 자유를 향한 여정이었다고 할 수 있습니다. 권위적일 뿐 아니라 자족적이고, 나아가 자폐적인 교회 질서와 신앙 풍토에 젖어 있는 한국교회 현실에서 진취적이고 개방적인 교회 질서와 신앙 풍토 형성을 위하여 꾸준히 걸어온 여정이었습니다. 어쩌면 너무 한쪽으로 치우쳐 있는 교회 현실이었기에 그 반대편으로 교회를 이끌기 위한 분투의 과정이었습니다. 미약하지만 적어도 문제의식과 지향성만큼은 뚜렷했다고 생각합니다.

목회자로서 솔직히 고단한 과정이었다고 고백하지 않을 수 없습니다. 물론 희망과 기대를 안고 있는 만큼 기쁨을 누렸지만 현실적으로 부딪힌 내외적인 난관과 그로 인한 고단함은 부인할 수 없습니다. 격려와 찬사를 받기도 했지만 비방과 힐난을 받을 때도 있었습니다. 목회자로서는 위기감을 느낄 때도 있었습니다. 교회 건축 과정에서 어려움을 겪을 때는 교회 자체가 무너질 수도 있다는 위기감도 느꼈고 저의 삶 중요한 부분 또한 날아가 버리는 건 아닌가 하는 위기감을 느끼기도 했습니다.

하지만 감사한 것은 18년을 잘 버텼고, 살아남았다는 것입니다. 단지 생존한 것이 아니라 하나의 대안적 모형의 가능성을 보여줬습니다. 여러 위기를 넘겼고, 교회의 존재감을 가시화하는 안정적 조건도 갖췄습니다. 결코 자만해서는 안 되지만, 이만큼의 조건을 갖춘 것은 감사한 일입니다.

이제 요구되는 것이 무엇일까요? 아마도 진정으로 우리 사회와 교회의 현실 가운데서 정말로 의미 있는 대안적인 공동체가 될 수 있도록 연단하는 과정이 아닐까 생각합니다. 그것은 광야에서의 단련과정에 비유할 수 있을지 모릅니다. 시행착오도 있을 수 있고, 우리의 부족함이 한없이 드러나는 어떤 계기들을 또 맞이할 수도 있을 것입니다. 그것은 그저 예비의 과정이 아니라 그 자체로 우리 인간이 어떻게 살아야 하는지, 교회가 어떻게 존재해야 하는지를 의미 있게 드러내는 과정일 것입니다. 분명한 목적 가운데서 그 과정을 잘 감당할 수 있기를 바랍니다.

저는 최근 이러저러한 일들을 계속 맡고 있습니다. 정확하게 말하면 새롭게 맡겨진 일은 없습니다. 계속해왔던 일들, 특별히 목회자로서 신학자로서 교회의 사회적 책임(사회선교)와 관련된 일과 그 전통을 성찰하는 연구와 관련된 일들을 지속하고 있습니다.

저는 그 일들을 개인적 성취나 역할로 생각하지 않습니다. 천안살림교회를 대표하여 그 역할을 맡고 있다는 자의식을 떨친 적이 없으며, 일이 맡겨지는 배후맥락 역시 천안살림교회의 존재를 빼놓을 수 없습니다. 저의 공적 역할의 대부분은 우리 교회에 대한 평가와 관련되어 있다는 이야기입니다.

바로 그런 의미에서 저는 이 교회를 바로 세우고, 세상 한가운데서 진정한 교회로서 제 몫을 하게 하는 것은 여전히 가장 중요한 과제일 수밖에 없습니다. 그 일을 이루는 데 우리 모두 행복한 동반자, 도반이 되기를 바랍니다.

구름기둥과 불기둥으로 함께하시는 하나님의 인도 가운데, 우리 저마다 각자의 삶이 또한 이 교회 공동체의 몫이 진정으로 의미 있게 되기를 바랍니다.

한 해를 마무리하고 새해를 맞이하고자 하는 우리에게 오늘 말씀의 의미가 진정으로 살아 움직이기를 기원하며, 그 말씀의 의미를 따라 각오를 새롭게 하는 우리가 되기를 기원합니다.

2017년 12월 31일

# 진정으로 풍요로운 삶

이사야 55:1-5

너희 모든 목마른 사람들아, 어서 물로 나오너라. 돈이 없는 사람도 오너라. 너희는 와서 사서 먹되, 돈도 내지 말고 값도 지불하지 말고 포도주와 젖을 사거라. 어찌하여 너희는 양식을 얻지도 못하면서 돈을 지불하며, 배부르게 하여 주지도 못하는데, 그것 때문에 수고하느냐? "들어라, 내가 하는 말을 들어라. 그리하면 너희가 좋은 것을 먹으며, 기름진 것으로 너희 마음이 즐거울 것이다. 너희는 귀를 기울이고, 나에게 와서 들어라. 그러면 너희 영혼이 살 것이다. 내가 너희와 영원한 언약을 맺겠으니, 이것은 곧 다윗에게 베푼 나의 확실한 은혜다. 내가 그를 많은 민족 앞에 증인으로 세웠고, 많은 민족들의 인도자와 명령자로 삼았다." 네가 알지 못하는 나라를 네가 부를 것이며, 너를 알지 못하는 나라가 너에게 달려올 것이니, 이는 주 너의 하나님, 이스라엘의 거룩하신 하나님께서 너를 영화롭게 하시기 때문이다(이사야 55:1-5).

오늘 우리는 구약 예언의 시대 진정한 신학적 거인 가운데 한 사람인 예언자 이사야의 말씀 가운데 한 대목을 읽었습니다. 정확히 말하면 두 번째 이사야의 선포 마지막 대목 가운데 한 부분입니다.

두 번째 이사야는 이스라엘 백성이 나라를 잃고 바빌론 포로로 붙잡혀 가 있던 시기 막바지에 희망을 선포한 예언자였습니다. 포로로 붙잡혀 있는 상황에서 벗어나 진정한 구원의 빛을 보게 될 것이라고 선포한 것입니다. 탁월한 역사적 식견을 가진 예언자 이사야는, 이집트에서 이스라엘 백성이 해방되었듯이 다시 바빌론에서 해방되리라 선포했고, 그 구원의 희망을 '제2의 출애굽'으로 힘주어 선포하였습니다.

본문 말씀은 바로 그와 같이 제2의 출애굽으로 누리게 될 풍요로운 삶을 선포하고 있습니다. 첫 번째 출애굽의 목표가 젖과 꿀이 넘치는 가나안 복지였던 것과 마찬가지로, 제2의 출애굽 또한 그렇게 젖과 꿀이 넘치는 풍요로운 삶이었습니다.

풍요로운 삶을 누리기를 마다하는 사람이 있을까요? 누구나 간절히 바라는 그 열망을 본문 말씀은 선포하고 있습니다. 그런데 문제는 그 풍요로운 삶이 과연 어떤 것인지, 어떻게 그것이 가능한 것인지 하는 것입니다. 본문 말씀은 진정으로 풍요로운 삶이 무엇을 말하는 것인지, 어떻게 그 삶을 누릴 수 있는지를 우리에게 일깨워 줍니다.

본문 말씀은 그 첫머리에서 마치 시장에서 상인이 손님들을 부르는 것처럼 큰 목소리로 외칩니다. 누구나, 그야말로 돈이 없는 사람이라도 와서 돈을 지불할 필요도 없이 포도주와 젖을 사라고 외칩니다. 누구나 거저 포도주와 젖을 구할 수 있게 되리라는 것입니다.

이것은 그야말로 풍요로운 삶에 대한 갈망에 호응하는 시원한 목소리입니다. 사실 어떤 설명이 덧붙여져야 이해할 수 있는 선포가 아닙니다. 누구나 갈망하는 삶에 대한 기대를 평범하게 경험하는 삶의 현실의 차원에서 분명하게 선포하는 말씀입니다. 필요한 모든 것들이 쌓여 있어도 돈이 없으면 내 손에 쥘 수 없는데, 돈 없이도 다 구할 수 있다니 얼마나 반가운 소리입니까?

그런데 그 반가운 목소리는, 그저 기분 내키는 대로 선포된 말씀이 아닙니다. 그 선포는 지금 사람들이 처해 있는 구체적인 현실을 유념하되, 그 현실과는 전혀 다른 방식으로 그 삶의 풍요를 누리게 될 것이라는 것을 암시하고 있습니다.

"어찌하여 너희는 양식을 얻지도 못하면서 돈을 지불하며, 배부르게 하여 주지도 못하는데, 그것 때문에 수고하느냐?" 이 선포는 지금 사람들이 처해 있는 구체적인 상황을 유념하고 있습니다. 땀을 흘려도 땀의 결과를 정당하게 누리지 못하는 현실, 뭔가 손에 쥐었다 하더라도 그것이 진정으로 바라는 갈망을 이뤄주지는 못하는 현실을 말합니다.

오늘 누구나 정말 열심히 일해 보람찬 삶을 꾸리고자 하지만, 일할 기회마저 누리지 못하는 경우가 허다하고, 일할 기회를 누린다 해도 만족스러운 소득을 얻지 못하는 사람들이 태반입니다. 그럭저럭 먹고 산다 해도 그나마 삶을 누리기까지 내 영혼을 누군가에게 저당 잡히고 있다는 의식에 사로잡힌 경우 또한 하다합니다. 양식을 얻지도 못하면서 돈을 지불하고, 배부르게 하여 주지도 못하는

데 그 때문에 수고하는 것은 바로 그 현실을 말합니다.

예언자 이사야는 그 현실에서 벗어날 수 있는 길을 선포합니다.

들어라, 내가 하는 말을 들어라. 그리하면 너희가 좋은 것을 먹으며, 기름진 것으로 너희 마음이 즐거울 것이다. 너희는 귀를 기울이고, 나에게 와서 들어라. 그러면 너희 영혼이 살 것이다.

하나님의 말씀을 따르면 좋은 것을 먹고 기름진 것으로 즐거운 삶을 누리게 되리라는 선포합니다. 말씀을 따르면 영혼이 온전히 자유를 구가하며 살게 될 것이라 선포합니다.

백성이 귀 기울여 들어야 할 하나님의 말씀이 뭘까요? 본문 자체로는 그 내용을 구체적으로 적시하지 않았지만, 예언자의 선포 전반적인 맥락에서 그 의미를 충분히 헤아릴 수 있습니다. 하나님의 의, 곧 백성들 가운데서 이뤄져야 할 정의입니다. 그 정의가 이뤄지면, 양식을 얻지도 못하면서 돈을 지불하는 일, 배부르게 하여 주지도 못하는 것을 위해 수고하는 일이 사라지게 될 것이고, 모든 백성이 진정으로 풍요를 누리게 될 것이라는 선언입니다. 그것은 필요한 양식을 누리는 데 부족함이 없게 될 것을 말하는 동시에 영혼의 자유로움을 맘껏 구가하게 되리라는 것을 말합니다.

본문 말씀의 선포는 그 길에 이르는 과정과 관련하여, 매우 중요한 사실을 꼬집어 말하고 있습니다.

"내가 너희와 영원한 언약을 맺겠으니, 이것은 곧 다윗에게 베푼 나의 확실한 은혜다. 내가 그를 많은 민족 앞에 증인으로 세웠고, 많은 민족들의 인도자와 명령자로 삼았다." 네가 알지 못하는 나라를 네가 부를 것이며, 너를 알지 못하는 나라가 너에게 달려올 것이니, 이는 주 너의 하나님, 이스라엘의 거룩하신 하나님께서 너를 영화롭게 하시기 때문이다.

성서 말씀을 대할 때, 그 본문 말씀이 반영하고 있는 미묘한 긴장을 쉽사리 파악하기가 쉽지는 않은 경우가 많습니다. 이 대목 역시 그러한 경우입니다. 이 본문 말씀 안에는 매우 미묘한 긴장이 담겨 있습니다. 예언자의 입을 통해 선포되는 이 하나님의 약속은 과거 다윗 왕과 맺었던 약속을 환기시키고 있지만, 이제는 그때 다윗 왕과 맺었던 약속과 같은 약속을 백성과 직접 맺겠다는 것을 그 내용으로 합니다.

하나님께서 다윗 왕과 맺은 약속은 주의 말씀을 따르면 그 왕조가 영원히 번영을 누리도록 해주겠다는 것이었습니다(삼하 7:8-16). 그러나 어떻게 되었습니까? 그 왕조는 멸망하고 말았습니다. 나라가 멸망하고 백성들이 바빌론으로 끌려갔습니다. 그 약속이 파기되었다는 것을 말합니다. 시편 89편 38-39절은 그 진실을 이렇게 선포합니다.

그러나 주님은 주께서 기름을 부어서 세우신 왕에게 노하셨습니다. 물리치고 내버리셨습니다. 주의 종과 맺으신 언약을 폐기하시고, 그의 왕관을 욕되게 해서 땅에 내던지셨습니다.

하나님의 의를 이루지 못한 조건에서 약속이 어떤 운명에 처해

지는지 환기해 주고 있습니다.

그래도 한편의 사람들은 그 약속을 그대로 믿고 다윗의 후손 가운데서 메시아가 나타날 것이라는 기대를 하고 있었습니다. 그러나 두 번째 이사야는 그 옛 약속이 갱신될 수밖에 없다는 것을 선포합니다. 두 번째 이사야 선포 가운데 등장하는 고난받는 종으로서 메시아에 관한 선포는, 예언자 이사야가 흔히 사람들이 가졌던 기대와는 전혀 다른 기대를 하였다는 것을 보여줍니다. 예수님을 메시아로 믿는 신앙에는 그 두 가지 기대가 아무런 모순 없는 듯 통합되어 있지만 예수님을 진정한 메시아로 믿는 것과 다윗 왕과 같은 메시아를 기대하는 것은 전혀 다른 것입니다. 예수 그리스도를 메시아로 믿는 믿음은 고난을 겪는 이가 그 고난의 질고를 이겨낸다는 믿음을 바탕으로 하는 반면 다윗 왕과 같은 메시아를 기대하는 것은 그 고난에 상관없이 문제해결사로서 메시아를 기대하는 믿음을 바탕으로 하고 있습니다.

이사야의 선포에서 우리는 전혀 다른 기대를 봅니다. 이사야는 민족주의적 신앙으로부터 보편주의적 신앙으로의 전환, 약속에 대한 맹목적 신앙으로부터 약속에 대한 책임적 신앙으로의 전환을 선포하고 있습니다. 오늘 본문 말씀은 약속의 갱신을 확정적으로 선포합니다. 다윗 왕과 맺은 약속에서 백성과 새롭게 맺는 약속으로의 전환입니다.

그 약속을 나타내는 방식도 바뀝니다. 다윗 왕에게는 "내가 그를 많은 민족 앞에 증인으로 세웠고 많은 민족의 인도자와 명령자로 삼았다"는 것이었습니다. 반면에 새로운 약속의 당사자가 된 백성들에게는, "네가 알지 못하는 나라를 네가 부를 것이며, 너를 알지 못하는 나라가 너에게 달려 올 것이니, 이는 주 너의 하나님, 이스라엘의 거룩하신 하나님께서 너를 영화롭게 하시기 때문이다" 하는 것으로 바뀝니다.

많은 민족의 인도자와 명령자로 삼았다는 것은, 힘을 가진 권위에 복종하게 만들었다는 것을 뜻합니다. 이방 민족에 대한 다윗 왕의 승리와 정복이 곧 그 징표였다는 것을 뜻합니다. 반면에 알지 못하는 나라를 부르고 그들이 달려온다는 것은 전혀 다른 종류의 권위에 동의한다는 것을 뜻합니다. 힘으로 이끌지 않아도 따라 오게 만드는 권위, 기꺼운 마음으로 동의하게 만드는 권위라 할 수 있습니다. 그것은 승리와 정복이 아닌 감화력을 말합니다.

그것이 무엇일까요? 힘이 세기 때문에 어쩔 수 없이 복종해야 하는 대상에 대한 태도와 감화력을 지니고 있기에 절로 따르게 되는 대상에 대한 태도가 같지 않습니다. 군사력으로 세계를 지배하는 나라를 중심으로 하는 질서를 따르는 것과 사람이 살기 좋은 나라이기에 선망하는 것은 전혀 다릅니다. 하나님께서 영화롭게 하시는 백성의 영광, 그것은 그 가운데 하나님의 의가 온전히 이뤄지기 때문에 가능한 것입니다.

두 번째 이사야는 일관되게 제2의 출애굽을 선포했습니다. 첫 번째 출애굽과 두 번째 출애굽의 목표는 동일합니다. 억압으로부터의 해방과 풍요로운 삶에 대한 희망입니다. 억압으로부터의 해방이 무엇을 뜻하는지는 더 긴 설명을 필요로 하지 않습니다.

풍요로운 삶은 무엇을 뜻할까요? 출애굽한 백성들이 목표로 삼

은 '젖과 꿀이 넘치는 가나안 복지'를 말합니다. 그것이 순전히 물질적 의미를 지니는 것일까요? 물질적 생산량의 총량을 뜻하는 것일까요? GDP를 기준으로 하는 경제 규모를 말하는 것일까요? 그렇지 않습니다. 나일강 유역의 풍요로운 이집트 땅과 빈약한 요단강을 중심으로 하는 가나안 땅을 비교하자면 어불성설입니다.

그 의미는, 힘 있는 인간의 업적이 강조되는 삶의 현실과 누구라도 마땅히 자기 삶을 누릴 수 있는 현실의 대비를 통해서만 분명히 이해될 수 있습니다. 땀을 흘리고도 땀의 결과를 누리지 못하는 현실과 땀을 흘리고 그 땀의 결과를 누구나 누리는 삶의 현실의 대비를 통해서 분명히 이해할 수 있을 뿐입니다. 가나안 땅이 젖과 꿀이 넘치는 땅이라는 것은, 억압으로부터 해방된 자유인들이 누리는 그 현실을 말하는 것입니다.

이사야는 다윗 왕에 대한 약속의 갱신을 선포하는 오늘 말씀을 통해 그 진실을 다시 환기하고 있습니다. 그것은 첫 번째 출애굽의 과정에서 사람들이 갈망했던 기대보다 더 절실한 것이었습니다. 출애굽 상황은 이민족의 지배로부터 벗어나면 모든 것이 다 되리라는 기대의 상황이었지만, 제2의 출애굽의 상황은 자기 민족의 왕조가 형성되었어도 이루지 못했던 기대와 꿈, 그것을 다시 환기하고 있기 때문입니다.

본문 말씀의 진실은 오히려 오늘 우리 시대에 더욱 절실하게 다가옵니다. 놀라운 경제적 성취에도 불구하고 사람들이 체감하고 있는 삶의 현실은 더욱 각박하지 않습니까? 경제 규모 10위권, 국민소득 3만 불 시대라고 하지만 사람들이 체감하는 삶의 현실은 여전히 각박합니다. 불안정한 일자리로 늘 불안한 삶을 이어가는 사람들, 열심히 일하면서도 충분한 생계비를 누리지 못해 허덕이는 사람들이 다수입니다.

우리가 염려해야 할 것은 남북 간 평화를 위한 시도로 안보 불안이 야기될 수 있다는 것이 아니며 여러 사회적 약자들과 소수자들을 포용함으로써 사회적 비용이 발생하고 어떤 도덕적 위기가 야기될 수 있다는 것이 아니며 경제정책의 가시적 성과가 당장 나타나지 않는 것이 아닙니다. 오히려 남북 간 평화를 이루기 위해 더 적극적으로 나서지 못하고 진정한 포용국가를 이루기 위한 실질적 조치들을 취하지 못하고 뒷걸음치는 사태, 모든 사람이 일하는 만큼 땀의 결실을 누리지 못하는 사태를 우리는 염려해야 합니다. 열심히 일하면서도 "죽거나, 짤리거나, 속거나"하는 사태를 우리는 염려해야 합니다. 단적으로 말해 정의의 부재로 삶의 평화를 누리지 못하는 사태, 그래서 진정으로 삶의 풍요로움을 누리지 못하는 사태를 염려해야 합니다.

교회가 여전히 물질적 축복만을 최고의 가치로 아는 번영의 신학에 매여 있다면, 그것은 여전히 우리가 염려해야 하는 그 사태에 대해 교회가 그 어떤 역할도 하고 있지 못하다는 것을 말합니다. 교회 자체가 염려의 대상이 되고, 그 안에서 신앙생활을 하는 신도들이 염려의 대상이 되고 있다는 것을 뜻합니다. 진정으로 풍요로운 삶은 그저 물질적 축복만으로 성취되지 않습니다. 물질적 삶 안에 하나님의 말씀, 하나님의 정의가 깃들 때 비로소 우리는 진정으로 풍요로운 삶을 누릴 수 있습니다.

하나님의 말씀에 귀 기울이고 따름으로써, 곧 우리 가운데 하나님의 의를 이룸으로써, 양식을 얻지도 못하면서 돈을 지불하고 배부르게 하여 주지도 못하는 것을 위해 수고하는 참담한 현실에서 벗어나, 좋은 것을 먹고 영혼의 자유로움을 만끽하는 우리가 되기를 기원합니다.

2019년 6월 30일

# 내 마음이 맑아야

누가복음 6:36-42

𝕸

> 너희의 아버지께서 자비로우신 것 같이, 너희도 자비로운 사람이 되어라. 남을 심판하지 말아라. 그리하면 하나님께서도 너희를 심판하지 않으실 것이다. 남을 정죄하지 말아라. 그리하면 하나님께서도 너희를 정죄하지 않으실 것이다. 남을 용서하여라. 그리하면 하나님께서도 너희를 용서하실 것이다. 남에게 주어라. 그리하면 하나님께서도 너희에게 주실 것이니, 되를 누르고 흔들어서, 넘치도록 후하게 되어서, 너희 품에 안겨 주실 것이다. 너희가 되질하여 주는 그 되로 너희에게 도로 되어서 주실 것이다." 예수께서 그들에게 또 비유 하나를 말씀하셨다. "눈먼 사람이 눈먼 사람을 인도할 수 있느냐? 둘이 다 구덩이에 빠지지 않겠느냐? 제자는 스승보다 높지 않다. 그러나 누구든지 다 배우고 나면, 자기의 스승과 같이 될 것이다. 어찌하여 너는 남의 눈 속에 있는 티는 보면서, 네 눈 속에 있는 들보는 깨닫지 못하느냐? 너는 네 눈 속에 있는 들보를 보지 못하면서, 어떻게 남에게 '친구야, 내가 네 눈 속에 있는 티를 빼내 줄 테니 가만히 있어라' 하고 말할 수 있겠느냐? 위선자야, 먼저 네 눈에서 들보를 빼내어라. 그리해야 그 때에 네가 똑똑히 보게 되어서, 남의 눈 속에 있는 티를 빼 줄 수 있을 것이다(누가복음 6:36-42).

예수를 그리스도로 고백하고 믿는다는 게 무엇을 의미할까요? 그분의 삶을 따르고, 그분의 죽음과 부활의 의미를 깨달아 그 뜻을 구현하는 삶을 산다는 것을 뜻합니다. 그런데 우리는 예수 그리스도를 따르는 데 수없이 난관에 부딪힙니다. 도대체 예수님은 우리에게 불가능한 것을 요구한다고 느낄 때가 많기 때문입니다.

본문 말씀 또한 그런 느낌을 자아내기에 충분한 가르침입니다. 열두 제자를 뽑아놓고 그 제자들이 어떤 태도로 임해야 하는지를 가르치는 내용의 한 대목입니다. 앞부분에는, 산상설교로 더 잘 알려진, 이른바 팔복에 관한 말씀이 나옵니다. 누가복음에는 산상설교가 아니라 평지설교로 되어 있습니다만. 그다음에 원수 사랑에 관한 이야기가 나오고 본문 말씀이 이어집니다.

이 일련의 말씀들을 음미하면 예수님의 가르침이 어째서 어려운지 알 수 있습니다. 그 말뜻이 어렵기 때문이 아니라 실행이 어렵기 때문에 그렇습니다. 그것은, 일반적인 윤리와 예수님께서 제시한 하나님 나라의 윤리의 질적 차이에서 비롯됩니다. 예수님의 가르침은 궁극적인 어떤 차원을 지향하고 있다는 점에서 윤리로 환원되는 것은 아니지만 막연한 목표로서 제시된 것이 아니라 당장 실행해야 할 행동규범으로 제시되고 있다는 점에서 명백히 윤리적 성격을 띠고 있습니다. 그런데 그 윤리가 일반적인 윤리와는 차이가 있습니다.

어떤 차이가 있을까요? 일반적인 윤리는 호혜적인 쌍방관계를 전제하는 것이라면, 예수께서 제시한 윤리는 먼저 일방적으로 베풀 것을 말하고 있습니다. 일반적인 윤리란 저쪽에서 해준만큼 이쪽에서도 당연히 갚는 것이 마땅하다는 것을 가르친다면, 예수의 윤리는 내가 원하는 만큼 먼저 상대에게 베풀라는 것을 가르칩니다. 일반적으로 통용되는 윤리가 '최소의 원리' 곧 상대가 해준 만큼 '최소한' 감당한다는 원리에 입각해 있다면, 예수의 윤리는 '최대의 원리' 곧 내가 원하는 만큼 '최대한' 베푸는 원리에 입각해 있습니다. 가장 근본적인 차이는, 일반적인 윤리가 대가를 서로 주고받는 관계의 차원을 전제하는 반면, 예수의 윤리는 대가 자체를 파기하고 어떠한 상황에서든, 어떠한 사람에게든 상관없이 마땅히 해야 할 올바른 도리를 세운다는 데 있습니다.

예수께서 보여주신 절대적 베풂의 윤리는, '하나님은 은혜를 모르는 자들이나 악한 자들에게도 인자하시다'(누가 6:35)는 것을 구체화한 행동의 원칙을 말합니다. '해는 비추는 곳을 가리지 않는다'(마태 5:45)는 것과 통하는 정신을 따르는 태도입니다.

본문 말씀의 첫머리는 이렇게 시작합니다. "너희의 아버지께서 자비로우신 것 같이, 너희도 자비로운 사람이 되어라" 마태복음은 이보다 훨씬 더 근본적인 요구로 되어 있습니다. "하늘에 계신 너희 아버지께서 완전하신 것 같이, 너희도 완전하여라"(마태 5:48). 이 말씀은 그리스도를 따르는 제자들이 취해야 할 행위규범의 근거에 해당합니다. 하나님이 자비로우니 그 하나님을 믿는 사람도 역시 자비로워야 한다는 마땅한 요구입니다.

그다음에 이어지는 내용은 두 가지 행동규범(37-38절) 그리고 그 행동규범을 실현할 수 있는 밑바탕이 되는 내적 품성(39-42)에 관한 이야기입니다. 두 가지 행동규범은 첫째 남을 심판하지 말라는 것이요, 둘째 남에게 베풀라는 것입니다. 그다음 그것을 가능하게 하는 내적 품성에 관한 이야기는 눈먼 사람의 비유로 강조되고 있습니다.

> 남을 심판하지 말아라. 그러면 하나님께서도 너희를 심판하지 않으실 것이다. 남을 정죄하지 말아라. 그러면 하나님께서도 너희를 정죄하지 않으실 것이다. 남을 용서하여라. 그러면 하나님께서도 너희를 용서하실 것이다.

무슨 의미일까요? 거의 한순간도 예외 없이 남을 판단하면서 살아가는 우리의 삶의 현실에서 이 말씀은 너무나 비현실적인 이야기로 보일지도 모릅니다. 그저 남을 비방하지 말라는 것 정도로 이해하면 그 뜻을 그런대로 무리 없이 받아들일 수 있지만 옳고 그름의 문제를 아예 판단하지 말라는 이야기로 볼 것 같으면 참 난감해집니다.

이 말씀은 문자 그대로 '남을 비판하지 말라'(개역한글판)는 말로 인용되는가 하면 그 어떠한 것에도 비판하지 말고 용인하라는 의미로 오용되기도 합니다. 그러기에 우리는 이 말씀의 진의를 진지하게 다시 묻지 않으면 안 됩니다.

"남을 심판하지 말아라" 이 말씀은 남에 대한 판단 자체를 금지하거나 옳고 그름 자체를 판단하는 것을 금지하는 것이 아닙니다. 타인에 대한 판단, 옳고 그름에 대한 판단 없이 어떻게 삶을 살 수 있겠습니까? 그 자체가 문제되는 것은 결코 아닙니다. 남을 판단하고 옳고 그름을 판단하는 것을 궁극적인 심판관의 자리, 마치 하나님의 자리에 선 듯이 해서는 안 된다는 뜻입니다. 옳고 그름을 판단하는 데서 하나님의 자리를 차지하지 말라는 것입니다. 그것이 오늘 말씀의 진정한 뜻입니다. "남을 정죄하지 말아라." 여기에 본뜻이 있습니다. "아버지께서 자비로우신 것 같이 너희도 자비로운 사람이 되어라"는 말씀과 연결해서 이해하면, 하나님께서도 그렇게 사람을 정죄하려고 하지 않는데 하물며 사람이 그래서야 되겠느냐는 말씀입니다.

하나님의 자리에서 판단하는 것이 어떤 것일까요? 예컨대 종종 어떤 사람을 판단할 때 거두절미하고 한마디로 '그 사람 참 나쁜 사람이다'라고 말하는 경우가 있습니다. 잘 헤아려 보십시오. 내가 만일 그런 말을 뱉은 경우에, 거기에 어떤 감정이 실리는지? '그 사람은 이러이러해서 마땅치 않다'거나, '그 사람이 이렇게 해서 나를 곤란하게 했다'고 말하는 것처럼 합리적 근거를 대는 경우와는 완전히 다릅니다. 판단의 대상이 되는 그 사람을 송두리째 부정하는 증오의 감정이 실려 있습니다. 그러한 판단을 듣는 사람의 입장에서는 어떤 느낌일까요? 합리적인 근거를 대면서 말하는 경우와 완전히 다른 느낌입니다.

그와 같은 단정적인 판단, 곧 '정죄'는 다른 여지를 두지 않습니다. 그래서 판단의 대상이 되는 사람을 인격적으로 죽이는 결과를 낳습니다. 그러한 판단은, 판단하는 사람 자신은 완벽하다는 것을 맹신하는 태도에서 나옵니다. 그러기에 그것은 마치 하나님의 자리에 선 것과 같습니다.

권력자들이 쉽사리 범하는 오류입니다. 성서는 어떤 형태이든 절대권력을 인정하지 않습니다. 권력이라는 것 자체가 사실 무신성 無神性, 곧 하나님을 부정하는 것에서 생겨난 것입니다. 권력은 스스로 절대화하기 때문에 무신성을 지니고 있습니다. 왕권을 극구 반대했던 사무엘의 증언은 하나님을 부정하는 권력의 성격을 경고하고 있습니다(삼상 8장). 사람을 희생제물로 즐기는 힌놈 골짜기의 잔인한 신 '몰록'(열하 23:10)과 히브리어로 왕을 뜻하는 '멜렉'이 사실은 같은 말이라는 것도 그 권력의 무신성을 말합니다.

물론 오늘 대다수 사람은 감히 스스로 하나님의 자리에 서겠다고 명시적으로 말하지는 않습니다. 그러나 내가 어떤 판단을 하고 그 누구를 정죄할 때 나도 모르게 마치 하나님의 자리에 있는 냥 하는 잘못은 쉽사리 범할 수 있습니다. 이 말씀은 그 위험을 일깨우고 있습니다.

그런데 남을 심판하지 않는 태도는, 보다 근본적인 베풂의 차원을 갖고 있습니다. "남에게 주어라. 그러면 하나님께서도 너희에게 주실 것이니, 되를 누르고 흔들어서, 넘치도록 후하게 되어, 너희 품에 안겨 주실 것이다. 너희가 되질하여 주는 그 되로 너희에게 도로 되어서 주실 것이다"

적극적으로 베풀라는 말씀인데, 이 대목의 비유적인 표현이 재미있습니다. "되를 누르고 흔들어서, 넘치도록 하게 되어"라는 표현입니다. 알곡이 엉성하게 쌓여 한 되가 되는 것이 아니라 빈틈없이 꽉 차서 한 되가 되게끔 하라는 것입니다. 베풀되 최대한 베풀라는 이야기입니다. 이것은 하나님의 너그러움을 본받는 인간의 너그러움을 강조하고 있습니다. 시종일관 하나님은 긍정적으로 이해되고 있고, 그 하나님을 믿는 사람 역시 하나님을 본받아야 하는 것으로 이해되고 있는 점을 새삼 주목할 필요가 있습니다.

이 대목의 말씀은 "너희가 되질하여 주는 그 되로 너희에게 도로 되어서 주실 것이다"라고 함으로써 어떤 보상을 미리 전제한 것처럼 보이지만, 그것이 이해타산에 근거한 것은 아닙니다. 이 말씀은 먼저 넉넉히 베풂으로써 완성되는 인간관계, 사회적 관계를 강조하는 의미를 지니고 있습니다.

예수님께서는 오늘 이 말씀을 제자들과 예수님의 말씀을 추종하는 청중들을 향하여 선포하십니다. 그러나 원래 이 말씀은 자기 의에 사로잡힌 바리새파 사람들을 향하였음에 틀림없습니다. 바리새파 사람들은 누구보다 하나님의 말씀을 잘 따르고 지킨다고 생각했던 사람들이었기에, 그들이 감히 하나님을 대신한다는 생각을 했을 리 만무합니다. 그러나 예수님께서는 스스로 완벽하다고 생각하는 그 바리새파 사람들의 태도에서 하나님의 자리를 차지해버리고 만 오만함을 간파했습니다. 바로 이들을 향하여 하나님처럼 심판하는 자리에 서지 말라고 하셨습니다. 그들을 일러 예수님께서는 '눈먼 사람이 눈먼 사람을 인도하는 격'이라고 말씀하십니다. 참된 스승으로부터 배워 그 길을 제대로 따르라고 말씀하십니다.

복음서는 그것을 다시 제자들과 그 밖의 예수 그리스도를 따르는 모든 무리를 향한 말씀으로 전하고 있습니다. 하나님을 따르겠다고, 예수 그리스도를 따르겠다고 나선 이들에게 어째서 또 이런 당부가 필요했을까요? 그것은 이들 역시 바리새파 사람들이 빠졌던 잘못에 빠질 수 있기 때문입니다.

그래서 예수님의 비유는 한층 더 구체적인 언급으로 마음의 자세, 곧 앞에서 말했던 윤리적 행위를 가능하게 하는 내적 품성에 관해 일깨워 주십니다. "어찌하여 너는 남의 눈 속에 있는 티는 보면서

네 눈 속에 있는 들보는 깨닫지 못하느냐?" "먼저 네 눈에서 들보를 빼내어라. 그래야 그때에 눈이 잘 보여서, 남의 눈 속에 있는 티를 빼 줄 수 있을 것이다."

남의 허물을 먼저 보기보다는 자신의 내면적 성찰이 앞서야 한다는 것을 말합니다. 자신의 눈동자에 장애물이 걸려 있는데, 어찌 다른 사람과 사물을 제대로 볼 수 있겠느냐는 것입니다.

흔히 종교 전통에서는 이와 같은 내면적 성찰에 대한 강조가 외부의 부조리를 정당화해주는 근거로 남용되기도 합니다. 그러나 예수님께서 일깨워주신 이 가르침이 그렇게 오용되어서는 안 됩니다. 이것은 종교와 윤리, 신앙과 윤리의 가장 근본이 되는 진실을 환기하고 있습니다. 내 안에 있는 내면의 빛이 그 어떤 것에 방해를 받아서는 안 된다는 것을 말하고 나아가 방해받지 않은 그 빛으로 내 앞의 형제를 비출 수 있어야 한다는 것을 말합니다. 내 눈이 맑아져야 이 세상을 맑게 봅니다. 그래야 스스로 길을 제대로 찾을 수 있고, 또한 우리의 형제들, 다른 사람들을 바르게 인도할 수 있습니다.

태조 이성계와 무학대사의 유명한 일화가 있습니다. 태조가 "자네는 어찌 돼지 같이 보이는가?"했더니 무학대사가 "제 눈에는 임금님이 부처님처럼 보입니다"라고 했다는 이야기입니다. 누가 더 훌륭한지, 누구의 눈이 더 맑은지 일깨워주는 일화입니다.

모든 혐오와 차별의 논리는 어떨까요? 모든 혐오와 차별의 논리 저변에 깔린 것은 나와 다른 사람은 용인하고 싶지 않은 마음입니다. 모든 혐오와 차별의 논리는 자기 마음의 투영일 뿐입니다.

일본의 아베 총리와 관료들이 어째서 한국에 대한 보복성 경제 제재를 가한다고 혈안이 되어 있을까요? 평화헌법을 고쳐서 전쟁할 수 있는 나라로 가야 하는데, 한국이 방해가 되기 때문입니다. 예전에는 북한의 존재만으로도 그 이유를 찾을 수 있었습니다. 그런데 이제는 남북간 평화 프로세스가 진행되고 있기에 그 이유가 설득력을 잃어가고 있습니다. 그래서 위기감을 조성할 수 있는 맞상대로 한국 정부를 겨냥한 것으로 보입니다. 속내가 그것입니다.

한국 그리고 한반도에서 진행되는 일이 하나같이 마음에 들지 않은 것입니다. 평화 프로세스가 진행되어 긴장이 완화되는 것도, 강제징용노동자에 대한 배상 판결도, 일본군 '위안부' 문제에 관한 합의의 사실상 파기도, 후쿠시마산 해산물 수입규제에 대한 WTO 판정도 마음에 들지 않은 것입니다. 게다가 경제력에서도 한국이 일본을 바싹 추격해오는 것도 마음에 들지 않았을 것입니다. 그래서 한국을 싸잡아 '나쁜 나라'로 만들지 않으면 안 되겠다고 한 것 아니겠습니까?

일본이라는 나라의, 그 나라를 이끄는 집권 세력의 자기 마음의 투영입니다. 내가 싸대기를 치면 저쪽에서 싸대기를 치는 것으로 나와 주기를 바라면서 사실상 선전포고를 하는 것과 다름없습니다.

한반도 평화 프로세스, 강제징용노동자 배상판결, 일본군 '위안부' 합의 문제, 후쿠시마 산 해산물 수입규제 이 가운데 어떤 것도 단지 민족주의적 차원의 문제로 환원되는 사안은 없습니다. 평화 프로세스는 한반도, 나아가 동북아시아의 평화를 이루는 과정일 뿐 아니라 제국주의 유산을 청산하는 일입니다. 강제징용노동자 청구권 배상 판결 문제는 삼권 분립 하의 한국 사법부에서 한일협정으로 개인 청구권 자체가 소멸된 것이 아니라는 취지를 따른 것입니다. 또 반인륜적 범죄행위에 대해서는 끝까지 책임을 물어야 한다는 국제적 규범을 따른 것입니다. 이는 일본군 '위안부' 문제와 관련해서는 더더욱 분명한 것입니다. 방사능 오염 가능성이 높은 후쿠시마산 해산물 수입 규제는 건강과 안전에 관한 사항입니다. 이 모든 사안이 정의와 평화, 인류와 안전 등 보편적 가치와 관련된 사안들입니다.

이 모든 사안를 국가 간의 갈등 문제로, 민족주의적 감정의 차원으로 몰아가고 있는 것은 일본의 집권 세력입니다. 그것을 문제 삼는 것은 그만큼 그들의 세계관이 좁다는 것을 드러내줍니다. 그 만큼 자신들이 보편적 인권과 정의 그리고 평화와는 거리가 멀다는 것을 보여줍니다. 자신들의 눈이 탁하다는 것을 보여주고 있는 것입니다.

아마도 일본의 무역 규제 그 자체와 관련해서는 시간이 지나면 오히려 한국에 유리하게 전개될 가능성이 높지만, 모진 이웃 때문에 우리 사회에 미칠 부정적 효과를 염려하지 않을 수 없습니다. 재벌개혁도, 경제민주화도, 노동권의 신장도 방해를 받게 되지 않았습니까? 그렇지 않아도 염려되는 상황에서 실질적인 민주주의가 더더욱 지체되게 생겼습니다. 건강한 시민사회 또는 교회간 국제적 연대가 중요하다는 것을 새삼 일깨워주고 있습니다.

우리가 매주 주일 자리를 함께하며 하나님 앞에 서고자 하는 까닭이 어디에 있을까요? 하나님을 마주하는 그 의식으로 우리 스스로 온전히 돌아보기 위함입니다. 그래서 맑아진 마음, 맑아진 눈으로 나를 보고 세상을 보기 위함입니다. 오늘 말씀에서 그 진실을 깨달아 새기며, 세상을 밝히는 우리가 되기를 기원합니다.

2019년 7월 21일

# 하늘의 삶을 누리는 사람들

누가복음 10:17-20

ꕥ

일흔[두] 사람이 기쁨에 차서, 돌아와 보고하였다. "주님, 주님의 이름을 대면, 귀신들까지도 우리에게 복종합니다." 예수께서 그들에게 말씀하셨다. "사탄이 하늘에서 번갯불처럼 떨어지는 것을 내가 보았다. 보아라, 내가 너희에게 뱀과 전갈을 밟고, 원수의 모든 세력을 누를 권세를 주었으니, 아무것도 너희를 해하지 못할 것이다. 그러나 귀신들이 너희에게 굴복한다고 해서 기뻐하지 말고, 너희의 이름이 하늘에 기록된 것을 기뻐하여라"(누가복음 10:17-20).

본문 말씀은 흥미로운 이야기 가운데 하나입니다. 예수께서 일흔두(사본에 따라 '일흔') 사람을 세워 각 고을로 보내신 후에 그들이 되돌아와 보고하는 장면을 전하는 말씀입니다.

열두 제자라는 관념에 비추어보면 일흔두 사람은 그 '제자'들과는 다른 사람이겠지만, 이들도 예수 그리스도를 따르고 그 말씀을 전하는 사람들이었다는 점에서 틀림없는 제자들입니다. 예수께서는 이들을 각 고을로 보내시면서 평화를 전하고 병자들을 치료하며 하나님 나라를 전하라고 명하셨습니다.

일흔두 사람은 그 사명을 전하고 기쁨에 가득 차 돌아 왔습니다. 그리고 의기양양하게 보고를 합니다. '선교보고대회'를 연 셈입니다. "주님, 주님의 이름을 대면, 귀신들까지도 우리에게 복종합니다." 그것은 놀라운 일이었습니다. 온 세상 사람들이 귀신에 사로잡혀 그에 복종하는 줄 알았는데, 이 제자들이 평화를 선포하고 하나님 나라를 선포했을 때 귀신들마저 그 제자들에게 복종했다고 합니다. 사람들이 불가항력으로 생각했던 현실의 힘을 떨쳐버리고 무엇이 진정으로 평화를 얻는 길인지 깨우치고 따랐다는 것을 말합니다.

한 교우께서 저에게 "귀신을 믿느냐?" 하고 물은 적이 있습니다. 귀신의 존재를 믿느냐는 이야기이겠지요? 그 귀신이 도대체 뭘까요? 성서에서는 그 귀신들의 우두머리를 사탄이라 말하는데 그 사탄은 무엇을 말할까요? 단적으로 말하면 사탄은 사람들이 불가항력으로 받아들이는 현실의 힘을 말합니다. 사람을 궁지에 몰아넣는 힘입니다. 구약성서의 관념에 따르면 그것은 맘몬일 수도 있고 몰록일 수도 있습니다. 현대적 개념으로 말하면 사람을 꼼짝달싹할 수 없게 만드는 자본의 위력일 수도 있고, 끊임없이 사람의 희생을 요구하는 그야말로 악마적인 권력일 수도 있습니다. 사탄은 다른 것이 아닙니다. 우리를 죽음의 질서에 순응하게 만드는 힘, 그것이 사탄입니다. 사람이 그 힘에 굴복하게 되면 다른 사람을 죽음으로 몰아넣을 뿐 아니라 끝내는 자신마저 죽음에 이르게 됩니다.

그런데 그 사탄은 흉악한 형상으로 나타나는 것이 아니라 우리가 필요하다고 착각하는 그 어떤 것으로 우리에게 가까이 다가옵니다. 바울은 사탄이 빛의 천사로 가장한다고 했습니다(고후 11:14). 따라서 불가항력으로 보이는 삶의 구조를 바꾸지 않고는 그로부터 헤어 나오기가 쉽지 않습니다.

제자들은 귀신들이 힘을 잃고 복종하는 놀라운 일을 전합니다. 여기서 말하는 귀신은 사람들이 어쩔 도리 없이 매인 힘이 구체적으로 드러난 어떤 사례들을 말할 것입니다. 예컨대 예수께서 거라사의 광인을 치유해준 사건(마가 5:1 이하)을 보면, 그 귀신의 실체가 무엇인지 가늠할 수 있습니다. 그 귀신의 실체는 '군대'(레기온: 로마군의 한 사단으로 약 6,000명) 아니었습니까? 이 이야기에서, 한 사람의 정신을, 그 사람의 영혼을 앗아간 귀신의 실체는 로마의 군사적 폭력과 지배였습니다.

그렇게 사람들을 지배하는 귀신들이 예수의 제자들 앞에 굴복하였다니 얼마나 놀랍고 기쁜 일이었겠습니까? 그렇게 기뻐하는 일흔 두 제자에게 예수께서는 말씀하십니다.

> 사탄이 하늘에서 번갯불처럼 떨어지는 것을 내가 보았다. 보아라, 내가 너희에게 뱀과 전갈을 밟고, 원수의 모든 세력을 누를 권세를 주었으니, 아무것도 너희를 해치지 못할 것이다. 그러나 귀신들이 너희에게 굴복한다고 해서 기뻐하지 말고, 너희의 이름이 하늘에 기록된 것을 기뻐하여라.

제자들이 흥에 겨워 평화를 전하고 하나님 나라를 전할 때 예수님께서는 '사탄이 하늘에서 번갯불처럼 떨어지는 것'을 목격했습니다. 사탄은 흔히 공중의 권세를 잡은 자로 표현되기도 합니다(에베

2:2). 그것은 세상을 굽어보며 그 세상을 자신의 손아귀에 둔 사탄의 위력을 말합니다.

하늘에서 사탄이 번갯불처럼 떨어졌다는 것은 사탄이 그 힘을 잃어버렸다는 것을 뜻합니다. 제자들이 평화를 전하고 하나님 나라를 전할 때, 사람들은 자신들을 옭아매고 있던 굴레로부터 해방되어 평화의 소식을 받아들였고 하나님 나라의 복음을 받아들였습니다. 사탄이 하늘로부터 번갯불처럼 떨어지는 것은 다른 것이 아닙니다. 그 속박에 매여 있던 사람들이 예수 그리스도의 평화의 복음, 하나님 나라의 복음을 받아들이고 새로운 삶을 살게 된 것을 말합니다.

뱀과 전갈을 밟는다는 것은 사람을 해치는 독성과 마성을 제압한다는 것을 말합니다. 결국은 사람을 파멸에 이르게 하는 삶에 저항하고 그 파멸에 이르는 삶에 순응하지 않는 삶을 말합니다.

예수께서는 마지막으로 매우 의미심장한 말씀을 하십니다. "그러나 귀신들이 너희에게 굴복한다고 해서 기뻐하지 말고, 너희의 이름이 하늘에 기록된 것을 기뻐하여라."

그것은 간단히 말하면 이렇습니다. 내가 물리치고자 했던 적을 무력화시킨 사실을 기뻐하기보다는 내가 누리는 하늘의 삶을 기뻐하라는 이야기입니다. 이 말씀은 바꿔 말하면 우리가 극복하고자 하는 현실의 장벽을 어떻게 부술 것인가 부심하는 데서 더 나아가 우리가 누리고자 하는 삶이 무엇인지 찾고 그 삶을 스스로 누리라는 것을 말합니다. 그러면 그 장벽이 무너진다는 뜻이기도 합니다.

사탄이 하늘에서 번갯불처럼 떨어졌기에 사람들이 평화의 복음, 하나님 나라의 복음을 받아들인 것이 아니라 사람들이 그 복음을

받아들인 것이 곧 사탄이 하늘에서 떨어진 것을 의미합니다. 맘몬의 질서, 몰록의 희생 체제를 부수고 난 다음에 비로소 새로운 대안이 가능한 것이 아니라 새로운 대안을 찾아 살아가는 것이 맘몬의 질서, 몰록의 희생 체제를 극복하는 것입니다. 새로운 삶의 대안은 적에 대한, 또는 현실의 장벽에 대한 증오에서보다는 내가 누리고자 하는 삶의 꿈, 그 꿈을 추구하는 삶의 기쁨에서 시작됩니다. 먼저 하늘의 삶을 살아야 한다는 것을 뜻합니다.

영화 〈그리스도 최후의 유혹〉의 한 장면이 인상 깊습니다. 빌라도와 예수의 대화 장면입니다. 빌라도가 말합니다. 무력으로 항쟁한 젤롯당보다 사람들에게 사랑을 전파한 예수야말로 로마제국에는 더 위험하다고 말합니다. 왜 위험할까요? 사람들이 서로를 존중하며 사랑을 나누는데 권력이 자리할 틈은 없기 때문입니다. 사랑은 누군가를 지배하고자 하는 권력욕 자체를 무력화시킵니다. 하늘의 삶을 사는 것, 하늘의 삶을 선취하는 것은 그렇게 놀라운 위력을 지닙니다.

우리는 하늘의 삶을 사는 사람들을 바로 오늘 우리의 세계 현실 가운데서도 볼 수 있습니다. 우루과이의 전 대통령 호세 무히카의 삶과 그의 이야기는 우리에게 경종을 울려주고 있습니다. 비서나 경호원은커녕 부인이나 자녀도 없이, 다리 저는 개와 함께 다니며, 손수 장비를 들고 이웃집을 수리하기도 한 그는 간디 이후 자발적 가난으로 산 유일한 정치적 지도자로 알려져 있습니다. 월급의 90%를 빈민주택기금으로 기부하고 유일한 재산인 낡은 차로 출퇴근하는 길에 히치하이커들을 태워주고 단 한 번의 비리도 없는 '세상에서 가장 가난한 대통령'이었습니다. 최고의 정치는 정직이라고 하면서 대통령도 누구도 숭배하지 말라고 한 그는 누구보다도 빈민의 벗이었습니다. 그는 지금도 "난 인생을 간소하게 살기로 결심했다. 많은 것을 소유하는 데 시간을 낭비하고 싶지 않다. 이런 삶이 주는 여유가 좋다"고 말합니다.

2012년 리우 환경 정상회의에서 행한 그의 명연설 일부입니다.

시장경제가 시장사회를 만들었습니다. 그리고 시장경제가 자원을 찾아 세계 곳곳을 다니는 세계화를 만들었습니다. 우리가 세계화를 통제하고 있습니까? 아니면 세계화가 우리를 통제하고 있습니까? 이런 무자비한 경쟁에 바탕을 둔 경제시스템 아래서 우리가 연대나 더불어 살아가자는 논의를 할 수 있나요? 어디까지가 동료이고 어디까지가 경쟁관계인가요?…

현대에 이르러 우리는 인류가 만든 이 거대한 세력을 통제하지 못하고 있습니다. 도리어, 이 같은 소비사회에 통제당하고 있다는 것입니다. 우리는 발전을 위해 태어난 것이 아닙니다. 우리는 행복하기 위해 지구에 온 것입니다. 인생은 짧고 바로 눈앞에서 사라지고 맙니다. 생명보다 더 귀중한 것은 존재하지 않습니다.

대량소비가 세계를 파괴하고 있음에도 우리는 고가의 상품을 소비하는 생활 방식을 유지하기 위해 인생을 허비하고 있습니다.…

어떤 사람은 이렇게 묻습니다. '이것이 인류의 운명이 아닌가'라고요? 제가 말하려는 것은 너무도 간단합니다. 개발이 행복을 가로 막아서는 안 됩니다. 개발은 인류에게 행복을 가져다 주어야만 합니다. 개발은 행복, 지구에 대한 사랑, 인간관계, 아이 돌봄, 친구 사귀기 등 우리가 가진 기본적인 욕구를 충족시켜줘야 하는 것입니다. 우리가 가진 가장 소중한 자산은 바로 행복이기 때문입니다.

지난 주간 23일에 열린 유엔 기후행동 정상회의에는, 이제는 유명해진 스웨덴 소녀 그레타 툰베리가 참석하여 정상들을 향하여 일침을 가했습니다. 요트 하나에 의지하여 2주간 대서양을 항해하여 건너간 것부터 화제가 되었습니다.

"미래세대의 눈이 지켜보고 있다. 만일 당신들이 우리를 저버린다면 우리 세대는 결코 당신들을 용서하지 않을 것이다.… 생태계가 무너지고 있는데도 각국 정치 지도자들은 돈타령과 영구적 경제성장 타령만 하고 있다"그레타 툰베리는 매서운 비판을 쏟아냈습니다.

그의 사적인 생활 또한 놀랍습니다. 언론과의 인터뷰에서 자신은 지금도 그렇고 앞으로도 새 옷은 사 입지 않겠다고 했다고 합니다. 이 결기를 우리는 어떻게 받아들일 수 있을까요? 나 혼자 변한다고 세상이 변하겠느냐 생각하는 사람들에게 나부터 변해야 세상이 변하지 않겠느냐고 외치고 있는 것 아니겠습니까?

먼 나라의 특별한 사람들의 이야기가 아닙니다. 저는 지난 여름 박형규 목사의 삶과 신학사상을 추적하면서 또한 역시 경외감을 표하지 않을 수 없었습니다. 엄혹한 군사독재정권하에서 예닐곱 차례에 걸쳐 투옥되는 고통을 겪었을 뿐 아니라, 노골적인 국가폭력에 의해 교회공동체마저 위기를 겪었지만 결코 자신의 고귀하고 자유로운 영혼을 손상당하지 않은 그분의 정신세계에 경의를 표하지 않을 수 없었습니다.

누군가와 싸우다 보면, 싸우면서 자신도 모르게 그 대상을 닮아간다고 합니다. 이른바 과거 '민주인사'들이 시절이 바뀌면서 어떤 면에서 더욱 권위적인 모습을 띠게 되는 것도 그 일례일 것입니다. 요즘 젊은 세대들은 잘 모르겠지만, 박형규 목사는 1970-1980년대 한국 민주화운동을 이야기할 때 빼놓을 수 없는 중요한 분이었습니다. 이른바 가장 유명한 민주 '투사' 가운데 한 사람이었습니다. 그래서 그분을 그저 투사로만 기억하는 사람들이 많습니다. 물론 그분의 삶과 신학은 비장한 투사로서 활동을 배제하고서는 이해할 수 없습니다. 엄혹한 군사독재정권과 질기게 싸웠으니 당연합니다.

그러나 저는 그분의 삶과 신학을 "하느님 나라를 산 자유인"으로 결론 맺었습니다(최형묵, "박형규 목사의 삶과 신학 - 길을 열어간 발자취를 따라서"). 그분은 그렇게 싸우는 과정에서도 결코 자신의 영혼을 손상당하지 않은 분이었습니다. "춤추는 자유인"이라는 이름이 그분에게 더 어울릴 것입니다. 자신의 삶 안에 이미 하늘의 삶을 체현하고 있었습니다.

오늘 말씀은 우리에게 그렇게 하늘의 삶을 살 것을 일깨워주고 있습니다. "귀신들이 너희에게 굴복한다고 해서 기뻐하지 말고, 너희의 이름이 하늘에 기록된 것을 기뻐하여라." 이 말씀은 하늘나라의 시민권자로서 땅의 나라를 살아가라는 것을 뜻합니다. 이 땅 위에서 하늘의 시민권자로서 아름다운 삶을 누리는 우리가 되기를 기원합니다.

2019년 9월 29일

# 하늘이 열리고 영이 내려와

마태복음 3:13-17

> 그때에 예수께서 요한에게 세례를 받으시려고, 갈릴리를 떠나 요단강으로 요한을 찾아가셨다. 그러나 요한은 "내가 선생님께 세례를 받아야 할 터인데, 선생님께서 내게 오셨습니까?" 하고 말하면서 말렸다. 예수께서 그에게 말씀하셨다. "지금은 그렇게 하도록 하십시오. 이렇게 하여, 우리가 모든 의를 이루는 것이 옳습니다." 그제서야 요한이 허락하였다. 예수께서 세례를 받으시고, 곧 물에서 올라오셨다. 그때에 하늘이 열렸다. 그는 하나님의 영이 비둘기 같이 내려와 자기 위에 오는 것을 보셨다. 그리고 하늘에서 소리가 나기를 "이는 내가 사랑하는 아들이다. 내가 그를 좋아한다" 하였다(마태복음 3:13-17).

20년, 첫 돌을 맞이했던 아이들이 청년으로 성장한 것을 보면 성년이 된 교회를 실감합니다. 교회를 새로 시작하겠다고 했을 때 저를 아끼는 지인들은 강력히 반대했습니다. 저 스스로도 교회 하나 더하는 게 과연 어떤 의미가 있을까 염려되는 마음이 없었던 것도 아니었습니다. 그러나 시작하였고, 반대했던 분들은 거꾸로 강력한 지원자가 되었습니다.

그렇게 해서 새천년 첫 주일 창립예배를 드리면서 출사표를 내는 심정으로 말씀을 준비했습니다. 손님들을 모신 창립축하예배에서 담임목사가 설교하지 않는 것이 관례로 되어 있는 풍토에서 제가 직접 말씀을 맡았습니다. 그야말로 출사표와 같은 것이었습니다. 그때 사도행전 1:8, 2:43-47을 본문 삼아 "하나님의 백성, 희망의 공동체"라는 제목으로 말씀을 나눴습니다. 그때 그 말씀의 요체가 〈우리는 이런 교회를 지향합니다〉로 집약되었고, 지금까지 우리 교회의 이정표 역할을 해왔습니다.

오늘은 선택한 말씀이 아니라 성서 일과에 따라 주어진 말씀을 그대로 받아들였습니다. 20년 동안 어려움도 많았지만, 그 가운데서 시시때때로 주어진 은혜 덕분에 이렇게 성년으로서 건강한 교회가 된 것을 새기는 의미가 있을까요? 주어진 대로 말씀의 뜻을 나누고, 그 말씀이 20년을 맞이하는 우리 교회에 주는 의미를 생각해보고자 합니다.

본문 말씀은 예수께서 세례요한에게 세례를 받은 사실을 전하는 내용입니다. 하나님 나라의 시작을 알리는 선구자로서 세례요한과 하나님 나라를 성취한 예수님의 관계에 관한 신학적 이해를 밑바탕으로 한 이 이야기는, 우선 두 가지 점에서 의문을 불러일으킵니다. 하나는 역사적인 문제로서 세례요한과 예수님의 관계에 관한 것이요, 또 다른 하나는 신학적인 문제로서 죄 없는 하나님의 아들인 예수에게 세례가 필요했던 것인가 하는 것입니다.

역사적으로 세례요한과 예수의 관계는 과연 어떤 것이었을까요? 예수께서 세례요한으로부터 세례를 받았다는 사실은, 예수께서 세례요한의 지향점을 기본적으로 공유하고 있었다는 것을 뜻합니다.

세례요한은 악의 세계를 심판하실 하나님의 도래를 선포한 종말론적 예언자였습니다. 이 예언자는 요단강 동편의 광야에서 거룩한 생활을 하였습니다. 예수께서는 독자적인 공생애를 시작하기에 앞서 세례요한의 가르침에 큰 영향을 받았을 것입니다. 예수의 언행에서 그 흔적이 나타날 뿐 아니라, 예수는 실제로 여러 대목에서 요한을 높이 평가하였습니다(마태 11:7-9, 11; 누가 7:24-26, 28).

그러나 이후 예수의 행보는 요한과 달라집니다. 요한이 새로운 세계의 도래를 위한 하나님의 개입을 기다렸다면, 예수는 하나님 나라라는 새로운 세계는 '지금 여기'에서 이뤄지고 있다고 선포했습니다. 이것은 하나님의 개입을 기다린다기보다, 거꾸로 하나님께서 우리의 참여를 기다리는 것을 의미합니다. 하나님께서 그 나라의 잔치에 우리를 초청하고 있다고, 예수께서는 선포하신 것입니다.

이러한 강조점의 차이는 곧바로 행동방식의 변화를 불러일으킵니다. 요한과 그 제자들은 엄격한 금욕의 윤리를 지킨 반면, 예수님과 제자들은 민중들과 동화된 생활양식을 취했습니다. 예수는 금식을 하지 않고 잔치에 참여하며 사람들로 하여금 그 잔치에 참여하도록 촉구합니다. 세례요한이 광야에서 생활했다면 예수는 민중들의 삶의 현장에서 더불어 행동하셨습니다(마태 11:18-19; 누가 7:33-34). 그 차이는, 민중을 카리스마적 존재에 의존하게 하느냐, 민중

스스로 주체화하게 하느냐 하는 분기점이 됩니다. 요한의 길이 전자의 길이었다면, 예수님의 길은 후자의 길이었습니다.

훗날 그 차이에도 불구하고, 예수께서 세례요한으로부터 세례를 받았다는 사실은, 요한의 지향점을 상당 부분 공유했다는 것을 말해 줍니다.

그래도 남는 신학적인 문제로, 과연 죄 없는 예수가 세례를 받을 필요가 있었을까요? 그저 역사적 사실로 간주해버리면 간단할지 모르나 이 사실은 복음서 기자에게도 어려운 문제였습니다. 복음서 기자가 이 이야기를 전한 시점에 예수는 하나님의 아들로서 흠 없는 분으로 고백되고 있었기 때문입니다. 그런 분이 죄사함을 뜻하는 세례를 받았다는 것은 기록하기에 상당히 부담스러운 내용이었습니다. 그 정황은 요한과 예수의 대화에서도 드러나 있습니다. 감히 세례를 베풀 수 있겠느냐는 요한의 말에 허락한다는 예수의 답변이 그것입니다.

복음서 기자는 매우 비중 있게 그 사실을 전하고 있습니다. 그것이 뜻하는 바가 중요하다는 것을 말합니다. 그것은, 예수께서 철저하게 민중들의 자리에 함께하고 있다는 것을 뜻합니다. 예수께서 죄의 굴레로부터 해방되기를 갈망하는 사람들과 스스로를 동일시하고 있다는 것을 뜻합니다. 민중들의 삶의 자리에 함께한 예수의 삶은 그 출발점에서부터 분명하였던 것입니다.

이상 제기된 두 가지 문제는 예수님의 공적 생애의 의미를 이해하는 데 중요한 비중을 차지하고 있지만 정작 더 중요하게 받아들여야 할 것은 본문 말씀의 맨 마지막 대목입니다. "예수께서 세례를 받으시고 곧 물에서 올라오셨다. 그때에 하늘이 열렸다. 그는 하나님의 영이 비둘기 같이 내려와 자기 위에 오는 것을 보셨다. 그리고 하늘에서 소리가 나기를 '이는 내 사랑하는 아들이다. 내가 그를 좋아한다' 하였다."

도대체 뭐라고 표현하는 것이 좋을까요? 영을 따르는 삶, 영 안에 사는 삶, 영적인 삶, 영성이 깊은 삶… 한마디로 딱 떨어지게 정의하기 어렵지만 영적인 차원은 우리의 신앙에서 가장 근본적이고 급진적인 차원을 함축하고 있습니다. 그런데 그것이 너무 남용되고 오용되고 있습니다. 그래서 그것을 말하지 않는 게 좋겠다 생각하여 별로 말하지 않지만 그 근본적 차원은 늘 유념하고 있습니다. 〈우리는 이런 교회를 지향합니다〉라는 교회의 지표 첫머리에 '영적인 공동체'가 등장하는 것은 그냥 보기 좋아 보이라고 그렇게 한 것은 아닙니다. 교회와 그리스도인 됨의 근본적인 차원을 함축하고 있기 때문입니다.

다시 가다듬어 개정한(2019. 12. 1. 둘을 하나로 통합, 하나 신설, 문장 가다듬음) 교회의 지표를 환기해볼까요?

- 영적 공동체: 교회는 깊은 영적 체험을 추구함과 아울러 진정한 심신의 안식을 누릴 수 있어야 합니다.
- 선교하는 교회: 교회는 끊임없이 세상을 향해 의로운 하나님의 일을 펼쳐나가야 합니다.
- 생명과 인권을 옹호하는 교회: 하나님께서는 땅 위의 모든 생명 그리고 하나님의 형상대로 지음 받은 사람들 모두가 존중받는 가운데 평화롭게 살아가

기를 원하십니다. 교회는 출신이나 성별, 또는 성적 지향 등을 구실로 하여 차별하지 않고 모두를 환대하는 공동체를 이룰 뿐 아니라 동시에 세상에서 도 이를 이루기 위해 헌신해야 합니다.

- 연대하는 교회: 우리는 다른 교회와 지역사회 그리고 여러 선한 사람들과 함께 힘을 모아 선을 이루기 위해 노력함으로써 겸손하고 열린 교회를 지향합니다.

- 민주적인 교회: 교회는 모든 구성원이 책임감을 갖고 주체적으로 참여하는 공동체를 이뤄야 합니다. 우리 교회는 모든 구성원 사이에 불평등한 차별이 없는 민주적인 공동체를 지향합니다.

- 공부하는 교회: 참된 신앙은 끊임없는 진리 탐구의 과정을 동반합니다. 우리 교회는 말씀의 진실을 깨닫기 위해서, 또한 그 말씀이 구현되어야 할 세상을 온전히 이해하기 위해서 끊임없이 노력합니다.

- 친밀한 공동체: 우리는 대교회를 지향하지 않습니다. 온 교우들이 서로 가깝게 느끼고 알 수 있는 교회를 원합니다. 200명이 넘어서면 용기있게 새로운 교회를 세울 수 있는 자세로 나아갑니다.

- 희망이 있는 교회: 예수 그리스도께서는 하나님 나라를 보여주셨습니다. 우리는 하나님 나라에 대한 희망을 가지고 이 땅의 선한 사람들과 더불어 나아가는 교회가 되기를 원합니다.

여기서 앞의 두 가지 지표(영적 공동체 / 선교하는 교회)는 교회의 본질적 사명을, 그다음 두 가지 지표(생명과 인권을 옹호하는 교회 / 연대하는 교회)는 세상 안에서의 교회의 현존방식을, 그다음 세 가지 지표(민주적인 교회 / 공부하는 교회 / 친밀한 공동체)는 교회의 내적 구성원리를 그리고 마지막 지표(희망이 있는 교회)는 모든 것을 총괄하는 결론에 해당합니다. 우리가 20년 전부터 받아들여 온 지표를 이번에 가다듬어 다시 받아들인 것은, 그 뜻을 계승하되 이 시대 안에서 그 뜻을 더욱 분명히 한다는 것을 뜻합니다.

그 첫머리에 내세워진 '영적인 공동체'의 의미가 무엇일까요? 본문 말씀 가운데 가장 중요한 초점에 주목함으로써 그 의미를 생각합니다. 본문 말씀이 증언하고 있거니와 바로 이어지는 광야의 시험 장면을 전하는 본문에도 그 첫머리에 예수께서 성령께서 이끌리시어 광야로 가셨다고 되어 있습니다. 성서의 증언을 보면 성령은 예수께서 살아계실 때에도 항상 함께한 것으로 되어 있습니다.

영의 현존을 어떻게 받아들인 것인가 하는 것은 교회의 역사에서, 그리스도인의 삶에서 끊임없이 문제되어 왔습니다. 오늘 이 시간 긴 주석적 설명은 줄입니다. 성서가 증언하는 영적 차원은 인간의 물질적·육체적 삶과 무관하지 않되, 당장 눈에 보이는 그 현상을 넘어서는 어떤 차원을 말합니다. 성서가 증언하는 성령의 현존은, 당장 눈에 보이는 현상을 넘어서 있지만 명백히 우리 삶에 방향을 부여해 주고 이끌어주는 차원이 있다는 것을 강조합니다.

성령의 현존에 대한 깨달음과 체현이 구체적인 인간에게 나타날 때 우리는 그것을 영성이라 말합니다. 성령에 상응하는 인간의 품성으로서 영성입니다. 이때 영성은, 당장 눈에 보이는 현상을 넘어서 있지만 명백히 우리 삶에 방향을 부여해 주고 영향을 끼치는 그 차원을 인식하고 느끼는 인간의 능력을 말합니다. 그것을 성서는 성령의 감화를 받는다고 말합니다.

　성서가 끊임없이 그것을 강조하는 것은, 그 차원을 부정할 때 그리고 그 차원을 감지할 수 있는 능력을 상실할 때 인간의 삶이 심각한 위험에 처하기 때문입니다. 특별히 바울 서신에서 성령의 역사를 강조하는 대목은 한결같이 사람들 사이에서 불화가 일어났던 상황이 해소되고 진정한 화해를 이루는 경우입니다. 사도행전이 증언하는 성령강림절 사건 자체가 그런 뜻을 함축하고 있습니다. 사도 바울은 저마다 영적 세계에 속해 있다는 자만으로 불화를 겪는 사람들을 보고, 사랑이야말로 답이라고 제시합니다. 고린도전서 13장의 말씀입니다.

　흔히 성령과 영성은 개인적 차원의 문제요 내면적 차원의 문제인 것으로 간주되어 왔지만, 성서의 증언은 일관되게 성령과 영성의 문제를 관계적 차원에서 말하고 있습니다. 사람은 저마다 자기 눈에 보이는 것, 자기가 경험한 것을 절대시하는 경향이 있습니다. 성령의 임재 그리고 그것을 받아들이는 인간의 능력으로서 영성은 그러한 차원을 넘어서는 것과 관련되어 있으며 따라서 사람들 사이에서, 모든 피조물 사이에서 새로운 관계를 형성하는 것과 관련되어 있습니다.

개별적 존재에게 나타나는 현상, 당장 눈에 보이는 현상을 넘어서 상호 연관되어 있는 근원에 대한 인식과 깨달음은 깊은 영성에 도달한 것을 뜻하며, 그 깊은 영성에 도달할 때 새로운 삶을 살고 새로운 삶의 관계를 형성합니다. 그것이 영성의 깊은 차원, 근본적인 차원에 해당합니다.

우리의 교회가 영적 공동체를 지향한다는 것은 세상 사람들이 모르는 신비한 의식을 거행하고 세상 사람들이 모르는 신비한 언어를 사용한다는 것을 뜻하지 않습니다. 오히려 세상과 더 깊이 소통하되, 단지 보이는 현상에 집착하고 단지 경험한 것에 매여 있는 사람들이 보지 못하고 깨닫지 못한 차원을 일깨워 모두가 진정한 삶을 누리는 길로 나아가는 것을 뜻합니다.

그 깊이에 도달하면 구체적으로 무엇을 해야 할 것인지 눈에 보이게 되어 있습니다. 영적 혜안이라고 할까요? 영적 깊이에 이르고자 하는 이에게 불의가 용인될 수 없고 차별이 용납될 수 없고 일방적 지배와 자기만의 아집이 허용될 수 없습니다. 우리는 진실로 겸손한 태도로 임하지만 정말로 깊이 있는 삶의 진실을 깨닫기 위해 그리고 마땅히 모든 생명이 그 삶을 온전히 누리는 길을 이루기 위해 나선 그리스도인이요, 교회 공동체입니다. 예수 그리스도께서 그 길을 미리 보여주셨다는 것을 믿고 따르는 공동체입니다.

그냥 자족적인 신앙생활 해나가는 교회 하나 더한다면 무슨 소용이 있을까요? 우리 스스로 기쁨이 되고, 그런 만큼 세상에 그 기쁨을 펼쳐나감으로써 희망을 주는 교회라야 되지 않겠습니까? 20주년을 맞는 각오, 그것은 다른 어떤 것이 아니라 그 신실한 믿음을 다시 다지는 것입니다. 그 믿음대로 나아갈 때, 우리에게 지난 20년간 뜻밖의 선물로 우리가 힘을 얻고 지금 이렇게 존재하게 된 것처럼, 또 새로운 일들이 또 기쁜 소식이 기다릴 것입니다. 그 신실한 믿음으로 큰 은혜를 누리기를 기원합니다.

2020년 1월 12일

# 미친 상상력 또는 유쾌한 상상력

요한복음 8:54-59

예수께서 대답하셨다. "내가 나를 영광되게 한다면, 나의 영광은 헛된 것이다. 나를 영광되게 하시는 분은 나의 아버지시다. 너희가 너희의 하나님이라고 부르는 바로 그분이시다. 너희는 그분을 알지 못하지만 나는 그분을 안다. 내가 그분을 알지 못한다고 말하면, 나도 너희처럼 거짓말쟁이가 될 것이다. 그러나 나는 아버지를 알고 있으며, 또 그분의 말씀을 지키고 있다. 너희의 조상 아브라함은 나의 날을 보리라고 기대하며 즐거워하였고, 마침내 보고 기뻐하였다." 유대 사람들이 예수께 말하였다. "당신은 아직 나이가 쉰도 안 되었는데, 아브라함을 보았다는 말이오?" 예수께서 그들에게 말씀하셨다. "내가 진정으로 진정으로 너희에게 말한다. 아브라함이 태어나기 전부터 내가 있다." 그래서 그들은 돌을 들어서 예수를 치려고 하였다. 그러자 예수께서는 몸을 피해서 성전 바깥으로 나가셨다(요한복음 8:54-59).

신학자 칼 바르트는 한 손에 성경을, 한 손에 신문을 들어야 한다고 말했지요. 꼭 그 말을 유념해서가 아니라도 언제나 말씀을 준비할 때면 성경과 신문을 또는 오늘 우리 현실을 알 수 있는 책들을 교차해서 뒤적거릴 수밖에 없습니다. 신문을 뒤적거리다 참 유쾌한 기사를 읽었습니다. 아는 얼굴이 기사의 주인공에 이어 더 눈길이 가기도 했지만, 시인 송경동이 새 시집을 냈다는 기사였습니다.

시인 송경동은 문단보다는 운동판에서 더 유명합니다. 우리 사회의 힘없고 억울한 이들이 벌이는 생존 투쟁의 현장에 빠짐없이 함께하는 시인입니다. 지난 한 해 동안도 내내 용산철거민들과 함께하면서 몸을 다치기까지 했지요. 그런 한복판에서 빚어낸 두 번째 시집『사소한 물음들에 답함』(창비)을 소개하는 기사에 실린 시인의 상상력이 참 유쾌합니다.

법과 체제가 허용하는 경계를 넘나드는 시인인지라 경찰서에 드나거리는 일도 잦은데, "혜화경찰서"라는 시의 몇 대목을 보면 이렇습니다. 경찰이 휴대전화 통화 내역을 들이대며 "알아서 불어라" 하는 대목에서 그는 이렇게 읊습니다.

무엇을, 나는 불까
풍선이나 불었으면 좋겠다
풀피리나 불었으면 좋겠다
하품이나 늘어지게 불었으면 좋겠다
트럼펫이나 아코디언도 좋겠지

통화기록과 전자우편 기록을 두고 캐묻는 대목에서는 이렇게 어깃장을 놓습니다.

> 내 과거를 캐려면
> 최소한 저 사막 모래산맥에 새겨진 호모사피엔스의
> 유전자 정보 정도는 검색해와야지
> 저 바닷가 퇴적층 몇천 미터는 채증해놓고 얘기해야지
> 저 새들의 울음
> 저 서늘한 바람결 정도는 압수해놓고 얘기해야지
> 그렇게 나를 알고 싶으면 사랑한다고 얘기해야지

참 통쾌하지 않습니까? 시인의 기지가 참 놀랍습니다. 단순한 익살이 아닙니다. 힘없는 사람들 목숨 대수롭지 않게 여기는 성장만능주의, 개발만능주의 현장에서 그에 저항하여 싸우는 시인의 익살에 담긴 심원한 생명에 대한 통찰에 절로 탄복할 수밖에 없습니다. 지금 스스로 존재를 수백만, 아닌 수억 년에 걸친 생명과 사랑의 연대기에서부터 비롯되는 것으로 말하고 있지 않습니까?

말씀 준비의 가닥도 못 잡고 있는 터에 어디서 또 원고청탁이 들어 왔습니다. '민중운동'과 '생명운동'의 통합적인 전망을 모색하는 주제였습니다. 지금 몰두하고 있는 논문 말고 다른 무거운 글은 쓸 수 없다고 정중히 사양할 수밖에 없었지만 매력적인 주제이고 필요한 주제라는 데 공감했습니다.

　말씀의 영감을 받기 위해 애쓰는 중 제 눈길을 끄는 글들이 또 있었습니다. 지난주일 장회익 선생님께서 우리에게 선물로 주신 세 권의 책이었습니다. 제가 평소에 존경하는 선생님의 책『삶과 온 생명 — 새 과학문화의 모색』은, 제가 생명에 대한 새로운 이해의 교과서와도 같은 책으로 여기며 젊은 학생들에게 늘 추천하는 책입니다만, 미처 보지 못한 최근작 세 권을 선물해 주셨습니다.『공부도둑』,『온 생명과 환경, 공동체적 삶』,『물질, 생명, 인간 — 그 통합적 이해의 가능성』, 이렇게 세 권입니다. 우리가 가끔씩 하는 독서 토론회에서 함께 나눠도 좋고, 아예 예배 중에 선생님께 요청 드려 직접 말씀을 듣는 기회도 가졌으면 좋겠습니다. 세 권의 책은 아직 다 읽지 못했습니다만, 그 서문들을 다 읽고 내용을 훑어보면서, 생명에 대한 새로운 이해로 문명의 전환을 탐색하신 선생님의 사유와 공부의 궤적을 다시 엿볼 수 있어 기대가 되었습니다.

말씀을 준비하는 날, 이런저런 계기가 결국 본문 말씀을 다시 음미하도록 인도하였습니다. 앞서 시인의 엉뚱한 상상력에 담긴 지나칠 수 없는 통찰에 감탄했습니다만, 본문 말씀은 보기에 따라 무척 엉뚱한 이야기입니다. 물론 예수님은 신성한 존재라는 전제, 곧 하나님의 아들이라는 신학적 전제로 놓고 보면, 본문 말씀이 갖는 엉뚱한 성격 그리고 그 엉뚱함에서 오는 충격과 깨달음을 오히려 놓치기 쉽지만, 1세기 팔레스타인의 유대인 사회 한가운데서 실제 삶을 삶았던 예수의 이야기로 볼 것 같으면 참 엉뚱한 이야기입니다.

본문 말씀은 예수님과 유대 지도자들 사이에 벌어진 논쟁적 상황을 전하고 있는데, 처음부터 아예 노골적인 논쟁의 상황이라는 것을 보여주고 있습니다. 사실은 그 앞에서부터 이미 장황한 논쟁을 해온 터라 이제 달아오를 대로 달아올라 있는 논쟁의 막바지 대목입니다.

유대인들은 예수께 격한 언어로 공박합니다. "우리가 당신을 사마리아 사람이라고도 하고, 귀신이 들렸다고도 하는데, 그 말이 옳지 않소?", '당신, 출신성분도 이상하고 미친 사람이 아니오?' 이런 말입니다. 예수께서는 말합니다. "나는 귀신이 들린 것이 아니라, 나의 아버지를 높이고 있습니다. 그런데도 당신들은 나를 멸시합니다.…… 나의 말을 지키는 사람은 영원히 죽음을 겪지 않을 것입니다." 앞부분의 이야기가 생략되어 있습니다만 앞부분의 이야기는 예수께서 일관되게 당신께서 하나님의 뜻을 따르고 있다는 것을 이야기하고 있고, 당신의 권위는 거기에서 비롯된다는 것입니다. 그렇기 때문에 당신의 말을 따르면 죽음에 이르지 않는다는 것을 지금 말하고 있습니다. 이 대목에서 유대인들은 흥분합니다. "당신이 미쳤다는 것을 확실히 알겠소. 위대한 조상 아브라함도 죽고 예언자들도 죽었는데 죽지 않을 것이라 말하는 것을 보니 미친 게 틀림없소" 이렇게 공박합니다.

논쟁은 점입가경입니다. 예수께서 말씀하십니다.

> 내가 나를 영광되게 한다면, 나의 영광은 헛것입니다. 나를 영광되게 하시는 분은 나의 아버지입니다. 당신들이 하나님이라고 부르는 그분입니다. … 나는 그분을 알고 있고 그분의 말씀을 지키고 있습니다. 당신들의 조상 아브라함은 나의 날을 보게 될 것을 즐거워하였고, 마침내 보고서 기뻐하였습니다" 참 묘한 소리입니다. 서두에 유대인들이 말한 것처럼 '미쳤다'는 소리를 듣기에 충분한 말씀이었습니다. 유대인들은 당장 반문합니다. "당신은 아직 나이가 쉰도 안 되었는데 아브라함을 보았단 말이오?

이 논쟁을 어떻게 이해해야 할까요? 이 논쟁은 여러 가지 맥락을 따지며 그 의미를 헤아려야 할 것입니다. 그러나 이 시간에는 예수님의 바로 이 묘한 말씀에 초점을 맞춰 그 의미를 헤아려보고자 합니다.

이 말씀의 뜻을 과연 어떻게 이해해야 할까요? 물론 우리 기독교인들은 너무 쉬운 답변을 갖고 있습니다. 교리로 이해하는 것입니다. 예수님께서는 하나님과 한 분이므로 태초부터 계셨으니 아브라함보다 먼저 계신 것이 당연한 것 아니냐고 생각합니다. 그러나 그 사실을 믿는 것이 우리의 삶에 어떤 변화를 가져올까요? 그저 그렇게 교리적으로만 믿는다면 '정통'이라는 소리를 들을지 몰라도 내 삶이 변화되는 것과는 아무런 상관이 없습니다. 예수께서 아브라함보다 먼저 계셨다는 말씀은 우리가 교리로 이해하는 것을 넘어 훨씬 심오한 뜻을 지니고 있습니다.

이 말씀은 우리가 믿는 그 하나님과 더불어 있는 생명에 관한 놀라운 진실을 말하고 있습니다. 태초의 그 하나님의 순수성을 지니고 있는 예수님 그 자신 그리고 생명 자체의 심원함을 말합니다. 물론 이 말씀은 신앙의 언어요 상징의 언어입니다. 그러나 이 말씀의 의미는 오늘의 과학적 인식이 밝혀 주고 있는 진실과도 무관하지만은 않습니다. 그 의미는 우리 저마다의 생명을 생각하는 것으로도 충분히 헤아려 볼 수 있습니다. 우리의 생명은 단순히 1-2대에 결정된 것이 아닙니다. 요즘 유전자공학이 발달해서 실험실에서도 생명이 탄생하는 일이 있기는 합니다만 그것조차도 오랫동안 누적된 생명의 원리를 벗어나서 이루어지는 것은 아닙니다.

우리의 생명, 이 세상의 그 어떤 생명도 머나먼 근원을 갖고 있습니다. 생명 하나에 온 우주가 들어있다는 말은 종교적 상징 언어일 뿐 아니라 과학적 진실과 통합니다. 예수께서 아버지, 곧 하나님을 알고 있다고 말한 것은 참 생명의 진실을 알고 있고 그 진실을 스스로 체득하고 있다는 것을 말한 것입니다. 바로 그런 의미에서 하나의 계보의 시조로서 아브라함보다 '먼저' 계신 것입니다. "아브라함도 나의 날을 보게 될 것을 즐거워하였고 마침내 보고서 기뻐하였습니다"하는 것도 아브라함이 1세기의 예수를 미리 알았다는 뜻이 아니라, 하나님의 뜻을 알고 거기서 희망을 가졌다는 것을 말합니다. 하나님의 뜻을 이룰 참 인간에 대한 희망을 가졌다는 것을 말합니다. 한마디로 저마다의 생명이 진정한 생명이 되는 근원의 자리에 서 있는 것을 말합니다.

그 근원의 자리에 서면 세상이 어떻게 보일까요? 그 진실을 깨닫고 그 진실을 체득하고 있다면 사람이 어떻게 보일까요? 이 땅의 뭇 생명이 어떻게 보일까요? 한마디로 생명의 소중함을 실감하지 않겠습니까? 잃은 양 한 마리를 찾아 나설 수밖에 없습니다. 누구 하나 잘못되면 모두가 잘못된다는 심정을 갖게 되기 때문입니다. 여기에서 불가피한 희생의 논리는 설 자리가 없습니다. 경제성장을 위한 무차별적 개발이 이뤄질 수 없고 정규직과 비정규직 일자리의 차등이 있을 수 없고 법질서를 지킨다는 명분 아래 소중한 개인들의 사생활이 침해당하는 일이 있을 수 없습니다.

우리 교회가 지향하는 목표 가운데 하나가 "생명과 인권을 옹호하는 교회"입니다. 바로 그 목표가 지향하는 뜻입니다. 오늘 우리는 다함께 우리 교회의 모습을 돌아보는 기회를 갖습니다. 생명의 근원의 자리에 설 수 있기 위해서 우리는 어떠한 노력을 기울여 왔는지 또한 다시 생각할 수 있기를 바랍니다. 진정으로 우리의 교회가 생명과 인권을 옹호하는 교회가 되기를 기원합니다.

2010년 1월 10일

# 종교의 한계지점에서 시작되는 새로운 삶

로마서 7:14-25

❦

우리는 율법이 신령한 것인 줄 압니다. 그러나 나는 육정에 매인 존재로서 죄 아래에 팔린 몸입니다. 나는 내가 하는 일을 도무지 알 수가 없습니다. 내가 해야겠다고 생각하는 일은 하지 않고 도리어 해서는 안 되겠다고 생각하는 일을 하고 있으니 말입니다. 내가 그런 일을 하면서도 그것을 해서는 안 되겠다고 생각하는 것은 곧 율법이 선하다는 사실에 동의하는 것입니다. 그렇다면, 그와 같은 일을 하는 것은 내가 아니라, 내 속에 자리를 잡고 있는 죄입니다. 나는 내 속에 곧 내 육신 속에 선한 것이 깃들여 있지 않다는 것을 압니다. 나는 선을 행하려는 의지는 있으나 그것을 실행하지는 않으니 말입니다. 나는 내가 원하는 선한 일은 하지 않고 도리어 원하지 않는 악한 일을 합니다. 내가 해서는 안 되는 것을 하면 그것을 하는 것은 내가 아니라 내 속에 자리를 잡고 있는 죄입니다. 여기에서 나는 법칙 하나를 발견하였습니다. 곧 나는 선을 행하려고 하는데 그러한 나에게 악이 붙어 있다는 것입니다. 나는 속사람으로는 하나님의 법을 즐거워하나 내 지체에는 다른 법이 있어서 내 마음의 법과 맞서서 싸우며 내 지체에 있는 죄의 법에 나를 포로로 만드는 것을 봅니다.

> 아, 나는 비참한 사람입니다. 누가 이 죽음의 몸에서 나를 건져주겠습니까?
> 우리 주 예수 그리스도를 통하여 나를 건져주신 하나님께 감사를 드립니다.
> 그러니 나 자신은 마음으로는 하나님의 법을 섬기고 육신으로는 죄의 법을
> 섬기고 있습니다(로마서 7:14-25).

오늘은 종교개혁주일입니다. 1517년 루터가 95개조 격문을 발표했던 시점과 가장 가까운 주일로, 올해는 501주년 기념주일입니다. 종교개혁은 비단 루터에게서만 비롯된 사건은 아닙니다. 그 이전에 수많은 선구자가 있었고, 루터는 그 선구자들의 정신을 이어받은 사람 가운데 한 사람이었습니다. 그렇지만 교황청을 향한 루터의 95개조 격문을 종교개혁의 기점으로 삼는 것은 그것이 유럽사회 안에서 종교개혁이 확산되어가는 데 일종의 도화선 역할을 하였기 때문입니다. 더불어 그 주인공 루터의 사상이 이전 시대를 돌파하여 새로운 시대를 열어젖힌 성격을 지니고 있었기 때문입니다.

그 핵심 원리 가운데 하나가 무엇이었을까요? '오직 믿음으로만!'이라는 원리였습니다. 율법의 행업이 아니라 복음의 믿음으로 구원에 이른다는 대원칙이었습니다. 루터가 그 원리를 제시하는 데 가장 큰 영감을 준 원천이 바로 사도 바울의 서신이었습니다. 그 가운데 특별히 로마서는 결정적인 그 전거에 해당합니다.

사도 바울의 로마서는 다른 서신서들이 그때마다 구체적인 상황에 따라 쓴 것과 달리 일목요연하게 자신의 생각을 집대성한 것과 같은 성격을 지니고 있습니다. 그것은 로마서가 아직 가보지 못한

로마교회 교우들에게 자신을 소개하는 취지로 쓴 서신이었기 때문입니다. 로마서라고 해서 어떤 구체적인 상황이 배제된 것은 아니지만, 다른 서신과 비교할 때 자신의 생각을 본격적으로 정리한 성격을 띠게 된 것입니다.

그 핵심 요체가 바로 루터의 종교개혁 원리가 된 '오직 믿음으로만!'이라는 원리입니다. 그 요체는 비단 루터에게만 영감을 주었던 것이 아니고, 그리스도교의 역사에서 중요한 분기점마다 많은 신학사상가에게 영감을 불어넣어 주었습니다. 그것이 큰 영향력을 지닌 까닭은, 그것이 바로 예수 그리스도의 삶과 죽음이 뜻하는 것과 맞닿아 있고, 새로운 인간과 새로운 세계를 가능하게 하는 중요한 원리를 함축하고 있기 때문입니다.

'오직 믿음으로만!'이라는 원리가 함축하는 뜻이 무엇일까요? 한마디로 말해 그것은 모든 업적과 자격 요건을 부정함으로써 현실에서 권리 없는 자들에게도 마땅히 삶의 권리가 인정되어야 한다는 것을 뜻합니다. 이 점에서 자격 요건을 판가름하는 율법은 무용해집니다. 바울은 전체의 대강에서 그 입장을 일관되게 강조하였고, 수 없이 강조하였습니다.

율법이 구원의 길로 인도하는 것이 아니라 족쇄와 같은 역할을 한다는 것은 초기 그리스도교의 유산인 신약성서 안에 곳곳에서 강조되고 있습니다. 물론 그것은 예수님에게 비롯된 것입니다. 도마복음에는 흥미로운 구절이 있습니다.

제자들이 예수께 말했습니다. "할례가 쓸 때가 있습니까, 없습니까?" 예수께서 그들에게 말씀하셨습니다. "할례가 유익했다면 아이들의 아버지는 어머니의 배에서 이미 할례받은 아이들을 출산하게 하였을 것입니다. 영적으로 받는 참된 할례가 모든 면에서 유익합니다"(도마복음 53).

여기서 할례는 율법을 대변하는 것으로 그 무용성을 말함으로 형식적인 종교의식과 그에 따른 선민의식을 부정하는 말씀입니다.

사도 바울 역시 근본적으로 이와 동일한 입장을 취하고 있습니다. 그런데 바울은 좀 복잡합니다. 바울은 율법에 대해 단호하게 거부하는 것이 분명해 보이는데 다른 한편으로는 율법이 갖는 긍정적인 의미를 부정하지 않는 태도를 보이기도 합니다. 한편으로는 율법의 무용성을 말하지만 또다른 한편으로는 율법의 유용성을 말하고 있는 것입니다. 그 모순되는 듯한 입장을 간단히 정리하자면, 율법의 근본정신에서는 유용함을 말하지만 규범화된 율법이 사람을 속박하는 측면에서는 무용함을 말한다고 할 것입니다.

바울이 그렇게 말한 것은 괜히 문제를 복잡하게 만들려는 의도에서가 아니라 인간 삶의 정황, 인간 삶의 실존을 깊이 헤아린 데서 비롯됩니다. 현학적인 논리를 펼치려는 것이 아니라 사실은 평범한 사람들의 처지에서 그 의미를 이야기하려다 보니 이야기가 좀 복잡해진 것입니다.

본문 말씀은 그 사정을 충분히 감안할 때 그 의미를 제대로 이해할 수 있습니다. 오늘 본문 말씀이 포함된 로마서 7장 본문은 그 이중성을 잘 들여다 볼 수 있는 본문입니다.

사실 바울이 율법을 문제 삼은 것은 유대인들의 종교적 태도를 지적하기 위함이었습니다. 율법을 지킴으로써 사실상 자기 의를 내

세우는 태도를 문제 삼은 것입니다. 그것도 하나님의 이름을 내세우면서 사실은 자기 의를 주장하는 태도입니다. 물론 율법을 숭상하는 유대인들의 태도는 하나의 표본일 뿐입니다. 그것은 유대인들에게만 문제가 되는 것이 아니라 그리스인에게도, 나아가서는 당시의 로마세계 자체에 해당되는 것입니다. 두말할 것 없이 의로움을 가장한 오늘의 세계에도 해당합니다.

로마서 7장을 볼 것 같으면, 그래서 바울은 먼저 율법의 무용성을 말합니다(1-6절). 여기서 바울은 '율법을 아는 사람', 곧 율법의 세계에 속한 사람들을 향하여 말합니다. 종교를 아는 사람, 종교의 세계에 속한 사람, 나아가서는 인간적 노력에 최고의 신성한 가치를 부여하는 그 어떤 부류의 사람에게든 해당되는 이야기입니다.

바울은 율법을 따르는 태도는 새로운 시대에는 적합하지 않다고 말합니다. 새로운 시대의 기점은 뭘까요? 그 기점은 예수 그리스도에 있습니다. 그러니까 예수 그리스도 이전에는 '문자'를 통해 하나님을 섬겼지만, 이제는 '성령'을 통해 하나님을 섬긴다는 것을 바울은 말합니다. 율법이 아니라 영으로 하나님을 섬긴다는 뜻입니다. 조문과 규칙이 아니라 자유로운 정신으로 섬긴다는 것입니다.

그러나 사도 바울은 곧바로 이어 율법의 유용성을 말합니다(7-20절). 필요없다고 말하면 그만이지 왜 이렇게 부연을 해야 했을까요? 그것은 앞서 말한 바와 같이 인간의 실존적 정황을 헤아리고 있었기 때문입니다. 쉽게 말해 율법을 따르는 사람들, 거기에 매여 있는 사람들이 다 나쁜 사람들이냐 하면 결코 그렇게 단정해버릴 수 없기에 한편으로 율법이 유용하지만 왜 그것으로 안 된다는 것인지 분명히 말해야 할 필요를 느낀 것입니다.

바울은 율법의 제한된 유용성을 말함으로써 낡은 정신에 사로잡혀 있는 것이 무엇을 의미하는지 조금 더 분명하게 규명합니다. 한마디로 율법은 죄를 인식하게 할 뿐이라고 합니다. 내가 죄의 지배를 받고 있다는 사실을 인식하게 해주는 한에서 율법은 유용합니다. 쉽게 말해, 율법은 옳으냐 그르냐를 판별하게 해주는 역할을 합니다. 사실 일반적인 모든 종교의 가르침이 그런 것이 아닙니까? 종교적 가르침은 이렇게 사는 것이 옳고 저렇게 살면 안 된다는 것을 끊임없이 환기시킵니다. 이렇게 옳고 그른 것을 끊임없이 판별해야 하는 이유는 현실 자체가 옳지 않다고 여겨지기 때문입니다. 옳은 것을 강조하면 할수록 현실이 옳지 않다는 것을 분명히 드러내줍니다. '율법에 비춰보지 않았을 때는 몰랐지만, 율법에 비추어보고 나서 탐심이 무엇인지를 알았다'(8절)는 바울의 고백은 그와 같은 이치를 말합니다. 현실이 옳지 않은 상황에서 옳은 것을 지향하는 것은 분명히 하나의 가능성입니다. 그런 의미에서 종교적 가르침은 적극적 의미를 지닙니다. '율법은 거룩하며 계명도 거룩하고 의롭고 선하다는 것'(12절)은 그런 뜻입니다.

그러나 문제가 있습니다. 인간은 그 옳고 그름을 분별한다고 해서 스스로 절대적으로 옳음의 경지에 이르는 것은 아닙니다. 많은 사람은 율법의 조문을 지킴으로써 스스로 절대적으로 옳음의 경지에 이르렀다고 착각합니다. 율법을 아는 많은 사람은 율법으로 옳고 그름을 판별할 수 있을 뿐 아니라 그 옳음을 스스로 완벽하게 성취할 수 있다고 착각합니다. 바로 자기 의를 내세우는 길입니다. 종교적 가르침은 늘 그렇게 남용됩니다. 그뿐 아니라 많은 세속의 가치들도 그런 식으로 종교화됩니다. '이것이 옳으니 저것은 잘못되었다!'는 식의 자기정당화의 논리만이 신성화됩니다.

그런데 바울이 보기에는 오히려 옳고 그름을 분별하면 분별할수록 자신은 옳지 않다는 사실만을 더 깊게 확인할 뿐입니다. 그래서 바울은 오늘 우리가 함께 읽은 말씀 첫 대목에서 '육정에 매인 존재로 죄 아래 팔린 몸'(14절)이라고 고백합니다. 놀라운 고백입니다. 무슨 흉악한 범죄자이거나 시정잡배와 같은 사람이 아닌 비범한 사도의 고백입니다. 여기서 바울은 율법 때문에 심각한 위기를 느낍니다. 율법은 자기가 죄의 지배를 받고 있다는 사실을 확인해주기 때문입니다. 매달리면 매달릴수록 절감합니다. 바울의 '놀라운 고백'이라고 말했지만 가만 생각해보면 그것은 조금만 진지하게 신앙생활을 하는 사람이라면 누구나 당연히 느낄 수 있는 것입니다.

바울은 이 대목에서 율법의 한계를 분명히 인식합니다. 바꿔 말하면 유용성과 무용성을 분명하게 인식합니다. 율법은 그 죄를 일깨워주는 역할을 한다는 점에서 유용하지만(참조: '몽학선생'으로서 율법, 갈라 3:24) 그 죄에서 벗어나게 해주지는 못한다는 점에서 무용하다는 것입니다.

그래서 바울은 탄식합니다. "선을 행하려는 의지는 나에게 있으나 그것을 실행하지 않으니", "내가 원하는 선한 일은 하지 않고 도리어 원하지 않는 악한 일을 하니", 이를 어쩌면 좋을지 탄식합니다. "아, 나는 비참한 사람입니다. 누가 이 죽음의 몸에서 나를 건져주겠습니까?"(새번역). "오호라 나는 곤고한 사람이로다. 이 사망의 몸에서 누가 나를 건져 내라"(개역). 비단 사도 바울만의 탄식일까요? 자기 의에 사로잡히지 않는 한, 우리 모두 절감하는 탄식이기도 합니다.

어째서 바울이 위대한 사도가 되었을까요? 탄식하는 바로 이 대목에서 오히려 사도 바울의 위대함을 발견할 수 있지 않을까요? 극적인 체험을 통해 예수 그리스도의 진실을 깨닫고 그 깨달은 바를 열정적으로 설파하고 있던 사도였지만 스스로 자신의 가장 밑바닥까지를 들여다볼 수 있었다는 사실 그리고 그것이 구원을 추구하는 모든 사람이 처한 공통의 절박한 상황이라는 것을 통찰한 사실, 여기에 사도 바울의 위대함이 있습니다.

사도 바울은 율법을 통해서는 그 나락에서 벗어날 길이 없다는 것을 절감합니다. 율법을 통해서는 그 나락에 있다는 것만을 절감할 뿐입니다. 마음속에는 진정한 하나님의 법이 있지만 자신의 몸 가운데 또 다른 죄의 법이 있어 원하는 선을 행할 수 없는 비참한 상황을 다시 탄식하며, 사도 바울은 새로운 진실을 깨닫습니다.

바울이 율법의 한계를 깨닫고 탄식했을 때, 그 탄식은 모든 종교의 근본적 한계에 대한 탄식입니다. 다시 말해 종교적 형식과 계율, 그에 따른 삶의 방식의 한계를 말합니다. 다시 한번 확인하지만 상식적 수준에서 볼 때 바울은 무슨 흉악한 범죄자가 아닙니다. 그렇지만 자신이 나락에 처해 있는 상황을 두고 한탄하고 있습니다. 그것은 사람이 의롭게 되려고 하는 노력 그 자체가 지닌 한계 상황에 대한 탄식을 뜻합니다.

바울의 이 탄식이 뜻하는 것은 우리가 옳다고 여기는 것, 우리를 옳은 길로 인도하는 것처럼 보이는 그 모든 것에 대한 근본적인 성찰을 뜻합니다. 그것은 기존의 종교적 형식이 아니라 전혀 새로운 길로 안내합니다. 진정한 믿음을 가지고 있다면 그 통찰에 이르도록 해야 합니다. 세상의 가치 기준으로 봐도 한참 모자라는 짓을 하면서 자신을 돌아볼 줄 모르는 종교인들에게 바울의 이 탄식은 도대체 어떻게 받아들여질까요? 바울의 이 탄식을 생각하면서 오늘 우리 현실, 특히 교회의 현실을 보면 그저 아득해질 따름입니다.

그러면 어찌 해야 할까요? 사도 바울은 율법이 아니라 예수 그리스도를 통해, 자신이 나락으로부터 벗어날 길을 발견합니다. 바로 예수 그리스도를 통해 마음 가운데 자리한 하나님의 법을 이룰 수 있다는 희망을 발견한 것입니다. 바울에게서 예수 그리스도는 새로운 가능성, 곧 새로운 세계와 새로운 인간성의 표상입니다.

그러나 오늘 본문 말씀은 사실 여기까지입니다! 오늘 본문 말씀은 율법이 아니라 예수 그리스도를 통해 나락으로부터 벗어날 수 있다는 것만을 말하고 있을 뿐, 어째서 예수 그리스도를 통해 그것이 가능한지는 아직 말하고 있지 않습니다. 오늘 본문 말씀은 그 예수 그리스도에게 이르기까지의 비참한 바울 스스로의 상황, 구원을 갈망하는 모든 인간의 상황만을 드러낼 뿐입니다.

그러면 도대체 왜 예수 그리스도가 답이라는 이야기일까요? 그 답은 사실은 뒤에 이어지는 8장에 나옵니다. 이어지는 말씀의 첫 대목은 예수 그리스도를 통하여 비로소 생명을 누리게 하는 성령의 법을 따를 수 있게 해 줬다는 것을 말합니다. 예수 그리스도께서 성령의 법, 곧 마음속에 있는 하나님의 법을 따를 수 있도록 일깨워

주시고 인도해 주셨다는 뜻입니다. 마음속에 있는 법, 곧 성령의 법에 맞서 그것을 가로막는, 육신을 지배하는 법이 뭘까요? 그것은 세상을 지배하는 법이요, 우리가 일상적으로 매여 있는 법입니다. 예수 그리스도께서 성령의 법을 따르게 해줬다는 것은 그 장애물을 제거해줬다는 것을 말합니다.

하나님을 아버지로 부르며 직접 대면했을 뿐 아니라 우리 또한 그렇게 자녀로서 아버지라 부를 수 있게 한 예수 그리스도를 통해 그것이 가능해졌습니다. 성령은 우리를 노예로 삼는 영이 아니라 자녀로 삼는 영입니다. 그 성령은 아파하는 모든 피조물과 함께 탄식합니다. 나만이 아니라 내 곁의 자매형제, 나아가 이 모든 피조세계의 아픔을 느끼게 해주는 영입니다. 이 생명 세계가 하나임을 알게 해주고 온전히 구원에 이르도록 인도하는 영입니다. 우리 마음 가운데 있는 그 영의 법을 일깨우고 그것을 따르도록 예수 그리스도는 우리를 인도하셨습니다.

성령의 인도함이란, 우리의 경험과 상상의 한계를 뛰어넘는 어떤 힘의 인도를 받는 것을 뜻하는데, 도대체 그걸 우리가 어떻게 알 수 있을까요? 로마서 8장은 이렇게 결론 내리고 있습니다.

나는 확신합니다. 죽음도, 삶도, 천사들도, 권세자들도, 현재 일도, 장래 일도, 능력도, 높음도, 깊음도, 그 밖에 어떤 피조물도, 우리를 우리 주 예수 그리스도 안에 있는 하나님의 사랑에서 끊을 수 없습니다(로마 8:38-39).

모든 것을 가능케 하는 하나님의 사랑을 깨달아 아는 것, 그 증거로 우리 스스로가 사랑을 실현하는 것, 바로 그것을 통해 우리가 죄의 법에서 벗어날 수 있다는 것을 말합니다. 예수 그리스도를 통해 비참한 상태에서 벗어날 수 있다는 것은 그것을 말합니다.

그 진실 외에 다른 어떤 것을 섬기라 하고, 다른 어떤 형식과 계율을 마치 본령으로 여기는 종교적 생활양식, 삶의 양식은 인간의 진정한 삶을 보장하지 않습니다. 하나님께서 예수 그리스도를 통해 보여주신 사랑이야말로 인간의 진정한 삶을 보장합니다. 그 믿음 안에서 새로운 인간에 대한 기대, 새로운 세계에 대한 기대를 안고 나아가는 우리가 되기를 기원합니다.

2018년 10월 28일